재일디아스포라 문학선집 2

소설 ❶

편역자_ **재일디아스포라 문학의 글로컬리즘과 문화정치학 연구팀**

김환기金煥基 동국대 일어일문학과 교수
유임하柳壬夏 한국체대 교양과정부 교수
이한정李漢正 상명대 글로벌지역학부 교수
김학동金鶴童 동국대 일본학연구소 연구원
신승모辛承模 동국대 일본학연구소 연구원
이승진李丞鎭 동국대 일본학연구소 연구원
한성례韓成禮 세종사이버대 겸임교수
한해윤韓諧昀 가톨릭관동대 VERUM 교양교육연구소 책임연구원
방윤제方閏濟 경희대 후마니타스칼리지 강사

필자_

고사명高史明
김사량金史良
김석범金石範
김창생金蒼生
김태생金泰生
박중호朴重鎬
이은직李殷直
이회성李恢成
정승박鄭承博

재일디아스포라 문학선집 |2| 소설 1

초판인쇄 2017년 4월 15일 **초판발행** 2017년 4월 30일
엮고옮긴이 재일디아스포라 문학의 글로컬리즘과 문화정치학 연구팀 **펴낸이** 박성모 **펴낸곳** 소명출판
출판등록 제13-522호 **주소** 서울시 서초구 서초중앙로6길 15, 1층
전화 02-585-7840 **팩스** 02-585-7848 **전자우편** somyungbooks@daum.net **홈페이지** www.somyong.co.kr

값 23,000원
ISBN 979-11-5905-192-0 04810
ISBN 979-11-5905-190-6 (세트)

이 책은 2013년도 정부(교육부)의 재원으로 한국연구재단의 지원을 받아 연구되었음(NRF-2013S1A5A2A03044781)

| 동국대 일본학연구소 연구총서 |

재일디아스포라

문학선집 2

소설 1

재일디아스포라 문학의 글로컬리즘과
문화정치학 공동연구팀 편역

A LITERATURE COLLECTION
OF KOREAN DIASPORA IN JAPAN
2 _ NOVEL 1

소명출판

책머리에

한국사회에서 '디아스포라'라는 용어는 19세기 말부터 20세기 초반, 제국주의 시대에 근대 국민국가의 주체적 성립이 좌절되면서 생겨난 상처와 흔적을 가리키는 키워드의 하나이다. 이 용어에는 제국의 광포한 지배와 억압, 폭력이 피식민 민족에게 가한 강요된 이주와 정착에 이르는 만난각고萬難刻苦의 과정이 아로새겨져 있기 때문이다. 모국에 밀어닥친 드높았던 제국주의 시대의 파고波高만큼이나 이들의 이주 정착사는 참으로 간고했다. 그러나 가까운 일본을 비롯하여, 중국과 저 멀리 미주 대륙과 유럽에 걸쳐 있는 디아스포라의 가파른 삶의 행로는 지금도 변모를 거듭하지만 여전히 주변부에서 벗어나지 못했다는 점에서 주목해야 할 논의대상이다. 더구나 이들의 삶은 여전히 생존과 권익을 위한 자신들만의 역사를 계속해서 만들어가고 있다는 점에서 디아스포라라는 존재는 지역의 문제이면서 동시에 전 지구적인 현상이 아닐 수가 없다.

재일디아스포라의 경우, 제국의 시대를 뒤로 한 뒤 패전국 대신 모국이 세계냉전체제에 의해 지리적 정치적 분할이 이루어지면서 더욱 착잡한 양상으로 치달았다. 최근 일본에서는 재일디아스포라가 혐한의 인종차별적 대상이 되면서 인류 보편의 글로컬한 화두로 부상하였다.

자주적인 근대국가 수립이 좌절되었던 식민체제의 현실과, 그후 탈식민과 함께 냉전체제 속에 이루어진 모국의 남북 분단은 재일디아스포라를 극적으로 다시 불러냈다. 하지만 탈냉전 이후 동아시아에서 조성되는 신냉전화와 '보통국가'를 지향하며 보수화하는 일본의 사회현실에서 재일디아스포라는 제국 일본의 기억을 담지해온 잊혀진 상처에서 인종차별을 거부하는 대항담론의 저항적 위치를 점유하는 문제적 지점에 다시 섰던 것이다. 이렇게 보면, 재일디아스포라는 탈식민 이후 모국의 분단을 착잡하게 지켜보는 고립된 복수형 존재에서 다시 남북분단을 넘어 동아시아적 가치를 되살릴 자격을 가진 저항적 주체로 등장할 가능성을 가지고 있다. 이런 측면이야말로 지역적이면서도 동시에 세계적인 국면이 아닐 수 없다.

그런 까닭에 재일디아스포라 문학은 민족의 문학이면서도 동시에 제국의 기억과 길항하는 주변부의 마이너리티 문학이라고 보아야 한다. 재일디아스포라 문학은 세계문학이라는 지역과 국가를 망라한 인류 유산임을 감안할 때 그토록 간고한 역사의 경험을 간직하면서도 인간다운 문화를 구축하기 위한 최첨단에서 치열하게 인간과 조건을 비판적으로 대응하고 있다는 것, 그래서 이 문학은 글로컬리즘의 문화정치를 구현함으로써 강고한 국민국가의 경계를 허물며 가장 구체적이고 이질적인 방식으로 민족과 인류 보편의 가치를 지향하는 성과를 만들어내는 원천이 된다.

이 책, 『재일디아스포라 소설선집』(전2권)의 출발은 한국연구재단의 2013년도 선정된 학술지원사업인 '재일디아스포라 문학의 글로컬리즘과 문화정치학'에 두고 있다. 이 작업을 진행하기 전부터 우리는 재일디아스포라 문학연구팀을 가동 중이었다. 연구재단의 학술지원사업이 선정되면서 우리 팀은 재일디아스포라 문학과 관련된 신문, 잡지를 목록화하는 작업을 좀 더 효율적이고 체계화된 방식으로 일을 진척시킬 수 있었다. 그 결과 총 20편의 작품을 선별하고 번역하여 『재일디아스포라 소설선집』을 출간하기에 이르렀다.

재일디아스포라 소설작품들을 선별, 분류하기까지 우리는 몇 가지 기준을 가지고 있었다. 작품 선별의 기준은, 첫째 디아스포라적 특성이 잘 드러난 작품, 둘째 문학적(사료적) 가치를 다층적으로 입증할 수 있는 작품, 셋째, 국내에 번역되지 않았거나 재번역이 필요한 작품, 넷째 재일디아스포라 문학의 계보적인 흐름과 그 안의 다양성/중층성을 파악할 수 있는 작품 등등이었다.

이러한 작품 선별의 기준에 따라 선택된 작품 중에서 우리는 문학과 문화의 관점에서 반드시 다루어야 할 작품을 다시 선정하고 번역에 임했다. 여기에는 무엇보다도 향후 대학(원)의 교육 현장에서 재일디아스포라 문학을 전파하는 기점으로 삼아야 한다는 내부의 합의가 있었다. 이를 위해 본 문학선집은 재일디아스포라 문학 관련 강좌에서 유용한 교재가 될 수 있도록, 재일디아스포라의 역사성과 문학성, 계보와 중층적 함의들을 포괄하는 인문학적 가치에 부응하고자 했다.

그런 까닭에, 본 선집에서 선정한 작품들은 재일디아스포라 산문문학의 시작이 해방 이후 본격적으로 이루어졌다는 점, 그리고 이들 문학을 기반으로 재일디아스포라 담론이 이루어졌다는 점 등을 고려했다. 본 선집에 수록한 소설작품은 해방 전후를 기점으로 삼아 현재까지 다양한 작가를 대상으로 잡지 및 단행본에서 선별했음을 밝힌다. 각 시대를 대표하는 재일디아스포라 작가들을 대부분 포함하면서, 이들의 작품에 나타난 시기별/세대별/계층별 작가의식의 다양한 양태들을 드러내는데 부족함이 없을 것이라 생각한다. 독자들의 질정을 바랄 뿐이다.

마지막으로 이 책을 내기까지 감사할 분들에 대한 소회를 밝히지 않을 수 없다. 무엇보다도 재일디아스포라 소설선집 발간에는 국가재정의 지원 덕택이지만 이것에 한정되지 않는 많은 인연과 공력이 있었다. 먼저, 지난 몇 년간 우리 팀원들이 보여준 놀라운 집중력과 높은 학문적 성취를 말하는 게 순서상 옳다. 재일디아스포라 문학연구회의 소장학자들이 보여준 열정, 공동연구자들의 의기투합이 소기의 성과를 이루는 토대였다. 함께 훌륭한 팀웍을 이루며 열정을 바친 추억은 가슴 속 깊이 간직하고자 한다.

또한, 저작권을 가진 원작자들이 보여준 예상 이상의 후원을 거론하지 않을 수가 없다. 모국의 문학으로 다루어질 수 있도록 소개하는 자리가 될 것이라는 취지에 깊은 공감하며 보여준 이들의 애정과 지원은 놀라움을 금치 못한다. 원 저작권자들의 후원 없이는 작품 선별과 선정에 이르는 과정이 결실을 맺기란 어렵다. 이분들이 우리 연구팀을 성원해 주신 것은 마음만이 결코 아니었다. 현해탄 건너에서 열정적으로 활동해온 재일디아스포라 작가들과 저작권 관계자들은 저작권 동의에 그치지 않고 선집 발간에 필요한 모든 번거로운 절차를 앞장서서 해결해 주었다. 재일디아스포라 문단의 원로이자 전설에 해당하는 이회성, 김석범, 양석일 선생 등등, 모든 작가들의 후원이 이 책의 출간을 가능케 했다. 또한 출판을 도와주신 김종태 선생의 애정과 지원에도 두 손 모아 깊이 감사드린다.

2017년 봄

재일디아스포라 문학의 글로컬리즘과 문화정치학

연구팀을 대표하여

김환기 씀

차례

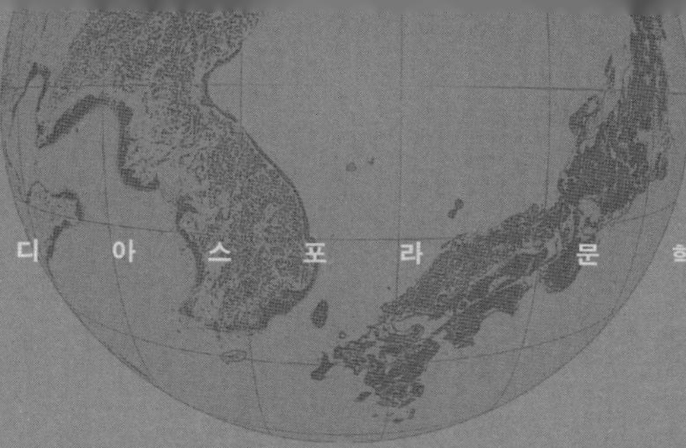

재일디아스포라문학선집

Q백작

김사량金史良

우리는 부산 발 신경新京행(신경은 구 일본 군벌이 만든 만주국의 수도, 현재의 길림성 장춘. 부산에서 장춘까지 직행열차가 있었다) 급행열차의 식당 안에서 맥주병과 호리병 모양의 청주병을 숲처럼 늘어놓은 테이블을 둘러싸고 있었다. 연말휴가로 귀향하다가 부산에서 우연히 함께 하게 되었다. 네 사람 모두 대학동창인데다 같은 도쿄東京에 머물러 살고 있었다. 한 사람은 광고업자, 한 사람은 축산회사원, 한 사람은 조선의 R신문 도쿄지국기자, 그리고 나였다. 우리는 사실 대학을 졸업한 이래 이렇게 느긋하게 마주앉은 적이 없었다. 그래서 모두는 서로 술에 젖을 정도로 술

잔을 기울이면서 왁자지껄 떠들어댔다. 정말 그것은 왁자지껄했다고밖에 말할 수 없을지 모른다. 그리고 드디어 우리는 술에도 담배에도 이야기에도 지쳤다. 그때 신문기자는, 이 열차를 타면서부터 마음에 들러붙어 떠나지 않는 하나의 추억이 있다는 말로, 다시금 모두의 주의를 집중시키더니 다음과 같은 이야기를 시작했다.

요즘 세상에는 이상한 사람이 많은 모양이다. 그도 결국은 그런 사람 중의 하나다. 정말 아무리 생각해봐도 이상한 남자였다. 하지만 난 아직도 그의 본명을 모른다. 그래서 모두가 부르는 것처럼 나도 내친김에 그를 Q백작이라 부르기로 하자.

그런데 내가 Q백작을 처음 만난 것은, 조금 소문날까 두려운 이야기지만, 실은 도쿄 A경찰서 유치장 안에서였다. 정확히 3년 전, 내가 ××사건에 연루되어 죄를 추궁 당하던 당시의 일이다. 그러니까 그를 Q백작 Q백작하고 부르고 있었던 것도 결국은 구류인과 형사, 간수들이었던 셈이다.

하지만 재미있는 일은 청년 Q백작이 도대체 어떤 사건으로 들어오게 되었는지 알 수도 없었지만, 유치장 안에서는 좌우지간 아주 인기가 많았다. 그것은 그가 누구에게나 매우 친근감 있게 대했고, 또 대단한 허풍으로 사람들을 즐겁게 해주었기 때문이라고나 할까. 무뚝뚝하기만 한 구류인들도 결국은 그를 조롱하고 욕을 하거나 웃음을 터뜨림으로써 적어도 무료한 마음을 달래고 있었던 셈이다. 이렇게 해서 그의 존재의의는 매우 커졌다. 찬물을 끼얹은 듯이 아주 조용한 유치장 안의 암울한 공기를 깨고 깨나른한 잠을 깨우는 것도 틀림없이 그였다.

"나리, 나리" 하며 그는 자주 밖을 향해 외쳤다.

막 들어온 날, 나는 이 우스꽝스러운 말투에 매우 놀랐다. 그 소리는 비스듬히 마주 보는 방에서 나고 있었는데, 아무래도 그 소리의 주인공이 조선의 남자 같았기 때문이다.

"접니다, 저. 변소, 변소에 가고 싶거든요."

"Q백작인가."

"하, 하이."

그것이 또 참으로 황송한 군대식 목소리가 아닌가. 모두는 무심코 웃음을 터뜨렸다. 그래도 간수는 과연 그가 백작이라고 인정해주는 것은 아니겠지만, 변소에 갈 시간이 아닌데도 절그럭거리는 패검 소리를 내면서 그 쪽을 향해 갔다. 이 일로 감방 사람들은 졸음을 방해받았다는 듯이 불만스럽게 투덜대기 시작했다. 생각해보면 물론 별다른 불만이 있을 리도 없지만, 역시 무료함을 달래기 위해 그저 그런 식으로 표현하는 것이다. 하지만 개중에는 그 음산한 분위기로부터 간신히 해방되었다는 기분이 되어 철창문 밖을 몰래 엿보려고 여기저기 무릎을 세우는 사람들도 있다. 내 바로 옆에 웅크리고 있던 대머리 전과자는 고개를 움츠리고 어깨를 들어 올리며 불평을 했다.

"자식, 또 소란을 피우는군."

"저 사람은 무슨 일로 들어왔나" 하고 난 작은 소리로 물어보았다.

"그건 모르지만 저리 보여도 당신네 나라의 백작이라더군" 하며 전과자는 분하다는 듯이 입을 오므렸다.

"놈은 자신이 사상가라고 지껄인다니까."

"저 녀석의 부친이 당신 나라 어느 지방의 도지사라던데." 이번에는 앞쪽에 웅크리고 있던 노쇠한 날치기가 말참견을 했다. 그때 나는 아하 하고 납득이 갔다. 물론 그 말은 사실이다. 역시 ××도지사의 아들임에 틀림없다. 그나저나, 잠시 기다려보게. 그때 이 녀석이 또 말을 했다. 이 녀석은 원래 백작과 같은 방에 있었는데, 그와 뭔가를 속닥거리다가 발각이 되어 방을 옮겨왔기 때문에 Q백작에 관해 잘 알고 있을 터였다.

"게다가 또 백만장자라더군. 이봐, 조선 신참, 자네는 모르나, 그래 아직 모르는 모양이군……. 그렇지만 저 녀석은 꽤나 좋은 남자야."

"언제 쯤 들어왔나?" 나는 또 물었다.

"반년이나 전이야."

"무슨 일로?"

"나도 모르지만, 저 녀석의 말로는 꽤나 큰일을 저질렀다고 하더군." 이라며 웃는 것이었다. 그리고 이 날치기 남자의 설명에 의하면, Q백작은 매일 특고실特高室로 불려가 먹고 싶은 대로 맛있는 음식을 먹고, 신문이나 잡지 같은 것도 자유롭게 읽으며 논다는 것이다. 그래서 주의를 기울여보니 과연 그는 하루에 한 번은 반드시 식사 전에 불려간다. 그리고 백작이 나가면 날치기는 의례 입맛을 다시며 이렇게 중얼거리는 것이었다.

"녀석은 오늘 틀림없이 중화요리를 먹을 거야. 어쩌면 포크커틀릿일지도 모르고……. 아아, 난 하다못해 담배라도 한 대 피울 수만 있다면, 담배를……."

그렇지만 난 드디어 특고실 안에서 날치기 남자의 말과는 너무나 다른 일을 하고 있는 Q백작을 보았던 것이다. 유치장을 나오면 바로 오른쪽에 이층으로 올라가는 계단이 있다. 그걸 올라간 막다른 곳에 특고실 문패가 걸려 있었다. 나는 갑자기 밝은 곳으로 불려나온 탓이겠지만, 눈이 부시고 현기증이 나면서 눈물이 배어나오는 것을 느꼈다. 그래서 한쪽 구석에 있는 의자에 걸터앉아 현기증과 급격히 차오른 숨을 고르고 있었다. 겨우 정신을 차리고 보니 내 앞에는 어느새 유령처럼 어떤 남자가 우뚝 서 있었다. 그리고는 씩 웃는 것이었다.

이 사람이구나 하는 생각이 들었다. 그를 보는 것은 이번이 처음이었다. 대체 이게 무슨 꼬락서니란 말인가. 나이는 스물예닐곱이나 될까, 사로잡힌 몽골족 같이 너덜너덜한 양복, 머리는 장발족처럼 길고 심하게 헝클어져 있었다. 다만 그 백석 같이 넓은 얼굴과 공허하고 커다란 눈, 부석부석한 얼굴이 겨우 현실로서의 인간이라는 느낌을 갖게 했다. 하지만 생각 탓인지, 얼굴이랑 몸 구석구석에 왠지 모를 소탈한 유쾌함과 보통사람과는 다른 귀공자풍이 감돌고 있었다. 그런 풍모에다 팔을 걷어붙인 채 손에는 묵직하고 더러운 걸레를 들고 서 있는 것이다. 일본 짚신도 신지 않고 마루를 닦고 있던 탓에 발은 토목공사장의 일꾼처럼 더럽다. 그리고 발가락 사이에는 검은 진흙이 잔뜩 배어나와 있다. 말하자면 그 역시 다른 사상범들과 마찬가지로 매일 불려나와 수기를 쓰고 있는 것에 틀림없다. 다만 그날은 특별히 청소당번에 뽑혀서 도와주고 있었던 것일 게다. 그는 그때 내 발쪽으로 허리를 굽히고 걸레로 마루를 닦는 시늉을 하면서 주위를 의식한 것인지 잘 들리지 않는 작은 조선어로 속삭였다.

"잘 하시오. 돈이 있으면…… 부탁해서…… 흰 쌀밥이라도 사 먹고."

그리고 그는 고개를 들어 올리더니, 물욕과 교활함이 뒤섞인 동정의 미소를 지어보였다. 그러더니 옆에 있는 양동이 안에 걸레를 담가 짜낸 뒤 갑자기 옆 테이블 밑으로 기어들어갔다. 나는 그의 병든 것처럼 퉁퉁 부어오른 거무죽죽한 장딴지를 바라보면서 심한 각기병이라고 생각했다. 그 뒤로 얼마 지나지 않아 드디어 그의 병이 악화되었는지 그의 방에서 신음소리가 들리고, 그 때문인지 한동안 늘 있던 호출도 없어졌다.

그러나 어느 밤 나는 변소 안에서 그와 은밀하게 몇 마디 이야기를 나눌 수 있었다. 내 방 사람들이 변소에 갈 때였다. 마침 Q백작은 같은 방 사람들보다 늦게 혼자서 축 처진 모습으로 소변기 앞에 서 있었다.

"몸은 괜찮나?"

"그래, 고맙네. …… 별일 아니야." 그는 대수롭지 않다는 듯이 대답했다. 하지만 그 목소리가 꽤나 쉬어있는 데다 숨을 헐떡이는 바람에 놀라서 그의 얼굴을 가만히 들여다보았다. 그러자 그는 자못 자랑스럽다는 듯이 히죽 웃으며, "난 익숙해져 있으니까"라고 말하는 것이었다. 그 얼굴은 묘하게 창백하고 긴장되어 있었다.

"언제 나가나?"

"난,…… 틀림없이 송치될 거야(미결수로서 유치되어 있던 자가 기소되어 검사국으로 보내지는 것)."

그 목소리는 역시 기력이 없이 떨리고 있었지만, 왠지 내심으로는 득의양양해하는 것 같았다.

"무슨 일을 한 건가."

"나말인가? 헤헤헤, 아무에게도 말할 수 없네."

그러더니 그는 갑자기 커다랗고 공허한 눈을 뒤룩거리며 목에 얽혀 붙는 듯한 목소리로 물었다.

"아나키스트가 뭔가?"

"아나키스트라는 건, 즉……." 나는 어이가 없어 말을 우물거렸다. 아무튼 3년 전의 일이니까 아나키스트도 있기는 있었을 것이다. 그런데 이 Q백작이 갑자기 몸을 비틀더니 헤헤헤 웃으며 이렇게 외치는 것이었다.

"헤에, 헤에, 내가 바로 그거야. 정확히 그거라고."

그런데 이게 너무나 괴상한 목소리라서 난 깜짝 놀라 옆에 있는 세면장 앞으로 뛰어내려 웅크렸을 정도였다. 간수에게 들키는 것이 아닌가 하고. 어쨌든 귀공자 같은 얼굴을 하고 있으면서 이처럼 그는 참으로 무지하고 광신적인 데다가 자주 말도 안 되는 소리를 자주 토해내는 것이었다. 그는 중태에 빠진 뒤에도 간수의 눈을 피해 철창문 옆에 들러붙어서는 어느 방의 남자이건 말을 걸어 선전하는 것이었다.

"내 범죄 말인가? 그러니까 난 아나키스트라고 할 수 있지. 무슨 사건이 나면 난 반드시 끌려 들어온다네. 그런데 자네, 아나키스트라는 게 뭔지 아나? 모를 거야, 그렇지?"

그렇지만 감방의 사람들은 누구 하나 그의 말을 곧이 들으려하지 않았다. 그저 말없이 히죽 웃어넘길 뿐이다. 하지만 어느 날 나는 특고실에 불려갔을 때 그에 대한 모든 것을 알게 되었다. 그곳에는 그의 부친이 와 있었던 것이다. 금테안경을 쓰고 흰 수염을 길렀으며, 육중하게 살찐 풍채가 좋은 신사였다. 물론 ××도지사임에 틀림없다. 주임이 나이든 백작을 앞에 두고 그 자식에 관해 설명하고 있었다. 나는 넌지시 듣고 있었다. Q백작은 역시 몇십 번이나 여러 경찰서에 체포된 적이 있었다. 따라서 상습범이라 해도 거짓은 아닌 것 같았다. 게다가 그의 범죄라는 것이 또한 언제나 기괴했다. 누군가 불온한 자가 끌려갔다는 말을 들으면 무슨 생각에선지 바로 그 남자가 살던 곳으로 자못 중요하게 여겨지는 편지를 써서 보낸다. 그리하여 이거야말로 중대한 일이라 여겨 덮쳐보면 그가 꾸민 짓이었다. 이번에도 같은 하숙집의 동료가 뭔가의 혐의로 검거되자마자 바로 그 방으로 몰래 들어가 눈에 띄는 서적과 그 밖의 증거가 될 만한 것들을 자신의 방으로 옮겨놓았다고 한다. 나중에 형사가 가택수색을 나가보니 방안의 모습이 완전히 바뀌어 있었다. 그래서 조사해보니, Q백작이 그걸 자신의 방안 곳곳에 쌓아두고 그 가운데에 똑바로 드러누워 자고 있었다는 것이다. 연유로 동행을 요구하자 그는 아무렇지도 않다는 듯이 일어나 힘없이 따라왔다고 한다.

"정말로 백작님의 자제분 때문에 애를 먹고 있습니다"라고 주임은 머리를 긁적이며 말하고 있었다. "유행을 좇는 것 치고는 너무 자학적이고…… 그리고 이제는, 그러한 불온사상도 한물 간 게…… 아닌가요."

"도대체 무슨 사상이란 말씀인가" 하고 노백작은 침통한 얼굴로 물었다. 주임은 꽤나 곤란하다는 듯이 대답했다.

"글쎄요, 아나키스트라고나 할까요."

분명 그 일이 있고 이삼일 뒤가 아닌가 싶다. 내가 일단의 서류와 함께 검사국으로 가게 된 것은. 하지만 그 날의 이 가엾은 아나키스트의 인상은 내게는 평생 잊을 수 없을 정도로 슬펐다. 그날 아침 나는 감방 밖으로 나와 거의 3개월 만에 신발을 신으며 여러 가지 준비를 하고 있었다. 그는 다른 구류인들과 마찬가지로 쇠창살문에 몸을 기댄 채 내 얼굴을 가만히 내려다보고 있었다.

"나리께 부탁해서 담배라도 한 대 피우게나"라고 그는 중얼거렸다.

"고맙네."

나는 왠지 모르게 슬퍼져서 그가 있는 쪽을 올려다보았다. 그의 모습이 조금도 우스꽝스럽게 여겨지지 않았다. 그의 총명해 보이는 넓은 얼굴에는 세 줄기 깊은 주름이 잡혔고 공허한 눈은 흐려져 있었으며 다박수염이 돋아난 입가는 씰룩거리고 있었다.

"가능하면 자동차로 가는 게 좋아."

나는 결박당한 몸 위에 외투를 걸치고 모자를 깊숙이 눌러쓴 채 그에게 목례를 했다. 그리고 유치장 출구를 나오려는 찰나에 갑자기 Q백작의 목이 잠겨 커다랗게 외치는 소리가 찢어지듯 들려왔다.

"잘 해내야 돼!"

나는 지금도 그 소리가 귓가를 찌르며 들려오는 듯하다. 게다가 그 외침소리를 떠올릴 때면 으레 뭉클하면서 공연히 마음이 침울해지는 것이다……. 자아, 맥주 좀 더 따라 주게나. 그러더니 신문기자는 다시 쭉 들이켜 잔을 비웠다. 기차는 어둠속을 그저 북쪽으로 계속 돌진했다.

그런 일이 있고나서 재작년 11월의 일이다. 그러니까 지금보다 한 달 정도 이른 시기였다. 나는 다시 자유로운 몸이 되었다. 아니 오히려 갱생했다고 할 수 있었다. 그리고 마침 이 경부선(경성-부산 사이, 1905년에 개통) 열차를 타고 고향으로 돌아가던 중이었다. 하지만 마침내 무서운 일이 벌어지고 말았다. 돌이킬 수 없게 되고 만 것이다. 나는 그때의 일을 생각하면 안절부절못하게 된다. 괴로워진다. 그리고 양심의 가책을 느낀다. 그렇다. 나는 갱생이라는 인생의 새로운 출발에 있어 또 다시 큰 죄를 범했다는 생각이 든다.

그날 밤은 오늘처럼 달이 교교하게 비치고 있지는 않았다. 배를 내렸을 때 부산의 부두는 비가 오고 있었다. 그리고 저녁 기차가 추풍령 계곡에 접어들었을 때는 태백산맥에 가로막힌 대륙의 구풍이 휘몰아쳐 온천지에 눈가루를 휘날리고 있었다. 낮은 하늘은 거무스름했고 소나무와 측백나무 숲이 바위그늘에서 떨고 있었다. 깎아지른 듯한 절벽이 눈 폭풍에 움츠러들어 있었다. 열차는 계곡을 지나자 어둠속에 펼쳐진 적막한 들판으로 돌진했다. 몇 백 마리는 될 것 같은 검은 까마귀의 무리가 울부짖으며 하늘높이 날아오른다. 한마디로 이처럼 음산한 밤이었다.

게다가 차내는 만주의 광야로 이주해가는 이민자들로 가득했다. 그들은 짐짝처럼 쪼그리거나 웅크리고, 아니면 엎드리거나 드러누워 있었으며, 자리에서 밀려난 사람은 통로에서 타구를 껴안은 채 잠들어 있다. 모두 꽤나 지쳐있었는지 깊은 잠에 빠져서 누구 하나 눈을 뜨려하지 않았다. 때때로 아이들이 칭얼거리고 훌쩍일 뿐. 여기저기에서 여자가 구토를 하거나 한다. 몸을 밀어 넣을 틈도 없어서 선반 위에 엎드려 정신없이 잠들어 있는 젊은이의 모습도 이곳저곳 눈에 띈다. 당장이라도 떨어질 것 같은 큰 발이 밑에 있는 여자의 창백한 얼굴을 걷어차지는 않을까 걱정되는 경우도 있다. 끈으로 매달아놓은 바가지는 서로 부딪치면서 달가닥 달가닥 불길한 소리를 낸다.

나는 그 한구석에 작게 웅크린 채, 아무런 생각도 말아야지, 과거의 일은 그대로 묻어버리자는 식으로 눈을 감고 있었다. 하지만 나는 절망하고 있지는 않았다. 오히려 뭉클뭉클 자신의 몸 안에 새로운 생명의 피와 힘이 솟아오르는 것을 느꼈다. 더구나 저주스런 풍수해로 전답과 집이 쓸려나간 농민들이 다시금 새로운 광명을 찾아 먼 광야로 향하는 모습을 보자 마침내 나는 자신도 다시 태어나야만 한다, 새로운 생명력을 되찾아 굳세게 살아야한다고 맹세하는 것이었다. 결국 나는 더위에 축쳐지면서 점차 몸에서 열이 나더니 거의 녹초가 되고 말았다.

그 사이에도 이 이민열차는 쉴 새 없이 기적을 울리며 흔들리고 삐걱거리는 소리와 함께 으르렁대듯 돌진을 계속했다. 마치 지금의 이 기차처럼 — 큰 정거장에 멈출 때마다 객차와 화차가 새로이 연결되고 또 다시 새로운 이민자들이 왕창 밀려들었다. 너무나 소란스런 나머지 나는 눈을 떠 창밖을 바라보았다. 여전히 눈이 공간을 온통 뒤덮은 것처럼 내리고 있는 가운데 이 정거장에서 기다리고 있던 수백 명의 이민자들이 노인을 잡아끌거나 혹은 아이를 들쳐 업고 노도처럼 뒤쪽 차량으로 비명을 지르며 밀려가는 것이었다. 그것이 난민집단처럼 보이기도 한다. 그런데 어느새 내가 탄 차량 쪽에도 수십 명의 이민들이 얼굴을 들이밀어 보더니 뭔가를 외치면서 다시금 황망히 바깥쪽으로 뛰쳐나갔다. 하지만 나는 그 뒤에서 검은 오버에 희고 화려한 비단 머플러를 목에 감은 중키의 신사가 한 사람 비틀거리며 들어오는 것을 보았다. 그는 입구 근처에서 망연히 차 안을 둘러보는 것이었다. 꽤나 괴로운 듯이 몇 번이나 미간을 찌푸리고 씰룩씰룩 두꺼운 입술을 일그러뜨렸다. 얼굴은 새빨갛게 달아올라 있었다. 이마에는 세 줄기의 깊은 주름에 패어있다. 숨이 가쁜 모양이다. 나는 술에 취한 모양이라고 생각했다. 하지만 그와 동시에 자신도 모르게 아니 이건 하고 자리에서 일어나고 있었던 것이다. 두 사람 사이는 5미터도 떨어져 있지 않았다. 그도 나를 알아봤는지 갑자기 눈을 크게 뜨더니 표정을 바꾸며 씩 웃었다. 나는 그 웃는 얼굴을 보고는 자신도 모르게 "이게 누군가!" 하고 소리를 질렀다. 언젠가 A경찰서의 특고실에서 내 앞에 나타나 씩 웃고 있던 Q백작임에 틀림없었던 것이다. 그는 통로의 남자들 사이를 넘어질 듯이 헤치며 다가오더니 갑자기 내 몸을 껴안았다. 술 냄새가 확 풍기며 코를 찔렀다.

"도쿄의 동지!" 하며 그는 주위를 아랑곳하지 않고 큰 소리로 힘주어 말했다. 술 탓으로 이전보다도 더욱 혀가 돌아가지 않는 내지어(일본어)를 사용하고 있었다. 나는 조금 긴장했다. "아니, 이게 어찌된 일인가. 자네 — 자네는 그 뒤로 잘 지냈나? 안색이 안 좋군!" "자아, 여기에 좀 앉게나"라며 나는 그에게 자리를 양보하려고 일어났다.

그러자 그는 갑자기 겁을 먹은 듯이 그만두라고 손을 흔들며 뒷걸음질 치나 싶더니 그대로 통로에 털썩 엉덩방아를 찧으며 주저앉았다. 그러더니 외치기 시작했다.

"아니야, 난 여기면 돼. 이걸로 좋아. 난 말이지, 도쿄의 이야기를 하고 싶어. 이보게, 도쿄의 동지, 난 자네, 자네 — 가 송치될 때는 걱정했어. 많이 걱정했지. 저 녀석은 처음이라서 틀림없이 뻗어버릴 거라고 말이야."

"고맙네, 그런데 자네는 좀 자는 게 좋을 것 같아."

라고 나는 그를 위로하듯이 조용히 말했다. 그러자 그는 다소곳이 무릎을 안으며 힘없이 고개를 떨궜다. 그리고는 괴로운 듯이 신음소리를 내기 시작했다. 그때 기차가 굉음을 내면서 출발하기 시작했다. 플랫폼과 차내에서 일제히 통곡소리와 함께 규환의 목소리가 하늘과 땅을 울리는 것처럼 솟아올랐다. 이별의 순간이 되자 감정이 복받쳐 올랐던 것이다. Q백작은 마치 뜨거운 물이라도 뒤집어 쓴 것처럼 번쩍 고개를 들어올렸다.

"이게 무슨 소리지!" 그 얼굴은 이전처럼 병적으로 부어 있지는 않았다. 격심한 공포의 엄습에 손발을 마구 떨고 있다. 하지만 그 희끄무레한 눈 안에 기분 나쁘게 비꼬는 듯한 기쁨의 빛이 켜져 있다. 그는 두세 번 딸꾹질을 하더니 다시 나에게 물었다. "이게, 무슨 소리야, 무슨 소린가!"

"이민자들의 요란한 울음소리야."

"그래, 그렇구나."

라며 그는 마치 실성이라도 한 것처럼 이를 드러내고 헤헤헤 웃었다. 기묘한 일은 그와 동시에 Q백작 역시 갑자기 소리를 내어 울기 시작한 것이다. 주위의 사람들은 놀란 듯이 소리를 죽이고 멍한 상태로 이 엉뚱한 백작을 쳐다보기 시작했다. 드디어 기차가 플랫폼을 빠져나가자 차내도 점차 조용해졌다. 어느새 주위는 눈보라도 걷히고 무리지은 산들과 펼쳐지는 들판은 은색으로 뒤덮여 엷은 달빛 아래를 흘러간다. 차내는 다시 완전히 조용해졌다. 하지만 Q백작의 울음소리는 점차 커져만 가서 나는 더 이상 방도를 찾지 못하고 있었다. 그는 다시 발작이라도 일으킨 것처럼 목을 치켜 올리고 이번에는 조선어로 외치기 시작했다.

"나도 울고 싶어. 큰소리로 울고 싶어. 난 우는 게 좋아, 그래서 늘 이 이민열차를 타는 거야."

그러다가 갑자기 울음소리를 딱 멈춘 그는 얼굴 근육을 격렬하게 일그러뜨렸다. 나는 이 열광적인 남자가 우리들이 가끔 빠져드는 절망적인 고독감에 빠진 것이라고 생각했다. 그렇다, 그것은 무서운 절망임에 틀림없다. 나는 그가 빨리 안정을 찾기를 바랐다. 하지만 그의 턱은 경련이라도 일으킨 것처럼 마침내 달각달각 격렬하게 떨리기 시작했다. 그러더니 돌연 비명을 지르듯이 뒤로 넘어졌다.

"자네는 자네는…… 내게 복수하려고 했던 게지."

잠시 음습한 침묵이 흘렀다. 그리고 그는 입을 빼끔히 벌린 채로 내 눈을 가만히 파고들 듯이 노려보았다. 나는 까닭 없이 마음속이 떨리는 기분이 들었다.

"그렇다. 어느 누구 할 것 없이 내게 복수를 하려 한다. 자네도…… 마찬가지야. 그래, 그렇지, 거 봐, 자네 안색이 변했군, 변하지 않았냐 말일세."

"무슨 말을 하는 건가. 자네는 뭔가의 환상을 쫓고 있어. 그리고 또 그것에 휘둘리고 있다고"라고 말하며 나는 가엾다는 듯이 웃어보였다. 사실 난 그를 어떻게 이해하면 좋을지 알 수 없었다. 어쨌든 이걸 병이라고 한다면 유치장에 있을 때보다 확실히 악화되어 있었다. 그리고 또 덧붙였다. "난 자네가 무슨 소리를 하는지 통 모르겠네."

"자네는 시치미를 떼고 있어. 복수를 하고 싶지 않은가, 내게 말일세, 내게, 에헤헤, 에헤헤."

"도대체 뭐가 어떻단 말인가."

"무슨 소리, 그렇다니까"라며 그는 다시 괴로운 듯이 신음했다. "난 지금 나 자신에게 복수를 당하고 있어. 목을 졸리고 있지. 갖고 싶은 것도 없고, 기쁨도 없고, 즐거움도 없고, 희망도 없어. 아—난 이 이민열차를 탈 때만은 살 것 같아. 나도 그들과 함께 갈 수가 있어. 소리칠 수가 있어."

"하지만 이 사람들에게는 희망이 있어. 슬퍼지려고 가는 것이 아니야."

"그건 아무래도 좋아, 난 그저 그들과 함께 같은 열차로 같은 방향을 향해 나아가고 있다는 것이 기뻐서 견딜 수 없어. 그리고 우는 것도 함께 하고 소리치는 것도 함께 하지. 하지만 난 어쩌지. 난 어쩌나. 이 사람들이 국경을 넘어가버리면 혼자서 돌아와야 하는데. 그때를 생각하면 슬퍼서 견딜 수 없어."

그러더니 다시 훌쩍훌쩍 울기 시작하는 것이다. 나는 결국 난처한 입장에 처하고 말았다. 하지만 왠지 그가 가엾다는 생각이 들면서 동정심을 느꼈다. 물론 냉정하게 생각한다면 이 얼마나 곤혹스런 남자인가. 이러한 인간이야말로 사라지는 게 마땅하지 않겠는가.

"그만 하게, 볼썽사납지 않은가." 나는 책망하듯 말했다.

그런데 그가 흠칫 놀라 일어나는가 싶더니 다시 몸을 바들바들 떨기 시작했다. 눈을 크게 뜨고 입을 빼금거리며 일어나려고 몸부림을 친다. 무슨 일인지 몹시 흥분해 있었던 것이다. 그 얼굴은 죽음을 드리운 채 굳어져 있었다. 마치 죽으러 가는 사람이 천국을 거부당한 것처럼, 최후

의 기쁨을 빼앗긴 것처럼. 그리고 팔을 치켜 올리며,

"뭘 말이야, 그만 하라니!"

라고 외치는가 싶더니, 그 자리에 풀썩 주저앉고 말았다. 결국 침을 질질 흘리며 얼굴과 함께 상체를 그대로 털썩 통로에 쓰러뜨렸다. 체면은 완전히 구겨지고 말았다. 나는 잔인하게도 이제 안심이라는 기분이 들었다.

"그렇지만 그때 안도했다는 것에 난 지금도 여전히 마음이 얼어붙을 듯한 심정이 된다네. 그 일이 이후의 2년 동안 나를 얼마나 고문하던지"라고 신문기자는 괴로운 듯이 신음했다. "술을 좀 더 주게나, 술을 좀 더."

"그래서 어떻게 되었나"라며 축산회사원은 답답하다는 듯이 재촉했다.

"알았으니 기다려 주게…… 그런데 기차는 머지않아 대전에 도착할 예정이었지. 자네들도 알고 있듯이 난 대전에서 호남선(대전-목포 간, 1914년 개통)으로 갈아타야 한다네." 그때 나는 내릴 준비를 하면서 생각했다. 자, 이별을 고하기 위해 이 Q백작을 깨워야 하나, 말아야 하나. 그는 쓰러진 채 축 쳐져있었다. 일부러 깨울 필요는 없다고 생각했다. 마침내 거의 다 왔는지 기적이 울렸다. 그래서 난 양손에 트렁크를 들고 좌석에서 일어나 출구 쪽으로 나가려했다. 그때 기차가 한바탕 심하게 흔들리는 바람에 비틀거리던 나는 하필이면 백작의 등 위에 주저앉고 말았다. 그는 쭉 뻗어 버렸다. 난 당황해서 급히 일어났지만, 그는 포복하듯이 통로에 엎드린 채 미동도 하지 않았다. 마침내 난 그에게 작별을 고할 수 없을 것 같은 기분이 들었다. 그때는 이미 플랫폼의 불빛이 보이기 시작했다. 하지만 난 그때가 돼서야 그를 깨워야한다고 생각했다.

"Q!"

대답이 없다. 술에 취해 잠들어버렸다고 생각했다. 기차가 멈추기 시작했다. 플랫폼의 혼잡이 눈에 보인다. 어수선한 사람들의 목소리. 난 서둘러 내려야 한다는 생각으로 마음이 조급해졌다.

"Q백작, 이봐."

여전히 그는 쓰러진 채 미동도 하지 않는다. 나는 트렁크를 놓고 그를 흔들어 깨워야한다는 지혜까지는 떠오르지 않았다. 그러면서 마음만 더 조급해졌다.

"Q, 어떻게 된 건가. 바보로군. 거기서 누워 있으면 밟히고 말거야, 이봐, 백작."

마침내 기차가 멈췄다. 커다란 확성기소리가 윙윙거린다. 플랫폼으로 사람들이 몰려나간다. 난 두세 걸음 입구 쪽으로 향하다가 돌아보았다. 보다 못한 옆의 농사꾼이 Q백작을 안아 일으키려 한다.

"젊은 양반, 일어나시오, 어서."
라며 남자는 백작의 몸을 흔들기 시작했다. 그때 내 앞쪽으로 승객들이 한꺼번에 밀고 들어왔다. 그래서 재빨리 빠져나가려는 순간, 뒤 쪽에서 농사꾼 남자가 비명을 지르며 펄쩍 일어난 모양이었다.

"어찌된 일이야!"

나는 놀라서 뒤돌아보았다. 하지만 난 다시 탑승하는 엄청난 승객의 물결에 휩싸여 몸을 움직일 수 없게 되었다. 이미 아수라장 같이 소란스런 것이 아비규환이나 다름없었다. Q백작이 어떻게 되었는지는 모른다. 보이지 않는다. 더 이상 알 수 없다. 그러나 어찌된 일인지 난 내리겠다는 생각으로 가득 차 있었다. 그리고 발차하려는 순간에 내려섰을 때는 안도했던 것이다. 하지만 기차가 움직이기 시작하자 난 갑자기 겁을 먹은 것처럼 트렁크를 양손에 든 채 뒤쫓아 가면서 외치기 시작했다.

"Q! Q!"

"그는 이미 숨이 끊어져 있었던 건가"라고 광고업자는 물었다.

"그걸 나로서도 알 수가 없어. 지금도 그래서 괴롭다네. 어쩌면 죽어 있었을 지도 모르지. 하지만 어쩌다 그렇게 되어버린 걸까. 이런 생각을 하면 심한 양심의 가책을 느낀다네. 난 내리지 말았어야 했어."

신문기자는 그렇게 말하며 땀과 함께 눈물을 닦았다. 그리고는 갑자기 말을 멈췄다. 그 뒤로는 한 번도 만난 적이 없냐고 축산회사원이 조심스레 묻자, 그는 잠시 침묵을 지키다가 마침내 작은 목소리로 혼잣말처럼 중얼거리기 시작했다.

"난 작년 여름에 강원도 산속에 들어갔네. 그때 하필이면 열흘간이나 폭풍우가 몰아치더군. 한강 상류가 물이 크게 불어 탁류로 변했지. 어느 날 그 강 쪽에서 도움을 요청하는 소리가 들리더군. 난 왠지 들어본 적이 있는 목소리 같아서 뛰쳐나가 빗속에 서 있었어. 강물의 가운데 쪽에 뗏목이 떠내려가고 있더군. 그 위에 두세 명의 사람 그림자가 보였고. 안개비로 흐려져 있어서 또렷이 보이지는 않았지만, — 그중에 한 사람이 양복을 입고 있더군. 그 사람이 목청껏 외치고 있는 것 같았어. 그 남자의 모습이 아무래도 낯설지가 않더라고. 그래, 그게 바로 Q백작이 아니었나 하는 생각이 들어. 역시 기분 탓이었겠지. 난 그 뒤에 경성의 젊은 목재 상인이 뗏목꾼과 운명을 함께하고 있다는 이야기를 산속 읍내로 내려와 들었는데, 그 남자의 이름이 무언지는 누구 하나 아는 사람이 없더군."

"설마 그게 Q백작은 아니겠지"라고 광고업자가 은근히 부정했다.

"그리고 올봄의 일이야. 내가 경성에 돌아와 종로에서 동대문행 전차를 탔을 때였어. 방공연습 당일이었지. 전차는 5정목 네거리를 지나가려는 참이었어. 그곳에서는 경방단원警防團員이 훈련을 하고 있었는데, 그때 한 사람의 중키의 남자가 일렬횡대를 이룬 단원들을 향해 뭔가 훈시를 하고 있더군. 난 그 남자의 뒷모습밖에 볼 수 없었지만, 지금 생각해보면 아무래도 백작이었다는 기분이 들어."

"그렇구먼" 하고 나는 외쳤다. 왜 자신이 그렇게 외쳤는지는 모른다. 하지만 그의 경우라면 있을 법한 일이라고 생각되었다. 그리고는 옳거니 하고 자신의 무릎을 쳤다. "그래, 틀림없이 그게 Q백작이었을지도 몰라. 그는 전쟁이 나서 좋아하고 있을 거야. 왜냐하면 지금 국가는 이 민열차처럼 현실적인 괴로움은 있을지라도, 일정한 방향을 향해 국민을 태우고 거국일치의 체제로 매진에 매진을 거듭하고 있으니까. 그래서 그는 생활의 목표와 방향을 쟁취했는지도 몰라. 경방단警防團의 단장 정도는 쉽게 해낼 수 있을 거야."

모두 잠자코 고개를 끄덕였다.

"그렇게 지내고 있다면 좋으련만"이라며 신문기자는 물끄러미 맥주잔을 들여다보면서 슬프게 중얼거렸다. 그리고 또 계속했다. "하지만, 그리고 또 어느 날……."

(번역 : 김학동)

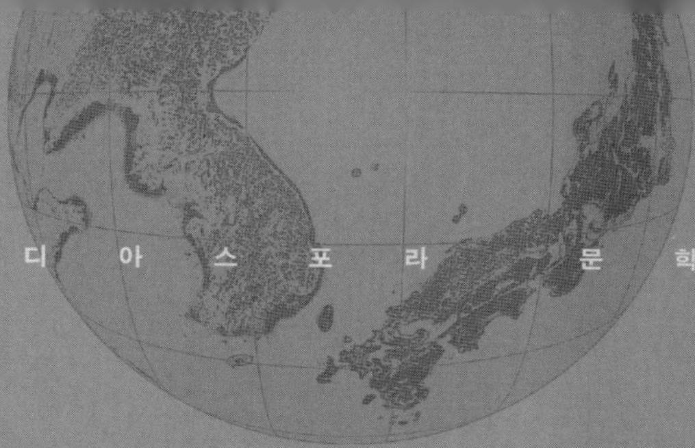

재일디아스포라 문학선집

살다 보면

이은직李殷直

종은 계속 혹사당하고 있었다.

상임위원회, 집행위원회, 임시총회, 청년부회, 부녀부회.

2백호 정도의 재류동포가 사는 집단부락에 이러한 모임이 끊이지 않았다. 낮에는 제각각 먹고살기 위한 일에 쫓기는 사람들이다 보니 모임은 언제나 밤에 열렸다.

어두워져 각 가정에서 저녁밥을 먹고 있을 무렵 모임을 알리는 종이 부락의 구석구석에 울려 퍼져나갔다.

"자, 얼른 먹어. 설거지를 하고 모임에 나가야 돼."

밥알을 주변에 흘려놓고 작은 숟가락으로 식탁 모서리를 두드리고 있는 네 살배기 아이에게 젊은 엄마는 바쁜 듯이 재촉했다.

"뭐야, 또 모임이야? 너무 모임이 많은 거 같은데."

식사를 마치고 차를 마시던 남편이 검붉게 그을린 이마에 주름살을 지으며 불만스럽다는 듯이 중얼거렸다.

아내는 쌍꺼풀의 눈을 크게 뜨고 남편의 눈을 바라본다.

그 눈에 이끌려 격렬한 사랑을 했던 남자는 이내 쑥스러워져서 무슨 일인가? 하고 부모의 얼굴을 번갈아 올려다보는 아이를 꼭 껴안았다.

"싫어―, 아직 밥 먹고 있잖아."

"내버려 두세요……."

말을 이으려던 아내는 입을 다물고, 흩어져 있는 밥알을 주워 자신의 입안에 넣는 동작을 한동안 계속했다.

"오늘밤은, 갈 거면 데리고 가."

"어머, 당신 또 나가려고요?"

"나가려는 건 아니지만, 난 이제 아이 보는 게 지겨워서."

남편은 일어나 기지개를 켜더니,

"그렇지, 역시 오늘밤은 그 녀석을 만나야겠어……."

말할 틈도 주지 않고 남편은 재빨리 문을 열고 나갔다.

아내는 조금 화가 났지만, 익숙해져 있다는 듯이 어이없는 한숨을 쉬었다.

"아빠 어디 갔어?"

"됐으니까, 얼른 밥이나 먹어."

"싫어, 배불러."

이것도 늘 있는 일로, 아이는 먹다만 밥을 그대로 둔 채 자리에서 일어났다.

"안녕하세요, 분희씨, 가셔야지요."

검은 외투를 걸친 둥근 얼굴의 처녀가 찾아왔다. 지부의 사무원으로 모임이 있을 때마다 같이 가자고 왔다.

"예—, 그런데 또 집을 봐야 돼요."

"어때서요, 비워두고 가더라도 어차피 도둑맞을 것도 없잖아요."

그 말투가 우스워 두 사람은 소리를 내어 웃었다.

6시부터 시작된다는 모임이 이미 7시가 되었는데도 모인 사람은 겨우 세 사람에 불과했다.

"어찌된 일일까요, 다들 정말 무슨 생각을 하고 있는 걸까요."

사무원인 처녀는 혼자 애를 태우고 있었다.

"엄마, 추워—, 집에 가—."

깨진 유리문으로 찬바람이 불어들어 온다. 약한 백 촉짜리 전구가 희미하게 빛나고 있다.

콧물을 훌쩍이며 학교의 선생님이 들어왔다. 다박수염이 자라나 나이보다 열 살은 늙어 보이는 얼굴이었다.

"아이—, 돌아가—."

"착한 아이니까 가만히 있어야지."

분희는 아이를 달래려고 사탕을 주었다. 효과가 있었는지 아이는 이

내 조용해졌다.

"시작해볼까요."

선생님이 조선어로 말했다.

"이 정도밖에 모이지 않았는데요……."

사무원인 처녀는 전혀 흥미가 나지 않는다는 듯이 콧소리를 내었다. 그건 일본어였다.

"나중에 오는 사람은 오는 거고, 슬슬 시작을 하겠습니다."

선생님은 역시 조선어로 말한다.

"무슨 일인지! 첫날에는 다들 위세 좋은 말들을 하더니, 세 번째는 십분의 일도 안 나오니."

잠자코 있던 부인부장이 비로소 화가 난 듯 한마디 중얼거렸다.

"세 사람이라도 훌륭하지 않습니까. 마음이 없는 사람 백 명이 오는 것보다 훨씬 낫습니다."

선생님은 다 알고 있는 일이라는 듯이 위로하는 것이었다.

"준비됐지요? 자, 그럼 전에 했던 내용에 이어 계속하겠습니다."

부인회의 회합에서 역사와 국어의 강습회를 하자고 정한 것은 한 달 전이었다. 일주일에 두 번씩, 초등학교의 선생이 강의를 담당한다는 것이었다.

자신들의 나라의 역사와 문자를 배울 수 있다—고, 처음에는 다들 기뻐했던 것이다. 그런데 이렇게 나오지 않게 된 것은 결국, 모두의 기쁨이라는 것이 표면적인 것이었을 뿐 알맹이가 없었기 때문일까—하고, 분희는 생각해보는 것이었다.

아니, 모두 배우고 싶다는 생각은 굴뚝같을 것이다. 집안에 일이 너무 많고, 대개는 두세 명씩 성가신 아이들을 키우고 있어서 나올 수 없는 것이다—무엇보다 자신부터 나올 수 없는 형편인데 간신히 무리해서 나온 것이 아닌가. 부인부장과 사무소의 갑순이가 저렇게 화를 내는 것은 자신들도 역시 무리해서 나왔기 때문에 기분이 상했을 것이라—고, 분희는 그런 식으로 생각했다.

"엄마, 사탕 다 먹었어."

아이의 재촉에 분희는 제정신이 들었다.

선생님의 이야기는 점차 열기를 띠기 시작했다. 그리고 조금 말이 빨라졌다. 알기 쉽게 하려고 신경은 쓰고 있었지만, 분희는 선생님의 말을 반도 알아듣지 못했다.

"선생님, 일본어로 말씀해주세요."

갑순이가 느닷없이 일본어로 말했다.

선생님은 떨떠름한 얼굴로 웃었다.

"조선의 처녀가 조선어를 몰라서는 곤란한데."

그런 일본어 쪽에 더 정감이 간다고 분희는 생각했다. 그러나 웬지 갑순이가 한 말이 자신의 입에서 나온 것 같아 부끄러웠다.

조선어를 모르는 조선인, 그것이 얼마나 비참하고 우스꽝스러운 일인지는 본국에서 들려오는 소식으로 알고 있었다. 분희는 일본에서 태어나 일본에서 자랐다. 일본어만 하면 불편함이 없는 생활이었다.

본국에도 돌아갈 수 없는 벙어리 같은 인간—그렇게 생각하자 슬프기도 하고 쓸쓸하기도 했다.

일본어로 시작한 선생님의 역사 이야기는 왠지 가슴을 옥죄는 듯한 격한 것을 담고 있었다. 불과 세 사람, 사탕을 빨고 있는 아이까지 넣어서 네 사람밖에 듣고 있지 않다는 사실을 잊어버린 것처럼 힘이 들어간 목소리로 변했고 손과 몸동작도 활발해졌다.

"남의 샅바를 차고 씨름을 한다고 하는 근성이 우리들 마음 어딘가에 들러붙어 있는 것이 아닌가? 우리들은 자신들의 마음을 깊이 들여다보지 않으면 안 된다. 천사백 년 전의 신라의 정치가들이 저지른 잘못을 무의식중에 우리들 자신이 범하고 있는 것은 아닌가. 이런 근성이 있다면 이걸 철저히 제거하지 않고서는 우리들의 생활이 힘 있는 훌륭한 것이 될 리가 없다. 새로운 우리들의 국가 건설도 이러한 더럽혀진 정신으로는 절대로 성립되지 않는다. 도대체 우리들 조선민족이 왜 과거의 중국이나 일본에 점령되어 말로 다할 수 없는 괴로움을 맛보아야 했는지, 우리는 자신들의 국가의 역사를 통해서 진지하게 생각해보아야 한다. 거기에 많은 잘못과 잘못된 생각이 있었다는 것을 우리는 솔직히 인정해야만 한다. 물론 그것은 우리 조선만이 그러한 과거가 있는 게 아니고 세계 여러 나라의 역사 속에는 얼마든지 잘못된 일의 예는 있다. 일부의 어떤 사람들이 자신들의 사욕과 명예를 위해 많은 사람들의 생활을 짓밟고 제멋대로 행동했다. 그 때문에 많은 사람들은 견디기 힘든 고통을 짊어지고 평생 발버둥 치며 살아야 했다. 이건 정말 말도 안 되는 일이다. 신라의 귀족들이 어지간히 당나라 귀족들의 비위를 맞춰서는 수십만의 군대를 이끌어 내어 이웃인 백제와 고구려를 멸망시켰다. 하지만 도대체 이 전쟁이 신라나 백제나 고구려의 많은 인민들에게 어느 정도의 행복을 가져다주었나? 먼 옛날이야기는 그렇다 치고, 조선이 일본에게 침략당한 원인을 제공한 것도 당시에 권력을 쥐고 있던 양반들이 사리사욕에 눈이 어두워 인민의 생활은 아랑곳하지 않고 엉터리 같은 짓만을 하고 있었기 때문이다. 나쁜 것은 인민대중이 아니었다. 그러나 언제나 비참한 처지로 전락하는 것은 인민대중이었다. 우리가 일본의 지배하에 놓여 고통을 당한 것은 전혀 우리들 자신의 책임이 아니었다. 그러나 우리들 자신이 아무런 힘도 갖지 못했기 때문에 누명을 뒤집어 쓴 죄인처럼 살아갈 수밖에 없었다. 그렇다면 앞으로 우리는 어찌하면 좋은가. 우리는 무엇보다 힘을 가져야만 한다. 그럼 어떤 방법으로 그 힘을 기를 것인가. 그것이 바로 우리의 역사의 결론으로서 부각되는 문제이다."

"엄마, 쉬하고 싶어."

아이의 울음 섞인 목소리에 선생님의 이야기가 중단되었다. 분희는 아이를 안고 복도로 뛰쳐나갔다.

남편은 어지간히 취한 모양이었다. 들어오자마자 술 냄새가 방안에 가득 퍼졌다.

"이봐! 일어나! 주인님이 돌아오셨는데 자고 있는 사람이 어디 있나."

하수구에라도 처박히면 좋았을 걸 — 분희는 원망스러웠다. 일부러 모르는 체 누워있었다.

"일어나라면 일어나!"

남편은 거칠게 이불을 걷어제쳤다.

"시끄러워 죽겠네! 아이가 잠을 깨잖아요."

분희 자신이 놀랄 정도로 가시 돋친 목소리였다.

"뭐라고! 아니, 남편을 깔볼 셈인가! 부인부의 위원인지 뭔지를 한다고 우쭐댈 거 없다고. 위원이 뭐야. 모임이라는 둥 강습이라는 둥, 잘난 체만 하고. 여자 주제에 이치를 따지는 시늉이나 내고 말이지."

"왜 소리를 지르고 그래요, 이웃 사람들은 모두 잠들어 있잖아요. 술 취해가지고."

"아니, 술 취한 게 뭐가 나쁘다고 그래. 난 마셨어. 술이 있으니 마셨다고. 마셨으니 취했고. 흥, 그게 왜 나쁘다는 거야."

상대하지 않기로 했다. 왠지 슬퍼졌다.

남편은 한동안 꼬부라진 혀로 소란을 피웠다. 그리고 고향의 민요를 부르기 시작했다. 그 소리도 이내 잠잠해지고 천정이 울릴 정도로 코를 골기 시작했다.

잠이 깬 분희는 잠이 올 것 같지 않았다.

두 사람이 결혼하기 전에 남편은 세탁소의 외무를 담당하고 있었다. 그 무렵 분희는 '기미에君江'라는 일본이름으로 어느 작은 병원에서 허드렛일을 하고 있었다. 고등과高等科를 졸업하고 식모도 간호사실습생도 아닌 형태로 3년이나 일하고 있었다.

— 이런 술꾼이 아니었다. 그리고 분희도 가시 돋친 목소리로 말대답을 할 수 있는 여자는 아니었다. 정에 무른 올곧은 남자였다.

그를 처음 만났을 때 자신과 같은 조선인이라는 것을 이내 알아차리고 가슴이 철렁 내려앉았다. 그건 향수를 동반한 그리움과 함께 자신의 비밀을 알아차린 게 아닐까 하는 공포가 중첩된 것이었다. 그녀는 주인인 의사로부터 절대로 조선인이라는 인상을 풍겨서는 안 된다는 엄한 다짐을 받고 있었다. 단골들이 알게 되면 불쾌하게 생각한다는 것이었다. 그녀는 항상 두려워하며 주인의 명령에 따르고 있었다.

그는 닷새에 한 번씩 와서 세탁물을 가져갔다. 상대를 하는 것이 그녀의 일이었기 때문에 그와 말을 하지 않으면 안 되었다. 무슨 말을 듣게 되는 건 아닐까 하고 그녀의 마음은 무거웠다. 그런 주제에 점차 닷새에 한 번밖에 오지 않는 그를 애타게 기다리고 있었다.

어느 날, 그날은 휴일이라서 그녀 혼자 당번을 서고 있었다. 여느 때와 마찬가지로 그가 뒤쪽 쪽문으로 들어왔다. 아무도 없다는 의식 때문에 그녀의 마음은 세차게 뛰고 있었다. 그도 눈치를 챘는지 볼일이 끝나도 쉽게 돌아가려하지 않았다. 그러나 서로 간에 불필요한 말을 한 마디도 할 수 없었다. 한동안 망설인 뒤 그는 진지한 시선으로 물었다.

"실례합니다만, 당신은 조선 출신 아닙니까?"

한방 맞은 기분이었다. 그녀는 말이 나오지 않았다. 하지만 본능이 솔직하게 고개를 끄덕이게 만들었다. 눈물이 배어나왔다.

"아아, 그랬군요. 역시 그랬어요. 처음부터 왠지 그런 기분이 들었습니다."

눈동자가 빛나면서 그리움이 전신에 흘러넘치고 있었다.

그녀는 갑자기 하반신의 힘이 쭉 빠지는 느낌이 들었다.

"어떻습니까? 대우는 괜찮습니까? 불쾌한 기분이 들 때가 많겠지요."

오랫동안 틀어 막혀 있던 것이 뿜어져 나오는 것 같아 그녀는 겨우 기둥에 몸을 기댄 채 그의 앞에서 흐느껴 울었다.

맺어질 때까지 여러 가지 일은 있었다. 그러나 두 사람은 서로 떨어져 살 수 있다고는 생각하지 않았다.

새로운 두 사람만의 생활, 전쟁, 징용, 이재, 종전, 해방의 기쁨, 생명을 이어갈 아이를 얻었으며, 생사의 길목을 헤쳐 나온 두 사람에게 이제 와서 앙금이 생길 리도 없었는데, 남편의 생활태도가 요즘 들어 눈에 띄게 무너져가는 것을 분희는 초조하게 생각하지 않을 수 없었다.

아침이 되자 남편은 멍한 얼굴로 앉아 있었다.

"어젯밤에는 꽤나 기분이 좋아 보이던데요."

"응."

"왜 그렇게 술을 많이 마셔요?"

"술맛을 겨우 알게 되었거든."

"말도 안 돼요!"

"아니, 술이 필요하다는 걸 겨우 깨달았어. 이런 세상에서는."

"마치 자포자기 같아요."

남편은 잠시 생각에 잠겨 있었다.

"너무 초조해하고 있어요. 요즘 왠지 점차 어긋나고 있는 것처럼 보여요."

"그렇게 보이나. 열등감도 생기고 있어. 아무런 도움도 되지 않는 인간이라는 것을 알고 나서부터."

"누가 그렇다는 거죠?"

"내가 그렇다는 거지. 어차피 암거래 정도의 일에나 어울려. 건설이라는 말 따위 할 수 있는 그릇도 못돼."

"지금부터라도 공부할 수 있잖아요."

"그런 게 아니야. 공부한다고 해서 따라잡고 하는 일과는 달라. 먹고 사는 일에만 머리를 쓰던 인간이 무슨 일을 할 수 있겠어."

분희는 이해하기 어려웠다.

"당신 조선에 돌아가고 싶은 거죠."

남편은 대답을 하지 않았다.

"분명 그럴 거예요. 저로서도 본국에 돌아가면 더듬거리든 어쨌든 말을 할 수 있어요. 당신이 결심만 한다면 언제든지 돌아가겠어요."

노기가 남편의 이마를 스쳤다.

"바보 같은 소리! 밥은 누가 먹여주는데. 아이 옷은 누가 입혀줄 거냐고."

"우리가 일하면 되잖아요. 어떤 일이든 열심히 하기만 하면 밥 정도는 먹을 수 있을 거예요."

"무슨 잠꼬대 같은 소릴 하는 거야. 그렇게 해결될 일이라면 누가 고생을 하겠어."

"그래도 이렇게 불안정한 생활을 하기 보다는 거지가 되더라도 자신의 진정한 생활을 하는 편이 좋을 거예요."

"지금의 우리들에게 진정한 삶을 살 수 있는 장소가 어디 있다고 그래."

"어디서든 살 수 있다고 생각해요."

남편은 다시 머리를 감싸 안았다.

"학교 선생님도 말했어요. 살아가는 힘은 자신의 내부에 존재하는 것이라고."

며칠 뒤, 부락의 골목이라는 골목을 다시 한층 맑아진 종소리가 울려퍼지고 있었다.

지부의 임시총회가 열리는 것이다.

그날, 분희의 남편은 위원의 한 사람으로 선출되었다. 그는 거부할 명분이 없을 정도로 모든 사람의 지지를 받았다.

위원이 된 뒤의 분희의 남편은 매일 밤 아내와 함께 공부를 하고 있다는 소문이었다.

그는 부락 구성원의 생활을 안정시키기 위한 일을 담당하는 부문의 책임자가 되었다. 이윽고 그는 일을 열심히 한다는 평판을 듣게 되었다.

(번역 : 김학동)

증인 없는 광경

이회성李恢成

1

아무리 기억을 더듬어 봐도 떠올릴 수 없었다.

김문호는 아까부터 산 하나를 생각하고 있었다. 진구산神宮山. 그 산은 가라후토(사할린의 일본식 명칭) M국민학교 뒤에 위치한 M신사의 소유였다. 신사의 사당을 지키는 칸막이처럼 산은 하늘을 향해 봉긋하게 치솟아 있었다. 그곳에서 벌어진 일을 야다는 다음과 같이 편지에 쓰고 있었다.

그 사건은 분명히 9월 중순에 일어났다. 그날 너와 나는 딱 마주쳐서는 진구산을 오르기 시작했다. 우리들은 근로봉사로 재배했던 호박의 수확량을 확인하기 위해 밭으로 향한 것이었다. 패전한지 얼마 되지도 않았던 그 시기에 왜 그런 행동을 하게 되었는지는 잘 모르겠다. 다만 우리 둘은 어떻게든 호박 밭을 보고 싶다는 결심이 선 것이었다.

그곳에서 나는 처음으로 제국군인의 시체를 보았다. 병사였다. 장교가 신는 금색 가죽장화가 아니라 군화 위에 주황색 각반을 매고 있었으니까. 병사는 부패하여 황토색으로 변했고 창자를 드러내고 있었다. 하늘을 향해 누워 입을 벌리고 이빨을 조금 드러낸 채 죽어 있었다. 에바나江花와 너, 그리고 나 셋이서 호박씨를 뿌려 놓은 바로 그 부근이었다. 호박은 가을볕을 받아 완전히 자라 있었다. 나는 무심결에 함성을 지른 후 호박 하나를 따기 위해 몸을 구부렸다. 그리고 갑자기 놀라 손을 뺀 다음 큰 목소리로 너를 불렀다. 그때 너는 내게서 멀리 떨어진 나무 수풀 속에서 구스베리를 따 주머니에 넣고 있었다. 바로 전까지 나 또한 붉게 익은 구스베리와 대나무 총의 총알로 쓸 마가목 열매를 잎에서 떼어 내고 있었지만 왠지 모르게 먼저 호박 밭으로 향한 것이었다. 너는 내 목소리를 듣고는 손을 들어 응답한 후 뭔가를 말하면서 뛰어왔다. 아마도 '아직도 많아' 같은 말을 했던 것으로 기억한다. 내 옆으로 다가온 너는 파랗게 질린 나의 얼굴을 의아하게 쳐다봤다. 하지만 이내 너도 파랗게 질려 버렸다. 자신이 서 있는 바로 옆 고랑에 썩은 돗자리처럼 누워있는 병사의 시체를 발견했기 때문에.

일순 너는 겁에 질린 듯 나를 바라보았다. 그리고 다음 순간 우리 둘은 약속이라도 한 듯 비명을 지르며 앞을 다퉈 그곳에서 도망쳤다. 와삭와삭 소리가 나는 조릿대나무 사이를 정신없이 빠져나와 산기슭에 위치한 M신사까지 단숨에 달려내려 왔다. 한쪽 면이 절벽인 고개 위에서는 국민학교 운동장과 마을의 지붕이 보였고, 먼 바다도 푸르름을 더해 우리들을 맞아 주었다. 멈춰선 우리 둘은 격한 숨을 내쉬면서 때때로 서로의 얼굴을 마주보고는 다시 숨을 쉬었다. 그렇게 하지 않고서는 도저히 방금 목격한 광경을 믿을 수 없다는 듯. 머지않아 우리 둘은 침을 몇 번인가 삼킨 후 무언가를 탐색하는 것처럼 서로를 응시했다. 공포심이 호기심에게 자리를 양보한 게 확실했다. 둘의 마음이 일치한 것이다. 우리 둘은 결코 혼자만 도망치지 않겠다고 굳게 약속한 다음, 다시금 손을 꽉 잡고 호박 밭을 향했다.

그때의 진구산은 한없이 맑은 가을 하늘 아래 기분 나쁠 정도로 고요했다. 가문비나무가 검게 가라앉은 산 표면에서 차가운 바람이 목덜미를 쓰다듬듯 불어왔다. 우리들은 잡초를 살짝 밟아가며 조금씩 호박 밭을 향해 다가갔다. 그렇지만 우리들은 결코 호박 밭 안으로는 들어가려 하지 않았다. 겁먹은 토끼처럼 조릿대나무 숲 속으로 숨어들어 멀리 고랑에 누워있는 병사를 응시했을 뿐이었다. 높아진 산의 기압에 윙- 하는 이명이 일었고, 호박 밭 뒤쪽에 펼쳐진 깊은 산의 검푸른 능선이 아득히 멀어져 가는 착각이 들었다. 이제 곧 병사가 고랑에서 벌떡 일어날 것 같은 기분이 든 것은 그때였다. 나는 갑자기 우앙하고 울기 시작했다. 너는 매우 당황하여 내 입의 대부분을 손으로 막고는 눈 깜짝할 사이에 나를 데리고 그곳에서 도망쳤다. 어디를 어떻게 도망쳤는지 산중턱의 어두침침한 산림에서 길을 잃은 우리 둘은 나무줄기에 빽빽하게 자라있는 풀고사리에 미끄러져 엉덩방아를 찧고는 손을 잡고 다시 달렸지만 재차 무언가에 발이 걸려 보기 흉하게 뒤엉켜서 넘어졌다. 잘 살펴보니 군마였다. 말은 죽은 병사처럼 내장을 드러냈고, 동굴처럼 부릅뜬 눈은 나무 사이로 보이는 가을 하늘을 향해 있었다. 그 사실을 깨닫자마자 우리들은 돌연 미친 것처럼 소리지르며 굳게 다짐했던 약속조차 잊어버린 채 앞 다투어 도망쳤다.

이만큼 썼으면 그때의 일을 떠올렸을 것이다. 그때 원래라면 에바나도 함께 호박 밭을 향했어야 했다. 우리들은 그 무렵 자주 함께 움직였고, 에바나도 틀림없이 호박 밭에 가보고 싶어 했을 것이기 때문이다. 하지만 에바나가 그렇게 되어서 너무 불쌍하다는 이야기를 나누면서 진구 산에 올랐던 기억이 남아 있다. 이상이 그때 우리가 겪었던 사건인데, 이 편지가 너의 기억을 되살려 줄까…….

야다 오사무矢田修는 실로 상세하게 그때의 일을 펼쳐 보이고 있었다. 그런 만큼 김문호는 잊고 있었던 어린 시절의 어두움에 빛이 비춰진 듯한, 기대하지 않았던 눈부심 비슷한 감정을 느꼈으나 야다가 전해준 기억은 전혀 돌아오지 않았다. 어째서 그 기억만 딱 사라진 것일까?

김문호는 이때까지 묘한 자신감을 가지고 있었다. 소년 시절에 대해 지나치다고 할 만큼 자세히 기억할 때가 있었다. 먼 옛날 일을 언제까지고 마음속 주름 안쪽에 간직하고 있는 자신에게 짜증날 때가 있었다. 빨리 과거라는 어둠 속으로 흘려보내고 싶은 기억이 많았다. 이런 생각을 드러내진 않았지만 옛 친구들이 훨씬 전에 잊어버린 일들을 잘 기억하고 있었다. 12, 3년 전에 도쿄 시내의 목욕탕에서 키다리 이시이石井와 만났을 때도 그랬다. 같은 해 봄 시부야의 조선요리가게에서 건달 이사카伊坂와 우연히 마주쳤을 때도 마찬가지였다. 야다와의 경우도 그러했다. 진구산에서의 일을 제외하면 김문호는 야다에 대해서 아주 잘 기억하고 있었다. 아니, 평생 잊지 못할 친구였던 것이다.

열흘 전쯤 우편함을 확인했을 때 그는 이런 하고 생각했다. 야다 오사무라는 발송인의 이름을 본 순간 번개처럼 스치는 것이 있었다. 설마……. 반신반의하면서 서둘러 봉투를 열었다. 역시 야다였다! 크레용 냄새가 감도는 편지지에 지우개 똥도 툭툭 떨어졌다. 그 옛날 봤던 특징 있는 글씨였다. 무심결에 방안지에 대보고 싶다는 생각이 들 정도로 단정한 글씨들이 일정한 간격으로 나열해 있었다. 어렸을 때는 이런 글씨를 쓰는 야다가 부럽다고 생각했다.

날 기억하지? 이미 이십 몇 년이나 지났으니 잊고 있어도 이상하지는 않을 터이지만……. 조심스러운 편지의 시작이 그는 답답했다. 어떻게 잊을 수 있단 말인가. 항상 미소짓던 온화한 얼굴. 조금 겁먹은 듯 주의를 살피던 눈과 커다란 문어 같았던 머리. 흰 모래를 바른 것처럼 거칠거칠한 살갗과 거무스름하게 지저분했던 손바닥. 특히 엄지손가락 안쪽이 언제나 까맸던 것은 도화지에 쌓인 지우개 똥을 부지런히 치웠기 때문이었다. 그 정도까지 야다에 대해 기억해내자 그는 그리운 감정에 휩싸였다. 그러고 보니 그 또한 그림을 좋아했었다. 그렇지만 아무도 야다를 이길 수 없었다. 여하튼 이 녀석은 5년 소나무 반은 말할 것도 없고, M국민학교에서 가장 그림을 잘 그렸으니까.

편지를 다 읽고 난 다음 그는 집에 있는 아이에게 말을 걸었다. 내년 봄이면 소학교에 들어가는 장남이었다.

"명일아. 축구할래?"

"축구! 응."

아이는 그림책을 내던지고 현관문을 향해 달려 나갔다.

그는 도지볼dodge ball을 아이의 발 부근으로 부드럽게 차 주었다. 평소에는 바빠서 좀처럼 놀아줄 수 없다. 아이는 눈앞으로 굴러 온 공을 즐거운 얼굴로 차다가 자빠졌다.

제대로 차지 못한 것이다.

"뭐야, 이래서는 소학교에 못 들어가겠는데."

그는 공을 주우러 가는 아이를 놀려댔다. 조선 소,중급학교의 아이들은 축구를 좋아했다. 아들도 지금부터 공에 익숙해지는 편이 좋다고 젊은 아버지는 생각했다. 아이의 발 근처로 공을 굴리면서 그는 국민학교 1학년 때부터 줄곧 같은 반이었던 야다에게 초점을 겹쳐갔다. 확실히 공은 되돌아온 것이다. 자신이 찬 공을 받은 야다는 편지를 통해 더 깊은 과거의 한 지점에서 되찼다고 할 수 있다. 진구산에서의 경험이 왠지 모르게 그 사실을 느끼게 해 주었다. 잠시 후 그는 아이와 함께 땀을 닦고 방으로 돌아가 기분을 가라앉힌 다음 야다에게 답장을 쓰기 시작했다. 성인이 된 후 올린 평범한 결혼식, 놀랄 만큼 빠른 아이의 성장, 르포 작가라는 직업을 가진 자신의 현재와 같은 근황들을 이것저것 적고는 진구산에서 일어난 그 일에 대해 물어보았다. 왜냐하면 야다는 진구산에서 일어난 일을 겨우 몇 줄로 편지에 썼을 뿐이었고, 자신은 그 일이 마음에 쓰이면서도 전혀 기억할 수 없었기 때문이었다. 게다가 야다는 진구산에서 겪은 일로 인해 자신을 긴 세월 동안 잊지 못했다는 느낌까지 주었다.

그에 대한 답이 앞의 상세한 설명과 함께 돌아온 것이었다. 그는 마음 속 어둠을 향해 몸을 웅크려 보았다. 칠흑 같은 저편의 어둠이 점차 파랗게 들여다보이더니, 어둠의 저쪽에서 실루엣처럼 사람 그림자가 나타나기도 하고, 동화 속 세계처럼 그리운 목소리가 들려오기도 했다. 하지만 어찌 된 일인지, 진구산의 나무 수풀 속에서 구스베리를 따고 있는 소년과 호박 밭에 서서 부들부들 떨고 있던 소년들의 모습은 언제까지고 어둠 속 바닥에 가라 앉아 있었다.

마치 이쪽에서 공을 차면 저쪽에서 되돌려 차듯 그와 야다가 편지를 주고받게 된 것은 작은 계기에서 비롯되었다.

한 상업신문이 8월 15일을 기념하여 만든 투고란에 우연히 그가 글을 보낸 것이 인연이 되었다. 그 신문은 매년 '8월 15일과 나'라는 주제로 독자의 감상문을 모집하고 있었는데 그는 그 사실을 사전에 모르고 있었다. '우연히'라는 표현이 시건방지게 들리겠지만, 정말 그런 식으로 알게 된 것이었다. 그러나 우연히 살펴본 신문이 그의 마음에 못 박힌 것은 역시 8월 15일을 전후한 기억 속에 '우연히'라는 표현으로 처리하기 힘든 무언가를 떠안고 왔기 때문일 것이다. 벌써 24년째인가. 24년이라면 사반세기가 아닌가! 그렇게 생각하는 것만으로 정신이 번쩍 들었다. 그것은 먼 옛날에 대한 회고라기보다, 지금도 가깝게 느껴지는 그 무렵에 대한 감회라고 할 수 있는 것이었다. 흘러간 세월에 비해 그 무렵의 일이 집요할 만큼 가깝게 기억되는 건 긴 세월에 만족할 수 없었기 때문일까, 그게 아니라면 지나간 세월이 너무 무거웠기 때문일까……. 정신이 들자 그는 어떤 희망과 함께 원고지를 향하고 있었다. 이미 포기했던 마음 깊숙이 묻어버린 희망이었다. 다섯 장으로 제한한다는 응모 규정에 절망하면서도 어찌어찌 자신의 희망을 파내어 원고지에 옮기는 데 성공했다. 그렇게 완성한 글에 '파시스트 소년들과의 만남'이라는 제목을 붙여 투고했다. 매우 서툴렀던 그의 글이 신문에 게재된 것은 과연 전후는 끝났는가라는 조금은 생각할 여지가 있는 물음이 거기에 담겨 있었기 때문일 것이나, 동시에 재일조선인의 입장에서 그 문제를 제기하는 경우가 드물다는 사실 또한 작용했을 것이다.

표제에 붙인 것처럼 그는 전시 하에 만난 친구들을 굳이 '파시스트 소년'이라고 불렀다. 전쟁이 끝난 해 5년 소나무 반의 소년들은 겨우 10살 정도였다. 아직 어린 국민학교 아이들을 파시스트 소년이라 부르는 것이 과연 정당한 일일까, 실은 꽤 망설이기도 했다. 하지만 그 제목을 관철시킨 것은 실제로 그러했다고 생각했기 때문이었다. 그 시대의 소년들에게는 소년의 광기가 있었고, 그것이 순수한 삶의 보람이었다. 그렇다면 나는 어떤 아이였는가? 역시 파시스트였다. 아니, 그보다 '동화소년'이었다고 할 수 있다.

그 글에는 친구들과의 해후를 바라는 그의 소망이 담겨 있었다. 모두들 지금 어디에서 무엇을 하고 있을까. 그대로 전쟁이 한없이 이어졌다면 친구들의 소식은 쉽게 알 수 있을 터였다. 우리들은 같은 마을에 살고, 같은 학교를 다니고, 결국은 병사가 되어 죽어갔을 것이었다. 그러나 패전은 소년들을 뿔뿔이 헤어지게 했다. 패전을 전후하여 본국으로 귀환하면서 동급생들은 제각기 흩어졌다. 소년들은 헤어질 때 다시 만날 날을 기약하지 않았다. 잘 지내라고도 할 수 없었다. 그 무렵은 정말 그럴 여유가 없었다. 그렇게 우리들은 모래사장의 한 알의 모래처럼 일본 각지로 녹아 들어간 채 만나지 못했다. 만약 소년들에게 군인회와 유족회 같은 집요한 결속력이 있었다면 재회도 용이했을 것이다. 그러나 소년들에게 그러한 결속력은 없었다. 몇 년이 지나도 만날 수 없었고, 혹시 모를 기회 역시 우연히 그것도 매우 드물게 찾아올 뿐이었다.

모두들 그 후에 어떻게 지내고 있을까. 긴 세월 동안 그는 몇 번인가 그러한 상념에 빠졌다. 그리고 그럴 때마다 그는 왜인지 왼쪽 폐를 떠올렸다. 패전 후 몇 년 사이에 그는 자신도 모르게 결핵에 걸렸다가 치유되어 있었다. 중학생 때였다. 신체검사 후 위생 선생님에게 불려갔고, 뢴트겐 정밀 검사를 받자 왼쪽 폐에서 쌀알 크기의 검은 입자가 14, 5개 발견되었다. 말하자면 젊은 폐가 결핵균과 싸워 몸을 지켜내었을 때 남긴 상흔 같은 것이었다. 왼쪽 폐의 한 면에 검은 석회가 침착해 흩어져 있는 흔적은 지금도 흉부에 박힌 것처럼 남아 있다. 언젠가 결핵이 재발하지 않는다는 보장은 없다. 마찬가지로 '동화소년'이 현재의 삶 속에 출현하지 않는다는 보장 또한 없다. 가끔 스스로를 되돌아보며 응시할 때 그는 자신의 행동 중에 예전과 닮은 것을 찾아내고는 이런 하고 생각하거나 경계할 때가 있었는데, 그럴 때에는 왼쪽 폐의 검은 입자들이 한 덩어리가 되어 쑥하고 몸에서 빠져 나가, 검은 그림자로 변해 자신을 응시하고 있는 듯한 착각에 빠지기조차 했다.

옛 급우들을 생각하는 마음 밑바닥에는 이처럼 그의 불안이 가로 놓여 있었다. 그것은 어딘가 짜증스러운 불안이었다. 전후 이십 수년이나 지났는데 아직도 옛 그림자를 떨치지 못하는 인간도 있는 것이다. 그렇지만 이런 그도 자신이 예전에 비해 명확히 다른 인간, 다시 말해 조선인으로서 살아가는 것만은 틀리지 않았다는 확신이 있었다. 그렇다면 예전의 친구들은 지금 어디에서 어떻게 살아가고 있는 것일까. 그 옛날의 '파시스트 소년'과 '동화 소년'은 어떠한 모습으로 만나게 될 것인가. 신문에 글을 게재한 것은 친구들과의 재회를 바라는 그의 심정이 반영된 것임에 틀림없었다. 그러자 생각지도 못하게 야다 오사무로부터 편지가 날아온 것이었다.

2

혹시, 그 가네야마……?

무심코 신문 지면을 훑고 있던 야다 오사무는 움찔해서 한 곳을 응시한 채 움직일 수 없었다. 김문호라는 이름에 시선이 멈췄다. 이건 가네야마 후미히로金山文浩가 아닌가. 야다는 마른 침을 삼키고 답답한 기분으로 글을 읽어 내려갔다. 역시 가네야마다. 도중까지 살펴본 후 그는 더 이상 의심할 여지가 없다고 생각했다. M국민학교 5년 소나무 반이라고 쓸 사람은 당시의 급우 이외에 있을 리 없었다. 그중 하나였던 가네야마 후미히로가 김문호라는 이름으로 이 글을 쓴 것이다.

야다는 현기증을 느꼈다. 눈앞이 캄캄해져 무의식중에 팔꿈치를 책상 위에 떠받치고 상반신을 기댄 다음 무너지듯 의자에 걸터앉아, 잠시 동안 망연하게 움직이는 인영들을 바라보고 있었다.

이 얼마나 무서운 우연인가. 만일 이 신문 지면을 무심코 살펴보지 않았다면 가네야마의 소재는 지금까지처럼 알 길이 없었을 것이다. 때문에 등줄기가 얼어붙는 듯한 전율을 느꼈다. 줄곧 만나고 싶었던 친구였다. 그런데 그 실마리를 이제야 겨우 찾았다는 환희에 앞서 왠지 작은 떨림이 먼저 찾아왔다. 만남이 이처럼 우연에 좌우된다는 사실이 두려워지기 시작했다.

잠시 후 마음이 진정되자 야다는 평소의 무표정한 접수 직원으로 돌아와 있었다. 그는 긴 세월 동안 도서관에서 접수 직원으로 근무해 왔다. 닳아 떨어진 팔 토시가 몇 개나 바뀌었지만 그의 업무는 그대로였다. 도서관의 접수 일은 결코 바쁘지 않다. 아침 일찍부터 창구에 앉아 이용객에게 열람카드를 내어 주고 저녁까지 책의 출납을 체크하거나, 그날의 일정에 맞추어 재고본의 정리 카드를 만들면 되는 것이다. 그날도 정해진 업무를 수행하면서 그의 마음은 쭉 가네야마의 글에 가 있었다. 일이 집중되지 않아 멍하니 책상 위의 신문을 바라보았을 때 가네야마의 글이 눈에 들어온 것이다. 그 우연에 방금 전까지 전율했으나 지금은 오로지 그 요행에 매달리고 싶은 기분이었다.

가네야마에게 당장이라도 듣고 싶은 게 있었다. 진구산에서의 그 사건이었다. 그때 가네야마와 둘이서 죽은 병사를 보았다. 그 이후 자신은 그 광경에서 벗어나지 못하고 있었다. 쿵하고 납 탄환을 머리에 맞은 기분이었다. 아니, 머릿속에 그 병사의 무덤이 생긴 것 같은 무거움에 계속 지배당해 온 것이다. 가네야마는 어떠할까? 녀석은 그때 그 일을 어떻게 받아들여 왔을까.

야다는 그 점이 마음에 걸려 신경질적으로 몇 번이고 신문을 다시 읽어 보았다. 하지만 가네야마의 글에는 진구산에서의 사건에 대한 대목이 없어 조금 실망스러웠다. 다만 그 체험을 쓰지 않았다고 해서 가네야마가 그때의 사건을 기억하지 못하는 건 아닐 것이다. 잊을 리가 없었다. 가네야마에게도 그 사건은 충격이었을 테니까. 녀석은 반드시 기억하고 있다. 꼭 기억하고 있길 바랐다.

그는 그 옛날 가네야마를 떠올렸다. 신문에 본인이 고백하고 있는 것처럼 녀석은 동화소년이었다. 우리들 일본인 소년이 대일본제국의 승리를 믿어 의심치 않는 파시스트 소년이었다면, 반도인半島人인 가네야마는 그보다 한층 더한 동화소년이었던 것이다. 오타니大谷 선생님이 생각났다. 깡마른 외모에 검도 4단의 실력자였다. 그 선생님은 기회만 있으면 가네야마를 예로 들며 일본인 생도를 꾸짖곤 했다.

"봐라, 가네야마를. 가네야마의 태도는 기특하기 그지없다. 일본혼大和魂을 갖기 위해 언제나 최선을 다하고 있다. 그런데 너희들은……."

이런 식으로 귀축鬼畜인 미국과 영국을 격멸하고, 성전을 완수하기 위한 마음가짐에 대해 훈화를 시작하는 것이었다. 정신 교육을 받을 때마다 가네야마는 몸을 긴장한 채 듣고 있었다. 옆 자리에 앉아 있는 가네야마의 모습을 그는 거북한 느낌으로 기억하고 있다. 당장이라도 가네야마가 의자에서 일어나 무언가를 말할 듯한 분위기가 언제나 느껴

졌다. 그리고 실제로 가네야마는 의자에서 벌떡 일어나서는 상기된 눈을 글썽이며,

“선생님, 저는 아직도 황국정신이 부족합니다. 저는 폐하의 적자로서 일시동인一視同仁의 뜻을 받들어, 더욱, 더욱…….” 같은 식으로 확고부동한 자신의 결심을 피력해 보였다.

그 무렵의 가네야마를 떠올릴 때 야다는 자신에 대해서도 생각할 수밖에 없었다. 거기에 에바나와 이사카, 그리고 나카무라中村 등의 기억도 밀려 왔다. 접수 창구에 앉아 옛 일을 회고하자 그는 점차 참을 수 없는 기분이 되어 갔다. 조퇴라도 해서 밖으로 뛰쳐나가고 싶었다. 그런 기분을 겨우겨우 억누르다가 정각이 되자 그는 동료들 보다 한 발 빨리 도서관을 나섰다. ○시의 산기슭에 위치한 아파트에 돌아간 그는 무언가 말하는 어머니의 말을 대충 흘려듣고 자기 방에 틀어박혀 편지를 쓰기 시작했다. 그로부터 24, 5년이 경과했다. 문득 염려가 되었다. 과연 가네야마는 나를 잊지 않았을까. 아니, 반드시 기억할 거라고 그는 스스로를 타일렀다. 진구산에서의 그 일이 있는 것이다. 게다가 그 사건이 없었다 해도 가장 친했던 친구를 잊었을 리 없었다. 자신이 에바나와 가네야마를 평생 잊지 못하는 것처럼 그 또한 자신과 에바나를 잊지 않고 기억하고 있을 것이다…….

야다는 그리움과 일종의 슬픔에 빠져 망연하게 그 시절을 되돌아보고 있는 스스로를 의식했다.

에바나는 오금이 저릴 수밖에 없는 상황이었다. 가네야마로 인해 조

마조마했던 점에서는 에바나 쪽이 나보다 심했다.

오타니 선생님은 가네야마를 칭찬할 때 예외 없이 떠오르는 듯 안경 너머의 침통한 눈빛으로 에바나를 바라보았기 때문이다.

"에바나." 선생님이 입을 열기 시작했다.

그 다음은 듣지 않아도 알 수 있었다. 에바나의 아버지는 명예로운 제국 군인이었다. 지금은 퇴역 대위로 M중학교에 소속된 교관이었는데 (물론 이것만으로도 대단히 명예로운 일임에 틀림없다) 여하튼 러일전쟁 때 23 고지전에서 공훈을 세웠을 만큼 꿋꿋하게 살아 온 군인이었다. 에바나 교관은 M마을에서 군인의 귀감처럼 이야기되었다. 하지만 그의 아들인 에바나 사토시는 아버지를 닮지 않아 유약했기 때문에 오타니 선생님은 속을 태우고 있었던 것이다.

"니가 이래서 어떡할 거냐. 아버지처럼 장래에는 훌륭한 군인이 되어 나라를 위해 충성을 다해야 하는 니가……."

이런 식이었다. 이 상황이 에바나는 몹시 싫은 듯 했다. 에바다는 길에서 자기 아버지와 만나는 게 정말 싫은 듯, 멀리서 아버지를 발견이라도 하면 재빨리 그와 가네야마의 옷소매를 당겨 가까운 집의 그늘 밑으로 숨어 버리곤 했다. 그런 모습을 야다는 이해할 수 없었다. 에바나의 아버지는 어디에서 만나도 늘 군복 차림에 칼을 차고 있어 몸집이 작음에도 크게 보였고, 거기에 하얀 카이저 수염이 대단히 멋있었다. 그는 속으로 외경심을 가지지는 못할 망정 어째서 에바나가 자신의 아버지를 피하는지 알 수 없었다.

오타니 선생님은 가네야마를 칭찬할 때와 또 다른 애정을 담아 에바나를 꾸짖었던 것 같다. 본래는 너야말로 가장 정신을 차려야 한다는 듯이.

하지만 야다는 선생님이 자신을 향해 그런 느낌으로 말하는 것을 본 적이 없었다. 가네야마처럼 칭찬받은 기억도 거의 없었다. 그 대신 수업 중에 갑자기 분필이 날아와 머리에 맞은 일이 있었다. 그는 깜짝 놀라 도화지에서 머리를 쳐들고 서둘러 그리던 그림을 책상 서랍에 넣었다.

"야다, 또 그러고 있나."

선생님은 반쯤 포기한 듯 말했다. 그림벌레라고 생각하면서도 선생님이 특별히 봐 준 것은 자신의 그림이 전의를 고양시키는 데 도움이 되는 소재였기에 정상참작이라도 했기 때문일까.

선생님이 캐물으면 금방 머리를 긁적이는 버릇이 있었다. 그러면 분필 하나가 또 날아온다. 얼굴을 점점 더 붉히면서 꾸물꾸물하고 있으면 정성들여 연필심을 깎고 있던 에바나가 조금 떨어진 자리에서 여자애처럼 가만히 웃음 지었다. 하지만 옆 자리에 앉아 있던 가네야마는 달랐다. 그는 이럴 때도 몸을 꼿꼿하게 세운 채 선생님의 움직임만을 주시하곤 했다.

그런 가네야마의 태도가 석고처럼 느껴져 야다는 매우 답답했다. 일부러 그렇게까지 노력하지 않아도 괜찮은 것이다. 조례 때 군인칙유軍人勅諭를 낭독할 때를 예로 들 것 같으면, 가네야마는 가슴을 있는 대로 뒤로 젖히고 양팔을 바지 주름에 맞추어 붙인 채, '하나, 군인은 충절을 다하는 것을 본분으로 한다'라고 외치기 시작하는데, 그 목소리가 감기에 걸린 닭의 함성 같아 듣기 힘들었다. 목소리를 지나치게 지르는 탓에 몹시 이상한 목소리로 변해 버리는 것이다. 또한 역대 천황의 이름을 마지막까지 읽을 때도 다른 생도들보다 옥타브가 높았다. 애투섬Attu Island과 사이판이 함락되었을 때, 가장 분해하면서 살짝 눈물까지 글썽이며 어느 누구보다 굳게 복수를 맹세한 사람도 가네야마였다. 그런 태도들이 지나쳐서 어딘지 모르게 머쓱해지는 느낌이었다.

물론 야다는 그런 점을 나쁘다고 생각하지 않았다. 자신도 가네야마에 지지 않을 만큼 나라의 존망이 걸린 이 시기에 역할을 다하고 싶다고 생각했다. 자신도 언젠가 소년항공대에 입대할 것이다. 적기와 공중전을 벌이고 바다 속 물귀신으로 매장될 것을 각오했다. 그 시절 자신이 그린 그림 대부분이 전쟁그림이었던 것은 딱히 오타니 선생님에게 칭찬받기 위한 것이 아니라 자신의 열망을 반영한 것에 불과했다.

그는 스스로가 언제라도 나라를 위해 죽을 각오가 되어 있다고 믿었다. 그럼에도 가네야마를 보고 있으면 왠지 당해 낼 수 없다고 생각되곤 했다. 전쟁이 끝난 해의 봄에 벌어진 광경은 동화소년이었던 가네야마의 모습을 이야기해 주기에 충분한 것이 아니었을까. 그 날 그는 가네야마와 에바나를 포함한 다수의 아이들과 섞여 터치놀이를 하고 있었다. 이 놀이는 적과 아군을 둘로 나눠 한 편이 다른 한 편을 전원 포로로 잡으면 이기는 단순한 것이었다. 터치를 당하면 정해진 장소에서 줄줄이 엮인 채 손을 뻗어 아군에 구출을 기다린다. 에바나는 한심스러웠다. 일부러 적에게 잡혀 버리는 구석이 있었다. 야다는 포로가 된 에바나를 구출하려고 적의 빈틈을 공격하고 있었다.

그때였다. 날카로운 비명이 들렸고, 그쪽으로 고개를 돌리자 그의 눈 속으로 땅 위에 웅크려 있는 소년이 들어왔다. 바로 옆에는 가네야마가 얼굴이 새파래져 서 있었다. 소년은 야다의 위치에서 등을 돌리고 있었는데 비틀거리며 일어나 이쪽으로 몸을 돌리더니 양손을 얼굴에서 내렸다. 소년의 미간에서 붉은 피가 뿜어 나오는 게 보였다. 순식간에 피가 포물선을 그리면서 바닥으로 떨어졌다. 오줌 같다고 그는 생각했다. 소년은 목을 쑥 내밀어 세상을 향해 엄—마! 하고 끝없이 외쳤다. 야다의 시선에 소년의 이마에 손을 댄 채 무언가를 계속 외치는 가네야마의 모습에 꽂혔다. 그 목소리가 왠지 산 저편에서 들려오는 메아리 같았다. 엄—마! 다시 한 번 소년이 비명을 질렀을 때 야다는 간신히 정신이 들었다. 가네야마가 어른을 부르라고 외치고 있었던 것이다. 그는 위급함을 알리기 위해 달려 나가려 했다. 그때 운이 좋게도 한 어른이 사고를 목격했고 소년은 그에게 안겨 병원으로 실려갔다. 그가 정말 섬뜩해진 것은 그 다음이었다. 가네야마는 눈을 치켜 올리고는 "저것 때문이야, 저것 때문이라고"라며 흥분된 목소리를 높였다. 가네야마가 그 친구를 쫓아가서 등을 강하게 쳤을 때 고꾸라졌는데, 그곳에 뾰족한 돌이 있었던 것이었다.

"어쩔 수 없어. 놀다가 이렇게 된 거잖아."

에바나가 핏기가신 얼굴로 위로했다.

"맞아. 혼자 넘어진 거잖아. 그렇다면 가네야마 때문이 아니야. 틀림없이 사고야."

그도 맞장구를 치며 가네야마의 어깨에 손을 올렸다. 그러자 가네야마는 그의 손을 살짝 밀어내며 골똘히 고민한 눈으로 말하는 것이었다.

"내가 한 거나 마찬가지야. 녀석이 죽으면, 나도 할복할 거야."

"……"

"할복해서 사죄할 거야. 그렇게 못하면 천황폐하께 송구스러워."

그렇게 말하면서 가네야마는 혼슈本州 방향을 가만히 응시하는 것이었다. 용의자의 눈이라고 그는 생각했다. 그러자 가슴이 덜컥했다. 정말 할복할지도 모른다는 생각이 든 것이다.

"그 따위 말 집어치워. 난 정말 싫단 말야."

갑자기 에바나가 날카롭게 소리쳤다. 에바나는 학교에서 주머니칼에 손이 베이는 정도에도 핏기가 가시곤 했다.

"괜찮아. 진짜로 그러지는 않을 테니까." 그는 일부러 가네야마의 말을 무시하면서 말했다. 가네야마는 아무 말도 않은 채 그를 지그시 바라보았다. 그러자 야다는 배가 콕콕 쑤셔오는 느낌을 받았다. 이 녀석은 역시 진심인 것이다.

그 후 2, 3일간은 야다에게 어쩐지 기분 나쁜 시간이었다. 그 친구가 죽기라도 하면 가네야마도 할복할 것이라고 믿었기 때문이었다. 그래서 녀석이 머리에 붕대를 감고 의기양양하게 퇴원했을 때, 그는 오히려 가네야마를 떠올리며 안심했다. 그러나 만약에 다친 친구가 죽었다면 가네야마는 정말 할복했을까 하고 진지하게 생각하기도 했다. 좋지 않은 기분이었다. 작은 칼로 뱃가죽을 가만히 가르는 가네야마의 모습을 상상하자 급속히 불안한 기분에 사로잡혔던 것이다.

아무튼 그는 가네야마의 그런 분위기가 싫었다. 어딘가 귀신 들려 있는 것이다. 만일 가네야마가 언제나 그런 모습이었다면 절대 친해지기 힘들었을 것이다. 그 점은 에바나도 마찬가지일 터였다. 하지만 평소의 가네야마는 이게 정말 같은 사람인가 할 정도로 자연스럽고 정상적인 소년이었다. 그는 국민학교 1학년 때부터 가네야마와 같은 반이었기에 그 성격을 쉽게 이해할 수 있었다. 전쟁이 격해지기 전 가네야마는 자주 그와 에바나를 불러 그림을 그리러 가곤 했다. 데이手井저수지까지의 길은 멀었으나 그곳에 가면 저수지 주변에 붓꽃 초원이 펼쳐져 있었다. 하얀색과 녹색 붓꽃들, 그리고 토국兎菊 같은 풀꽃들이 여기저기 뒤섞여 피어있는 풀숲의 열기로 가슴이 달콤해졌다. 그림 그리기가 끝나면 시냇물을 따라 마을로 돌아오곤 했는데 언제나 곤돌베기와 피라미, 둑중개와 빨간 대구가 사는 강가에서 시간을 보내곤 했다. 이야기를 많이 알고 있는 가네야마는 돌아오는 길에 가상의 나라 속 모험심에 가득 찬 왕자와 기사들에 관한 이야기를 재미있게 들려주었다. 그리고 특히 기분이 좋을 때면 아리랑 노래를 불러주곤 했다.

야다는 그런 가네야마가 좋았다. 에바나와 다 같이 사이가 좋아질 수 있었던 것은 가네야마의 성격이 본래 느긋한 송아지 같은 소년이라는 것을 알았기 때문이었다. 그러나 가네야마가 우리들에게 다가왔던 것은 어쩌면 우리들이 그를 차별하지 않았기 때문이었을지도 모른다. 적어도 그 점이 하나의 이유였다고 생각된다. 학급에서 가네야마는 일본인이 되려고 아무리 노력해도 역시 백조 무리에 섞인 거위 새끼처럼 눈에 띄었다. 그는 종종 학급의 악동들로부터 '조-센チョージン'이라고 불리며 상처받고 있었다.

조센이라는 호칭을 가장 열심히 불렀던 놈이 불량아인 이사카였다. 이사카는 머리는 나빴지만 덩치가 크고 완력이 굉장히 세서 숙제를 친구에게 미루거나 도시락 반찬을 빼앗아 먹는 낙으로 학교에 오는 아이였다. 산수를 잘하는 에바나에게 무리하게 응용문제를 풀게 하면서 자기는 옆에서 에바나의 연필을 콧등 위에 올려놓는 연습을 한다. 깔끔한 에바나는 연필이 콧물로 더럽혀지는 것에 질색했지만, 이사카는 조금도 개의치 않았다. 야다도 피해자였다. 웬일인지 이사카는 전쟁그림을 좋아해서 야다로 하여금 몇 장이고 그리게 하고는 흐흐 웃으며 만족해하는 버릇이 있었다. 이처럼 우리 둘 모두 이사카에게 괴롭힘을 당하고 있었는데 이 녀석이 또 집요할 만큼 가네야마에게 생트집을 잡으며 거친 말들을 쏟아내는 것이었다.

"조센, 조센, 바보취급하지 마,

같은 밥 먹으면서 어디가 다르지."

야다는 이사카가 비겁하다고 생각했다. 가네야마는 같은 대일본제국의 신민이다. '조센'이라고 부르지만 이미 내선일체内鮮一体가 되었고, 일시동인一視同仁인 것이다. 게다가 국사 시간에 배운 것처럼 원래 진구황후神功皇后가 신라를 정벌했을 때부터 일본과 조선은 같은 조상을 가졌다. 그런데도 이사카가 저런 말들을 내뱉는 것은 평상시 공부를 게을리한 탓이라는 경멸심까지 생겼다. 가네야마는 '조센'이라고 비웃음 받을 때마다 가만히 고개를 숙이고 있었다. 가만히 참고 있으면 이사카는 더 위압적으로 소리를 높였다.

"니기미 시발아, 니기미 시발아."

그는 그게 무슨 의미인지 잘 몰랐다. 어딘가 마법의 주문 같은 울림이 있었다. 그리고 그 단어들이 실제로 사람을 화나게 하는 데 충분한 주문이라는 것은 가네야마를 보면 알 수 있었다. 반복해서 그 말들을 듣고 있던 가네야마는 점차 화가 나기 시작해, "빌어먹을! 나카무라 녀석" 하고 내뱉었다. 그 무렵 이사카가 계속해서 가네야마를 업신여긴 건 나카무라가 뒤에서 조종하고 있었기 때문이었다. 반장이었던 나카무라는 부반장인 가네야마를 그다지 좋게 생각하지 않았다. 나카무라는 머리 좋고 기발한 아이로 언제나 성적이 제일 좋았지만 질투심이 심했고 어떤 일이든 최고가 아니면 만족하지 못하는 성격이었다. 일단 나카무라가 꼴지라도 개의치 않는 경우는 이어달리기 때 정도였다. 그런 그는 부반장인 가네야마가 선생님에게 자주 칭찬을 받을 뿐 아니라 일부 반 친구들로부터도 인기를 얻고 있다는 사실이 마음에 안 들었던 것이다. 그는 자신이 직접 손을 쓰지 않고, 이사카 같은 녀석을 이용해 가네야마를 고립시키고자 했다. 지금이니까 야다는 당시의 일을 편하게 회고할 수 있지만, 그때의 반 분위기는 섬뜩하기 그지없었다. 교문을 홀로 나서 집으로 돌아갈 때면 나카무라 무리들이 기다리고 있다가 괴롭히는 것이었다. 뛰기 시작하면 따라 뛰고, 멈추면 따라 멈추면서, 겨우 집에 다다랐을 때에야 녀석들은 모습을 감췄다. 그리고 그때 내뱉는 '내일, 두고 봐' 라는 협박은 지독하게 실감 있는 말이었다. 에바나의 경우 이사카에게 그렇게 친절히 산수를 풀어 주어도 그 보답으로 돌아오는 것은 양쪽 따귀를 맞는 것이었다. 소년들은 대동아전쟁과 별개로 작은 전쟁을 매일같이 반복하고 있었던 것이다.

야다는 반장인 나카무라가 비겁하다고 생각했다. 자신의 세력을 확장하기 위해 따르는 친구를 이용해 급우들을 괴롭히기 때문이다. 그런

행위는 적어도 무사도에 반할 뿐 아니라 다수에 기대 물량공세를 펴는 영미의 수법과 다르지 않은 것이다. 우리들은 세력이 없었다. 따라서 반 안에서 일본, 독일, 이탈리아 연맹 같은 위치였는데, 아무리 적들이 ABCD포위망을 좁혀 와도 신국 일본이 승리하는 것처럼 우리들이 정의라고 믿어 의심치 않았다.

그는 가네야마에게 기개가 없다고 생각한 적이 있었다. 아무리 이사카가 도발해 와도 그에 응하지 않고 가만히 참고 있었기 때문이다. 때때로 야다는 가네야마에게 이사카를 응징해야 한다고 말하곤 했는데, 그럴 때마다 에바나는 열심히 반대했다. 그런 우리 둘의 의견충돌을 가네야마는 무거운 표정으로 듣고 있을 따름이었다.

그러던 어느 날의 일이었다. 그 날 우리 셋은 점심시간이 되자 교정에 나가 햇볕을 쬐고 있었다. 에바나는 허약한 체질 때문에 햇볕 쬐기를 좋아했다. 자연스레 우리 셋은 볕이 잘 드는 남쪽 방향의 건물 벽에 기대고 있었는데 그 곳을 우연히 이사카가 지나게 된 것이었다. 우리를 알아본 이사카는 어깨를 으쓱거리며 '안녕' 하고 인사를 건네 왔다. 거기까지는 좋았다. 하지만 바로 다음에,

"안녕, 가네야마 니기미 시발아!"

라는 외침과 함께 불쾌하게 웃으며 등을 돌려 도망친 것이었다. 가네야마의 얼굴이 일그러졌다. '때려 버려' 야다가 강하게 외쳤다. '그만 둬, 싸움 같은 건' 에바나도 서둘러 말렸다. 그렇지만 우리 둘의 목소리가 동시에 나왔을 때에는 이미 가네야마가 달리기 시작했을 때였다. 이사카는 자신을 덮쳐 오는 가네야마를 알아채자, 순간 이를 드러내며 비웃

었지만 금세 등을 돌려 도망쳤다. 씨름이라면 이사카 쪽이 훨씬 세겠지만, 가네야마의 표정에 많이 놀란 모양이었다. 그런데 그 직후에 묘한 광경이 펼쳐졌다. 어찌된 일인지 가네야마가 이사카를 성큼성큼 추월하더니 그대로 달려가는 것이었다. 그는 의아한 얼굴로 에바나를 쳐다보았다. 가네야마는 미친 것처럼 교정 끝까지 달려가더니 그 곳에 설치된 철봉에 매달렸다. 철봉에 다리를 걸친 가네야마는 얼마 안 있어 빙글빙글 돌기 시작했다. 말 붙일 새도 없이 돌기만 하는 그의 행동이 나는 이해되지 않았다. 그래도 가네야마가 가엾다는 생각이 들었다. 에바나와 그는 철봉 가까이로 다가가 회전이 멈추기를 가만히 기다렸다. 가네야마는 풍차처럼 돌면서 좀처럼 땅으로 내려오지 않았다. 가까스로 검은 소용돌이가 철봉을 뒤로 하면서 바람과 함께 지면에 내려섰다. 그리고 가네야마는 쪼그려 앉아 촉촉해진 눈으로 우리 둘을 올려다보았다. 교실로 돌아가자고 에바나가 불안한 표정으로 말했다. "응." 생각한 것보다 밝은 목소리로 대답한 가네야마는, "철봉에 매달려 있으면 굉장히 기분이 좋아. 가슴이 뭉클한 게 어찔어찔해져"라고 덧붙였다.

야다는 그때 가네야마가 무엇을 말하려 하는지 알 수 없었다. 다만 바로 전과 마찬가지로 가네야마가 불행하다는 느낌이 들었다.

그런 사건도 있고 해서 우리 셋은 자주 함께 행동하게 되었는데, 진구산에서의 근로봉사 때도 마찬가지였다. 전황은 나날이 불리해져 갔다. 학교에서 식량증산이라는 말이 끊임없이 이야기되자, 학생들은 봄부터 밭일에 동원되기 시작했다. 학교 뒤의 진구산 분지에 자란 얼룩 조릿대를 베어 토지를 개간한 후 호박씨와 감자를 심었다. 그 일은 소학교

학생에게는 꽤 힘든 작업이었다. 하지만 본토결전이 다가오고 있다는 의식이 학생들을 의기투합하게 만들었다.

초여름이 되자 밭에 자란 풀을 뽑거나 뒷거름을 주기 위해 몇 번이고 진구산에 올랐다. 아무리 작업이 힘들어도 우리들이 심은 씨앗이 싹을 틔워 자라나는 모습을 확인하는 일은 즐거운 일이었다. 우리 셋은 호박 밭 조에 편성되어 있었는데, 함께 인분 비료를 멜대에 짊어지고 올라가 밭고랑에 눈대중으로 뿌리곤 하였다. 산에 올라갈 때마다 호박은 조금씩 자라고 있었다. 싹이 나고 덩굴이 지고 잎이 커져갔다. 잎과 줄기 사이로 콩알 크기의 열매가 맺더니 점차 주먹만한 크기로 커져갔다. 흰가룻병에 걸리지도 않고 자라나는 호박들을 바라보면서 우리 셋은 킥킥하고 웃곤 했다.

"이 산 그리고 싶은 걸."

무심결에 야다는 가네야마에게 말을 걸곤 했다.

"응, 좋겠다."

가네야마도 생긋거리며 도화지에 크레용을 칠하는 흉내를 해 보였다.

그렇지만 그 무렵 학교는 오로지 근로봉사와 검도 시간만을 늘려갔다. 그 점을 이상하다고 여기지 않았다. 검도 시간이 되면 오타니 선생님의 새된 목소리가 실내 운동장에 메아리쳤다. 선생님은 목도로 자세가 좋지 않은 학생들의 손목을 엄하게 때리면서 순회했다. 그 다음은 팔꿈치 치기 훈련이었다. 미국 병사는 키가 크니까 팔꿈치를 위로해서 올려쳐라. 명치를 노리고, 정신일도 하여, 이얏하고, 가네야마처럼 날카롭게 쳐올리는 거다.

M마을에 처음 적기가 출현한 것은 8월이 지나 얼마 안 된 날이었다. 사이렌이 울리는구나 생각했을 때는 이미 상공에 적기가 다가오고 있었다. 적기는 아주 저공으로 날고 있었다. 고지대의 헌병대 건물에서 타다다다 하는 기관포 소리가 났다. 적기는 정찰이 목적인 듯 순식간에 마을을 가로질러 갔다. 나중에 그는 그게 러시아 놈들의 비행기라는 말을 듣고 이상한 기분이 들었다. 그때까지는 미국 놈들의 비행기만을 적기로 염두에 두고 있었기 때문이었다. 소련이 얄타회담 후 참전한 사실을 몰랐던 것이다.

소련의 참전으로 가라후토는 순식간에 긴장된 분위기에 휩싸였다. M마을도 분주해졌고 사람들의 표정은 무겁게 가라앉았다. 바다가 보이는 산들의 요소에 포대가 증축되었고 공습에 대비한 건물의 소개가 급속도로 진행되었다. 가라후토 남쪽 국경지대에 병력을 증강시키기 위해 중학교 상급생까지 동원되었고, 빈번해진 도나리구미(제2차 세계대전 당시, 일본제국의 국민을 통제하기 위해서 만든 최말단의 지역 조직)의 방화훈련은 마치 공격 훈련 같은 모습을 띠어갔다. 모두가 달리고 있는 것처럼 느껴졌다. 아이들도 잔걸음으로 걷지 않으면 혼날 것 같았다. 학교에 등교하면 학생들은 '성전필승'이라고 쓰인 머리띠를 두르고 M신사에서 참배한 후 그대로 진구산에 올랐다.

그러던 어느 날의 일이었다. 그 날은 호박 밭에 비료주기와 감자캐기가 임무였다. 학생들은 건조한 여름 햇살 아래에서 땀을 흘렸다. 전원이 힘을 합쳐 일을 했다. 반 안에서 벌어졌던 작은 전쟁도 이때만은 잊혀졌다. 에바나와 이사카가 함께 감자를 삼태기로 짊어지기도 했다.

휴식시간이 되자 에바나는 가장 먼저 산 경사면에 쓰러졌다. 머리를 조르는 머리띠를 치우듯 내던지고는 풀숲에 엎어진 채 숨이 끊긴 것처럼 움직이지 않는 것이었다. 두 사람이 가까이 다가가 살펴보자 코를 문지르듯 잡초내음을 맡고 있었다. 그러다가 몸을 뒤집고는 풀잎을 붉은 혀로 핥기 시작했다. 그 모습은 무언가에 질려있는 것처럼 보였다. 그는 갑자기 이런 말을 꺼내기 시작했다.

"나 같은 놈은 군인의 아들로 태어나지 않는 게 좋았어."

그와 가네야마는 무심결에 서로의 얼굴을 보았다.

"멍청아, 그런 말 하면, 혼날 거야."

가네야마가 낮은 목소리로 주의를 줬다.

"그래. 무슨 말 하는 거야. 우리들은 어른이 되면 제국 군인이 될 건데."

에바나의 말이 귀에 거슬린 야다는 가네야마 보다 한층 엄한 목소리로 말했다. 에바나는 풀숲에 드러누운 채 어린 물고기 같이 길고 가는 눈으로 우리 둘을 번갈아 보다가 스윽 하고 상반신을 일으켰다.

"그렇지만, 난." 에바나는 갑자기 속마음을 고백하듯 팔로 흰 셔츠를 가슴까지 걷어 올리며 말을 이어갔다.

"봐, 이런 몸으로, 아무리 건포마찰(살갗을 튼튼하게 하고 혈액 순환이 잘 되도록 마른 수건으로 온몸을 문지르는 일)을 해도 강해질 수 없는 걸."

하얀 살갗이 눈부신 여름 햇빛을 받고 있었다. 땀 한 방울이 숨 쉬고 있는 그의 몸으로 유연하게 흘러 내려갔고, 부드러운 피부에는 엎드렸을 때 생긴 풀잎자국이 새겨 있었다.

"아버지는 매일 아침 내게 건포마찰을 시켜. 노기 장군의 가르침이라면서. 그렇지만 내 피부 속에는 엄마의 피가 가득 흐르고 있기 때문에 무리야. 봐 이렇게 할퀸 상처가 생길 뿐이라니까."

에바나는 가슴에 생긴 자그마한 상처를 과장되게 내보였다. 그 말투에서 득의양양한 울림이 느껴져 야다는 반발심을 느꼈다.

"그래도, 우리들은 지금이라도 전쟁에 나가야 해! 그렇지 않으면 일본이 져 버릴 거야. 이미 제공권이 적의 손에 넘어갔어. 러시아 놈들까지 참전했고. 나라의 존망이 걸려있는 때인 걸. 그러니까 우리들은 당장이라도 소년 항공대로 입대해 싸워야 해."

그렇게 단언하자, 즉각 에바나는 목소리를 높였다.

"그럼, 야다 넌 커서 화가가 되지 않을 거란 말이야?"

그는 멈칫하곤 에바나의 갸름한 얼굴을 바라보았다. 물론 되고 싶다고 생각한다. 허를 찔린 것이다. 화가가 되는 것과 소년항공대에 들어가는 것이 그 순간까지 그의 내면에서 조금도 모순된 일이 아니었다. 그렇지만 동시에 두 개의 희망을 이룰 수도 있는 걸까. 그는 멈칫멈칫하며 에바나의 기분 나쁠 만큼 예쁜 눈을 바라보았으나, 돌연 광폭한 정의감에 사로잡혀 목소리를 높였다.

"바보야, 그딴 일 보다는 국가를 받드는 데 역할을 다해야 하는 거야, 계집애 같이."

하지만 그렇게 말한 다음 바로 후회가 엄습해왔다. 그림이 너무 좋은 것이다. 하다못해 종군화가라도 된다고 말했으면 좋았을 걸. 그러나 계집애 같은 기분에 사로잡힐까봐 그는 서둘러 어깨를 으쓱거렸다. 에바나는 그의 말을 듣고는 아무 말도 하지 않은 채, 스윽하고 재차 풀숲에 드러누웠다. 우리 둘의 대화를 침묵하며 듣고 있던 가네야마가 그때가 되어서야 결론을 내리듯 말을 흘렸다.

"그래도 역시 호박을 크게 키워야 해."

그의 결론은 어딘가 요점에서 벗어난 것이었다. 평상시의 가네야마답지 않아 그는 의외라고 생각했다. 자기 쪽이 더 군인정신이 있다는 느낌이 그때 들었던 것이다. 그는 힘주어 말을 덧붙였다.

"맞아, 크게 키우자. 그래서 후방의 방비를 굳건히 하는 거야. 철저한 항쟁을 위해서는 병사들을 먹여야 하니까."

그러자 에바나도 솔깃하여 목소리를 높였다.

"크게, 아주 크게 자라면 좋겠다. 진구산 정도 크기의 호박이 되면 좋겠어."

그렇게 실없는 농을 던진 후 에바나는 하늘에 피어오른 소나기구름을 빨려 들어갈 듯 응시했다.

어쨌든 몸소 돌본 호박은 커다랗게 자라갔다. 에바나 또한 호박이 커다랗게 자라는 것에 반대한 건 아니었다. 여름이 끝나고 가을 조개구름이 피어오를 무렵이 되면 우리 셋은 다시 진구산에 오를 예정이었다. 그때면 이미 수확철인 것이다. 그러나 그 날이 오기 전에 느닷없이 8월 15일이 먼저 찾아왔다.

야다가 진구산에서 죽은 병사를 발견한 건 8월 15일로부터 1달이 지난 무렵이었다. 뜻밖의 날로부터 M마을은 죽은듯한 침묵에 빠져들었다. 그러면서도 M항구에서 소리를 죽인 채 해상으로 떠나는 몇 척의 기범선을 볼 수 있었다. 그의 가족도 어느 날 일행과 함께 은밀하게 기범선에 올라 항구를 뒤로 하였다. 아버지는 항구 주변에 남아 가족을 배웅했다. 도나리구미의 소방반장이었던 아버지는 마을을 지켜야 한다는 의무감에서 어머니의 간절한 애원에도 함께 마을을 떠나지 않았던 것이다. 바다에 나간 작은 범선은 마미야 해협의 거친 파도와 싸우면서 홋카이도의 왓카나이稚内를 목표로 나아갔다. 그러나 머지않아 배가 짙은 해무에 갇히게 되었고 거기에 거친 파도로 엔진까지 침수되고 나자 나뭇잎처럼 해상을 표류할 뿐이었다. 며칠인가 지나 배는 얕은 여울에 좌초되었다. 왓카나이에 도착하기는커녕 가라후토 내의 T마을까지밖에 가지 못한 것이었다. 어쩔 수 없이 일행은 가라후토 탈출을 포기하고 3주간에 걸쳐 M마을로 되돌아갈 수밖에 없었다.

그 사이에 마을의 상황은 급변해 있었다. 그를 태운 배가 짙은 해무 속을 표류했을 무렵, 소련군이 그 해무를 이용하여 M마을 상륙작전을 전개한 것이었다. 그 전투에서 많은 사상자가 나왔다. 아버지가 죽었다. 에바나도 일가와 함께 자결했다. 그는 충격으로 기력을 잃은 어머니와 함께 불탄 집을 찾아가 보았지만 아버지의 유골은 발견되지 않고, 다 타 버린 자명시계의 추만이 굴러다니고 있을 뿐이었다. 이미 훨씬 전에 아버지는 화장되어 버린 것이었다.

가네야마와 마을 길모퉁이에서 우연히 마주친 것이 그 무렵이었다. 우리 둘은 손바닥을 마주치며 기뻐한 다음 누가 먼저랄 것도 없이 진구산을 향한 것이었다.

호박 밭에서 죽은 병사를 발견 한 것이 그 날이었다.

3

만약에 야다가 그 광경을 어쩌다 목도한 작은 사건으로 이야기했다면, 그 일을 잊어버린 스스로가 그다지 신경 쓰이지 않았을 것이다.

김문호는 그렇게 생각했다. 그러나 야다는 우연히 목격한 그 광경에 지배당해 온 자신의 인생에 대해 말하고 있는 것처럼 느껴졌다. 그런 느낌이 김문호에게 묵직하게 전달되었다. 그렇기 때문에라도 그는 그 날의 기억을 파헤쳐야 한다는 기분에 빠져들어 갔다.

'내게 있어서'라고, 야다는 쓰고 있었다.

그 죽은 병사의 비참한 모습은 바로 대일본제국의 시체에 다름 아니었다. 그때까지 나는 제국군인은 결코 보기 흉하게 죽지 않을 것이라고 믿고 있었다. 이것은 당시의 나를 떠올려 본다면 상상할 수 있을 것이다. 실제로 나는 제국군인은 전사할 때 숭고하게 산화한다는 점에서 영미의 짐승들과는 본질적으로 다를 것이라고 믿고 있었다. 그러나 그 병사의 얼굴은 썩은 호박처럼 문드러지고, 몸에는 등에 크기만 한 산매미가 바글거리며 울어대고 있었다. 그 모습은 산에서 내려오다 걸려 넘어질 뻔한 군마와 조금도 다르지 않았던 것이다. 그때 나는 슬퍼져서 무심코 울기 시작했는데, 그 이유는 태어나 처음으로 진짜 시체를 봤다는 어린 아이의 두려움이라기보다 믿어온 것으로부터 심하게 배신당한 슬픔 때문이었다. 선생님이 끊임없이 언급했던 제국군인의 아름다운 죽음이란 게 저런 것이었다는 말인가. 나는 처음으로 나를 둘러싸 온 세계가 가짜였다는 사실을 깨달았다. 다만 내가 조금만 더 나이를 먹었거나 사려 깊었다면 그렇게 쉽고 단순하게 결론을 내리지 않았을 수도 있었을 것이다. 죽은 인간의 육체는 누구라도 스러질 수밖에 없다. 어떤 용감한 전사라도 흉탄을 맞고 들판에 내버려진다면 저처럼 썩어 버릴 것이다. 그러니까 그 병사가 죽기 직전까지 용감무쌍한 돌격정신으로 무장하여 적을 무찌르고 마는 황군이 아니라고는 결코 단정할 수 없을 것이다. 그런데도 나는 언제부터인가 일본 병사는 죽어도 추해지지 않고 벚꽃이 지는 것처럼 아름다울 것이라고 제멋대로 믿었던 것이었다. 황국군인의 아름다움이란 보은충국의 정신과 숭고한 애국심에 있다는 사실을 나는 어디서부터인가 잘못 이해했고 어느새 머릿속에서 죽음 그 자체의 모습을 아름다운 것으로 만들어 버린 것이었다. 아니, 평소라면 그렇게 생각 안 했을 것이라도 갑자기 그런 방식으로 이해했기 때문에 충격이 더 컸던 것이었다. 아직 어렸다고 하면 어쩔 수 없겠지만, 배신당했다는 기분이 매우 컸다. 그때의 광경과 배신당했다는 실감이 그 후로도 때때로 나의 삶의 방식을 가로막아 모든 일에 대해 불신감을 심어 버렸다. 그 호박 밭의 병사에게 내가 홀리기라도 한 걸까, 그렇지 않으면 저주받기라도, 아니 이런 같잖은 표현은 내 성격에 맞지 않다. 그저 한 마디 덧붙이자면 네가 나를 파시스트 소년이라고 부른 것이 정말 정확하다는 실감이 들었다. 그 무렵 너 또한 격렬한 동화소년이었다. 그랬던 네가 지금은 조선인이 되었다니 축복하고 싶다. 다만 나는 혹여 네가 지금도 진구산에서 목격한 광경에 떨고 있다면 행복하지 않을 수 있다는 생각이 드는 것이다. 너는 두려워하고 있지 않다고 했다. 그 말은 즉 행복하다는 것을 의미하는 걸까. 그 행복은 진구산에서의 광경을 잊었기 때문에 얻을 수 있었을까, 또 어떻게 잊을 수 있었을까, 그 문제들에 대해 맹렬히 알고 싶고, 가능하다면 나를 위해 그 광경을 떠올렸으면 하는 바람이 있다…….

이처럼 따지듯 물어왔을 때 김문호는 당황하기보다 오히려 스스로에 대한 불안함이 파헤쳐지는 것을 느꼈다. 진구산에서의 기억이 전혀 돌아오지 않았던 것이다. 기억이 완전히 잠들어버려 각성하는 게 불가능하다고 느껴졌다. 그렇다고는 하나 이 사태가 그에게는 거짓말처럼 느껴졌다. 동일한 체험이 사람에 따라 이렇게까지 다른 중량감을 가질 수 있을까. 그 역시 호박 밭에서의 기억이 아예 없는 것은 아니었다. 가을이 되면, 그렇다, 가을이 되고 조개구름이 하늘에 떠다닐 무렵이면 에바나와 야다와 함께 호박 밭에 수확하러 갈 예정이었다. 그처럼 힘들었던 근로봉사의 결실을 확인하기 위해 진구산에 갈 날을 기대했던 기억이 있다. 그러나 그 호박 밭을 실제로 올라간 적은 없다. 죽은 병사도 알지 못했다.

왜일까……. 그는 몇 번인가 갈팡거리다가 결국 도리가 없다고 생각했다. 필경 진구산에서의 사건은 그의 마음에 남을 정도의 일이 아닌 것이다. 어쩌다가 그곳에서 일어난 일은 스스로에게 완전히 우연한 사건에 지나지 않았을 것이다. 그는 그 광경을 단순히 잊은 것이 아니라고 이런 식으로도 해석해 보았다.

그렇다고 해도 이러한 해석은 왠지 제멋대로인 느낌이 들었고, 더불어 야다의 절실한 물음에 대한 어떤 대답도 될 수 없다는 사실을 깨달았다. 그렇다면 어떻게 해야 할까. 왜 자신이 그 광경을 잊었는가를 증명하는 일은 야다의 물음에 대답하기 위해서도 필요해 보였다.

김문호는 그 광경을 기억할 수 없었지만 야다가 죽은 병사를 보고 충격을 받은 심경은 알 것 같았다. 그에게도 비슷한 경험이 있다. 차이점은 죽은 병사와 살아 있는 장교라는 사실이다. 그리고 김문호는 이때 에바나의 죽음을 떠올릴 수밖에 없었다.

야다가 바다에서 표류하는 사이에 에바나는 죽었다. 짙은 안개를 따라 소련군이 상륙해 온 날의 일이었다. 에바나는 죽었다기 보다 아버지의 손에 살해되었다고 봐야 했다. 그가 에바나의 죽음을 안 것은 3일 후였다. 그 사이에 일가족은 가까이 살았던 일본인들과 함께 방공호에 숨어 전화를 피하고 있었다. 두 손을 들고 땅 위로 기어 나왔을 때 그는 아직까지 자욱한 초연 냄새와 구워질 듯 뜨거운 공기를 피부로 느꼈다. 역이 있었던 방향을 바라보자 야다의 집 부근에서 검은 연기가 천천히 하늘을 향해 피어오르고 있었다. 가끔 진구산 쪽에서 둔중한 포성이 울렸다. 일본군이 여전히 산 속에서 항전하고 있는 것이었다. 마을은 완전히 소련군이 장악하고 있었다. 3일 동안의 공포로 사람들의 일그러진 얼굴은 검게 죽어 있었으나, 살아 있다는 감각에 익숙해지자 죽은 이들의 소문을 자주 이야기하게 되었다. 에바나의 일가족이 자결한 일도 마치 목격한 것처럼 이야기되었다. 소문에 의하면 소련군이 공격해 오자 이제 여기까지라고 체념한 퇴역 대위 에바나는 가족들을 한 방에 불러 모아 조용하게 사정을 설명해 납득시켰다. 그리고 석별의 잔을 나눈 후 눈을 감고 침착하게 죽음을 기다리는 처자를 하나하나 처리하고는 스스로도 훌륭히 할복을 수행했다고.

그 이야기를 듣자마자 그는 '거짓이다!'라고 마음 속으로 절규했다. 에바나가 정말 그런 각오와 함께 죽음을 맞이했을까. 도망치려고도 않고 죽음을 맞이했다니. 도저히 그런 말을 믿을 수 없었다. 필시 에바나는 군도를 빼어 든 모습을 보자마자 기절했을 것이다. 아니, 필사적으로 목숨을 구걸하지 않았을까. 그렇지만, 받아들여지지 않자 어머니 쪽으로 도망치려다 칼에 베어졌다…….

에바나의 죽음이 소년인 그에게 심한 충격으로 다가왔다. 그는 에바나를 살해한 군인 정신에 치를 떨며, 자결의 공포에 질렸다. 그러고 나자 반발심이 일어났다. 그때까지 그는 아이 나름으로 자결을 무사도의 미덕이라 믿어 왔다. 사람으로서 책임져야 할 때 자결이 최후의 해명이 될 수 있다고 생각했다. 다시 말해 자결은 정의였던 것이다. 그러나 에바나의 죽음에서 처음으로 그는 정의롭지 않다는 분위기를 감지했다. 살고자 하는 인간의 생명을 억지로 빼앗는 자결이 정의일 리 없다. 그것은 잔혹하고 그릇되며 용납되어서는 안 되는 일이다. 그는 본능적으로 그렇게 생각하고는 다시금 두려움에 빠져 다리를 후들거렸다.

마을이 안정되자 죽은 이들에 대한 이야기는 점차 사라져갔고 사람들은 생존의 문제들에 쫓기고 있었다. 그는 그런 나날들 속에서 고지에 위치했던 에바나의 집 쪽을 바라본 적이 있었다. 절벽에 세워져 있던 에바나의 집은 바닷가에 가까웠던 그의 집 바로 정면에서 보였다. 보지 않으려 해도 눈에 들어왔다. 살아 있을 때의 에바나의 모습이 이것저것 떠올랐다. 그런 와중에 그는 더 이상 에바나가 없는 폐가를 보는 것이 괴로워져, 가능한 보지 않으려 했다. 전쟁의 혐오스런 기억을 외면하려는 스스로를 느꼈다.

무언가에 끊임없이 응시당하고 있는 기분이었다. 그 무언가는 이렇다 할 정체를 보이지 않지만 문득 니노미야 손토쿠(에도시대의 농민철학자)로 느껴지기도 했고 봉안전(2차 대전 때까지 천황의 초상화나 교육칙어 등을 모셔두던 건물)처럼 보이기도 했다. 또 어떤 때는 특별할 바 없는 구름이기도 했고, 해가 기울자 조금 어두워진 산등성이기도 했다. 그러자 점차 몸이 석고처럼 굳어져 말을 듣지 않게 되어 갔다. 귓전에서 오타니 선생님의 목소리가 크게 들여오는 듯했다. 가네야마를 봐라…… 가네야마를 봐라…… 가네야마를 봐라…….

그는 쏟아지는 눈길을 의식하고 몸을 떨었다. 성전에 이기기 위해서는 일본인에게 뒤쳐지지 않도록 노력해야 했다. 보통의 아이라면 싫어할 법한 일을 아주 거뜬히 미소까지 지어가며 완수해냈다. 예를 들어 누구나가 싫어하는 겨울 변소 걸레질을 몹시 정성 들여 하거나, 근로봉사에서 다친 사람이 나오기라도 하면 급히 달려가 등에 업고는 지칠 때까지 걷곤 했다. 물론 학업 성적도 언제나 좋게 받으려 애썼다. 이처럼 학년에서도 꽤 눈에 띄면서 바람직한 소년이 되어갔지만 그와 더불어 좋지 않은 성격도 갖게 되었다. 바로 비굴함이었다. 이 비굴함이란 자신은 어떤 일에서도 두 번째를 목표로 하는 점에서 확실하게 나타났다. 가령 첫 번째가 될 수 있음에도 두 번째에 안주하려 했던 것은 반도인이기에 불리하며, 동시에 일본인에게는 안 된다며 스스로를 비하했기 때문이었다. 그런 그의 입장에서 무슨 일에도 1등이어야 했던 나카무라의 성격은 오히려 편했다. 나카무라가 조금만 더 현명했다면 이사카를 부추겨 도시락 통을 열게 하고 마늘 냄새가 난다며 코를 막게 한다든지, 조-센하며 업신여기는 일을 굳이 시킬 필요조차 없었던 것이다.

스스로의 비굴함을 용납하기 힘들었던 것은 정말 화내야 할 경우에도 참아버릴 때였다. 마늘에 대한 일이 그러했다. 도시락에 마늘이 들어간 반찬이 없는데도 일부러 그런 얘기를 들으면 화가 났다. 특히 분노했던 일은 '니기미 시발아'라는 말을 들었을 때였다. 그렇지만 그런 경우에도 화를 불러일으킨 상대방이 아니라 철봉을 향해 부딪쳤다. 철봉에 발을 걸쳐 매달리고는 기분이 풀릴 때까지 회전하는 것이었다. 계속 돌고 있으면 이십 번, 삼십 번 회전할 무렵부터 머리를 관통하는 듯한 쾌감이 느껴졌다. 저절로 몸이 움츠려 들지만 회전하면 할수록 쾌감이 커지기 때문에 한없이 회전했다. 땅에 내린 후에는 백치 같이 둔한 눈을 하고 잠시 웅크리고 있었다. 황홀경에 헤매면서도 아래가 발기한 것이 부끄러워 죄를 저지른 기분이었다. 그래도 그때는 화가 난 이유가 희미해진 다음이었고 황홀경도 이내 꺼림칙함을 남긴 채 사라져갔다.

그러나 그는 그러한 체험 뒤에는 반드시 비눗물을 마신 것 같은 구역질이 났다. 노예가 여주인에게 채찍을 맞고 행복해하는 광경과도 유사하다고 나중에 생각했다. 어느 쪽이든 간에 그런 행동을 실은 좋아하지 않았다. 그래서 전쟁이 끝나자 마음이 편해진 것도 사실이었다. 더 이상 비하할 일도, 시선을 받을 일도, 철봉에 매달릴 일도 없다는 기분이 그를 순진한 소년으로 되돌린 듯 했다. 무슨 일이든 잊어버리고 싶었다. 에바나를 떠올리면 불쌍해서 견딜 수 없었지만 그런 만큼 더욱 전쟁

중의 일들을 잊고 싶었다.

그 무렵이었다고 생각한다. 야다와 마을에서 재회한 때가. 우리 둘은 에바나의 죽음을 애도한 다음 진구산으로 향했을 것이다. 그런데 그 부근의 기억이 흐릿했다.

4

도서관 밖으로 나오자, 안심이 되었다.

형기를 마친 수감자가 처음 바깥 공기를 쐰 듯한 기분에 일순 빠져들었다.

매일이 이와 같았다. 지금도 그랬다. 야다는 문 밖에 서서 마치 되찾은 자유의 무거움을 재는 것처럼 공기를 들이마신 후 조금 가벼워진 몸으로 도로 쪽을 향했다. 한 발자국 걸을 때마다 뒤를 향해 무언가를 휙휙 내버리는 것 같은 후련한 느낌이 들었다. 조퇴서를 보고는 평결하듯 자신을 올려다보던 상사의 눈길도 뒤쪽에 털어버렸다. 희미한 빛조차 없는 눈이었다. 자신이 어째서 그렇게까지 외출하려 하는가에 대해 의아해할 뿐 그 이상 어떤 관여도 하지 않으려는 눈빛이었다. 책임은 스스로 지라고 말하듯 초로의 상사는 말없이 자신이 낸 조퇴서를 수리했다. 그때가 온다면 그때 처리하면 될 일이다. 언제 일을 그만두게 되더라도 미련은 없었다. 단지 자신의 명예를 위해 언급해 두자면 농땡이를 치기 위해 자주 조퇴하는 것은 아니었다. 접수처에 하루 종일 앉아 있으면 어쨌든 이 감옥에서 나가야 한다는 기분이 들었다. 카드 정리와 책의 대여, 접수 등의 단순 작업이 권태로웠던 것도 사실이긴 했지만 그보다는 자신에게는 해야 할 일이 있다는 초조감이 주된 원인이었다. 하지만 자신이 해야 할 일 같은 건 존재하지 않았다. 그것을 깨달으면 심한 무력감이 뒤이어 자신을 압박했고 질식해 버릴 것 같았다. 일하는 가운데 그런 기분이 올라오면 비실비실 바깥으로 표류하고 싶어졌다.

밖으로 나와도 가야 할 목적지는 없었다. 공원에서 멍하니 바닥의 돌 위에 놓인 먹이에 몰려드는 비둘기를 바라보며 반나절을 보내버린 일도 있었고, 사람들의 혼잡함 속에 섞여 백화점에 용무도 없이 어슬렁 어슬렁 거린 일도 있었다. 어떤 때는 가게 경비원에게 소매치기로 오해받기도 했다. 빛바랜 레인 코트를 옆구리에 끼고 귀금속 진열대를 몇 번 이고 왕복하는 정체불명의 중년남자가 그런 종류의 인간으로 오해받는 것은 어쩔 수 없는 일이었다. 단 나는 소매치기가 아니다. 이 점도 자신의 명예를 위해 말해 둬야 하는 것인지도 모른다. 그러나 애초에 자신에게 명예를 신경 써야 할 이유가 있는가. 우습지만 어떤 날은 처음 보는 노파로부터 격려를 받기도 했다. 하지만 자살 따위를 생각한 것은 아니었다. 오히려 그런 용기가 있다면 더욱 명예를 중시하는 인간이 될 수 있었을 것이다.

직장에서 떨어져 있으면 스스로의 한심함을 절실히 느낄 때가 있었다. 어느 날 백화점 계단에 있는 의자에 앉아 있을 때였다. 아— 하는 작은 절규소리에 올려다보자 감색 세일러복을 입은 빛나는 소녀가 나를 보고는 움직이지 못하고 있었다. 본 적이 있는 소녀였다. 안경 너머로 희미하게 웃자 소녀는 마치 공격을 당한 듯 숨을 들이쉬고는 위쪽 계단으로 슬며시 도망쳤다. 치마 주름이 유성처럼 반짝이고 한 가닥 바람이 뺨을 때렸다. 그때의 느낌이 이랬다고 생각했다.

긴 세월 동안 도서관 접수대에 앉아 있으면 직감만은 좋아진다. 소녀는 어느 날 접수 카드를 돌려줄 때 훌쩍하고 콧물을 들이켰다. 카드를 받으면서 무심코 얼굴을 살피자 목에서 귓불까지 자색 멍이 선명하게 들어 있었다. 소녀는 자신의 멍을 알아채지 못한 채 돌아갔다. 그때부터 잊을 만하면 찾아오는 소녀를 넌지시 관찰했다. 어느 날 목격한 소녀의 목 귓불 부근에는 요전의 옅은 멍이 맺기 시작하고 있었다. 소녀가 스윽하고 바람처럼 책 선반의 숲으로 들어갔을 때 자신도 그 뒤를 그림자처럼 따라 들어갔다. 소녀는 그림자가 집요하게 응시하고 있는 것도 모른 채 이내 책 선반에서 한 권의 책을 세일러 교복 속으로 매끄럽게 집어넣었다. 그리고는 또 한 권의 책을 빼 가슴 부근에 액막이 방패처럼 넣은 다음 그대로 돌아가려 했다. 그것을 확인한 야다는 일순 어떻게 해야 할지 망설였다. 고서점의 지배인이 아닌 이상 야단스럽게 일을 만들 필요는 없다. 그렇지만 소녀의 창백한 목에 착 달라붙은, 독화처럼 떠올라 있는 멍이 그의 기분을 막았다. 돌연 눈앞을 막아 선 것이다. 소녀는 깜짝 놀라 올려다보았다. 그 반동으로 세일러 교복 밑으로 책이 툭 하고 떨어졌다. 그러자 소녀의 아름다운 얼굴이 창백해지더니 갑자기 험악하게 노려보고는 그의 뺨을 때렸다. 그리고 자신을 슬프게 바라보는 그의 옆을 스윽 지나갔다. 그때부터 소녀는 도서관에 나타나지 않았다. 소녀가 사라진 계단을 바라보며 야다는 쑤시는 듯한 욕망에 사로잡혔다.

멍이 보였던 목을 졸라 소녀를 기절시키고 싶은 기분에 격하게 빠져들었다. 그러나 이내 시들어 가는 기분을 원망했다.

또 어떤 때는 일을 쉬고 가까이 S시까지 기차를 타고 나가는 경우가 있었다. S시를 향해야 할 이유는 아무 것도 없었다. 역에서 내려 어슬렁어슬렁 아카시아가 피어있는 도로를 발길 따라 걷거나, 고로쇠나무가 녹색 우산을 펼치고 있는 공원 나무 아래에 앉아 포장도로를 거니는 판탈롱 슈트pantalon+suit(일본식 조어로, 같은 천으로 상의와 바지를 맞춘 여성복) 차림의 여성과 잔디에서 노니는 가족들의 모습을 지루해하지도 않고 바라 볼 뿐이었다.

하지만 정신을 차리면 늘 사람들의 혼잡함 속에 있었다. 산과 호수 등 사람이 드문 장소는 무의식적으로 피했고 도시의 흥청거림과 한데 어울렸다. S시로 어슬렁어슬렁 외출하는 것도 그 곳이 풍광이 좋은 지방 도시였기 때문인지도 몰랐다. 도망자의 심리가 아닐까. 패전직후 소련군이 M마을을 압박해 왔을 때 사람들은 산길을 넘어 그 지역의 중심 도시인 T시로 피난해 갔다. 당시의 상황에서는 그 도시 역시 피난처로서 안전하다는 보장은 없었지만 어찌되었든 사람들은 T시를 향해 몰려들어갔다. 그때처럼 지금의 자신도 어떤 위기감을 느끼자 그 지방 도시로 향한 것인지도 몰랐다. 그렇지만 그 곳에 가면 자신은 망연히 군중을 바라보며 무의미한 시간을 보낼 뿐이었다. 무언가를 만들지도 파괴하지도 않는 무난한 소시민의 아방튀르. 그런 자신의 모습이 어느 순간 가라후토를 탈출하기 위해 해상에 표류했던 때와 비슷하다고 생각되곤 했다. 짙은 안개에 갇힌 배는 엔진이 고장난 채 파도 사이에 떠 있을 뿐이었다. 그 사이 M마을에서는 하나의 역사가 바뀌어 있었다. 그 안에서 부서져 추락한 자와 새롭게 태어난 자가 있었을 것이다. 그러나 나는 그저 우유 빛 안개 속에서 기약 없이 표류하고 있을 뿐이었다. 왠지 그 때부터 계속 떠돌고 있는 것처럼 생각되었다.

야다는 도서관을 나와 잠시 가도를 걸은 다음 지붕에 둔중한 가을볕이 내리쬐는 역 안으로 들어갔다. 역 창구에서 S시행 표를 사자 그의 마음이 희미하게 요동쳤다. 예전 같았다면 목적 없이 표류하는 것이었겠지만 오늘은 다르다. 3시에 S시내의 찻집에서 김문호와 만날 약속이 잡혀 있었다.

김문호로부터 만나고 싶다는 연락이 온 것은 오늘 아침이었다. 일주일 정도 전에 도착한 엽서에서 가까운 시기 S시에 위치한 본가에 돌아갈 예정이니 그때 만나자며 다시 연락하겠다고 쓰여 있던 것이다. 때문에 S시로부터 전화가 왔다고 들은 순간 바로 가네야마로부터의 전화라는 사실을 알았다. 약속 시간에 대한 물음에 그는 몇 시라도 괜찮다며 자조스러운 목소리도 대답했다. 그러자 그럼 3시 정도에 그쪽으로 가겠다고 김문호가 말했다. “아니”라고 생각보다 강한 어조로 그는 거절했다.

S시행 보통열차는 정각에 ○역 구내로 미끄러져 들어왔다. 그는 매연 알갱이를 내뿜는 플랫폼에서 텅 빈 객차에 올라 창가에 앉았다. 기차는 곧 스피드를 올렸다. 스쳐 지나가는 집과 산을 바라보며 그는 갑자기 후회스러운 기분에 사로잡혔다. 왜 가네야마를 ○시로 부르지 않았는가 반성했다. 이쪽으로 방문하겠다는 가네야마의 말을 느닷없이 거부했을 때 수화기 저편에서 당황하는 가네야마의 표정이 느껴졌다. 방문

해선 곤란하다고 순간적으로 판단했던 것이다. 덫에 걸릴 것이다. 우정에 해를 끼칠 덫에. 물론 저녁에 집으로 데려가면 어머니는 기뻐했을 것이다. 처음 가네야마의 소식을 알렸을 때 어머니는 희미한 기억을 더듬으면서 그리움에 빠졌다. "벌써 아이를 셋이나 가졌구나"라고 중얼거리더니, 결국 장남임에도 여전히 독신인 그에게 푸념하면서 가네야마의 어렸을 적 인상에 대해 이야기했다. 에바나와 가네야마는 몇 번인가 시계방을 하고 있던 그의 집에 놀러 왔는데, 그때를 기억하고 있었던 것이다. 부쩍 늙어버린 어머니를 기쁘게 해 드리는 것도 좋겠지만, 역시 ○시를 벗어난 곳에서 만나는 게 낫다고 그는 판단했다.

덫의 마을인 것이다. 이 마을은 어딘가 덫에 걸려 있었다. 친한 친구를 일부러 덫 안으로 들어오게는 할 수 없었다. 예전부터 이 마을을 싫어했다. 어머니는 오르막길이 많고 바다가 보이는 이 마을이 어딘가 M마을과 닮아 있다고 했다. 어머니는 패전 때까지 남편과 함께 살았던 M마을의 아련한 기억을 이 마을의 풍취에서 찾으려 했다. 그러나 그는 닮아 있다는 그 점이 싫었다. 그리고 그렇게 생각하자 이 마을의 모든 것이 닮아 있는 것처럼 느껴졌다. 특히 아파트 뒤편의 울창한 산이 진구산과 똑 닮아 있다는 사실에는 전율마저 느껴졌다. 언제부터인가 호박 밭에서 죽어 있던 병사가 가라후토에서 귀환하여, 이 산에서 조용히 기다리고 있는 것 같은 착각이 계속되었다. 고등학교 때까지는 그래도 심한 편이 아니었다. 하지만 모자뿐인 빈곤한 생활 때문에 미술대학 진학을 그만두고 도서관에서 일하기 시작하면서 이 느낌은 점차 강해졌다. 그리고 지금 그에게는 죽은 병사가 어느 사이에 뻔뻔스럽게 자신의 대뇌 속에 안면할 장소를 찾아 옮겨 온 듯한 느낌마저 들었다.

자신의 대인관계가 점차 악화되어 간 것은 병사의 기억과 관계있다고 생각했다. 지금까지 몇 명의 친한 친구가 있었다. 마음을 터놓고 이야기를 나눌 수 있는 친구란 삶의 기쁨을 더해 주는 존재이다. 언제까지나 좋은 친구가 될 수 있기를 원했고, 친구들에게도 바랬다. 그런데 왠지 우정이 깊어지면 머리에서 병사를 의식하게 되는 것이었다. 그 우정 뒤에 과연 무엇이 찾아 올 것인가를 의심해 버렸다. 정말 친구가 우정을 배신하지 않는다는 보장이 있을까……. 시간이 지날수록 그는 친구들이 자신으로부터 떠나갈 것 같은 강박관념에 휩싸였다. 아무리 우의가 깊은 친구라도 언젠가는 자신으로부터 멀어질 거라고 생각되었다. 그것은 인간의 의지라기보다는 무언가 인간의 의지를 넘어선 커다란 힘이 그렇게 만드는 듯 보였다. 친구는 깨닫지 못하겠지만 어떤 간특한 덫에 의해 우정이 파탄날 것임이 틀림없는 것이다.

이러한 그의 회의심을 친구들은 이상히 여기거나 동정했다. 그러나 일정한 시간이 흐르면 단념한 채 편벽한 자신에게서 떠나갔다. 그를 기분 나쁜 존재로 취급하기도 했다. 무언가 불길한 것을 보는 듯한 눈을 할 때조차 있었다. 그것이 그를 자폐 증상으로 이끌었고, 스스로 친구들을 피하게 되었다. 자신을 이해할 인간은 격렬한 전쟁의 기억을 가진 자여야만 한다는 생각까지 들었다. 그것은 모순된 감정이었다. 한편으로는 죽은 병사의 기억이 사라지지 않는 한 친구를 만들 수 없다는 생각이 들었기 때문이다. 그는 막연히 친구들을 부러워하며 자신도 어른이 되어버렸다고 생각할 때가 있었다. 전쟁이 끝나자 어른들은 신속하게 평화로운 시대 속으로 녹아 들어갔다. 전쟁을 수행했던 지혜와 힘을 평화로 대체해 씩씩하게 갱생해 갔다. 그것은 왠지 트럼프 놀이하는 장면을 연상시켰다. 어른들과 아이들이 조커빼기를 하고 있다. 어른들은 카드 숫자를 교묘히 맞추어 들고 있는 카드 숫자를 줄여간다. 다음은 네 차례다. 자 뭐라도 뽑아 봐라. 카드를 선택하자 조커가 뽑히고, 그 카드는 손바닥에 착 달라붙어 떨어지지 않게 되어버린다. 그 사이에 어른들은 손뼉을 치며 이기고, 결국 아이들은 조커를 손에 든 채 마지막까지 남겨진다. 전쟁에서 받은 상처가 그런 광경으로 비춰는 것이었다. 그는 어른들을 부러워한다기보다 원망했던 것인지도 몰랐다.

야다는 빨리 진구산에서의 사건을 잊고 싶었다. 자신을 둘러싼 무력감의 원흉을 끊지 않는 한 언제까지고 인간을 믿지 못한 채 자멸해 갈 것이다. 머릿속 병사를 없애 버려야 했다. 하지만 어떻게 해야 할까. 수술대에 오른 중년남자를 상상하곤 했다. 외과의가 환자의 두개골을 절개한다. 그리고 무심결에 메스를 바닥에 떨어뜨린다. 외과의는 심각한 표정으로 과학에 대해 회의하기 시작한다. 어째서 인간의 대뇌 안에 이끼 낀 무덤이 들어가 있는 것인가. 환자는 목소리를 높여 절규한다. 어서 그 무덤을 벗겨 달라. 그게 나에게 씌어 있는 것이다. 나는 당장이라도 살해당할 것이다!

자조 섞인 공상이었다. 막기 힘든 무력감만이 선명히 느껴졌다. 야다는 무거운 한숨을 내신 후 딱딱한 의자 위에서 자세를 바로 했다. 가네야마는 왜 그 광경을 잊어 버렸을까. 그는 암울한 상념에 빠졌다.

5

처음 야다가 편지를 보내온 지 2달 정도 지났다. 2개월 전에 24년이라는 세월이 내던져졌다. 그 세월이 우리 둘을 중년남자로 바꿔 버린 것이다.

하지만 김문호는 눈앞에 앉아있는 야다에게서 어렸을 적의 정다운 분위기가 뿜어져 나오는 것을 느꼈다. 야다는 머리숱이 적어 이마가 벗겨져 있었다. 예전에는 안 꼈던 안경을 써 일견 학자풍의 차가움이 느껴지긴 했으나 그 안경 너머로 주뼛주뼛 거리는 상냥한 소년의 눈이 감추어져 있음을 쉬이 알 수 있었다.

"결국엔 우리 둘 다 그림쟁이가 되지 못했네. 첫사랑과는 이루어지지 않는다고들 하지만."

김문호가 이런 농담을 던질 수 있었던 것도 청춘의 후회를 지금이라면 흘려보낼 수 있을 듯한 기분이었기 때문이었다.

"나는 그림에 재능이 없었어. 아이 때의 그림 솜씨는 믿을 수 없지."

야다는 거의 표정을 바꾸지 않은 채 대답했다.

"그래도, 너는 정말 잘 그렸어. 미술 자습시간이면 대단히 인기였잖아. 모두가 그림 그려달라고, 맞아, 이사카 녀석도."

"그런 적도 있었지. 그래도."

"왜 계속 그림을 그리지 않은 거야? 너라면 성공했을 텐데."

야다는 조용히 고개를 저었다.

"내 그림은 발전하지 않아. 내 글씨처럼 지나치게 또박또박한 느낌이라. 실은 기계 관계 쪽이 내 성격에 맞았을지도 몰라.”

그렇게 말하자 아버지가 눈에 선했다. 어머니는 장남인 자신이 놀랄 만큼 죽은 아버지와 닮아 있다고 이야기한 적이 있었다. 아들인 내가, 남편이 죽었을 무렵의 나이가 되었기 때문일 것이다. 용모가 닮아 있다고 어머니는 이야기했지만, 성격 쪽이 아버지와 닮아 있다고 그는 생각했다. 방화훈련이 없는 날의 아버지는 하루 종일 작업장에 앉아 시계를 만지고 있었다. 자신의 적성이 그런 기계 관계 분야라고 생각한 것은 그림을 그리던 고등학교 무렵이었다. 그럼에도 그림을 포기하지 못한 채 미술대학으로 진학하려 했으나, 빠듯한 생활로 인해 결국 도서관에 근무하기 시작했다. 그 후로 그림을 그만 두었고, 기계 관련의 일을 할 희망도 끊겨 버렸다.

김문호는 스스로에 대해 지나치게 솔직한 평가를 내리는 야다를 보며 놀라면서도 지금 야다의 직업이 기계 관련 분야와 매우 동떨어진 것도 뜻대로 안 되는 세상의 이치일 것이라고 생각했다. 그러나 그런 애매한 감회를 그는 바로 깨버렸다.

“나는 오래된 책처럼 되고 말거라는 느낌이 들어. 도서관에는 매월 수백 권의 책이 들어와. 향토 관계의 귀중한 자료에서 아이들 동화와 전문서까지 각종 책들이 묵직하게 들어오지. 소설 같은 단행본은 가까운 시일에 띠지가 벗겨지고, 책등이 상하면서 점점 베스트셀러에 밀려 책장 구석에 꽂히게 돼. 그리고 머지않아 빛이 들지 않는 서고로 처박힐 운명을 기다릴 뿐이지. 그런 식으로 나도 점점 좀 먹히고 너덜너덜해질 거라는 기분이 멈추질 않아. 책 중에는 오래될수록 가치가 높아지는 것도 있지. 그렇지만 내 경우를 생각하면 도저히 견딜 수 없을 것 같은 기분이 드네……."

김문호는 옛 친구가 자기 일에 전혀 보람을 느끼지 못한다는 사실을 알게 되자 괴로웠다. 적어도 자신은 그런 허무함을 직업에서 느끼지 않았다. 그리고 그때 야다는 참고 있었던 말을 한숨과 함께 꺼내기 시작했다.

"기억하고 있어? 그때의 일을—"

김문호는 내심 신음했다. 앞서부터 야다가 이 질문을 해 올 것이라 생각했지만, 예상보다 기대가 크다는 걸 느꼈기 때문이다. 그만큼 실망시키고 싶지 않았지만, 잠시 뒤 "기억나지 않아, 그게—"라고 그는 변명하듯 대답할 수밖에 없었다.

과연 야다의 얼굴에 깊은 실망이 떠올랐다.

"그렇구나."

야다는 모호한 말투로 변해 있었다. 역시 가네야마는 기억이 되돌아오지 않은 것이다.

"행방불명이라도 된 것 같다."

김문호는 투덜댔다. 그도 실망스러웠던 것이다. 야다와 만나면 혹시 그때의 일이 생각나지 않을까 기대하고 있었다. 참으로 분명치 않은 이야기라는 느낌이 들었다.

"그때" 하고 야다는 포기하지 못한 태도로 그때의 정경을 설명하기 시작했다. 김문호는 귀를 기울였다. 편지 내용 그대로였다.

"기억해 낼 수 없는 거지."

설명이 끝나자 야다는 마지막으로 한 번 더 확인했다.

김문호는 고개를 저을 수밖에 없었다. 그리고 괴로운 심정이 되었다. 호박 밭의 병사에 씌어 있는 친구를 짙은 피로가 감싸고 있음을 봤기 때문이다.

그때부터 이야기가 중단되거나, 다른 화제로 옮겨가기도 했으나, 잠시 후 다시 진구산의 사건으로 되돌아왔다. 끝나지 않는 주사위 놀이처럼 다시 원점으로 돌아가는 것 외에 방법이 없었다.

김문호는 기분이 가라앉아 잠시 침묵했다.

다른 용무도 있어 S시에 방문한 것이었지만 야다와 만나 마음에 걸렸던 진구산의 일을 확인하고 싶다는 바람도 있었기 때문이다. 결국 사람의 기억은 사라지게 되어 있는 것이다. 그렇지만 두 사람만 경험한 그 광경을 자신은 잊고, 야다는 잊지 못한다는 사실이 기이했고 왠지 막연한 책임감을 느끼게 했다. 그 광경을 봤다는 사실을 증명할 수 있는 존재는 자신 한 사람뿐인 것이다. 다만 누구로부터도 증인이 될 것을 강요받은 것은 아니었다. 당사자인 야다조차 그렇게 말하지는 않았다. 그러나 친구로서 야다를 위해 해야 할 일이 있다면 그 광경을 증명하는 것이리라. 자신의 체험이 그렇게 말하고 있었다.

김문호는 지금까지 자신이 조선인임을 증명해야 하는 상황에 때때로 빠지곤 했다. 일본의 패전 직후 이제부터는 조선인으로 되돌아간다고 막연하게 생각했던 적이 있었지만 동화소년이 조선인이 되는 일은 그렇게 쉬운 일이 아니었다. 원래 조선인인 내가 조선인임을 스스로에게 확인시키고, 타인에게 납득시키는 일이 이다지 힘들 줄이야. 그것은 시간이 필요한 작업이었다. 정말이지 이 작업은 시청에 나가 호적초본을 떼어 바라본다고 해결되는 일이 아니었던 것이다. 상실되어 있던 민족적 자각을 되찾는 일은 한 인간의 영혼을 발견하는 것과 다르지 않았다. 그리고 이제는 내가 조선인으로서 스스로를 입증할 수 있다고 생각해도, 과연 동화소년의 그림자가 없어졌을지는 단언할 수 없었다. 부처를 만들었음에도 여태껏 혼을 집어넣지 못한 단계에 머물러 있는 것이었다.

필시 야다도 살아갈 순간의 증언이 필요한 것이다. 스스로를 되찾기 위한 증언이.

자신이 그 증인이 되어주고 싶다고 생각했다. 그러나 머리로는 그렇게 생각해도, 두 사람이 본 광경을 확인하는 일도, 어딘가 파시스트 소년의 그림자를 떠안고 있는 야다를 위해 적절히 조언하는 일도 자신에게는 불가능하다고 생각했다.

"나가지 않을래? 한 잔 하자."

김문호는 무거운 침묵을 깨고 말했다. 기분전환이 필요했다. 야다 또한 좋다고 침묵을 깨며 한 쪽에 놓아 둔 레인코트를 집어 들었다.

밖으로 나오자 주변이 석양에 물들기 시작하고 있었다. 비즈니스 거리는 벗겨진 빛의 비늘처럼 아직 밝았지만, 뒤쪽의 그늘에서는 썰렁한 잿빛 어둠이 기어 나오고 있었다. 귀가를 서두르는 사람들의 발소리가 여기저기서 들려왔다. 두 사람은 그 인영들을 스치면서 천천히 번화가 쪽으로 걸어 들어갔다.

마시기엔 아직 이른 시간이었다. 할 수 없이 눈에 띈 중화요리점의 지저분한 포렴을 들추며 들어갔다. 2, 3명의 손님이 깜박거리는 텔레비전을 보며 무언가 이야기하고 있었다. 두 사람은 카운터 앞에 나란히 앉아 메뉴가 적혀 있는 기름때 낀 벽지를 바라보았다.

"뭐로 할까?" 김문호가 물었다.

"뭐든지 좋아." 야다가 대답했다.

두 사람은 미소라면을 먹기로 했다. 김문호는 조리장 노인에게 주문하면서 코트 주머니에서 꾸겨진 담배 갑을 꺼냈다. 찻집에서 그냥 저냥 2시간 이상 앉아 있는 동안 담배 갑 속에는 두개피만 남아 있었다. 그 중 하나를 야다에게 권하고, 자신도 입에 물고는 커다란 성냥갑에 불을 붙였다. 이대로는 견딜 수 없다고 내심 생각했다. 야다도 마찬가지였던 것일까. 두 시간 이상 이야기를 나눈 두 사람은 오랜 우정을 돈독히 할 수 있었다. 그러나 그럼에도 불구하고 여전히 기분이 찜찜한 것은 진구산에 관한 건이 있었기 때문이었다. 김문호는 새삼스럽게 생각해 보았다. 자신이 야다의 증인이 될 수 없는 것이 사실이지만, 야다는 얼마나 자신의 삶을 이해하고 있을까. 두 사람 모두 아직 어딘가의 옛날 그림자에 끌려 다니고 있는 것이다. 야다는 파시스트 소년의 그림자를, 자신은 동화소년의 그림자라는 옛 환영에 기운을 빼앗겨 버렸기 때문에, 현재를 따뜻하게 이해할 여유가 없는 것은 아닐까.

입을 다문 채 담배 연기를 피우며 김문호는 조리장을 바라보았다. 노인은 솜씨 좋게 알루미늄 솥에서 국자로 국물을 떠 두 개의 그릇에 담고 있었다. 가스버너 불에 달구어진 냄비 속 국물에서 소머리가 비죽 모습을 보이고 있었다. 그것을 무심결에 보고 있는 사이, 봄에 시부야에 위치한 조선요리점에서 이사카와 우연히 마주친 기억이 되살아났다.

"맞아, 이사카하고 만났을 때 조선요리 먹었어."

"그 녀석 만나보고 싶네. 이상하게 보고 싶단 말이야."

야다도 대답했다. 예전에는 이사카가 싫었지만, 지금은 보고 싶다. 그러나 가네야마 쪽은 조금 더 복잡한 심경일지도 몰랐다. 그는 문득 그것이 신경 쓰였다.

"봄에 이사카와 만났을 때, 옛날과 달랐나?"

야다는 아무렇지 않은 듯 물어보았다. 자신에 대한 일은 어떻든 간에, 친구는 좋은 의미에서 바뀌었으면 했다.

"음."

김문호는 애매하게 중얼거리다가 미소라면이 나온 걸 보고는 죽통에서 젓가락 두 개를 꺼냈다.

그때 김문호는 치—익 치—익 구워지고 있는 갈비를 젓가락으로 뒤집으면서 이사카에게 많이 들라고 권했었다.

"이거, 내가 제일 좋아하는 요린데. 그럼, 사양 않고 먹을게."

이사카는 대접받을 것을 알자 비굴한 웃음을 띠우며 입안 가득 고기를 먹기 시작했다. 맥주도 마셨다. 맥주병이 몇 개인가 테이블 위에 늘어나자 이사카는 계속해서 "그때는", "그 무렵은"을 연발했다. "어, 그랬었지" 하며 김문호도 맞장구를 쳤다.

이사카는 그 무렵에서 그다지 키가 크지 않아 오척을 조금 넘을 뿐이었다. 간이 안 좋은지 참치 회같이 거무스름한 낯빛으로 장황하게 옛일을 이야기했다.

"어쨌든 그 무렵 나는 나카무라에게 괴롭힘 당했어. 심하게 잘난 체했었지. 반장이라고 뻐기면서 말이야. 실은 아버지가 그 무렵 나카무라네 집 회사에서 뭔가 하고 있어서. 그 때문에 나까지 부하취급 한 거라고, 확실히 그런 놈이었어. 그 녀석 지금 어디서 뭘 하는지 모르지만, 만나면 가만두지 않을 거야. 흥, 지금쯤 재채기라도 하고 있겠지……."

술이 취한 이사카는 자주 콧물을 훔치며 나카무라를 욕했다. 김문호는 점차 술 맛이 떨어지는 기분이었다.

"그만 둬, 그런 이야기!" 하고 멈추게 하려고 했다.

왜 이제와서 나카무라에 대한 일을 나에게 말하는가. 반가운 기분이 사라지고, 갑자기 짓궂어 지는 스스로를 느꼈다. 그는 아무렇지 않은 듯 말했다.

"이사카. 이 갈비에는 마늘이 들어가 있는데 싫지 않아?"

비꼴 의도였다. 그러나 이사카에게는 통하지 않았다.

"맛있어. 정말 맛있는데. 난 마늘이 안 들어가면 너무 달아서 먹을 수 없어"라며 과장되게 고개를 갸웃거리는 것이었다.

실없었다. 너무도 어이가 없어 김문호는 허탈하게 웃을 수밖에 없었다. 자신의 웃음을 어떻게 받아들였는지 이사카도 헤헤헤 웃었지만 김문호는 그 직후 뭐라 할 수 없는 공허한 기분에 빠졌다.

"이사카는 간이 안 좋아 보이더라."

김문호는 미소라면 국물을 마시며 야다에게 이야기했다.

"모두가 그 나름의 삶을 살고 있겠지."

야다는 이사카가 작은 광고 대리점에서 일한다고 가네야마가 말했을 때 의외라고 생각했다. 그렇지만 사람을 옛날 선입관으로 판단하는 것도 이상한 일이었다.

"그러네, 껑충이 이시이가 직공. 그렇지만 녀석 지금 어디에서 뭘 하고 있는지는 몰라. 만난 게 벌써 10년도 더 된 데다, 목욕탕이었거든."

"모두 뿔뿔이 흩어져버렸네."

야다는 허무한 느낌이 들었다. 무엇보다 모두가 건강하길 바랐다.

"나는 모두와 만나고 싶어. 어떻게 해서든 만나고 싶은 사람이 있지."

한 마디 내뱉은 후 김문호는 젓가락을 놀리기 시작했다.

두 사람 모두 꽤 취해 있었다.

"연애는 했나?"

돌연 가네야마가 물어 왔다.

"연애……? 했지."

"그런데 마지막엔 잘 안 돼. 믿지 못하겠더라구."

외로운 말이라고 김문호는 몸을 흔들었다.

"결혼을 해 보는 건 어때? 아이는 귀엽다고."

"어머니에게 매일같이 듣는 말이야."

야다는 안경을 벗어 손수건으로 닦은 후 다시 주의 깊게 쓰고 나서 조용히 컵을 입으로 가져갔다.

"왜 안 하는거야? 나이도 먹었잖아. 총각하고 작별하라고."

"그렇지만, 두려워, 배신당할 듯한 두려움이 먼저 들어."

야다는 조금 시간을 두고 중얼거렸다.

"진구산이."

김문호는 다시 시작점으로 되돌아갔다고 생각했다.

"아아."

"무슨 이야기? 아까부터 조용히들 마시네."

눈썹이 긴 여자가 지루한 듯 말을 걸어왔다.

"아니, 우리들끼리 이야기야"라고 김문호는 대답하고는 "믿을 수 없지"라며 아연한 듯 이야기했다.

"뭐가?"

"안보운동 때 경찰에게 머리를 맞은 다음 지금까지 머리가 저리다고 느끼는 남자가 있어. 그때를 생각하면 고통이 시작된다고 말하지. 이건 실제 이야기야. 그렇다고는 하지만 소년이었을 때의 광경이 그렇게까지 인간의 일생을 속박하는 걸까."

김문호는 새삼 의혹을 느꼈다. 이전부터 막연하게 그런 의문에 빠지곤 했던 것이다. 피해자 의식이 아닐까 생각되는 것이다. 심한 충격을 받으면 모든 것을 그 탓으로 해버리는…….

야다는 입을 다문 채 대답하지 않았다. 믿지 못하는 게 당연했다. 그래도 가네야마가 대놓고 그렇게 이야기하자 사무쳤다. 그 광경을 보고 상처받았다는 사실을 알고 있는 사람은 가네야마 외엔 없다. 자신의 증인이어야 할 사람이 증거인멸을 시도하고 있다.

헬쓱해진 야다를 보자 김문호는 기이하게 생각되었다. 호박 밭의 병사가 죽지 않고 살아있다는 생각이 머리에 스친 것이다. 살아 있는 병사가 야다 주변에서 숨을 죽인 채 웅크리고 있는 듯한 느낌이 들었다. 어찌된 일인지. 야다와 그는 서로를 이해하거나 증인이 되어 줄 수 없음에도 과거의 그림자 부분만은 매우 닮아 있는 것이다. 자신이 동화소년의 그림자를 두려워할 때가 있는 것처럼, 야다도 파시스트 소년의 그림자를 가지고 있다. 야다가 병사의 환영에 씌어 있는 것은 역시 파시스트 소년에서 벗어나지 못하고 있기 때문이 아닐까.

김문호는 어? 하고 야다를 바라보았다. 야다가 무슨 말을 꺼냈는데, 흐느껴 우는 듯한 레코드 목소리가 방해를 해 잘 안 들렸다. 취해 있었기 때문에 귀가 잘 안 들렸기 때문인지도 몰랐다. 이번에는 들렸다.

"너는 구제받은 거야. 구제받았으니까 그런 말을 할 수 있는 거야."

김문호는 벌컥 위스키를 마신 후 잔을 여자에게 내밀었다.

"그런가? 그렇게는 생각 안 되는데."

"신문에 쓰여 있었잖아. 조선인이라는 자부심을 가지고 있다고. 그렇다면 동화소년 따위야."

"작별하지 않고선 아무것도 할 수 없잖아. 그 놈은 어디까지고 따라붙을 거니까. 지금도 그 기억을 강요받고 있겠지만 그것을 이겨내는 것 외에는 도리가 없어."

피해자 의식은 가해자가 있기 때문에 생기는 것이다. 그러니까 진짜 그 의식에서 자유로워지려면 가해자를 이겨내는 것 외엔 방법이 없다. 현 상태가 그렇다면 이겨내는 것을 통해 스스로를 발견함으로써 살아갈 방법을 찾아낼 수밖에 없지 않은가.

"아까 내가 5학년 소나무 반 급우들하고 만나고 싶다고 말했지?"

"응, 말했지. 어떻게든 만나고 싶은 사람이 있다고."

"그 상대가 누군지 알아?"

김문호는 까닭이 있는 듯 물었다.

"나카무라지—?"

야다는 어슴푸레 짐작하고 있었다. 정답이었다. 가네야마가 놀란 듯 쳐다보는 게 느껴졌다.

"맞아. 나는 녀석과 만다고 싶다고 생각한 적이 있어."

김문호는 위스키를 입에 머금고 독한 듯 눈썹을 찡그리며 목구멍으로 넘겼다.

그 모습을 바라보던 야다는 역시 신경이 쓰였다. 가네야마는 그 옛날 나카무라에게 괴롭힘을 당한 분노를 아직도 가지고 있는 것일까. 지금의 자신은 나카무라도 그립다. 모두가 행복했으면 좋겠다고 바랄 뿐이었다.

"왜 만나고 싶은데?"

"그 무렵" 하고 김문호는 턱을 바싹 당겼다.

"나는 비굴한 소년이었어. 뭐든지 2등은 좋아도 1등은 되지 않으려는 교활한 성격이었지. 그런데 나카무라는 그런 마음을 몰랐을까. 그래서 녀석하고 만나보고 싶은 거야."

"만나서 어떻게 할 건데."

야다는 가네야마의 얼굴을 유심히 쳐다보았다.

"만나서? 글쎄……. 스스로를 되찾고 싶기 때문이야. 맹렬하게 원하는 거지. 그 시절의 나는 비뚤어져 있었어. 그걸 강요하는 게 있었지. 그것과 만나면 깨끗이 정리하고 싶어. 그렇다고 해서 이번에는 내가 1등이 될 테니 나카무라는 2등이 되라는 말은 아니야. 인간으로서 서로 대등하다는 사실을 확인하고 싶은 거야. 문제는 그게 뭘로 가능하냐는 거지."

가네야마는 그렇게 말하면서 카운터 너머의 장식 선반을 바라보았다. 야다는 왠지 모르게 안심이 되어, 한숨을 내쉬었다. 가네야마는 역시 어딘가에서 구제받은 것이다.

그런데 자신은 어떠한가 하고 침울해지기 시작했을 때 가네야마가 끼어들었다.

"그 이야기 말인데, 역시 믿을 수가 없어. 이렇게 말하면 너는 화가 나겠지만, 모든 것을 그 광경 탓으로 돌리고 있는 건 아닐까. 아니, 네가 받은 타격을 부정하는 건 아니야. 그렇지만 아무래도 스스로를 지나치게 변호하는 것처럼 생각되는군."

자신이 술기운에 말하고 있는 거라고 김문호는 생각했다. 야다도 피해자 의식을 가지고 살고 있다. 그렇지만 피해자라면 왜 가해자를 확실히 하려고 하지 않는 걸까. 대등하게 살 권리를 주장하고, 그것을 막는다면 인간의 존엄을 위해 싸울 뿐이다. 만약 진구산의 그 병사가 가해자라면 그 놈을 밀쳐 내든가 총살하면 된다. 이 말은 어딘가 이상하다. 역시 취해 있는 것일까.

"그렇게 생각해도 어쩔 수 없지. 스스로를 변명하진 않아. 내가 무기력하다는 사실도 잘 알아."

야다는 모든 것을 자백한 피고처럼 중얼거린 후, 그럼에도 단 하나의 진실만을 주장하는 죄수처럼 이야기했다.

"그래도 나에게는 그 배신당했다는 기분이 너무 크다. 이것만은 누구도 부정할 수 없어."

두 사람은 의견이 맞지 않은 채 침묵에 빠졌다. 침묵의 양이 둘 사이에 쌓여 짙은 그림자를 만들어 갔다. 김문호는 둘 사이에 누군가가 웅크리고 있다는 생각이 들어, 휙 하고 손을 내저었다.

이 녀석은 살아 있는 병사인가, 그것도 아니면 내 왼쪽 폐에서 뛰쳐나온 녀석인가.

"나가자. 또 마시러 가야지."

가네야마가 무언가를 털어버리 듯 말했다.

"좋아. 나도 괜찮아."

얼마라도 마시고, 취해 쓰러지고 싶다고 야다는 바랬다. 머리 속에서 병사가 술잔치라고 하고 있는 양 아무리 마셔도 취하지 않았다.

여자의 목소리에 배웅을 받으며 밖으로 나오자 달이 몹시 선명하게 떠 있었다. 두 사람은 반딧불처럼 몇 개의 스낵바를 표류하며 술을 마셨다. 가네야마는 매우 취한 듯 자꾸만 결혼하라고 권해 왔다. 적어도 아이 셋은 있어야 한다며 손가락으로 숫자를 세면서.

결혼하는 것도 괜찮다. 아이를 키우는 것도 좋다. 그러나 내가 여자를 사랑할 수 있을까. 아름다운 것이 갑자기 추한 것으로 변질될 것 같은 불안을 어떻게 처리해야 하는가. 그러나 이대로라면 중고 책처럼 낡아 좀 먹혀 갈 뿐이다. 그 사실은 확실했다.

술에 취하자 누구나가 아는 사람으로 보인다. 몇 번째인가의 스낵바를 나왔을 때 김문호는 얼근한 기분이 되어 있었다. 어둠 저편에서 다가오는 사람을 응시하면서 그는 갑자기 소리쳤다.

"야, 저기에서 에바나가 다가온다. 봐, 여자 애처럼 상냥한 얼굴을 하고."

"아니야, 저 사람은 진짜 여자야."

야다는 빠른 걸음으로 시 전철 선로를 건너가는 여자를 바라보며 말했다.

"저 사람은 오타니 선생님 아니냐. 매달아 버릴까?"

"안 돼, 그냥 술주정뱅이 아저씨야."

야다는 쓴 웃음 지으며 충고했지만 금세 가네야마가 일부러 취한 척 하는 것은 아닌가 하는 기분이 들었다. 필시 내 기분을 밝게 해 주려고 하는 것이다. 그런 생각이 들었을 때, 이제 더 이상 친구를 잃고 싶지 않다는 격한 감정이 올라왔다.

또 다른 술집에 들어가자고 하는 가네야마에게 그는 좋다고 대답했다. 자아— 하고 말을 걸 듯 가네야마가 술 집 앞에서 어깨에 손을 둘러왔다. 응하고 몸을 기대듯 술집에 들어가려던 야다는 자연스럽게 손목시계를 본 후 말을 꺼냈다.

"큰일이다. 돌아갈 시간이야. 바로 가지 않으면 마지막 열차를 놓치겠어."

야다는 정신이 들어 가네야마를 바라보았다.

"뭐야. 신데렐라 같은 대사나 읊고. 오늘 밤은 우리 집에서 머물면 되잖아."

김문호는 별 것 아니라고 말하며, 손을 잡으려 했다. 그 말이 야다를 아프게 했다. 본래라면 먼 곳에서 방문한 가네야마를 ○시에 불러 자신의 아파트에서 머물게 해야 했다.

"아니, 오늘은 돌아갈게. 내일 일도 있고. 어쨌든 일은 해야 하니까."

이렇게 거절한 후 그는 진심을 담아 말했다. "오늘 오랜만에 즐거웠어. 다음에 올 땐 꼭 ◯시로 와라."

"그래도 아쉬운데" 하는 표정으로 가네야마는 술 집 문에서 떨어졌다.

"그럼, 역까지 배웅할게."

"아니, 너는 취했으니까 여기서 헤어지자. 자 조심하고, 잘 가."

야다는 가네야마와 악수한 다음 단숨에 몸을 돌렸다.

"배웅할거라구, 나는" 하며 가네야마는 바로 뒤를 쫓아 뛰었다.

두 사람은 S역을 향해 뛰었다.

"기억나지 않아? 그때 일이—"

야다는 숨을 헐떡거리며 외쳤다.

"기억 안 나, 전혀—"

김문호는 숨이 찼지만, 그럼에도 소리 높여 대답했다. 자신들을 뒤쫓고 있는 어두운 그림자를 떨쳐 버리듯 둘은 달려갔다.

(번역 : 이승진)

재 일 디 아 스 포 라 문 학 선 집

취우驟雨

김석범金石範

1

아직 장마가 시작되지도 않았는데 최근 며칠 구름 낀 하늘이 계속되면서 묘하게 덥다. 날씨 탓도 있겠지만 몸이 나른하다. 샤워를 하듯 비가 한바탕 좍 쏟아졌으면 좋겠다는 생각을 한다. 넥타이를 매면서 거울 속의 내 얼굴을 찬찬히 들여다보고 있자니 역시 나이를 먹는 것은 쓸쓸한 일이다. 당연한 일이라고 생각하면서도 무심코 음 하는 신음소리를 내고 만다. 문득 습관처럼 정수리에 손가락을 대자 땀이 밴 탓에 주르륵 미끄러진다. 예전에는 무성하게 머리카락이 돋아나 있던 곳인데 지금은 솜털 같은 것이 조금 있을 뿐이고 긁어도 비듬 하나 일어나지 않는다. 얼굴의 주름이 깊어지는 정도라면 몰라도 역시 정수리의 머리가 벗겨져가는 것은 불쾌한 일이다. 주변의 머리카락은 아직 남아 있기는 하지만 그것도 눈에 띄게 숱이 적어졌는데, 지금이 낙엽 지는 가을이라고 한다면 머지않아 초목이 말라버리는 겨울이 다가온다는 징조일 것이다. 그 초목이 말라버린 뒤에는 더 이상 봄은 찾아오지 않는다.

그래도 귀밑머리와 뒷머리 쪽에는 아직 숱이 무성한 편이라서 그 주변에 살짝 손바닥을 대었을 때의 감촉은 마음을 따뜻하게 해준다. 나잇살이나 먹어가지고 무슨 머리카락 타령을? 이라면서 사람들은 호기심 섞인 약간의 경멸의 시선을 보낼지도 모르지만, 이 장발의 부드러운 촉감 속에는 늙어가는 자의 슬픈 소망이, 떠나가는 봄에 대한 석별의 정이 담겨있는 것이다. 그렇다 하더라도 지금은 장발이 유행하는 시대라는 것이 무엇보다 고맙다. 그 이전 시대에 머리가 벗겨져 있었더라면 남은 머리카락도 이발소에서 적당이 잘라 다듬었을 터인데, 어지간히 씁쓸했을 것임에 틀림없다.

머리가 벗겨지기 시작한지 3, 4년 되기 때문에 이제는 단념했지만, 그래도 완전히 단념할 때까지는 아직 시간이 더 필요할 것이다. 당신, 자신의 나이를 생각해 보세요. 이미 오십을 넘긴지가 한참 됐다구요. 사십대에 머리가 벗겨지는 사람도 드물지 않아요. 머리카락이 재를 뒤집어 쓴 것처럼 새하얗게 되는 것보다는 낫잖아요. 그래도 당신 머리는 아직 까만 것이 흰머리도 없고, 벗겨지는 것은 남자답다고들 하잖아요……. 이건 흰머리가 눈에 띄기 시작한 아내가 내게 하는 말인데, 그 심정이야말로 고맙지만 양모제養毛劑만큼의 위안도 되지 않는다. 언제였던가, 벌써 일 년이나 되었지만, 난 친구인 진문주陳文柱, 지금 그의 집으로 가기 위한 준비를 하고 있는 중이고, 그리고 그에 대해 생각하면 조금 울적해지지만, 그 진문주의 아내가 남편을 향해 하는 말을 들은 적이 있다. 당신은 흰머리를 걱정하고 있지만, 머리가 훌러덩 벗겨져서 아무것도 없다고 생각해보세요. 당신은 어떨 것 같아요? 그걸 원치는 않겠지요. 하얗더라도 무성한 머리를 원하는 법이라구요. 게다가 당신은 그렇게 신경 쓸 정도의 흰머리도 없어요. 진문주는 이렇게 말하는 아내에게 감사해야 한다. 이 잔혹한 부인은 현관 밖에서 기다리고 있는 내가 듣지 못할 거라고 생각했는지 외출하려는 남편을 향해 말했던 것이다.

나이는 두세 살 밖에 차이가 나지 않는데도 진문주의 머리카락은 분명히 검고 숱이 많아서 그와 함께 사우나에라도 가는 날에는 그의 머리 감는 방식에 압도당한다. 나는 자신의 머리를 어루만지듯 조심스럽게 혹시 머리카락 한 올이라도 빠지는 게 아닐까 조마조마해 하면서 부드럽게 감는다. 그런데 그의 경우는 주위에 비누거품을 날리면서 벅벅 마치 수세미로 문지르듯이 양손 손가락을 세우고 보란 듯이 감는다. 몇 개나 되는 빠진 머리카락을 애석해하지도 않고 물에 흘려보내버리는데, 나는 무심코 그걸 손가락에 감아올리고 싶어진다. 그리고 마음속으로 이렇게 외친다. 불경스런 녀석 같으니! 두고 봐라, 천벌을 받을 테니. 나보다 훨씬 더 벗겨져서 머리카락 한 올 찾기 어려워질 테니까.

대머리가 신경 쓰이는 것은 다른 게 아니라, 녹슬기 시작한 육체의 수명이 어느 정도 계속될 것인지 생각하는 일이기도 한 때문이다. 초로라든가 노인이라든가, 장례라든가, 지금까지 남의 일이나 마찬가지였던 말들이 갑자기 친숙하게 살갗을 문지르는 것은 불쾌한 일이다.

그런데 인간은 자신이 늙어가면서 비로소 부모를 생각하게 되는 것 같다. 예를 들면 나는 부모의 산소가 상당히 신경 쓰인다. 즉 한 번 고향인 제주도에 다녀오고 싶다. 지금까지 방치해왔던 일은 불효라 해도 어쩔 수 없을 것이다. 그러나 자유롭게 고향에 다녀올 수 없는 우리들이 여기 일본에서 몇십 년 동안이나 모든 것을 잊어버린 셈치고 살아왔다고 해도 역시 어쩔 수 없다. 그러는 사이에 내 경우는 삼십 년 가까이 지나는 동안 방치한 채로 있는 산소가 갑자기 신경 쓰이기 시작한 것이다. 나이 탓일 게다. 실제로 황폐해져 무성한 잡초에 덮여있을 봉분의 산소를 생각하면 견디기 힘들다. 며칠 밤을 계속 생각하다가 잠들지 못하는 때도 있었다. 그 잠들지 못하는 밤이 처음 찾아온 것은 3년 전인데, 그것이 마침 내 머리가 갑자기 벗겨지기 시작한 시기와 겹치는 것이 묘한 일이다.

3년 전 고향에서 장모님이 돌아가셨을 때 나는 어떻게 할까 상당히 고민했다. 그때까지의 예로 본다면 아무도 가지 않는다고 해도 어쩔 수 없는 일이었지만, 그러나 결국 재일거류민단을 통해 수속을 밟은 뒤 아내를 고향에 보냈던 것이다. 그때 한국에 가는 것에 대한 내 자신의 망설임이나, 또 '조직' 지부 주변의 잡음을 막아내는데 힘이 들었던 일은, 이를테면 내 자신의 대머리에 대한 충격 같은 것이었다. 내가 농담을 하는 것이 아니라, 정수리에 구멍이 뚫린 듯한 그 최초의 충격은 마치 계시라도 되는 것처럼 내게 자신의 나이라는 것을 알려주었던 것이다. 바꾸어 말하자면, 겨우 불고기집은 하나 가지고 있을지언정 인생을 살면서 이렇다 할 일도 하지 못한 채 나이만 먹어 머리가 벗겨졌다는 사실에 나는 공포를 느꼈던 것이다. 마침 그 무렵에 장모님이 돌아가신 셈인데, 그게 또 나를 자극했다. 인간은 죽을 때가 다가오면 고향으로 돌아온다고 한다. 실제로 잊고 있던 고향의 모습이 어느새 내 앞에 크게 버티고 서 있었다. 늙는 것에 대한 공포와 반성이 견딜 수 없을 정도의 향수 속으로 나를 밀어 넣었던 것이다. 적어도 내가 진문주처럼 뻣뻣하고 숱이 많은 머리를 하고 있었다면 아직 그 정도로 나이를 생각하지 않았을 것이고, 따라서 아내를 고향으로 보내는 일은 없었을 지도 모른다.

동기야 어찌되었든 아내는 고향에 갔다. 장례식을 마치고, 그리고 간 김에 나를 대신해 부모의 산소에 참배라도 할까 했지만, 산소의 위치를 알고 있는 노인들이 세상을 떠나고 없었다. 한라산 자락의 짐작이 가는 숲과 계곡 일대를 며칠이나 찾아다녔으나 결국 찾지 못했다고 한다. 부모의 유골이 영원히 고향의 흙으로 변해가는 것은 그 나름 좋은 일이겠지만, 나는 비정한 자신과 그리고 세월의 흐름을 느꼈다.

그 뒤로 벌써 3년이 지났다. 그리고 곧 장모님의 3주기인 대상大喪이 다가오고 있는데, 보통의 제사가 아닌 만큼 아내는 물론 가능하면 나도 함께 가야한다. 아니, 장모님의 대상을 내세운 구실에 불과하다. 대상보다도 어떻게든 부모의 묘를 찾아내 손으로 황폐한 산소의 잡초를 깎고 그 앞에서 제사를 지낸 뒤 비석 하나라도 세워주고 싶다. 그리고 고향의 산하 속에 이 몸을 잠시 맡겨두고 싶다. 그것이 왜 나쁜 일인가. 왜

'조직'의 활동가도 아닌 내가 한국에 가는데 이다지도 주저할 필요가 있는가.

좀 전에 나는 진문주의 집에 갈 준비를 하고 있다고 말했는데, 지금 '조선민보朝鮮民報'를 막 골라낸 참이다. 오래된 신문과 함께 이층 복도 구석에 묶어둔 뭉치 속에서 최근의 이십일 분 가량을 대충 찾아낼 수 있었다. 그러고 보면 진문주도 어제 갑자기 상주가 되고 말았다. 고향의 모친이 돌아가신 것이다. 나는 지금 문상을 가려는 참인데, 그에게 부탁받은 이전의 '조선민보'를 골라내고 있었던 것이다. 4쪽의 신문이지만 스무 장 남짓한 뭉치를 반으로 접어 꽤나 큰 서류봉투에 밀어 넣었더니 터질 것만 같다. 이것이 두 번째인데 첫 번째 봉투는 찢어지고 말았다. 손바닥 위에 올려놓고 무심코 공기를 빼낼 요량으로 탁 하고, 아니 고향에서 어머니가 돌아가셨다는 진문주의 전화 목소리가 되살아나 탁 쳤더니 찢어지고 말았던 것이다.

어젯밤에 수화기를 놓으면서 시계를 보자 8시였는데, 마침 저녁을 먹고 있을 때 진문주로부터 전화가 왔었다. 오랜만이었다. 동향인 모임이 있고 난 뒤 처음이니까 서너 달은 만나지 않고 있었다. 나는 전화가 걸려왔을 때의 분위기로 봐서는 설마 모친이 돌아가셨다는 연락일 거라고는 생각하지 않았다. 그러고 보니 그다지 기운찬 목소리는 아니었다고 나중에 생각을 했지만, 그러나 여전히 담담하고 호방하게 웃기도 했었다. 어머니가 돌아가셨는데, 즉 상주가 웃으며 전화하는 법은 조선에는 없다. 호방한 풍모로 사소한 일에 구애되지 않는 성격인 것은 사실이고 또 그렇게 살고 있었으므로 그 틀을 깨지 못했기 때문일 수도 있을 것이다. 전화로 불경스럽다기보다 부자연스럽다고 생각될 정도로 진문주는 핫하하아 하는 웃음소리를 몇 번이나 내었다.

진문주는 먼저 내 근황을 물은 뒤, 실은 어제 저녁에 고향에서 전보가 왔는데 어머니가 돌아가신 것 같다고 말했다. 슬퍼해도 어쩔 수 없는 일이지만, 핫하하아 불효를 저질렀어. 내일 '성복제成服祭'를 지낼 예정이니 바쁘겠지만 와주지 않겠냐는, 직접 전하는 부고였다. 경야는 어떻게 할 거냐고 묻자, 집안 식구들끼리 간단히 하겠다고 한다. 나는 갑작스런 일이라 변변히 위로의 말도 전하지 못했지만, 형이 죽고 지금은 외아들인 그는 어머니의 유체를 바다 저편에 둔 채 여기 일본에서 복상의 제사를 지내야 한다. 묘한 고별식이다. 향년, 세는 나이로 72세라고 했다.

수화기를 잡은 나는 허둥대며 할 말을 찾지 못했다. 수화기에 찌릿찌릿 울리는 그의 굵은 목소리가 갑자기 날카로운 칼날이 되어 내 가슴을 찌르고 압도해오는 것처럼 느껴졌던 것이다. 그의 노모의 죽음은 지금의 나에게는 이미 죽음을 넘어선 무언가를 의미하고 있었다. 아마도 그는 아직 나의 한국행 계획 같은 건 전혀 모른다. 그럼에도 불구하고 그의 웃음소리는, 그것이 부자연스럽고 꽤 무리를 하고 있는 듯한 느낌이 오히려 가시가 되어 나를 찌르는 힘을 지니고 있었다. 나는 순간 영문을 알 수 없는 뒤가 켕기는 듯한 생각으로 전화기에서 뒷걸음질을 치고 있었던 것이다. 아아, 어머니가 돌아가셔도 진문주는 갈 수 없는 한국에 나는 가려하고 있구나. 핫하하아, 장張군, 자네는 결국 가는가, 제법 약삭빠르게 움직이는구만……. 위독하다는 연락에도, 사망통지를 접해도 오사카大阪에서 비행기로 한 시간 남짓한 곳에 진문주는 갈 수가 없다. 핫하아, 핫하하아! 나는 그제야 그의 웃음의 의미를 깨달았다고 생각했다. 나는 이마에 식은땀을 흘리며 그 웃음이야말로 다름 아닌 나에 대한 조소라고까지 한순간 느꼈던 것이다. 더구나 이 짧은 순간에도 나의 내면에 난처하다는 생각이 스쳐지나갔다. 그건 불쾌한 감정을 동반하고 있었다. 진문주는 '자택대기'라는 명목으로 '조직'으로부터 쫓겨난 활동가였지만, 그렇다고 박정희朴正熙에게 충성을 맹세한 것도 아니기 때문에 이른바 '빨갱이'임에는 틀림없었다. 그 '빨갱이'가 있는 곳에 머지않아 한국에 가려고 하는 내가 얼굴을 내미는 것은 그다지 환영할 만한 일은 아니다. 나는 순간적으로 스쳐지나간 불쾌한 감정 뒤에 오는 불안정한 기분에서 도망치듯이 상대가 전화를 빨리 끊어주기를 기다렸다. 그런데 그때 다시 꽤나 당황했던 것은 용건이 끝났으니 전화를 끊을 거라고 생각했던 진문주가, 자네는 '조선민보'를 구독하고 있겠지 하고 물어왔을 때의 그 내용이었다.

"아아, 구독하고 있어……. 민보를 구독은 하고 있는데."

질문은 당돌했으나, 새로운 화제로의 전환에 나는 한숨을 돌리며 말했다.

"왜 그러나, 무슨 중요한 기사라도 실렸나?"

"핫하하아, 그 중요한 기사가 실렸는지 어쩐지도 나는 모른다네. 최근 보름 동안 읽어보지 않아서 말이지. 우리 집은 민보를 정지당한지 꽤…… 음, 두세 달 이상 된다네."

"정지당했다구? 민보를? 그건 무슨 소린가, 신문을 배달해주지 않는다는 말인가?"

"배달은 해주지 않아도 난 조직 지부의 분국에 가지러 갈 열의와 성의는 있어. 민보를 끊고 읽지 못하게 하는 거지. 다른 곳에서도 있는 일이라 이제 와서 놀랄 것도 없지만, 생각해보면 정말 기가 찰 노릇이지, 핫하하아."

"호호오…… 조직이라는 곳은 뭐랄까, 어지간히 양반장사를 하고 있구만."

기분 좋은 이야기는 아니었다. 그런 이야기를 들으면 이번에는 진문주의 웃음소리가 갑자기 날카로운 칼끝이 무뎌지며 허무하게 울려온다. 그는 내가 민보를 스크랩 같은 걸 하지 않고 헌 신문으로 내놓는다면 최근호까지 있는 대로 보여주지 않겠는가, 그리고 '성복제'에 오는 김에 가져다 달라는 것이었다. 기묘한 일도 다 있다. 분명히 '조직'의 기관지이긴 하지만(그것도 대중단체의), 동시에 동포를 위한 것이기도 한 신문을, 신문대금을 치르지 않는 것도 아니건만 일방적으로 끊는다는 것은 무엇보다 심정적으로 불쾌하다. 그건 조금이라도 상대를 괴롭혀주려고 할 때의 치사한 아이들의 마음과 다름없는 어른답지 못한 처사가 아닌가. 그러나 진문주 쪽은 그런 일에 그다지 신경을 쓰는 것 같지는 않았다. 그보다도 내가 감동을 받은 것은 그가 모친의 사망을 알리면서도 제사에 오는 김에 신문을 가져다 달라는, 그 활동가로서의 집념 같은 것이었다.

손님이 고기를 굽기 시작한 모양이다. 계단으로 희미하게 냄새가 올라온다. 장사를 하면서 익숙해졌다고는 하지만(아니, 익숙해진 탓인지도 모르지만), 나는 그 양념이 밴 조금 달콤한 냄새의 이면에 생고기의 냄새를 맡게 되는 일이 있다. 냄새와는 달리 연기는 이층의 이 방까지는 올라오지 않는다. 연기라고는 해도 실제로는 지방이다. 가게 천정 구석에 그을음과 함께 달라붙은 그 검은 얼룩인데, 그것은 본래 파란 연기였다는 것은 말할 것도 없다. 파랗고 희미한 연기, 혹은 연한 다갈색의 연기, 화장장의 굴뚝에서 뿜어내는 연기도 지방이라는 말이 된다.

지금은 2시 반인데 가게로서는 한가한 시간대다. 가게와의 사이에 있는 문이 열리더니 마침 아내가 들어왔다. 그녀는 내 얼굴을 올려다보자마자, 오오모리大森씨가 와 있어요, 늘 하던 눈짓도 하지 않고 조선어로 아주 딱딱하게 말했다. 그리고는 평소와 다르게 "조심해서 다녀오세요"라고 다짐을 하듯 한 마디 덧붙였다. 아니, 뒷말을 하고 싶었던 것일게다. 눈짓이라는 것은 다른 게 아니다. 이야기를 좋아하는 오오모리씨를 너무 오래 상대해서는 안 된다는 정도의 신호를 말하는 것이었다.

음, 나는 고개를 끄덕이면서 그 한 마디를 곱씹고 있었다. 점원과 같은 물빛 유니폼 블라우스를 입은 아내는 계산대를 보면서 웨이트리스도 하고, 조리사가 없을 때는 그 대역까지 하는, 이른바 이 가게의 총지휘자로서 '점주'인 나도 그녀 앞에서는 존재감이 엷어진다.

그녀가 지금 "조심해서……"라고 말한 것은 우물쭈물하지 말고 얼른 다녀오라는, 내 엉덩이를 토닥이는 말이었다. 오오모리가 왔어도 눈짓 하나 하지 않고 그렇게 말한 기분을 나는 안다.

어젯밤, 진문주와의 전화가 끝나고 식탁으로 돌아온 나는 무심코, 한국에 가려고 생각하는 자신이 활동가의 집에 얼굴을 내미는 것은 정말 마음이 내키지 않는데 말이야, 하고 한 마디 했었다. 그건 고등학생인 아들과 아내를 앞에 둔 집안의 가장으로서의 말치고는 조금 멋쩍은 구석이 있기는 했다. 그러나 지금 바로 자신의 내부를 막 스쳐지나간 불쾌한 감정을 곱씹듯이 말 할 수 있었던 것도 역시 가족이었기 때문이다.

밥을 다 먹은 아들이 별 다른 흥미를 보이지 않고 자리를 뜬 뒤에 아내는, 당신은 도대체 왜 그러냐는 듯이, 내 얼굴을 들여다보면서 말했다. 당신, 친구 어머니의 성복제와 그 '빨갱이'라는 것이 무슨 관계가 있다는 거예요. 요즘 너무 민감해진 것 같아요. 그런 말을 다른 사람 앞에서 했다가는 제대로 상대를 해주지 않을 거예요, 라고 당당히 말했다. 나는 콧대가 꺾인 기분이 들면서 이유도 없이 불끈 화가 치밀어 올랐을 정도였다. 이럴 때 인간은 전혀 마음에도 없는 말을 입에서 나오는 대로, 예를 들면, 당신은 내 속마음도 모르는 주제에 무슨 쓸데없는 소리를 건방지게 지껄이고 있어! 라는 식으로 고함을 치기 쉽다. 알코올이 들어가 있지 않아서 난 자신을 억제할 수 있었지만, 그러나 그럴 때의 조선 여자들은 훌륭하다고 나중에 혼자서 감탄했다. 이른바, 인간의 '대례大禮' 즉 관혼상제와 관련하여 이데올로기를 들이대는 자에 대한 혐오를, 그녀는 조선인의 생활심정을 바탕으로 당당히 말했던 것이다.

가게에는 몇 명의 손님이 들어와 있었고, 7개인 테이블의 반 정도에 제각각 한 사람이나 두 사람씩 앉아 있었다. 주방을 나와 바로 오른쪽에 있는 계산대 옆의 테이블에서 연기가 피어오르고 있었는데, 거기에 오오모리가 있었다. 신문판매점의 주인이다. 좀 전의 냄새는 이 테이블에서 올라온 것이었고 다른 테이블에서도 일제히 연기가 오르기 시작했다.

내가 인사하기 전에, 마스터 — (가게의 남자주인 – 역자), 외출하시려고?라고 오오모리가 젓가락을 놓으며 말했다. 나는, 예, 잠깐요, 친구 집에 제사가 있어서 말이죠, 라고 의젓하게 말한다. 신문지 기름 탓인지, 손가락 끝은 마치 더러운 풀이 들러붙어 마른 것처럼 터 있었다. 제사라, 호오, 친구가 돌아가셨나……. 아니, 그런 게 아니라며 나는 부정하지 않을 수 없다. 음, 친구 어머니란 말이죠. 그렇습니까, 연세는 어떻게 되시고, 어떤 병으로……? 라는 식으로 되기 마련이다.

한국의 제주도에서 돌아가셨다는 말을 하면 더욱 그의 관심을 끌게 될 것이다. 그는 이미 두 번의 한국여행을 다녀왔는데, 처음에는 여기 상점회의 단체, 두 번째는 일행 셋이서 갔다 왔다. 두 번째는 제주도까지 가서 갯바위낚시도 하고 왔으므로 내 고향의 최근 소식에 대해 나보다 더 잘 알고 있을 터였다. 그래도 그의 이야기 중에서 듣기 싫은 것은, 한국인은 일본어를 잘 한다, 기생도 일본어를 알고 있다는 식의, 즉 그곳이 일본어권의 여행 루트라는, 이른바 관광회사의 선전문구나 다름없는 무분별함이었다. 오오모리만이 아니다. 대부분이 그랬는데, 아마 '농협' 같은 상점회 단체여행의 여파라고 할 수 있을 것이다.

물론 회원인 나에게도 권유가 있었는데, 그때까지의 나는 거절하는 것이 당연하다는 것처럼 거부하고 있었다. 그런 내가 지금 진문주의 집에 가는 것에 대해서조차 뭔가를 의식하고 있는 것이다.

오오모리는 모든 일에 호기심이 많은 사람으로 어떤 화제라도 바로 달라붙는 버릇이 있다. 신문판매업자에게 어울리는 성격일지도 모르지만 조금 말이 많고 시끄럽다. 나는 아내의 눈짓을 하지 않던 얼굴을 떠올리면서 내 엉덩이에 의자를 가져다 대려는 오오모리를 제지한 뒤, 오늘밤 8시의 상점회 모임에는 출석하겠다고 말하며 테이블을 떠났다.

가게를 나오자 환풍기 구멍으로 연기가 뿜어 나오고 있었고, 밖의 새로운 공기와 섞이면서 타는 지방 냄새가 흐르고 있었다. 하늘은 구름에 덮인 채 바람도 없다.

왼쪽으로 상점가를 잠시 걷다가, 건너편 오른쪽으로 보이기 시작한 야마모토山本 간판가게 앞을 지나가자, 마침 밖에 나와 있던 주인이 인사를 했다. 한두 달 전에 우리 가게의 간판을 새로 만들어 달았는데, 말수가 적은 사람으로 지금 내 가게에서 식사를 하고 있는 신문판매점의 오오모리와 사이가 좋지 않은 것이 나에게는 왠지 모르게 재미있다.

오오모리는 중학교 PTA(학부모와 교사의 모임－역자)의 홍보위원장으로서 타블로이드판 1쪽짜리 PTA신문의 책임자이다. 야마모토는 같은 PTA의 평범한 이사였다. 그런데 이 홍보위원장 선생은 자신이 어엿한 엘리트라도 되는 것처럼 행세하는 바람에 주위의 미움을 사고 있는 듯하다. 예를 들면, 페인트가게는 육체노동자라며 야마모토를 깔본다. PTA 회장은 정육점 주인인데, 그걸 고깃간이라는 식이다(물론 나는 불고기집 주인이 될 것이다). 자신은 어떠냐 하면 '글집文屋'이라고 염치도 없이 당당히 말한다. 신문기자와 신문배달의 차이를 모를 리가 없지만 그래도 '신문' 일을 하고 있다는 자부심이 그에게는 있었다. 그리고 더 나아가 자신은 '신문판매업자'지만, 그러나 그것도 "신新'글집'" 즉 "새로운 '글집'"이라고 익살이나 다름없는 말을 진지하게 하면서 '글집'을 대단한 것으로 여긴다. 이봐요, 마스터—, 신문배달은 육체노동이 아닌가 말입니다. 신문기자와 신문배달은 같은 게 아니잖아요. 그 사람은 자신이 신문기자거나 그 친척이라도 된다고 생각하고 있어요, 어이가 없다구요. 일전에도 우리 가게 앞에 와서는 우연히 내가 기독교인이라는 것을 알자, 아아, 당신은 아—멘, 소—멘(국수—역자), 히야소—멘(냉국수)인가 라는 식으로 말이죠, 마치 어린애 같은 말을 아무렇지도 않게 하더란 말입니다. 예전에 대학을 나왔다는 사람이 그래가지고서는…… 저도 미술학교 출신이라구요. 난 오오모리씨를 위해 성호를 긋고 싶을 정돕니다. 마스터—라면 제 말을 이해하실 겁니다. 야마모토는 주로 밤 12시 경에 찾아오는데, 나를 보면 한잔 권하면서 벗겨진 머리를 발갛게 붉히고는 오오모리에 대해 더듬더듬 이야기하는 일이 자주 있다.

나는 상점가 거리를 역 쪽을 향해 걸어가면서 야마모토의 말을 떠올리고 있었다. 그 어눌하게 나오는 말의 이면에 바싹 마른데다 재빠르게 움직이는 오오모리의 얼굴표정과 야마모토의 어눌하고 놀란 듯한 눈을 하고 있는 둥근 얼굴이 자리 잡고 있어 나는 문득 웃음을 흘렸다. 도대체 그들의 실없는 다툼 이야기와 나는 무슨 관계가 있는 것일까.

그러나 내가 좀 전에 재미있다고 한 것은 그런 의미가 아니다. 바꾸어 말하자면 부럽다는 뜻이 될 것이다. 이런 실없는 '다툼'을 진지하게 할 수 있는 것도 여기가 그들에게는 둘도 없는 자신들의 땅, 자신들의 나라이기 때문이라고 나는 느끼고 있고 그것이 부럽다. 거기에는 아이들의 다툼과 같은 안정감이 있다. 이 지역의 인간관계를 지탱하고 있는 듯한 묘한 균형감조차 느껴지는데, 그것이 부럽고 또 재미있다고 생각하는 까닭이다.

이때 나는 관객석에 있는 것이 틀림없다. 그것은 동시에 서민층이

사는 거리의 불고기집이라는 장사 특성상 당연한 것이기도 하지만, 내가 그들의 말을 들어주는 역할이라는 것을 의미하는 것일 게다.

내가 관객이라는 것은 스스로가 재일조선인이라는 것을 좋든 싫든 느끼게 만든다. 나는 이제 와서 갈 곳도 없지만, 그렇다고 여기가 아주 소중한 땅이라고도 생각하지 않는다. 유랑하는 자가 일시 머무는 것에 불과한 곳으로, 설령 이곳에서 죽는다하더라도, 그 일시가 길어졌을 뿐이라는 것에 지나지 않는다. 음, 역시 그들의 다툼 이야기와 나는 관계가 있는 것이 아닐까. 도대체가 일본에서, 다다미 위에서 상복을 입고 아이고, 아이고, 하는 '곡'소리를 내면서 제사를 지낸다는 것의 의미는 무엇일까. 그것은 죽은 자에 대한 조문만이 아니라, 자기 자신이 이 땅에서도 유리된 자라는 증표로서의 의식이 아닌가. 내가 재미있다고 하는 것 자체가 이쪽이 이방인이라는 뜻이다.

국유철도역이 보이는 곳까지 와서 나는 이마의 땀을 닦았다. 사람 눈을 의식하지 않고 노인처럼 머리가 벗겨진 정수리까지 손수건을 대기에는 나는 아직 너무 젊다. 역 앞 로터리 위에는 구름 낀 하늘이 펼쳐져 있었다. 구름이 무겁게 걸린 채 움직이지 않는 탓에 얼핏 보기에는 퍼져나가는 느낌이 들지 않는다. 하늘은 얼굴을 찌푸리고 있다. 나는 이마가 무겁다. 정말 한바탕 비가 쏟아졌으면 좋겠다.

2

나는 전차 안에서 잠시 눈을 감고 창문으로 불어드는 시원한 바람에 머리를 식히고 있었다. 그러나 마음의 내면 쪽은 바람이 잘 통하지 않고 있었다. 좀 전에 역 입구에서 민단의 지단장인 최崔를 만났는데, 지금 생각해보면 그 순간에 행선지가 그에게 알려질 것을 두려워하고 있던 자신이 역시 괴롭다. 묘하게도 그럴 때는 진문주의 전화 목소리만이 아니라 전화벨 소리까지 되살아난다.

역 입구에 이르렀을 때 바로 옆에 있는 주차장 근처에서 분명히 두세 번 나를 부르는 소리를 들었다. 돌아보자 검은색 자가용의 창문으로 얼굴을 내민 지단장이, 장 사장 어디가시나? 하고 말을 걸었다. 그는 나를 장상이라고도 하지만, 거의 사장이라고 부른다. 나는 본래 금테 안경 안쪽에서 차가운 미소로 빛나는 그의 눈을 싫어하는데, 그 얼굴을 붙임성 있게 창문 밖으로 내미는 바람에 갑자기 혐오감을 느꼈다. 그건 또 사람 얼굴보다도 내가 들고 있는 물건에 쏟아지는 시선 탓도 있었음에 틀림없다. 최에게는 수속이라든가 잡비로서 그에 상응한 돈이 이미 넘어가 있다. 그는 도쿄 쪽이라면 타라고 정중하게 말했다. 나도 웃는 얼굴로 응하면서, 그러나 오오모리 앞에서와 마찬가지로 친구 집의 제사에 간다고는 말하지 않았다. 그리고 잠시 치바千葉 쪽으로 간다고, 왼손으로 가볍게 도쿄와는 반대인 동쪽 방향을 가리키는 제스처를 취하며 거절했다. 물론 거짓말이다. 나는 그가 알리도 없는 진문주의 집에 가는 것을 반사적으로 알리고 싶지 않았던 것이다. 어젯밤에 아내는 이러한 내 마음의 움직임에 반발했지만, 그러나 일부러 PR할 것까지는 없을 터이다. 가게를 나올 때 아내가 "조심해서……"라고 말한 것은 그 나름의 배려를 하고 있었던 것이다. 조심하는 게 제일이다.

최근 한두 달 전에 야마모토에게 부탁해서 간판을 새로 만들어 단 것도 낡았기 때문만은 아닌 다른 이유가 있었다. 간판은 지금까지의 '조선요리 고려원'에서 '불고기 고려원'으로 바꿔 썼던 것이다. 그것은 솔직히 말해서 내 고향 즉 한국에 다녀오고 싶다는 마음과 관계가 있다.

여기 도쿄에도 많은 조선요리 가게가 있지만, 그 간판에 '조선요리'라고 되어 있으면 대개 북 계통, '한국요리'라고 되어 있으면 남, 그리고 그저 '불고기'라든가 '레스토랑'이라든가 하는 것은 이른바 '중간'이라는 식으로 크게 나누어도 지장이 없다. 최근에는 그러한 정치적인 것과는 별로 상관없이 '불고기'라든가 '레스토랑'으로 하는 가게가 많은 듯하다. 이름이 다르다고 메뉴나 요리의 내용이 바뀌는 것도 아니다. 간판이 여러 가지 있고 화려한 것은 좋지만, 그렇다고 손님을 생각해서 한 게 아니라는 것만은 분명하다.

시내를 걷거나 전차 창문으로 밖을 내다보다가 나는 직업상 그러한 간판의 차이를 자주 의식한다. 단순한 간판의 차이만이라면 몰라도, 그 이면에 있는 정치적인 현실이라는 것을 생각하면, 마음의 응어리를 의식하고 있는 만큼 더욱 슬퍼지는 경우도 있다. 그러한 나도 이 파도 사이에서 흔들리고 있는 '일엽편주'다. 그러니까 간판을 바꾼 것도 이른바 한국에 다녀오기 위한 속셈과 관련이 있다고 해도 어쩔 수 없다. 최는 그것을 알고 있지만, 진문주는 간판을 바꿨다는 사실조차 모르고 있었다.

생각해보면 해방 후 ― 도대체 뭐가 해방이란 말인가, 해방이라는 말은 지금 사어死語가 되어 버렸다. 차라리 분열 후라는 것이 현실적이고 정직하다. 아무튼 내가 남조선을 떠나온 지 이미 이십 수년이 된다. 아직 한국, '대한민국'이 생기기 전의 일이다. 서울에서 학생운동에 참가했다가 이승만의 경찰에 쫓겨 일본으로 도망 온 것인데, 나는 이미 당시의 기억을 콘크리트 밑에 가라앉혀 놓기로 작정하고 있었다. 당시에는 위험과 고뇌 속에서도 의기에 불탔고 자신의 목숨이 내일은 어떻게 될지 예측하기 어려웠음에도 미래에 희망을 지녔다. 많은 청년 학생들이 그러했듯이 학살당한 혁명시인 U의 시 「누구를 위해 넘치는 우리의 젊음인가」에 주먹을 움켜쥔 채 눈물을 흘리고, 한편으로 어두운 여운을 담은 S의 시 「병드는 서울」 안에 침체되어 있기도 했다. 게다가 그 무렵의 내 머리카락은 자신의 것이면서도 정말 믿을 수 없을 만큼 밀림처럼 빽빽이 돋아나 있어서 진문주에 비할 바가 아니었다. 그리고 지금은 머리가 벗겨지고 코털이 하얗게 변해서 그것이 일본으로 건너와 이 나이가 될 때까지 살아남았다는 증거라도 되는 듯한 느낌이 든다.

아내도 일본의 패전 직후 제주도에서 밀항해온 여자다. 제주도 대학살의 한가운데를 헤쳐 나왔다. 그녀의 경우는 자수를 하였고 이후의 재판 결과 '특별재류허가'를 얻었지만, 그러나 외국인등록증은 1년 마다 갱신하는 '한국적'이 되었다. 나는 '조선적' 그대로여서 그녀와는 부부이면서도 '국적'이 다르다. '조선적'이 반드시 북쪽의 공화국을 지지한다고는 할 수 없었고, 또 '한국적'인 경우도 마찬가지지만, 역시 나는 '한국적'으로 바꾸는 데는 저항을 느껴서 그대로 두었던 것이다. 애당초 외국인등록이라는 것이 생겼을 무렵에는(나는 아내보다도 훨씬 빨리 이전에 살았던 일본의 오사카로 도망왔지만) '국적'란에 '조선' 하나밖에 없었다는 사정이 있다.

거주민단의 중앙에 아내의 친척이 있는데, 지단장인 최는 그와 함께 나를 찾아와 한국에 다녀오지 않겠냐고 권했다. 조건은 없었다. 등록도 원한다면 '한국'으로 바꾸지 않고 '조선적'인 채로 좋다고 했다. 물론 일반적인 경우는 '한국적'이 아니면 여권을 신청할 수가 없다. 성묘를 다녀오시오. 고향에 다녀오시오. 그리고 서울과 다른 곳에도 가서 조국의 현실이 어떻게 변했는지, 그 눈으로 직접 보고 오시오, 라고 자신 있다는 듯이 말했다. 자신의 고향이지만 이제 그곳에는 살고 싶지 않다고 한 아내의 말과는 상당히 달랐다. 그러나 변했든 변하지 않았든 그곳이 자신의 고향인 것만은 틀림이 없다.

좌우지간 다녀오시오. 자신의 조국에, 자신의 고향에 다녀오는 걸 어렵게 생각할 필요 따위 없어요. 신변의 안전은 보장할 테니, 여기 있는 내게 맡겨 두시오. 우리는 장 사장 같은 양식파에게 꼭 한국의 모습을 보여드리고 싶소. 몇십 년 만에 효도할 수 있게 되는 겁니다. 확실히 그 말 대로다. 몇십 년만은 아니더라도 그건 그렇다. 생각건대, 한국정부의 방침이 그럴 필요가 있다고 여겨지는 재일'교포' 그것도 '조선적'인 자에게 눈독을 들여서 한국행의 공작을 진행하고 있는 모양이다. 말하자면 나도 그 말석을 차지하고 있다는 말이 될 것이다. 과연 조건은 없는지 어떤지, 최종적으로는 주일한국대사관의 관문을 통과하지 않으면 안 되는 것이고, 그것을 최가 대행해주겠다는 것인데, 그 사이에 우리의 눈에 보이지 않는 뭐가 있는지 알 수 없다. 결과를 보지 않으면 조건의 유무는 알 수 없는 것이다. 그러나 나 같이 불고기집이라도 하고 있는 인간에게는 그러한 제안이 들어오는 것 자체에, 가고 안 가고는 둘째 치고라도 반드시 싫지만은 않은 기분이 든다.

생각해보면 오랫동안 기다렸다. 조국이 통일되고 그렇게 해서 고향에 갔다 올 수 있는 날을 기다렸던 것이다. 그러나 솔직히 말하자면 이제는 기다리다 지쳤다는 느낌이 든다. 지쳤다. 통일은 점점 멀어져가고만 있지 않은가. 내가 한국에 간다고 뭐가 나쁜가. 나는 '조직'의 인간이 아니다. 평범한 하나의 재일조선인에 불과하다. 내가 뭘 고집스럽게 고향에 가지 않고 버틸 필요가 있는가. 갈 거라면 적어도 머리가 더 벗겨지기 전에 다녀오고 싶다. 아직 젊을 때 다녀오고 싶다…….

홈에 다가가고 있는지 전차가 제동을 시작했다. 이미 두세 역은 지나고 있었다. 문득 눈앞이 밝아진 느낌이 드는 것이 내 앞에 서 있던 사람이 문 쪽으로 이동한 모양이다. 눈을 뜨자 정면에 앉은 남자가 나를 바라보고 있었다. 장발에다 수염을 기른 아직 사십대 남자였는데, 내가 마주 바라보는데도 시선을 돌리지 않는다. 나는 시선을 돌렸다. 이상한 남자다. 끝자락이 넓은 청바지와 짝을 이룬 조끼를 입은 젊은 스타일은 사십대 남자이다 보니 반항적인 모습으로 보인다. 아니, 사십대 남자가 아니다. 저 눈은 아직 청년이다. 삼십 정도인데 늙어 보이는 것일 게다. 요즘은 남녀의 구별만이 아니라, 청년들의 나이도 판단하기 어렵게 되었다. 그러나 어쨌든 나에게는 무해한 인간이었다. 나에게 무슨 주의를 기울이고 있는 것은 아니다. 그저 전차 안 같은 곳에서 무례하게 다른 사람의 얼굴을 바라보는 자들이 있는데, 그런 부류의 남자일 것이다. 나는 창밖으로 시선을 던지고 납빛 하늘을 보았다. 하늘은 조금만 움직이면 바람이 일 것 같은데 전혀 움직이지 않는다. 무표정한 빌딩숲과 마찬가지로 하늘의 색에 농담이 없는 것이 울적하다. 그저 울적하게 상을 찌푸리고 있을 뿐이고 비가 내릴 듯한 기색도 없다.

어젯밤은 진문주가 전화를 걸어오는 바람에 조금 잠을 설친 것은 사실이다. 수면부족도 있지만, 몸이 뭔가 자루라도 뒤집어 쓴 것처럼 나른한 것은 역시 날씨 탓일 게다. 머릿속 한가운데를 쥐어짜는 듯한 것이 오히려 머리가 맑아지는 느낌이 든다. 그러면서도 눈꺼풀을 덮자 의외로 기분이 좋다.

전차가 홈을 떠날 때 내 앞에 일행인 두 사람의 남자가 선 모양이다. 나는 사람이 서있다는 기척을 덮은 눈꺼풀 안쪽에 느끼면서도 특별히 두 사람의 대화에 주의를 기울이고 있었던 것은 아니었다. 속도를 내기 시작해 공중에 차체가 뜬 것 같은 상태의 기분 좋은 진동에 몸을 맡기고 나는 잠시 멍하니 있었다. 머릿속에서는 차륜 소리가 회전할 뿐 한동안 나는 아무것도 생각하지 않고 있었다. 아니, 나는 차륜 소리만이 울리는 멍한 머릿속에 뭔가 상념이 떠오르는 것을 기다리고 있었는지도 모른다. 가볍게 진문주의 얼굴이 떠오르더니…… 그것이 몇 개월 전 동향회 때의 그가 아니고, 과거 이십 년이나 전에 오사카의 민족학교에서 같이 교사를 하고 있던 무렵의 진문주 얼굴이 선술집의 카운터 위에 둥실 떠오르는 것 같아서……. 그런데 그때, "…… 그야 그렇겠지요"라는 전차 안의 목소리가 내 귀에 전해졌다.

"그야 그렇겠지요. 하지만 나이를 먹어도 그런 사람은 드물지 않을까요. 오래 산 것 치고는 죽을 때까지 젊게 살았으니 말이요. 기토 씨, 난 요즘 전차를 타면 너무 쓸쓸합니다."

"흐흠……."

전차를 타면 쓸쓸하다…… 흐흠……. **전차를 타면 쓸쓸하다**. 묘하게 그 말이 머릿속에 파고들어 나는 눈을 떴다. 눈앞에 똑같이 검은 더블양복을 입은 두 사람의 남자가 서 있었다. 모두 바지 주름이 반듯했고 시선을 내리자 검은 구두도 서로 질세라 빛나고 있었다. 하하아, 장례식에 갔다 오는 길이구나, 장례식.

"난 전차를 타면 먼저 차내를 한 번 돌아봅니다. 사람이 많이 타고 있겠지요……. 그런데, 모두 나보다 젊은 사람뿐입니다. 난 전차 안에서 자신이 가장 늙은이라는 것을 발견하는 셈입니다. 후후후후, 그 순간 그건 정말 쓸쓸합니다. 기토 씨, 당신은 아직 나보다는 젊으니까요."

나는 정신이 번쩍 들어 앞의 왼쪽에 선 남자를 올려다보았다. 먼저 흰머리가 눈에 들어왔다. 아직 형태를 갖추고 있는 은색의 백발이 멋지게 빛나고 있었다. 갸름한 얼굴에 콧날이 오뚝하고 지적인 인상을 주는 노인이었는데, 꽤나 윤기가 도는 얼굴에 허리도 곧게 펴고 있어서, 방금 전의 이야기를 한 노인치고는 조금 괴리감이 없지도 않았다. 육십을 넘긴 건지 칠십이 된 건지 금방 나이를 판단하기는 어려웠지만, 그렇게 나이가 많다는 느낌은 들지 않았다. 오히려 나보다 더 젊다는 말을 들은 옆의 노인 쪽이 얼굴도 키도 좀 더 작은 게 연장자로 보인다. 갸름한 얼굴을 한 노인의 나이를 가늠하기 어려웠던 건 그러한 혼란에서 비롯된 것인지도 모른다.

"흐흠……. 그건 말이죠……."

기토 씨는 코가 나쁜 건지, 흐흠 하고 코를 푸는 듯한 소리를 연거푸 낼 뿐 대답이 곤란한 모양이었다.

그러나 그것은 나와 상관없는 일이다. **전차를 타면 쓸쓸하다. 난 전차 안에서 가장 나이가 많아 쓸쓸하다.** 갸름한 얼굴의 노인에게는 아마도 나이에 비해 아직 자신이 젊다는 자부가 있겠지만, 그러나 문득 튀어나온 그 말에는 노령이라는 것을 의식하는 자의 실감과 일종의 애감조차 담겨 있었던 것이다.

나는 이내 두 사람으로부터 시선을 돌린 채 태연한 얼굴을 하고 있었다. **전차를 타면 쓸쓸하다**……. 나는 아무렇지도 않은 듯 차내를 천천히 둘러보았다.

나는 밖으로 통하는 한가운데 문의 바로 옆, 즉 승강구를 들어가 바로 왼쪽 자리에 앉아 있었다. 차내는 혼잡하지는 않았지만 서로 얼굴을 마주하듯 앉아 있는 사람들 외에 서 있는 사람도 꽤 있었다. 주간지라는 것은 전차 안에서 읽으라고 있는 것인지 거의가 주간지나 만화책을 읽고 있어서 그게 묘하게 차내를 차분한 분위기로 만들고 있었다. 신문이 문 구석에 떨어져 있었는데 그것을 밟고 선 한 남자가 신문을 펼친 채 읽고 있었다. 젊은 남녀도 있었지만, 차내는 어느 쪽인가 하면, 수수하고 나이 든 사람이 많은 것 같았다. 그리고 전체적으로는 여자가 적어 보인다. 나는 문득, 벌써 몇 년이나 전의 일이지만, 전차 안에서 어느 취한이 내뱉은 말을 떠올렸다. 밤 9시가 10시 경이었는데, 어느 시발역에서 전차 좌석에 앉아 있을 때 한 사람의 취한이 올라타자마자, 차내를 험악한 눈초리로 둘러보더니 갑자기 내뱉듯이, 뭐야 이건, 사내놈들뿐이로군! 하고 외치더니 빈자리에 벌러덩 드러누웠던 것이다. 둘러보니 과연 여자는 한 사람도 없었다. 나는 그때 일이 떠올라 웃음을 흘렸다.

그런데 나는 오른쪽 맞은편 문 옆자리에 앉아 있는, 조금 모양이 흐트러진 검은 양복을 입은 노인을 발견했다. 노인의 모습 전체라기보다도 그 주름투성이의 눌러 찌부러뜨린 듯한 얼굴 속에서 작게 빛나는, 묘하게 불쾌한 눈을 발견했다는 것이 맞을 것이다. 결혼식에서 돌아오는 모양이다. 등을 구부린 채 무릎 위에 껴안듯이 올려놓은 희고 네모난 보자기꾸러미는 '답례품'에 틀림없다. 붉은 수壽자로 보이는 문자가 들어 있다. 그러고 보니 조금 알코올이 배어난 얼굴표정이었다. 그 시선을 쫓아 바로 내 오른편 옆의 문 쪽을 보았다. 젊은 여자가 서서 문 너머로 밖을 보고 있었는데, 내가 무심코 침을 삼킨 것은, 그 멋진, 요즘 말로 하자면 프로포션이었다. 노란 셔츠 위로 부풀어 오른 가슴의 상반신도 물론이거니와, 그 파란 판탈롱으로 조여진 하반신이 좋았다. 허리를 꽉 졸라맨 데다 튀어나온 느낌을 주는 엉덩이의 세밀한 곳까지 찰싹 달라붙은 판탈롱을 통해 읽을 수 있었다. 숄더백을 걸치고 조금 허리를 비튼 채 한쪽 다리를 뻗은 자세를 하고 있었는데, 내게는 보이지 않는 그 뒷모습 전체가 완전히 노인 쪽을 향하고 있었던 것이다. 나는 잠시 노인의 시선에 느껴지는 불쾌함도 잊은 채 볼륨 있게 부풀어 오른 하반신의 그곳에 시선을 빼앗기고 있었다.

순간, 나는 노인의 시선과 마주쳤다고 생각했다. 나는 당황하여 노인의 눈을 스치듯 시선을 되돌리고 좌석에 허리를 깊게 밀어 넣어 자세를 고쳤다. 여자의 그곳에 빨려 들어가 있던 노인의 시선은 음탕하다기보다는 뭔가 천박한 느낌이 들었다. 기분 좋은 일은 아니었다. 그것은 여성에 대한 무력감에서 오는 비참함과 같은 천박함이라 할 수 있는 시선이었다. 그러나 노인과 같은 곳으로 가 있다가 마주친 내 시선도 불쾌한 빛을 띠고 있었음에 틀림없다. 나는 자신도 모르게 맞은편 자리의 수염을 기른 남자의 시선을 가려주고 있는 내 앞에 선 노인들에게 감사했다.

그렇다 하더라도 이쪽의 노신사가 저쪽의 그다지 말쑥하지 않은 복장의 주름투성이 노인을 알아차리지 못한 것일까. 홈에서 차내로 들어올 때도 보였을 것이 틀림없다. 만일 못 보았다고 하더라도 차내를 둘러보면 정말 노인 같아 보이는 그를 발견하는 것은 어려운 일이 아닐 터였다. 아니, 답례품을 소중이 안고 있는 빈상의 노인은 노인으로서의 존재조차 무시당한 것인지도 모른다. 그렇다면, **전차 안에서 가장 나이가 많고 쓸쓸한 것**은 저쪽이 아닌가. 나는 문득 내 앞의 노인들에게 거만한 무언가를 느꼈다. 등이 굽은 노인의 눈은 정말로 천박한 눈인가. 그러나 그것은 무력한, 불꽃이 되어 타오르지 못하는 눈임에 틀림없다. 강자 앞에서 떨고 있는 슬픈 눈인 것이다. 적어도 그것은 거만한 눈은 아니다. 아아, 내 뇌리의 어두운 과거의 영역을 섬광처럼 스치고 지나가는 것이 있다. 일찍이 해방 된지 얼마 안 되는 남조선에서 학살된 민중의, 노인의 공포에 떨고 있는 눈빛이다.

얼마 지나지 않아 도착한 환승역에서 젊은 여자가 내리고 나도 내렸다. 내가 잠시 관심을 지니고 있던 인간들은 누구도, 등이 굽은 노인도 내리지 않았다. 나는 먼저 내린 여자의 뒷모습을 인파 속에서 잃지 않도록 주의하면서 따라 갔다. 그리고 판탈롱으로 조여진 좌우 엉덩이의 터질 듯한 흔들림에 시선을 모았다. 이런 순간의 눈을 갑자기 누군가 지인에게 들키는 일이 있다. 겸연쩍은 일이다. 나는 지금 상가에 가고 있는 중이지만, 그러나 인간이란 원래 그런 게 아닌가. 들키면 서로 소리를 내어 웃어보고 싶다.

홈의 한가운데쯤에는 두 곳의 환승계단을 향해 넓게 트여있었는데, 나는 앞에 있는 계단을 오른쪽으로 내려갔다. 계단에 발을 디디면서 고개를 돌려 바라보자, 아무것도 모르는 그녀는 똑바로 걸어서 도쿄방면 환승계단 쪽 인파 속으로 사라져갔다. 나는 계단 아래 홈에서 담배를 피우며 다시 내릴 것 같지도 않고 갤 것 같지도 않은 시내 위의 하늘을 바라보았다. 손수건을 꺼내 땀을 닦았다. 이런 하늘 표정은 뭔가를 몹시 기다리게 만드는 법이다. 내 눈앞에 좀 전의 젊은 여자의 뒷모습이 흔들리다 사라졌다.

두 번째 역에서 전차를 내렸다. 갈아타지 않으면 안 된다. 과거의 식민지시대, 관부關釜연락선을 탈 때의 시모노세키下関 선창을 가듯이 몇 번이나 계단을 오르고 내리며 지그재그로 통로를 지나 겨우 목적지인 홈에 도착했다. 그것은 북쪽 끝의 꽤 후미진 느낌이 드는 장소로 부두처럼 길게 뻗어 있었다. 전차는 없었다. 전차를 타면 30분 정도로 내리는 역에 도착할 것이다.

3

밖에서는 가끔 만났지만, 진문주의 자택을 방문하는 것은 벌써 일 년도 넘을 것이다. 전화로 길을 확인한 뒤 역 앞의 조용한 아스팔트 언덕길을 내려가 과거의 기억을 더듬으며 걸어갔다.

나무가 많은 곳으로, 우거진 녹음이 현縣의 경계인 이 작은 마을에 차분한 분위기를 안겨주고 있었다. 언덕 위에 오르자 분양주택의 깔끔한 지붕이 여기저기에 보였는데, 구름 낀 날씨인데도 그 빨갛고 파란 색이 선명한 것은 공기가 맑아서 그렇다는 생각이 들었다. 도중에 투명한 수로의 흐름이 보이더니, 눈부신 터널처럼 서로 가지를 엉킨 채 양쪽 물가에 늘어선 벚나무가 물에 꽃잎을 떨어뜨리며 아직도 만개함을 자랑하고 있었다. 이전에 수로의 가장자리를 걸어간 적이 있지만, 지금은 자신이 없다. 수로를 건너 알기 쉬운 길을 가기로 했다. 그의 아내가 이 마을에서 작은 양재점을 하고 있었고, 그걸로 일가의 생계를 꾸려나가고 있었다.

상가의 제단은 이층에 마련되어 있었다.

이층에 올라온 나는 가져온 신문 봉지를 계단참에 내려놓고 먼저 안쪽 방에 보이는 제단 쪽으로 갔다. 조문객은 7, 8명 정도 밖에 없었다. 벌써 4시를 지났고 '성복제'가 이미 시작된 상가치고는 의외로 적다.

제단 앞까지 오자, 제물의 맛있는 냄새가 기분 좋게 코를 자극했다. 초서체로 쓰인 병풍을 배경으로 한 커다란 상에, 아마도 어젯밤부터 밤을 새워 준비했을, 제물이 가득 놓여 있었다. 꼬챙이를 꿴 소고기 돼지

고기 등의 철판구이. 도미와 조기 등의 말린 생선을 통째로 구운 것. 철판에 볶은 조선식 두부와 산채, 대추, 과일류, 집에서 만든 찐빵, 그 밖의 많은 음식이 쟁반과 크고 작은 접시에 담겨 있어서, 상에 가득 쌓여 있다는 느낌이었다. 좌우에 서 있는 촛대에서 양초의 불꽃이 깜박임도 없이 똑바로 타오르고 있었다. 불고기 냄새와 연기에 익숙해진 내 코에, 이 제단에서 피어오르는 소고기 돼지고기 등의 냄새는, 같은 고기임에도 불구하고 뱃속이 아니라 뭔가 향수를 불러일으키는 듯한 신선함으로 마음에 스며드는 뭔가를 지니고 있었다. 상다리가 휘어질 정도로 가득 쌓인 이러한 제물은 진문주의 돌아가신 어머니에 대한 최소한의 정성일 것이다.

상 안쪽의 병풍에 기대 놓은, 확대한 것이 분명하다고 여겨지는 검은 액자의 사진이 놓여 있었는데, 그 하얀 치마저고리를 입은 조선의 노파 얼굴이 72세로는 도저히 보이지 않았다. 나는 향전을 제단 앞에 바치고, 그리고 향을 피워 올린 뒤 절을 반복했다. 제단을 떠날 때 다시 한 번 사진을 보았지만, 그 단정한 얼굴은 아직 젊었다. 언제 쯤의 사진일까. 내 어머니는 고향에서 돌아가신지 이십 년 이상 지났는데, 진문주도 어머니와 헤어진 뒤 이십 년 이상 지났을 터였다.

계단을 올라가면 마주하는 세 평짜리 방에 나란히 놓인 두 개의 상 주위에 사람들이 앉아 먹고 마시며 잡담을 나누고 있었다. 상 위에는 제단과 같은 음식이 놓여 있었고 맥주와 술도 있었다. 상가치고는 음습한 공기가 없는 게 좋았다. 시끌벅적하여 내가 계단을 올라간 순간에도 웃음소리가 터져 나오고 있었다. 상가에서 먹고 마시며 적당히 시끌벅적하게 이야기를 나누는 것도 우리 조선인의 좋은 관습일 것이다.

삼베 상복으로 몸을 감싼 진문주 부부는 제단 옆에서 조문객의 인사를 받고 있었는데, 그것이 끝나면 안주인은 아래층에서 도와주고 있는 친척으로 보이는 사람들이 있는 곳으로 다시 내려갔다. 진문주는 서류 봉투를 뒤집은 듯한 모양의 삼베 '두건'을 벗고, 핫하하하아, 오랜만이야, 먼 곳까지 와주어 고맙네, 라며 나에게 손을 뻗어 악수를 했다. 그러나 각진 턱의 의지적인 얼굴 속의 큰 눈은 충혈 되어 있는 것이 과연 생기가 없었다. 어젯밤에는 울었음에 틀림없다. 인간은 누구나 울 때가 있는 법이다. 아니, 그는 울지 않았는지도 모른다. 내 경험으로 볼 때 거의 슬픔을 잊었다고 생각될 무렵, 후일에 갑자기 울게 되는 법이다. 그래도 진문주의 동작에서 내 웃음을 자아낸 것은 나를 안내하면서, 자네는 신문을 가져왔는가, 하고 확인하는 그 상주답지 않은 활동가로서의 모습을 드러낸 점이었다.

"…… 가져왔지. 계단에 놓아 뒀어. 오늘 같은 날, 그런 건 나중에 확인해도 되잖나?"

"아이고, 고맙네. 그러나 그건 그거고 이건 이걸세. 제사만을 지내며 인간은 살아갈 수 없으니 말이야."

다른 사람들도 그랬지만, 이런 이야기는 조선어로 나누었다. 진문주는 나를 계단과는 반대쪽의 벽을 등진 장소에 앉히고 나서 계단의 층계참에 있는 신문꾸러미를 가져오더니 안쪽 방의 책상 위로 가지고 갔다. 이 동작 하나만 보더라도 그는 언젠가 자신이 조직에 돌아갈 때가 올 것이라고 확신하는 듯했다. 그러한 활동가로서의 신념이라고 할 만한 것이 없다면 오늘의 슬픔은 견뎌낼 수 없을 지도 모른다. 생각해보면, 조직에서 여러 가지로 낙인을 찍혀 쫓겨나고, 그 한편으로 어머니의 죽음에 임해서도 고향에 갈 수 없다는 사실은, 그러한 것들을 상쇄할 뭔가가 없으면 전혀 무의미하다고 할 수밖에 없다.

"아함! 문주, 너무 돌아다녀서는 안 돼, 두건을 계속 쓰고 있어야 돼."

언제든 이런 장소에는 관습을 따지는 노인이 있다. 나와 같은 줄의, 제단에 가까운 상에 앉아 있던 하얀 염소수염의 장로가 헛기침을 하고 나서 말했다. 나는 스스로 장로임을 자처하는 아함! 하는 기침소리에 문득 전차 안의 노신사를 떠올렸다. **전차를 타면 쓸쓸하다**……. 이 장로는 여기에서는 가장 연장자였다.

진문주는 쑥스러운 웃음을 띠우며 무성한 머리칼을 누르듯이 삼베 '두건'을 썼다. 그리고 모두에게 나를 소개하고 나서 내 컵에 맥주를 가득 따른 뒤 제단을 등지고 상의 모퉁이 자리에 앉았다.

"그런데 자네는 고향을 떠난 지 몇 년이나 되는가?"

장로의 이야기가 이어지는 모양이다. 상대는 맞은편에 앉아 있었다. 나만큼이나 머리가 벗겨지고 얼굴이 커다란, 무심코 친근감이 느껴지는 진문주와 같은 교육회관계의 활동가였다.

"벌써 사십 년 가까이 됩니다……. 제가 14살 때 일본에 왔거든요. 헤어질 때의 어머니가 33세…… 돌아가셨을 때는 60세를 넘기고 있었지요. 작년 봄에는 아버지가 돌아가셨는데 말이죠, 모두 고향에서 돌아가시는 바람에 가지 못했지만 어쩔 수 없지요. 한 두 사람의 문제가 아니니까요."

"흐흠, 조선인의 팔자라는 것은 누구나 다 비슷하구만. 그러고 보면 여기 있는 나도 일본에 온 지 오십 년이 됐어. 어떻게 되려나, 나 같은 늙은이는 일본에서 죽을 수밖에 없는 건가, 고향에 돌아갈 날이 있을까. 남북통일인지는 어떻게 됐나? 하긴 요즘 동포들 사이에서는 조직의 높은 양반들 소문으로 들끓고 있잖나. 몇 억짜리 집을 지었다든가, 조직에 기부한 거금이 어느새 높은 양반의 개인 돈이 되었다든가, 기르는 개에게 매일 소고기 로스만 먹인다든가……. 게다가 긴자銀座의 바에 가서 왜년들에게 십만 이십만의 돈을 그냥 주었다든가. 그걸 팁인지 뭔지 하는 것 같아. 민심은 천심이라고 하는데, 사실이라면 천벌을 받을 일이지."

"그렇게 하면 죽을 때도 제대로 죽지 못하고, 죽어서도 좋은 곳에는 가지 못하지요."

"그건 Z만이 아닙니다. Y도 마찬가지라고요. Z를 그렇게 만든 것은 위원장인 Y니까요. 애당초 Z를 후계자로 삼으려고 중앙의 제1부위원장으로 만든 것이 위원장인 Y입니다"라고 누군가 말을 받는다. 호흡이 들어맞고 있었다.

"실제로 조직은 동맥경화라고 해도 좋은 상황입니다. 이제는 어쩔 수 없는 상황에 왔다는 느낌이 드니까요." 내 앞에 앉은 44, 5세의 여기에서는 가장 젊고 몸집이 작은 활동가가 말했다. 담배만 피우고 있었지만 안으로 잠긴 목소리였다. "대중단체인데도 전제국가의 관료기관이나 마찬가지로 입을 가졌으면서도 말을 할 수가 없습니다. 나도 언젠가는 목이 잘릴 거라는 각오는 하고 있지만, 몇 명인가 미행하다가 야습이라도 하지 않는 한 두려워하지는 않아요. 그런데 진 동무는 아직도 조직에 돌아갈 생각입니까?"

"돌아가야지. 사필귀정, 언젠가는 그렇게 될 거야. 조직이 누군가의 사유물인가? 말도 안 되는 소리지. 상대는 내가 그만두길 바라겠지만, 그만 둘 이유가 있나? 그럴 바엔 내가 고향에도 가지 못하고 이런 곳에서 장례식 흉내나 내면서 버틸 필요가 없지."

"음, Y위원장과 Z부위원장은 의리로 맺은 형제이고, 지금까지 운명공동체로서 함께 해왔잖은가? 그런데 Y위원장의 자택에, 그곳에 살고 있는 위원장의 보디가드이자 운전사인 젊은 활동가를 시켜 남동생인 Z가 도청기를 설치했다고 하니, 이건 권모술수의 복마전이 아니고 뭔가."

"아이고, 여, 여보시오, 그 위원장인지 부위원장인지는 그만 좀 하시오!"

갑자기 내 왼쪽에서 목소리가 튀어나왔다. 아까부터 묵묵히 청주를 마시고 있던 도수가 높은 안경이 인상적인 남자가 상대를 노려보듯 말했다. 거의 모두가 넥타이를 매고 있는데도 그는 노타이셔츠를 입고 있었다.

"그런 사람들은 Y라든가 Z라든가로 막 부르면 됩니다. 악당들에게 무슨 위원장이니 부위원장이니 할 거 있습니까! 그만 좀 하시라구요, 역겹지 않습니까?"

상대는 눈에 힘을 주고 쏘아보았지만 바로 생각을 고쳤는지, 무슨 말을 하는 거냐는 식으로 얼굴을 다른 쪽으로 돌리면서 한마디 "난 현역이오."라고 말했다. 그리고는 담배를 뻐끔뻐끔 계속 피웠다.

"현역? 현역과 그것이 무슨 관계인가, 조직에서 월급을 받고 있으면

위원장이고 부위원장님이란 말인가?"

그건 좀 말이 지나친 것 같다. 나는 왼손을 안경 낀 남자의 마른 어깨에 대고 그만하라고 제지했다. 옆에 있으면서 모른 체 할 수가 없었다.

"뭐라고……."

"아함! 무슨 일인가. 그만들 하게. 여기는 성복제를 치르고 있는 중이라고."

장로가 일부러 이쪽을 향해 학과 같은 가는 목을 내밀고 쥐어짜는 목소리로 말했다. 그러자 그때 계단을 올라오는 두세 사람으로 보이는 조문객의 기척과 그리고, 자, 어서 올라가시라는 안주인의 목소리가 연이어 들렸다. 진문주가 '두건'을 다시 한 번 고쳐 쓰며 제단 옆으로 가 정좌를 했다.

"이봐, 좀 취했군."

누군가가 말했다. 이미 눈이 가라앉아 있던 안경 낀 남자는 혀를 차면서 "취했다고? 음, 하지만 난 솔직해"라고 독백처럼 말했다. 그리고 뿌드득 이를 갈 듯이 컵에 남은 술을 비웠다.

나는 이러한 조직에 관한 이야기를 잠자코 듣고 있을 수밖에 없었다. 나는 좀 전에 해방 직후 서울에서 학생운동을 하고 있었다든가, 원래는 상인이 아니라는 등(재일조선인에게 원래부터 상인이 있을 리가 없다)의 거슬리는 소개를 하였는데, 실제로 나는 일개의 불고기집에 지나지 않는다. 약간의 돈을 가지고 있는 '상공인'이라는 건 분명하지만, 그뿐으로 주제넘게 나설 일도 없다. 어쨌든 나는 이런 자리와는 관계가 없는 것이다. 게다가 흥미도 없었다. 그러나 동시에 나는 이 자리에, 더 이상 나에게는 없는, 어떤 격렬함이 남아 있는 것을 인정하지 않을 수 없었다.

방에는 시원한 바람이 들어왔다. 왼쪽 창문이 열려 있었다. 창문 밖은 옆집의 벽에 막혀 있어서 풍경은 볼 수 없었지만, 굴절된 부드러운 바람이 창문을 통해 단속적으로 들어왔다.

5시 경에 제사를 끝내는 파제의식을 한 뒤, 사람들이 다시 제단 앞으로 나아가 절을 마쳤다. 파제 뒤에는 제물을 내려 본격적인 술상이 차려지는데, 일단 앉았다하면 좀처럼 일어나기 어렵다.

상복을 입은 진문주 부부가 우리 쪽을 향해 정좌를 했다. 두 사람은 함께 머리를 다다미에 댈 정도로 절을 하고 나서, 돌아가신 어머니를 위해 일부러 와주셔서 감사하다며 조선어로 인사를 했다. 그리고 진문주가 다다미에 시선을 떨어뜨린 채, 그러나 의연한 자세로 말을 계속했다.

"저는 그러나 어머니의 죽음을 특별히 슬퍼하지는 않습니다. 제가 어머니와 헤어진 것은 어머니가 세는 나이로 47세, 저는 24, 5세 무렵으로, 알고 계시는 제주도 4·3사건 때였습니다. 지금 생각해보면 헤어질 때의 어머니는 아직 젊었고, 제 기억에는 그 어머니밖에 없습니다. 그러나 어머니의 죽음은 비단 저에게만 주어진 슬픔은 아닙니다. 지금도 이야기가 나왔습니다만, 여러분 중에는 이미 모친께서 돌아가신 분들도 많을 거라고 생각합니다. 그렇지 않은 분도 언젠가는 모친께서 돌아가시겠지요. 게다가 72세라고 하면 결코 단명은 아닙니다. 저는 지금까지 일 년에 한 번 얼마의 돈을 계속 보내드렸습니다만, 다만 한 가지 지금의 저에게 슬픔이 있다고 한다면, 그것은 병든 어머니에게 하다못해 물 한잔, 갈치 꼬리와 같은 사소한 것조차 제 손으로 드리지 못한 것입니다. 그러나 그것도 조국이 분단된 상황 속에 사는 우리들로서는 유독 저만의 불행이라고는 할 수 없겠지요. 많은 사람들이 뿔뿔이 헤어진 채, 결국은 육친의 임종도 보지 못하고 있기 때문입니다. 이러한 인간으로서의 기본적인 일에 관련된 슬픔을 없애가기 위해서라도 조국의 통일을 쟁취하지 않으면 안 된다고 결심하고 있습니다. 이를 위해서도 우리의 조직이 어떻게든 바로 서지 않으면 안 됩니다만……."

진문주는 자세를 흐트러뜨리지 않고 마지막까지 말을 마쳤다. 그러나 과연 눈물을 참고 있다는 것이 턱 근육의 희미한 움직임으로 알 수 있었다. 옆에서 몸집이 작은 아내가 손수건을 얼굴에 대고 웅크린 듯한 자세로 있었다. 사람들은 그의 인사말에 가만히 귀를 기울이고 있었다. 아니, 이건 단순한 인사가 아니었다……. 나는 자신도 모르게 가슴을 치밀고 올라오는 무언가를 느끼며, 그것을 억누르듯이 맥주를 단숨에 비웠다.

상 위의 음식이 거의 새것으로 바뀌고 다시 술과 음식을 들기 시작했는데, 사람들은 뭔가 한 장의 전보를 돌려가며 읽고 있었다. 이윽고 내 손에도 올라온 그것은 고향의 조카로부터 모친의 사망을 알려온 부고 전보였다.

보통의 전보와는 다르게 거기에는 익숙하지 않은 로마자가 나열되어 있었다. 조선어음을 로마자로 표기한 전문은 "오늘 아침 5시 조모 사망 용남이"라는 매우 간단한 내용이었다. 어제 저녁에 도착했다고 한다. 나는 그 한 장의 종이쪽지를 손에 든 채 한동안 생각에 잠겼다. 병명도 없었지만, 진문주가 모친의 죽음을 목격한 것도 아니다. 하물며 사망진단서를 보내온 것도 아니다. 타인인 나로서는 당연한 일인지도 모르지만, 어쨌든 로마자의 나열에 죽음을 실감할 수 없었다. 그러나 죽음은 분명히 이곳에 있었다. 그것을 진문주는 확신할 수 있다. 조카의 전보 한 장으로 모친의 죽음을 확인할 수 있다. 용남이는 그 조카의 이름이었다. 나는 반복해서 전보를 읽었다. "오늘 아침 5시 조모 사망 용남이" 반복해서 읽은 게 아니다, 가만히 보고 있었다는 편이 옳을 것이다. 한동안 그것을 눈에 대고 있자니, 로마자로 표기된 조선어음의 전보에 오히려 일종의 생생함이 담겨져 있다는 느낌이 들어서 나는 눈을 돌렸다.

그때 나는 정신이 번쩍 들면서 부고 전보의 수신자 이름을 보았다. 주소가 일단 로마자로 타이핑되어 있었는데, 뒤쪽의 의미를 알 수 없었다. NAKAMURA MASAKO(나카무라 마사코) NAI(내) CHINYOSAITEN(진 양재점)이라고 되어 있다. 여기는 진陳 양재점이 아니다. 란蘭 양재점일 터였다. 더구나 진문주의 아내는 일본인이 아니었고, 나카무라中村 마사코라는 이름은 들어본 적이 없었다. 주소에는 본인인 진문주의 이름이 보이지 않았다. 간신히 CHIN이라는 성 만이 진문주와의 관계를 나타내고 있을 뿐이었다.

"진 군, 이 전보의 주소는 왜 이렇게 되어 있지? 자네의 이름이 없는데?"

"음, 그건 말이지 그러니까…… 나카무라 마사코라는 건 가공의 인물이야. 내 이름을 그대로 주소에 썼다가는 남조선에서 오는 가족의 전보나 편지 등이 도착할 리 없잖아……. 핫하하하아."

앗, 내가 얼빠진 질문을 하고 말았다. 나는 무심코 뭔가 감추고 있던 꿍꿍이가 탄로 나기 직전과 같은 착각에 빠졌다. 순간 섬뜩하게 빛나는 칼끝이 가슴팍에 다가와 정신이 들었고, 조금 돌고 있던 취기가 싸악 하는 소리를 내면서 빠져나갔다. 얼굴이 붉어지는 게 아니라 창백해져가는 걸 알 수 있을 것 같은 기분이 든다. 취기가 빠져나가는 저편에 새로 바꾼 간판에는 없어져 버린 '조선요리'라는 문자가 두둥실 떠올랐다. 그리고 어젯밤의 전화로 내 안에 생겨난 진문주에 대한 양심의 가책이 단숨에 부풀어 오른다. 나는 상반신을 내밀어 진문주에게 전보를 돌려주면서도 그 시선을 피하고 있었다. 예기치 못한 묘한 긴장감이 그와 나 사이에 생겨난 느낌이 내 안에 자꾸만 들고 있었다. 이봐, 장 군, 자네는 드디어 가는가, 꽤 약삭빠르게 움직이는군……. 이봐, 장 군, 자네는 가는가……. 실제로 들리는 목소리다. 이봐, 장 군!

"이봐, 장 군, 한 잔 해."

나는 당황하여 눈앞에 다가온 맥주병에 컵을 가져다 대었다. 진문주가 옆에까지 와 있었다. 그는 사람들에게 맥주와 술을 따르며 돌아다녔다.

그렇다, 당연한 일이지만 '조직'의 활동가를 육친으로 두고 있는 한국의 가족들은 여전히 밤낮으로 전전긍긍하고 있는 것이다. 그것을 또 이쪽에 있는 사람이 신경을 써야만 한다. 역시 나는 어딘가 멍해져 있다. 나는 손수건을 꺼내, 좀 덥구만, 하고 중얼거리며 이마를 닦았다. 그리고 담배를 한 대 피웠다.

밖은 꽤 세찬 바람이 불고 있었다. 내 왼손에는 음식물이 들어 있는 보자기 꾸러미가 들려 있었다. 나는 적극적으로 사양했지만 진문주의 아내가 모친에 대한 제물이니 부디 가족들과 함께 드시라면서 손에 들려준 것이었다. 나는 묵직하게 마음을 덮어오는 듯한 그 무게에 뭔가 음식물 이외의 것이 들어 있는 것처럼 느끼면서 길을 걸어갔다. 땅거미가 기어 나오기 시작했고 하늘은 격렬하게 움직이고 있었다. 낮의 밋밋하던 하늘과는 전혀 다르게 여러 개의 검은 계곡 같은 무더기가 생기고 그 위를 거무죽죽한 구름이 흩어지며 날아갔다.

나는 오늘밤 상점회의 모임이 있다는 핑계로 자리에서 일어났다. 설령 그러한 예정이 없었다 하더라도 자리에서 일어났을 것이 틀림없다. 나는 역시 그러한 활동가들만이 있는 자리에 있어서는 안 된다. 게다가 전보를 읽어본 뒤로는 진문주와 동석하는 것이 견디기 어려웠다. 결국 나는 어느 쪽에도 붙지 못하는 인간인 게다.

진문주 부부가 꼭 돌아가야 한다는 나를 집밖에까지 전송했을 때, 나는 역시 그에게 한국행에 관해 알려서는 안 된다고 생각했다. 내가 비겁한 것인지도 모르지만, 그러나 그러한 정직함은 아무런 도움이 되지 않는다. 아니, 그렇지가 않다. 이미 그에게는 말할 수가 없다. 그 앞에서는 잠자코 있을 수밖에 없는 것이다. 부부가 전송 나온 일에 정신을 빼앗기는 바람에 나는 나카무라 마사코 라는 표찰의 확인을 잊어버리고 말았지만, 아마도 진문주와 나란히 그의 아내도 아닌 가공의 인물의 이름이 달려 있을 것이다.

나는 마음이 무거웠다. 상가에 오기 전보다도 몸이 나른한 기분이다. 머리가 그야말로 젖빛유리처럼 불투명하고 가슴이 답답하다.

나는 진문주가 알려준 대로, 내가 그렇게 하고 싶었기 때문에, 이번에는 지름길인 수로 쪽을 지나 돌아가기로 했다. 지름길이라는 것만이 아니라, 벚꽃이 물가를 메운 맑은 물의 시내를 따라 걸으면 기분이 가라앉을지도 모른다.

빗방울이 떨어지기 시작한 모양이다. 나는 손바닥을 펼쳐 비를 받았다. 지금, 숱이 없는 정수리와 뺨에 톡 하고 빗방울이 떨어졌다. 바람이 거셌고 볼을 찌르는 듯한 의외로 차가운 가랑비가 내리기 시작했다. 나는 서둘러야만 했다. 드디어 오기 시작한다는 느낌이었지만, 아침의 일기예보에는 없었던 비다. 냇가를 따라 천천히 걸어가기는 어려울 것 같았다.

나는 지금 진문주의 집으로 왔던 길을 되돌아가는 것이 아니다. 올 때는 수로를 건너 아스팔트길을 한동안 걷다가, 장난감 같은 느낌의 페인트를 칠한 우체국 모퉁이를 오른쪽으로 돌아 상점가를 가로질러 왔던 것이다. 그리고 몇 번째인가의 골목 모퉁이에 있는 약국을 다시 오른쪽으로, 즉 역 쪽으로 거슬러 올라간 곳에 란蘭양재점이 있었는데, 모퉁이의 약국이 눈에 잘 띄어 찾기 쉬웠다. 조금 반듯한 분양주택이었지만, 그러나 양재점이라고는 해도 아래층에 안주인의 일터가 있을 뿐으로, 마네킹이 있는 쇼윈도를 만들어 놓은 것도 아니었다. 작은 간판을 붙이지 않았다면 양재점이라는 것을 알 수 없을 것이다. 그래도 안주인의 솜씨가 좋은 것인지, 상당히 일거리가 많은 듯하다.

수로에 왔을 무렵 비가 본격적으로 내리기 시작했다. 나는 머리에 손수건을 대고 종종걸음으로 수로와 나란히 난 길로 나와 인가의 처마 밑으로 들어갔다. 사람들이 웃을 지도 모르지만, 비에 머리가 젖는 것과는 달리 숱이 없는 곳에 직접 빗방울이 떨어져 흘러내리는 모양은 그다지 유쾌하지 않다. 멀리에서 들리는 천둥소리가 머리 위에서 울리고 주위가 갑자기 어두워지기 시작한다. 상류 쪽에서는 이미 비가 상당히 내리고 있을 것이다. 수량이 갑자기 불어나면서 급류가 되었다. 바람에 날린 비가 하얗게 빛나면서 옆으로 때리기 시작한다. 아무래도 본격적으로 비가 내리기 시작한 모양이다. 상가에서 좀 더 빨리 나오든가 조금 늦게 나오는 게 좋을 뻔 했다. 아니, 여기서 비를 맞는 한이 있어도 그 자리에 오래 있을 필요는 없었다.

비가 기세를 더해 폭포처럼 쏟아졌다. 방금 전까지는 상상도 하지 못한 비가 내린다. 포장이 되지 않은 수로가의 도로는 거품을 내는 물에 완전히 잠겨 어느새 물줄기를 이루며 수로로 기세 좋게 떨어져 내린다.

나는 이때, 눈앞에 일어나고 있는 이상한 광경을 보았다. 무수한 벚꽃 잎이 도로와 수로의 물결에 내동댕이쳐지고 있는 것이다. 양쪽 물가에 서 있는 벚꽃나무가 강풍에 으르렁거리며 몸서리치기를 반복하자 꽃들이 쏟아지듯 일제히 떨어져 잠시 저녁놀을 하얗게 물들이면서 지면과 수면에 무참히 내동댕이쳐진다. 용서란 없었다. 그것은 마치 날아오른 작고 가련한 나비의 큰 무리가 계속해서 내동댕이쳐지는 듯했다. 바람에 한껏 휜 가지가지에서 마치 긁어내리는 것처럼 꽃이 떨어져 내린다. 그것이 수로에 뜬 채 사정없이 흘러갔다. 폭 3, 4미터의 양쪽 물가에서 흘러드는 빗물을 삼킨 수로의 급격히 부풀어 오른 물살은 파도를 일으키며 꽃잎을 삼켰다. 냇가를 메운 듯한 벚꽃 잎이 격렬한 물결에 휩쓸리는데 다시 그 위에 내동댕이쳐지듯 떨어져 내린다. 꽃잎은 내가 서 있는 처마 밑까지 날아 들어와 가슴과 어깨, 그리고 머리에 내려앉았다. 나는 젖은 꽃잎을 털어내는 것도 잊은 채, 멍하니 그 광경을 지켜보고 있었다. 나비의 사체에 비유할 것도 없이, 꽃의 무리 그 자체의 사체였다. 너무나 어이없는 처참한 광경이었다.

폭풍우는 벚꽃나무에서 꽃을 완전히 쓸어낼 때까지 계속 되었다. 십여 분은 계속 되었을 것이다. 아니, 취우驟雨는 순간적이라고 생각될 정도의 속도로 지나쳐갔지만, 그것은 그저 꽃을 떨어뜨릴 목적으로 찾아온 것처럼 보였다.

비가 가늘어졌다. 하늘은 개이고 있었지만 이미 밤의 어둠에 거의 빨려 들어가 밝음을 되돌리지는 못하고 있었다. 춥다. 저절로 몸이 떨렸다. 무척 더웠었다는 것이 거짓말 같았다. 그러나 이 한순간의 자연의 격정은 내 몸 안의 응어리 같은 것을 일소해 간 것 같았다. 그것이 비바람과 함께 날아가 버린 듯한 기분이었다. 비는 기적처럼 그치기 시작했지만, 나는 그대로 멍하니 그 자리에 멈춰서 있었다. 그리고 물에 젖은 도로의 시든 꽃잎과 여전히 무수한 꽃잎을 싣고 흘러가는 작은 탁류를 바라보고 있었다.

사오기, 사오기……. 나는 거의 무의식중에 중얼거리고 있었다. 아이고, 이건 얼마나 정겨운 단어인가. 제주도에서는 벚나무를 사오기라는 사투리로 부른다. 나는 문득 고향인 한라산 자락에 구름처럼 피는 벚꽃나무를 생각하고 있었던 것이다. 일본 국화인 벚꽃의 본래 원산지는 제주도 한라산이다. 그 벚꽃이 일본 고유의 꽃으로서 식민지시대의 조선에 이식되었는데, 그때는 벚꽃의 아름다움보다도 고향의 자연스런 벚꽃의 이미지와는 완전히 다른 일본적인, 그리고 총검의 동반자로서의 이미지를 가지고 다가왔던 것이다. 사오기 몽둥이라는 것은 벚나무 곤봉, 또는 지팡이라는 뜻인데, 나도 젊을 때는 사오기 몽둥이를 들고 산야를 걸었던 것이다. 사오기, 사오기・몽둥이! 아니 이건, 나는 무심코 소리를 내었다. 아주 오랜만에 되살아난 뜻하지 않은 단어다. 완전히 잊어버리고 있던 고향의 말이었다. 그러나 잊지 않고 있었던 것이다. 사오기, 사오기・몽둥이라고 중얼거리며 한 걸음 내딛고, 비에 젖은 해질녘 길 위의 벚꽃 잎을 밟으며 걸어갔다.

머리 위 벚나무 가지에서 바람이 술렁이고 아직도 기세가 식지 않은 물 흐르는 소리가 내 왼쪽 귀 밑에서 들려온다. 그때 멈춰선 나는 귀를 기울인다. 그것은 조용하게 그리고 조금 높게, 사오기, 사오기, 사오기, 사오기라고 반복하며 조급하게 속삭인다.

사오기……, 도대체 무엇 때문에 고향에 가는가? 실은 아까부터 내 귓전에서 속삭이는 다른 목소리를 듣고 있었다. 그리고 자신의 발을 잡아당기고 있는 소리를 듣지 않으려 애쓰고 있었던 것이다. 너는 한국에 갈 자격이 있는가? 내 장모님의 '대상'을 위해, 아니, 부모의 산소를 위해……. 그러나 네 손에는 아직도 그 빳빳한 전보용지를 들었을 때의 감촉과 무게가 남아 있는 것이다. 진문주의 노모의 사망은 단순한 죽음을 넘어서 지금은 너를 압도하는 존재가 되었다. 주소에 상주의 이름이 없는 암호와 같은 부음전보. 그 전보를 손에 든 너에게 한국행의 자격이 있는가……. 그러자 아무런 맥락도 없이, 우리는 남조선으로 가 혁명을 하고 조국통일을 위해 싸워야한다며 경직된 표정으로 마치 슬로건처럼 말하고 있던 지역의 '조직' 지부위원장의 말이 떠올라 무심코 쓴 웃음을 짓게 만든다. 나는 활동가도 혁명가도 아니다. 혁명을 할 인간은 가시오. 말처럼 간단한 일은 아니다. 나는 혁명을 위해 가는 것은 아니다. 가시오.

조건은 없소. 자신의 조국에, 그리고 고향에 아무튼 다녀오시오. 사오기, 사오기, 사오기, 냇물의 흐름이 속삭인다. 그것은 내 머릿속에서 반복되고 있는 고향의 소리라는 것을 나는 알고 있다. 분명히 고향의 목소리지만, 멀리 고향의 산에서 들려오는 것이지만, 그 목소리는 어찌된 일인지 나를 부르는 게 아니다. 사오기, 사오기, 너는 이미 고향과는 관계가 없다. 너는 타향에 사는 사람, 고향은 네 것이 아니다. 사오기, 사오기, 사오기……. 나는 바람이 몸속을 지나는 것 같은 소리를 듣고 있었다.

비온 뒤의 가로등이 한껏 빛을 내고 있는 모습이 더욱 삭막한 뭔가를 느끼게 만든다. 갑자기 내 몸 안을 스쳐지나간 뒤의 텅 빈 공간 속에서, 으핫핫핫! 하고 큰 입을 벌리고 여러 얼굴이 웃기 시작했다. 관객석 저편에서 웃으며 싸움을 하고 있는 신문판매점의 오오모리와 간판가게의 야마모토. 아니, 관객석의 밖에는 여자도 남자도 있었다. 전차 안에서 본 수염을 기른 청바지의 남자, 장례식에서 돌아오는 두 사람의 노인, 젊은 여자의 엉덩이를 가만히 바라보던 등이 굽은 노인, 그리고 여자. 홈에서 그 모양이 좋은 엉덩이를 흔들며 내 시선을 빨아들인 채 놓아주지 않던 파란 판탈롱의 여자……. 아니, 아니, 그 밖의 인간, 인간, 이러한 군상이 내 텅 빈 광장 안에서 껄껄 웃으며 얽혀 있는 것이다. 아니, 그것은 광장 안이 아니다, 세탁기 안에서 뒤섞여 일어나는 거품의 소용돌이다. **나는 전차를 타면 쓸쓸하다**……. 나는 관객석에 있는 인간이다. 그래, 그 말대로야, 마스터 ―, 너는 관객석에 있는 거야. 사오기, 사오기, 사오기, 분명히 고향의 목소리지만, 멀리 고향의 산에서 들려오고 있지만, 그 소리는 나를 부르는 게 아니다. 에잇, 텅 빈 공간에서 나는 웃음소리에 호응하여 나도 껄껄 웃고 싶어졌다. 유상무상이 소용돌이 치고 있는 광장을 안고 함께 뒹굴며 껄껄 웃고 싶어졌다.

역 앞에서 뻗어 나온 아스팔트 도로가 근처에 보이고 라이트를 켠 자동차가 역에서 반대 방향으로 달려갔다. 나는 수로의 다리를 왼쪽으로 돌아 건너며 지금 지나온 물가의 벚나무를 올려다보았다. 올려다보면서 와이셔츠 위로 가슴 한쪽에 손을 대자, 어찌된 일인지 손바닥에 전해져 올 정도로 고동을 치고 있어서, 나는 한순간 헐떡이듯 큰 숨을 토해내었다. 뭔가 괴롭다. 나는 가슴을 펴고 계속해서 심호흡을 한다. 비 온 뒤의 상쾌한 공기가 흉부 가득히 흘러들어왔다.

시커먼 가지를 공중에 뻗은 벚나무의 젖은 새잎이 밤바람에 살랑이면서 빛나고 있을 뿐이었다. 허망하다고나 할까, 어느 쪽이 현실인지 알 수 없는 느낌이다. 나는 왠지 꽃잎을 깨끗이 떨어뜨린 모습이 자신의 머리와 꼭 닮았다는 생각을 한다. 나는 숱이 없는 머리를 정수리 쪽으로 쓸어 올리고 나서, 아직 무성한 후두부에 손을 살짝 가져다 대고 혼자 웃었다. 인간은 머리가 벗겨지면 어딘지 유머러스해지는 자신을 발견하는 일이 있는 법이다.

나는 겨드랑이에 보자기꾸러미를 끼고 가로등빛이 거꾸로 비치고 있는 젖은 아스팔트길을 걸어갔다. 내 마음에 꽤나 무거운 선물이다. 빗물이 스며든 구두의 삐걱거림이 확실하게 들려온다……. 너는 한국에 갈 자격이 있는가? 겨드랑이의 보자기꾸러미처럼 무거운 질문이다. 나는 분명히 뭔가에 다리가 얽힌 듯한 착잡한 심경 속에 있었다. 그러나 지금은 마음이 완전히 막혀 있는 것은 아니었다. 나는 완만한 언덕길을 올라가면서 하늘을 올려다보고 있었지만, 낮의 햇살은 지평선 너머로 밀려나 틀림없는 밤이 되어 있었다. 하늘에서 별이 빛나기 시작하고 있다. 오랜만에 맑은 하늘이다.

(번역 : 김학동)

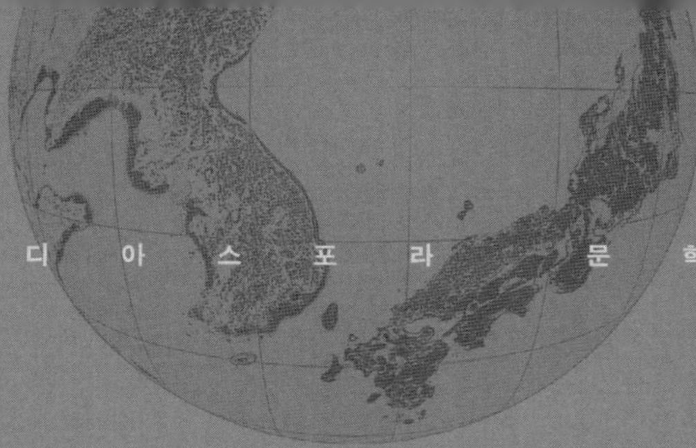

해후

고사명高史明

어제 하구태河求泰는 구사카미쵸草上町에 찾아왔다. 거긴 기타큐슈北九州의 소도시K에서 가까운 바닷가 마을이다. 그는 이 마을에서 태어나 일본이 전쟁에 패한 날인 그 '8월 15일'을 이 마을에서 맞이했었다. 또한 16살 때 아버지가 죽고, 어머니에게 이끌리어 오사카大阪로 옮기고 나서는 거의 되돌아볼 일이 없던 마을이기도 하다. 때로 떠오르는 적도 있었지만, 그는 그 때마다 그 밀려오는 기억을 의식의 밑바닥에 집어넣고자 해왔다. 그에게 있어서 이 마을에서 형성된 기억은 오사카에서 간신히 쌓아올린 생활에 어두운 그늘이 되는 빈곤으로 뒤덮여 있었다.

하구태가 새삼스럽게 자신이 태어난 토지인 구사카미쵸를 회상하게 된 것은 어머니가 78세의 나이로 돌아가시고 나서였다. 어머니의 죽음이 그에게 자신의 출자와 존재의 근원을 새삼 상기시키게 된 것일지 모른다.

그는 어제 이곳에 찾아오자, 내친걸음에 그리운 토지를 구석구석까지 걸어 돌아다녔다. 그는 그렇게 해서 어두운 의식 바닥으로 가라앉은 기억에 새로운 빛을 소환하려고 한 것이었다. 하지만 24년 만에 방문한 토지는 그에게 그 빛을 부여해주지는 않았다. 예전에 작은 맑고 투명한 흐름이 있던 습지대는 깨끗이 매립되었고, 매립지에는 새 주택이 속속 건축 중이었다. 도로도 변해있었다. 그 옛날, 그들 조선인부락의 아이들이 놀이터로 삼던 구릉도 없어졌다. 그곳은 수목이 뿌리째 뽑히고, 진열단 형태로 정비되어서 매립지로 이어지는 주택지가 되었다. 그 정상에는 바다 쪽에서 확장되어온 석유회사의 은색으로 빛나는 석유탱크가 공들여 만들어져 있었다. 그가 6년간 배운 초등학교 건물도 헐리고, 새로운 철근 콘크리트 교사로 바뀌어 있었다. 교사 앞에 있었던 수로도, 그 수로를 따라서 늘어서 있던 수목도 없어졌다. 그는 마침 나쁜 때에 왔는지도 모르겠다. 변모한 풍경 속에는 어머니의 사후, 그의 뇌리에 새삼스레 형성되기 시작한 '고향'의 파편도 없었다. 그는 확장된 조선소의 담 위에서 도로 위로 쭉 돌출한 거선의 뱃머리를 보고 놀랐다. 길을 가는 사람에게도 본 기억이 있는 얼굴은 없었다. 모조리 변해있었다. 그가 나고 자란 조선인부락이 있던 장소는 조그만 공원이 되어 있었다. 오사카를 출발할 때, 이미 어느 정도 예상된 일이기는 했지만, 그 변모된 모습은 예상을 훨씬 뛰어넘는 것이었다. 그는 지쳐서 녹초가 되어 숙소로 돌아왔다.

하지만 지금 그는 다시 구사카미쵸에 찾아왔다. 예전에 조선인부락이 있던 공원 옆을 지나서, 낮은 고개의 수로 길을 서쪽으로 향한다. 어젯밤 그는 문득 생각이 나서 전화번호부를 넘기면서 번호부 속에 석문식石文植이라는 소년시절의 그리운 친구 이름을 찾아낸 것이다. 그의 피곤에 지친 두 눈은 그 검은 문자를 발견해냈을 때, 날카롭게 떨렸다. 동명이인일 수도 있다. 그건 그에게 있어서 그리운 이름인 만큼 그를 괴롭혔다. 만약 그 이름이 그의 친구와 동일인물이라면, 이번에는 그 바뀐 모습이 불안해졌다. 사람 마음은 변하기 쉬운 법이다. 그것은 그를 깊이 실망시킨 풍경보다도 훨씬 변하기 쉽다고 할 수 있다. 석문식은 24년 만에 나타난 그를 냉정하게 되돌려 보낼지도 몰랐다. 그는 그것을 두려워했다. 하지만 아침이 되자 그는 오사카로 돌아가지 못한 채로, 다시 구사카미쵸로 발길을 향하게 되었다. 설령 사람 마음이 변하기 쉬운 것이라 할지라도, 그 변화의 밑바닥에는 여전히 변하지 않고 계속 흐르는 무언가가 있을 거라는 예감이 그를 이끈 것이다.

삼차로의 버스정류소를 지나자, 공원 근처의 술가게 노인이 가르쳐 준 대로 50미터 정도 전방의 왼편에 히라이平井공업소의 간판이 보였다. 오늘 아침, 석문식의 주거가 공업소 뒤편에 있다는 것은 이미 전화로 확인해두었다. 하구태는 거의 본능적으로 발걸음을 서둘렀다. 쥐죽은 듯이 조용한 공업소 앞을 그 담을 따라서 걷는다. 담이 끊어지는 곳까지 와서 왼쪽으로 돌았다. 그러자 어두한 좁은 길 안에서 갑자기 일어서는 어린 여자아이가 있었다. 가느다란 눈이 갑자기 찾아온 타관사람을 올려다보곤 가시 돋친 빛을 띤다. 하구태는 곧장 그 여자아이에게 다가갔다. 여자아이는 흰 원피스의 소맷자락을 휙 돌려서 뛰기 시작했다. 하구태는 그 뒤에서 같은 보조로 걸었다. 이윽고 여자아이가 모습을 감춘 판자문 앞에 서서, 판자조각으로 된 문패를 올려다본다. 문패에는 이시카와 후미오石川文雄라고 쓰여 있었는데, 그것이야말로 석문식이 아이 때부터 사용하던 이름에 다름 아니었다.

"실례합니다." 하구태는 판자문 안쪽에 인기척을 느끼면서 소리 질렀다.

중년의 여자가 나타났다. 희게 화장한 둥근 얼굴이 마치 지금 막 미용실에서 돌아온 듯이도 보인다. 하구태는 말을 이었다.

"가와시마河島라는 사람입니다만, 남편 분은 계십니까?"

여자는 휙 뒤를 돌아보고서 새된 목소리로 말했다.

"아버지! 가와시마 씨 왔어요."

그 아버지라고 부르는 소리가 하구태의 귀 안을 진동시켰다. 석문식이 아버지인가! 생각하자면 당연한 일이었지만, 아버지라고 부르는 소리는 역시 하구태의 귀에 강하게 울렸다. 흘러지나간 시간이 지금 단번에 역류하기 시작한다. 하구태는 가벼운 흥분에 휩싸이면서 입 속에서 되풀이했다. 저 녀석이, 그 시키가 아버지인가. 그의 귀 안에서는 아버지라고 하지 않고, 아부지, 아부지라던 석문식의 목소리가 되살아나고 있었다. 아부지라던 사람이 어느 샌가 아버지로 불리게 되었고, 그 사이에 흘러간 24년이라는 시간이 지금 하구태의 가슴에 묵직한 무게를 지니고 흘러들어온다.

석문식이 마룻귀틀에 모습을 드러냈다. 확실히 석문식이었다. 흰 반소매 속옷과 바지 안 속옷만 입은 차림으로 그는 마룻귀틀 위에서 하구태를 내려다본다. 떨리는 침묵의 시간이 지나갔다. 두 사람은 동시에 입을 열고, 동시에 입을 다문다. 그리고 석문식이 먼저 말하기 시작했다.

"야, 틀림없이 구치 씨이군. 어젯밤 전화가 왔어도 뭔가 속고 있는 듯했지만, 구치 씨가 틀림없어. 옛날 그대로인 부분이 있으니까 말이야."

"알아보겠습니까?" 하구태는 물었다.

"알겠어요. 자, 어서 들어오시오. 기다리고 있었소. 하지만 이거 참 무슨 일이죠. 정말로."

"당신도 금방 알아보겠소. 시키 씨"라고 하구태는 말했다.

순간 두 사람은 거의 동시에 예전의 사이좋았던 소년으로 돌아가 있었다. 두 사람은 소년과 같이 미소를 주고받고, 서로 고개를 끄덕이고, 친밀한 공기가 주변으로 퍼져간다. 그 친밀한 공기는 이윽고 방 안으로 옮겨졌다. 석문식의 아내와 간단한 인사를 마치자, 두 사람은 작은 밥상을 사이에 두고 서로 마주보았다.

"꽤 머리가 벗겨졌군." 석문식이 말했다.

"자네도. 게다가 흰 머리도 보이잖아."

"24년 만이군."

"응, 역시 시키 씨야. 그래, 시키 씨라 부르곤 했잖아."

"자네는 구치 씨이고." 석문식은 말했다.

"자네가…… 아이까지 있으니." 하구태는 흘끗 장지문 그늘에 있는 여자아이에게 눈을 주었다.

“자네는 어떤가? 물론 아내 분도 아이도 있겠지?”

“응, 아내가 한 명.”

“그거야 당연히 한 명이겠지. 애는 몇 명?”

“그게 한 명도 없어.”

“저런, 그럼 적적하잖아. 애는 만들어야지. 그래, 있는 편이 좋아. 우리 집은 두 명이야. 이 위에 오빠가 있어서 소학교 4학년이지. 오늘은 낚시하러 간다든가 해서 집에 없는데, 이 녀석들이 내 재산이지” 하고 석문식은 말한다.

하구태는 말없이 고개를 끄덕였다. 눈을 밥상 위로 떨어뜨린다. 석문식의 아내가 밥상 위에 술안주 그릇을 놓고, 잔을 차려놓는다. 석문식이 그 잔을 컵으로 바꾸게 하고, 술은 주전자로 준비시킨다. 이윽고 그들은 컵으로 건배를 했다.

“그건 그렇고 굉장히 변해버렸군. 연립 주택이 있던 곳이 공원으로 바뀌어 있더군. 공원과 마주쳤을 때에는 무언가 길을 헤매고 있는 것 같아서 어쩌지 하고 생각했어” 하고 하구태는 말했다.

“그야 자네, 24년이나 지나면 여러 가지 변하지. 첫째로 노인들은 모두 죽어버렸으니까. 우리 아버지도 어머니도 돌아가셨고 말이야. 자네 어머님은 어떠신가? 아직 건강하신가?”

“아니, 작년에. 벌써 나이가 들었으니까.”

“저런…… 몇 살이셨지?”

“79세야.”

“우리 아버지는 68세야. 4년 전이지. 어머니는 2년 전이었어. 마찬가지로 68세였군. 그 연립 주택에 있던 노인 중에 아직 살아 있는 사람은 박의 할머니뿐이야. 기억하고 있나, 박의 할머니. 그 왜 자주 호통치던 할머니가 있었지 않나?"

"응, 기억하고 있어. 무서운 얼굴을 한 할머니지?"

"그래, 그 할머니, 82살인데도 아직 팔팔하게 지내고 있으니까. 옛날 그대로야. 나머지는 대부분 모두 죽어버렸지 않나."

"젊은 사람들은 어떤가? 아직 모두 이 마을에 있는가?" 하구태는 물었다.

"박 할머니네 겐源짱. 그러고는 다케나카武中와 야마모토山本와 하야시林 정도가 아닐까. 모두, 자네와 마찬가지로 오사카에 나가버리거나, 조선으로 돌아갔어."

"이 마을에서도 돌아간 사람이 있는가?" 하구태는 무심코 되물었다.

"무라야마村山 씨가 있군. 그 왜 우리들보다 3, 4살 연상이고 얌전한 사람이 있잖나. 항상 무언가 생각하고 있는 듯한 얼굴을 하던 사람 말이야. 그 가족인지, 그 외에도 몇 명 돌아간 것 같아."

하구태는 밥상의 잔술을 손에 쥐었다. 콧구멍 안에서 술 냄새가 펴져, 그 따뜻하고 달콤한 냄새와 함께 과거의 기억이 되살아난다. 무라야마는 호리하게 키가 큰 청년이었다. 그 성姓은 틀림없이 김이었을 터이다. 그 김 청년이 뇌리에 떠오르자, 이어서 호리하게 키 큰 청년의 모습을 밀어 올리듯이, 김기원金基元의 다부지게 벌어진 어깨가 떠올랐다. 김기원은 하구태가 오사카에서 친하게 지낸 단 한명이라 해도 좋을 친구였다. 그 김기원이 손에 술잔을 들고, 울어서 빨갛게 부은 눈을 딱 부릅

뜨고서 하구태의 눈앞에 나타난다.

난 피도 눈물도 없는 인간인가. 구태, 말해봐. 넌 그렇게 생각하고 있지? 그렇고말고, 난 박정한 남자야. 내 자신이 잘 알고 있어. 그녀에게 아무것도 남기지 않고 가버리니까 말이야. 난 이 입으로 말했어. 안된다고 말이야. 그녀가 울면서 부탁하고 있는데도. 이제 당신을 붙잡으려고는 생각지 않아요. 그녀는 그렇게 말했어. 뱃속의 아이만으로 좋아요. 당신 대신에 이 아이만큼은 나에게 남겨달라고 했어. 그런데도 나는 응이라 대답하지 않았어. 왜일까. 그 여자는 언제나 외톨이야. 나이 든 아버지가 있어도 가게에서 손님과 떠들어대고 있어도, 외톨이였어. 왜 나는 응이라 하지 않았을까. 난 왜 이렇게까지 해가면서 돌아가는 걸까. 조국을 위해서인가. 그래, 아직 본 적도 없는 조국을 위해서야. 난 이 목구멍이 찢어질 정도로 열어젖히고 큰 소리로 말하지. 왜 이런 생각을 하지 않으면 안 되는 거냐. 그녀는 내 두 손을 잡고서 큰 소리로 울었어. 난 괴물이야. 너무 심하지 않은가. 지금은 모두 홀로 우는 시대인가. 눈물이 마를 때까지 울면, 나중에 다시 한 번 서로 웃을 수 있는 때가 올 것인가. 나는 이 오사카에서 태어나서, 이 오사카에서 컸어. 경찰에게 붙잡힌 것도 이 오사카였고, 그 여자가 좋아진 것도 이 오사카에서야. 오사카가 나인 거야. 그걸 모두 버리고 돌아가는 거야. 돌아간다는 건 도대체 뭔가. 구태 말해봐. 구태!…… 그 모습은 그 전날까지의 김기원이 아니었다. 그 김기원의 우는 소리가 하구태의 어두운 귓속에서 지금 되살아난다. 그 남자도 돌아갔었지, 하고 하구태는 생각한다. 그리고 난 돌아가지 않았다……. 그는 오른손의 컵을 밥상에 내려놓으면서 그

손이 날카롭게 떨리는 걸 본다.

그는 문득 얼굴을 들고, 무심코 한숨을 내쉬었다.

"어찌된 거야. 갑자기 입을 다물어 버리고."

하고 석문식이 말했다.

"생각이 나서 말이야. 내 친한 친구였던 남자도 돌아갔으니까……. 어떻게 지낼까 생각나서." 하구태는 대답했다.

"저쪽으로 간 사람들은 모두 행복해하고 있을까?"

"행복하지 않으면. 그래. 행복해져 있지 않으면 안 되지." 하구태는 말했다.

"나도 좀 망설인 적이 있었지. 뭐라 해도 알고 지내던 사람이 없어지는 건 쓸쓸한 법이니까 말이야. 하지만, 우리 아버지 고향은 남이었어. 부산이야. 같은 조선이라 해도 역시 멀어서 말이야. 아버지는 싫다고 하고, 게다가 난 여기서 태어났잖아. 뭐 어리든 살아갈 수 있다면 하고 생각하고서 마음을 정했지."

"그래……." 하구태는 작게 끄덕였다.

"뭐, 그 이야기는 됐어. 그것보다 오사카는 어떤가. 뭘 하고 있나?" 석문식은 눈을 가늘게 뜨고 약삭빨라 보이는 표정을 지었다.

"작은 숯불구이 고기집을 하고 있어. 벌써 15, 6년이나 되었군."

"숯불구이 고기집을! 그럼 가게를 갖고 있는 거군. 대단하지 않은가."

"대단치 않는 일이야. 그 장사도 익숙해지면 공허해서 말이야."

"무슨 소릴 하는가. 난 조선소에서 용접공을 하고 있어. 그것도 옛날하고는 달라서 꽤 즐겁지만. 역시 자기 가게를 가지는 게 제일이야. 그

령군, 숯불구이 고기집을 하고 있는가."

짧은 침묵이 있었다. 하구태는 술잔을 입에 댄 후, 갑자기 밝은 소리로 말했다.

"운동회 때의 일을 기억하는가?"

"운동회?"

"저 말이야, 자네 어머니와 우리 어머니가 주전자를 들고 온 적이 있지 않은가. 커다란 걸 들고."

"아, 그 때 말이군. 그 때는 깜짝 놀랐지."

"창피해서 말이야."

"문득 정신을 차려보니, 단별의 치마저고리를 입고서 크게 으스대면서 찾아왔으니까. 더구나 손에는 두 사람 다 주전자를 들고서."

"아들이 일등할 거라면서."

"그래, 마실 차를 주전자 통째로 들고 왔으니까."

"주변에 있던 녀석들은 빤히 보고 말이야."

"돌아가, 돌아가라고 하는데도 안 돌아가서. 결국 주전자의 차를 억지로 마셨잖아. 그 때는 창피했지."

"자네는 그 때 일등 했지? 빨랐으니까 말이야."

"그랬더니 이번에는 덩실덩실 춤추기 시작했잖은가."

"그래그래, 그리고선 또 주전자 차를 마시게 하고."

"다른 부모들은 모두 물통이라든가, 그런 보기 좋은 걸 들고 왔는데, 우리는 커다란 오뚝이 모양의 주전자였으니."

두 사람은 갑자기 입을 다물고 서로 얼굴을 마주보았다. 지금 막 동안이었던 얼굴이 순식간에 쭈그러지고, 완전히 늙어간다. 잠시 뒤에 하구태가 먼저 입을 열고 말했다.

"그로부터 벌써 30년도 더 흘렀군."

"아, 이미 먼 옛날 일이야." 석문식이 내뱉는듯한 말투로 말했다.

"자네 어머니, 그 후에 운동회 때 얘기를 한 적이 있는가?" 하구태는 작은 소리로 물었다.

"아니, 그런 기억은 없군." 석문식은 대답했다.

"우리 집도 그래."

"그로부터 34년이 되는군." 석문식이 말했다.

"그럴지도 모르지. 34년이구나……." 하구태는 가라앉은 목소리로 중얼거렸다.

둘은 거의 동시에 술잔에 손을 뻗어 입으로 가져갔다. 다시 침묵이 살며시 다가온다. 그것은 허리 부근으로 기어 다가와, 등으로 돌아서 얼굴을 에워싸기 시작한다. 하구태는 문득 가슴 속에서 자문했다. 석문식은 행복할까. 그러자 오사카의 가게가 갑자기 머리 뒷면을 압박하기 시작했다. 아내인 후사코房子는 지금 금전 출납기 앞에 앉아있을 터였다. 그 가게는 결코 크지는 않지만, 잘 번성하고 있다. 그것은 안정된 생활이라고 할 수 있다. 적어도 어머니가 살아있을 때까지 그의 매일은 충실했다. 그것이 어머니의 죽음과 함께 묘하게 공허해지기 시작한 것이다. 무언가가 결락되어 있었다. 게다가 그 모든 생활이 자기 자신의 것이라는 걸 확실하게 감지시켜줄 무언가가. 공허한 불안이, 얼굴을 에워싸는 침묵의 싸늘한 촉감 속에서 새롭게 되살아난다. 그는 무의식적으로 얼굴을 쓰다듬고, 그 손으로 얼굴 전체를 쓸어내린다. 그리고 갑자기 눈을 떴다.

"자네는 어떻게 생각하는가?" 석문식이 말했다. "자네는 조선으로 돌아갈 생각? 아니면 그런 건 생각한 적이 없나?"

"응?" 하구태는 흠칫 눈꺼풀을 열었다.

"가게를 가지고 있으니까, 생각한 적이 없을지도 모르겠군."

"아니, 생각했어. 좀 전에 얘기한 친구가 돌아갔을 때에. 난 좌익은 그다지 좋아하지 않지만, 그 남자만큼은 좋아했지. 그 녀석은 좌익이었어. 하지만 그 녀석은 근본적으로 조선사람이었지. 내일 출발하는 밤에 나를 찾아와서 엉엉 큰 소리를 내면서 울면서 말이야. 그 때 '아, 난 틀림없이 이 일본에서 죽게 되겠군' 하고 생각했어. 그때까지 몹시 고민했는데, 그 때 그렇게 생각했지." 하구태는 묘한 답답함을 느끼면서 말했다.

"그래…… 어쩐지 알 것 같은 기분이 들어." 석문식은 대답했다.

"자네도 안 돌아간다고 했었지?" 하구태는 물었다.

"그래. 나 역시 조선인이니까 조선에 대해선 생각해. 하지만 역시 아버지와는 달라. 아버지가 죽기 전에 말이야, 같이 한국에 간 적이 있어."

"허, 한국에!"

"응, 한국 국적을 취득하고서 말이야. 자네는 어느 쪽인가?"

"난 조선적 그대로인데." 하구태는 복잡한 기분으로 대답했다.

"그래……." 석문식의 목소리가 갑자기 침울해졌다.

"그래서 어땠나? 아버님 기뻐하셨겠지?" 하구태는 급히 물었다.

"그래. 이제 돌아갈 수 있게 되고선 대단했지."

"좋지 않은가. 그게 제일이야. 적籍 같은 건 나중 문제지." 하구태는 말했다.

"응, 북이다 남이다 해도, 조선인임에는 변함없으니까."

"그럼. 주전자는 북이든 남이든 역시 주전자고 말이야."

"그래. 그걸 이러쿵저러쿵 하는 게 이상한 거지." 석문식은 활기를 띠기 시작했다.

"그래서 아버님은 어땠어?" 하구태는 말했다.

"그건 뭐 기뻐했지. 시골에 가서 말이야. 어떻게 했는지 아는가. 본 기억이 있는 길에 와선, 갑자기 길가에 쓰러지더니 뺨을 길에 비벼댔어. 온몸이 진흙투성이가 되어서 말이야."

"그랬겠지. 그럴거라 생각해."

"하지만 말이야, 그 기뻐하는 아버지를 봤을 때, 내 쪽은 뭐라고도 하기 힘든 기분이었어. 아버지가 그렇게나 감격하고 있는데, 내 쪽은 단지 상태가 좋지 않을 뿐이었어."

"왜? 상태가 나쁘다니 무슨 말이야?"

"이상했어. 답답해져서 말이야. 외국에 간 느낌이 들었어."

"외국에?"

"그때까지는 아버지 고향이라 해서 왠지 동경이 있었지만, 그게 완전히 무너진 느낌으로 말이야. 그 아버지의 고향에 가서, 내 고향은 오히려 이 마을인 거라는 기분이 들기 시작했지……."

"이 마을이…… 고향……."

"그래, 고향이지. 아버지 말투로 하면 말이야. 이 마을이 내 고향인 거야."

"고향 말이지……." 하구태는 무겁게 중얼거리면서 가슴 속으로 날카로운 떨림이 지나가는 것을 느꼈다. 그에게 있어서도 그 기억이 다다르는 끝에 있는 것은 이 마을과 이 마을에서 알고 지낸 사람들이었다. 그 앞에 있는 것은 끝이 없이 깊은 어둠일 뿐이다. 조선인인 나에게 있어서도 이 마을을 고향이라 부를 수가 있을 것인가. 그는 입 안에서 중얼거린다. 가슴이 꽉 죄어온다. 오랫동안 그는 고향이라는 것의 필요성을 인정하지 않았다. 그것과는 인연이 없는 것이었다고도 할 수 있다. 일본인에게서 고향은 어디냐고 질문을 받을 때, 그가 대답할 수 있는 말은 '조선'입니다 라는 말밖에 없었다. 그에게는 1세들과 같이 확실히 감정을 넣어서 말할 수 있는 고향이 없었다. 그렇다고 해서 이 구사카미쵸가 고향이라고 명언하려고 하면, 조선인이라는 의식이 걸렸다. 그래서 그는 자신에게는 고향이라 부를 수 있는 건 없다고 생각하고 있었다. 또 고향이라는 말을 바보 같다고도 생각했다. 그런 그가 지금 고향을 찾고 있는 것이다. 나에게도 이 마을이 고향이라 할 수 있는가. 그는 다시 입 속에서 중얼거린다. 얼굴을 들자, 석문식의 굳은 눈이 곧바로 그의 눈을 붙잡았다.

"이상하다고 생각하는가?" 석문식은 말했다.

하구태는 말없이 석문식을 지켜본다.

"이상하긴 해도 그래. 내가 이 마을에서 평생 지내려고 생각한 건 아버지 고향에 가고 나서야. 뭐, 지금은 옛날과 다르니까 말이야. 조선인이라고 해서 어떻다는 것도 없고, 아이들도 학교에서 자유롭게 지내고 있으니까. 이웃 사람들도 친절해. 그래, 옛날과 다르니까." 석문식은 말한다.

하구태는 조용히 고개를 끄덕이면서 엷은 햇살이 떨리는 서쪽 창문으로 눈을 주었다. 고향이라는 말이 다시금 머릿속에 떠오른다. 그것은 그의 머리에 떠오르고, 유리창에 비쳐 떨어지는 푸른 빛의 방울에서도 떠오른다. 정신이 들고 보니 그 말은 이 방 도처에서 스며 나오고 있었다. 좀 전에 그가 방에 들어오자마자 눈에 띈 아이의 책상이랑 의자로부터, 또 황갈색 양복옷장에서도 스며 나오고 있었다. 그 책상이랑 의자는 석문식이 아이일 때에는 결코 살 수 없었던 것이다. 그 책상이랑 의자가 지금은 있다. 석문식의 소박한 꿈이 방 안에 넘치고 있다. 그가 이 생활을 사랑하고 있는 건 확실했다. 이것이 고향이라는 것이겠지. 하구태는 멍하니 생각한다. 하지만 다음 순간 그는 격심한 충격에 휩싸여서 석문식을 지켜보았다. 석문식의 표정이 바뀌어 있었다. 그는 어두운 표정을 일그러뜨리고, 낮게 신음하듯이 말한다.

"그건 그렇더라도 화가 나는군! 그래, 이것만큼은 화가 나."

"……"

"어찌 된 셈인지, 나만은 안 된다고 하는 거야." 석문식은 이어서 말했다.

"무슨 얘긴가?" 하구태는 서둘러 되물었다.

"장래의 일을 생각했어. 그렇지 않나, 여기서 뼈를 묻기로 정했고 말이야. 게다가 내 아내는 일본인이야. 아이 장래도 생각해서 말이지."

하구태는 엉겁결에 숨을 삼켰다.

"귀화신청을 했어."

"……"

"그랬더니 어떤가. 안 된다고 지껄여대는 거야. 어찌 된 셈인지 안 된다고 하는 거야."

순간 하구태는 석문식의 얼굴에서 거무죽죽한 분노가 솟아오르는 걸 봤다. 그것은 솟아올라서 주변 일대로 흩날려간다. 방 안이 갑자기 어두워졌다. 좀 전까지 방의 도처에서 볼 수 있었던 푸른 빛 방울이 거무죽죽한 색으로 변해간다. 하구태는 얼굴을 일그러뜨린 석문식의 머리 위로 천장에서 매달려 있는 또 한 사람의 석문식이 있음을 봤다. 조선인이라 불리면서 그 조선을 외국과 같이 느껴버린 석문식. 그리고 일본인이 되려고 했는데, 그 일본으로부터 거절당해 버린 석문식. 석문식은 눈에 보이지 않는 철사에 목이 감기어, 천장에 매달려져 있던 거였다. 그 눈도 입도 코도 없는, 밋밋한 석문식이 하구태의 눈을 창백하게 만든다. 그것은 하구태 자신이었다. 조선인이면서 조선인이라 할 수 없는 남자. 어디에도 고향이라 부를 수 있는 토지를 지니지 못한 남자. 하구태는 무의식적으로 고개를 옆으로 흔든다. 이 토지가 고향이라 할 수 있는 건가……. 그 어둡고 답답한 생각이 먼 날의 무서운 기억을 되살아나게 한다.

하구태는 경직되고 일그러진 얼굴을 떨구고 있는 석문식의 뒤쪽 벽을 응시하고, 그 어두운 색으로 뒤덮힌 벽 안에서 초라한 모습의 소년이 떠오르는 걸 보았다. 헐렁헐렁한 바지를 입은 소년. 소년은 바지 옷자락에서 불거져 나온, 때 투성이의 가느다란 정강이를 기어오르는 날카로운 떨림에 꿰어져 바람에 흔들리는 마른 가지와 같이 움직이지 않는다. 소년의 부드러운 눈에는 닫힌 오래된 문짝과, 문짝을 잠근 십자 모양의 각재角材가 깊게 파고 들어왔다. 문짝을 잠근 각재의 맞은편으로 소년이 전날까지 다니던 조선인 민족학교의 낡은 건물이 있다. 소년은 그 학교 건물로 향하는 길을 가로막는 각재를 증오를 담아 응시한다. 지금 그 증오의 눈이 하구태의 가슴 속에서 깊은 비애로 감싸여서 떠오른다. 그로부터였다……. 하구태는 비애가 눈으로 밀려오르는 걸 느끼면서, 입 속에서 중얼거린다. 우리들의 학교는 없어져버렸다. 그 낡은 교사. 낡았어도 우리들의 것이었던 교사. 우리들은 뿔뿔이 일본의 공립학교에 가게 되었다. 내가 즐거운 시간은 체조할 때만이 되어 버렸다. 그리고 지금 석문식이 있고, 내가 있다. 또 죽은 석문식의 부모님이 있고, 내 어머니가 있었다. 하구태는 새삼스레 석문식을 바라본다. 그러자 석문식이 무거운 침묵을 깨고 입을 열었다.

"정말, 나 좀 이상하지? 좀처럼 만나지도 않은 자네에게 이런 얘기를 하고, 미안하게 생각하네……."

하구태는 말없이 고개를 옆으로 흔들었다.

"정말 제정신이 아니군, 난. 자네 기분을 나쁘게 해버렸군" 하고 석문식은 힘없는 목소리로 되풀이한다.

하구태는 다시 고개를 옆으로 흔들었다. 그로서는 조선인으로서 여러 가지 고생을 해왔음에 틀림없을 석문식이, 여기에 와서 귀화를 하려고 생각한 그 심정이 애처로웠다. 하지만 그 이상으로 귀화하려고 했지만 거절당해 버린 석문식의 모습이 슬펐다. 도대체 석문식은 앞으로 어디에 자신의 확실한 대지를 구할 수가 있을 것인가. 물론 이렇게 된 데에는 석문식 자신의 책임이 없었다고는 여겨지지 않는다. 또한 이 석문식을 책망하는 것도, 비웃는 것조차 간단한 일일 것이다. 하지만 누가 도대체 공중에 매달린 석문식의 출구를 발견해낼 수가 있을 것인가. 하구태는 기계적으로 고개를 계속 젓는다.

"모처럼 멀리서 와주었는데. 귀화 이야기 따윌 꺼내서, 화났지?" 하고 석문식이 말한다.

하구태는 똑바로 석문식을 응시했다.

"당치도 않네. 물론 나에게 귀화라는 이야기는 바람직스럽지는 않네만. 그보다 왠지 슬프군" 하고 하구태는 말했다.

"정말 하찮은 얘기를 해버렸군." 석문식은 말했다.

"그렇지 않아. 그보다 앞으로 어떻게 할 건가?" 하고 하구태는 가라앉은 목소리로 말했다.

"어떻게 하고 말고도 없어." 석문식은 내뱉듯이 대답했다. 그리고선 갑자기 목소리의 어조를 바꿔서 계속했다. "자, 이 이야기는 그만두기로 하고, 이차나 가지. 그렇지, 박희원朴喜源 집에 가보지 않겠나?"

하구태는 본능적인 망설임을 느끼면서 석문식을 바라보았다.

"기억하고 있겠지. 야마모토山本의 겐源말이야. 거기에는 박의 할머니도 있고, 자네가 가면 기뻐할 걸세."

"응, 잘 기억하고 있지만, 갑가지 찾아가면 폐가 아닐까" 하고 하구태는 말했다.

"뭐가 폐란 말인가. 이 마을에서 교류가 있는 건 그 녀석뿐이라서. 한동안 못 만났으니 나도 만나보고 싶어."

"겐 씨밖에 교류가 없다니, 다른 사람들과는 어떻게 되었나?"

"연립 주택이 없어져서 말이네, 모두 뿔뿔이 흩어졌어. 자 그보다 빨리 일어서게. 나머지 얘기는 또 저기 가서 천천히 하면 되잖아."

석문식은 냉큼 일어서더니 방 안쪽으로 말을 걸었다.

얼마 안 되어 두 사람은 석문식의 아내와, 아이의 딱딱한 눈에 배웅받으면서 거리로 나섰다. 박희원의 집은 옆 마을의 언덕 아래에 있다고 한다. 석문식은 끊임없이 계속 이야기를 해댔다. 박희원은 자가용인 자갈 운반 트럭을 운전하면서 채석장에서 일하고 있었다. 노모와 두 명의 아이와 함께 4인 생활이라 한다. 아내는 도망가버렸다고 한다. 집을 나서고 나서부터 석문식은 아까와는 다른 사람인 양 쾌활해졌다. 그러나 하구태는 쾌활해질 수 없었다. 목구멍을 넘어간 술이 위 바닥에 가만히 고여 있다. 그는 박희원을 만나는 것이 두려웠다. 박희원도 또한 공중에 매달려 있는 게 아닐까. 석문식의 목소리가 명랑하게 울리면 울릴수록, 좀 전의 일그러진 얼굴이 하구태의 눈에 어른거려온다.

고향이란 도대체 무엇일까. 하구태는 어둡게 눈을 내리깐 채 생각했다. 석문식은 이 마을이 자신의 고향이라고 말했다. 하지만, 그 마을에서 그는 공중에 매달린 채이지 않은가. 그래도 이 마을을 고향이라 부를 수 있을 것인가. 울어서 빨갛게 눈이 부은 김기원의 얼굴이 다시금 떠오른다. 김기원이 신음하듯이 울기 시작했을 때, 하구태도 또한 그 어두운 바다 속으로 자신의 울음소리를 울려 퍼지게 했다. 그에게는 김기원의 울음소리가 날 때마다, 거기에서 무엇이 끊기고 있는지 확실히 느낄 수가 있었다. 김기원은 울고 있는 것이 아니라, 비명을 지르고 있었다. 그 비명이 일어날 때마다 그가 거기에서 태어나 거기에서 자란 오사카와 그의 전신을 이은 실이 한 줄 또 한 줄 잘려갔다. 연인과 그를 잇는 실이 끊겼다. 그와 선로가 달리는 길 사이에 있던 실이 끊겼다. 그것은 또한 그가 매일 밤 걷고 돌아온 개골창 가의 판잣집과 그를 잇는 실이기도 했을 것이다. 비명은 그 깊게 도려내어진 상처에서 솟아오르고 있던 것이었다. 그것은 그의 선택이었다. 이것밖에 길은 없다, 고 그는 말했다. 그것이 지금 이 시대라고도 말했다. 그 말에는 울음소리와 마찬가지로 한 점의 거리낌도 없었다. 김기원의 눈물과 선택에는 이 시대를 살아가는 인간의 아름다운 진실이 있었다. 그렇기 때문에 하구태는 김기원과 함께 울면서 이 일본에서 죽을 터인 자신을 생각한 것이었다. 김기원은 배를 타고 돌아갔다. 하지만 하구태는 걸어서 돌아가고 싶었다. 이 일본에서 태어난 조선인으로서, 조선인인 채 일본을 살아내고, 바다 위를 걸어서 돌아갈 수 있는 길을 찾아내고 싶었다. 하지만 지금 그는 단지 떠돌고 있을 뿐이 아닌가. 잿빛의 길이 그의 눈 안에서 흔들린다. 그는 무의식적으로 이마의 땀을 닦는다. 그러자 석문식이 갑자기 목소리 어조를 높여서 말했다.

"자, 도착했어. 저거야, 박희원의 집은."

하구태는 눈을 들었다. 그 눈에 큰 트럭이 들어왔다. 트럭 그늘에 있는 검은 함석지붕의 판잣집이 그 집인 듯하다. 마치 트럭 그늘에서 오그라들어 있는 듯이 보인다. 두 사람은 자갈이 많은 좁은 길로 들어가서 판잣집으로 다가갔다. 트럭의 뒤를 돌자, 판잣집의 열린 채인 대문간에서 흔들하고 검은 사람의 그림자가 나타났다. 조금 때 묻은 치마저고리

차림의 노파였다.

“이야, 할머니” 하고 석문식이 말했다.

“문식이 아닌가. 무슨 일이야” 하고 노파는 말한다.

하구태는 똑바로 노파를 바라본다. 그 목 쉰 소리는 틀림없이 24년 전의 박 할머니의 것이다. 주름 깊은 얼굴에도 기억이 있었다. 다만 머리카락만이 새하얗게 변해있었다.

“겐 씨 있나요?” 석문식이 이어 말했다.

“희喜에게 무슨 볼일인가?”

“귀한 사람이 와서 말이죠. 할머니, 이 사람이 누군지 알겠소?” 하고 석문식이 말했다.

“글쎄, 누굴까?” 박의 할머니는 처진 위 눈꺼풀을 치켜 올리면서 하구태를 올려다본다.

“안녕하세요…… 하구태입니다” 하고 하구태는 급히 이름을 말했다.

“하구태? 글쎄, 누구신가.”

“뭐야, 할머니. 드디어 늙어빠진 것 같군. 이 사람을 모르겠어? 자, 옛날 연립 주택에 살던 하구태가 아닌가.”

“잠깐만. 혹시 키다리 어머니 집의 구태가 아닌가?”

“그렇습니다. 그 구태입니다” 하고 하구태는 말했다.

“역시 그렇군. 그건 그렇고 좋은 어른이 되었네. 그 구태가 말이야” 하고 노파는 말한다.

“그래요. 그 구태예요. 오사카에서 찾아와 주었어요” 하고 석문식이 말했다.

"오사카에서……. 그러고 보니 오사카로 갔었지."

"겐 씨는 없어요?" 석문식이 묻는다.

"희를 찾아와 줬는가?"

"겐 씨—" 석문식은 집 안을 향해서 소리를 질렀다.

"희는 없어."

"없어요?"

"됐지 않어, 그 변변치 못한 놈은 아무래도 좋아. 자, 들어오시게. 오사카에서 일부러 와주었나. 어머니는 건강히 지내시는가?" 하고 노파는 말한다.

"할머니…… 머리가 새하얗게 되시고, 무척 나이가 드셨군요." 하구태는 말했다.

"그래, 이제 82살이 되었으니까. 새하얗게도 되지. 자, 서서 이야기하는 것도 그러니까, 올라오게" 하고 노파는 말한다.

"겐 씨는 어디에 갔나요?" 하고 석문식이 물었다.

"알게 뭐야. 항상 집에는 없으니까."

노파는 내뱉듯이 말하더니, 가볍게 몸을 돌렸다. 앞서서 봉당으로 들어간다. 하구태는 흘끗 석문식을 보고나서 노파의 뒤를 이었다. 낮은 마룻귀틀을 넘어서 눅눅해진 다다미에 엉덩이를 붙이자, 찰칵 스위치를 돌리는 소리가 나고 방에 불이 켜졌다. 휑뎅그렁한 방의 공기가 하구태의 얼굴을 감싸 안는다. 방에는 다른 사람의 기척은 없었다. 하구태는 정면 벽에 걸려 있는 액자 속 노인의 사진을 올려다보았다. 폐품과 다를 바 없는 리어카에 한 말들이 깡통을 늘어놓고 골목길 뒤를 녹슨 소리를 굴리면서 걷던 노인이 떠오른다. 아마 사진은 하구태가 오사카로 옮긴 뒤의 것인 것 같다. 결코 화난 얼굴을 보인 적이 없는 노인의 눈이 한층 온화하게 보인다. 아, 이 할아버지도 죽었군, 하고 하구태는 사진을 똑바로 올려다본 채 생각한다. 노인의 죽음은 이미 석문식에게서 들었지만, 이렇게 액자 속 노인을 올려다보니, 그것이 새삼 생각나는 것이다. 하구태의 어머니도 죽었다. 아버지의 죽음은 25년이나 전의 일이다. 그 아버지가 죽었을 때, 장례식을 도와준 것은 지금 액자에 들어 있는 노인이었다. 그 때 노인은 화장터의 부뚜막 앞에 안치된 아버지의 유체를 향해서 연립 주택 사람들을 대표해서 말했다.

하구득河求得 씨, 이 일본 땅에서 죽어버리다니, 얼마나 유감스러웠겠나. 우리들이 반드시 당신의 뼈를 저 그리운 조선 땅에 데리고 돌아갈 테니까. 당신은 언제나 우리들을 위해서 일해주었다. 우리들이 이 토지에서 괴롭힘을 당하고 울고 있을 때, 언제나 감싸준 것은 당신이었다. 그 때문에 당신은 몇 번이나 참혹한 꼴을 당했던 것인가. 우리들은 그것을 언제까지나 잊지 않겠다. 당신은 긍지 높은 조선인이었다. 우리들이 당신을 반드시 조선에 데리고 돌아갈 테니까. 다음에는 저 그리운 조선에서 만날 수 있을 것이다. 우리들이 반드시 데리고 돌아갈 테니까……. 그렇게 말한 노인이 지금은 액자 속에 있다. 이윽고 박의 할머니도 죽어갈 것이다. 석문식의 부모님도 죽어버렸다. 그리고 그 죽어간 사람들의 아들인 구태나 문식은 고향이라 부를 수 있는 토지를 잃은 채 떠돌고 있는 것이다.

박의 할머니가 쟁반에 김치를 담은 대접과 컵을 얹히고 부엌에서 나타났다. 할머니는 하구태가 액자의 노인을 올려다보고 있는 걸 알아차리자, 깊은 한숨을 내쉬면서 말했다.

"할아버지는 벌써 6년이나 전에 죽었어. 좋은 사람이었지만, 저런 곳에 들어가 버렸지."

"정말로 그 할아버지가 화내는 모습은 본 적이 없으니까 말이죠. 하긴 그 만큼 할머니가 호통치고 있었지만" 하고 석문식이 말했다.

"그렇고말고. 너무 젊은 사람이 칠칠치 못했으니까"라고 노파는 대답한다.

컵에 술이 부어졌다.

"자, 마시게나. 문식이도 자 컵을 들어" 하고 노파는 말한다.

하구태는 똑바로 노파의 주름 깊은 얼굴을 바라보았다. 잊어버리고 있던 시간이 속속 되살아나, 그의 가슴에 그리운 상념을 넘치게 한다. 꽉 코가 막혔다. 그러자 또다시 새로운 비애가 치밀어 올라왔다.

"할머니, 정말로 나이를 잡수셨군요." 하구태는 미미하게 고개를 좌우로 흔들면서 말했다.

"그렇지, 82살이 되니까 말일세." 노파는 좀 전과 같은 말을 되풀이 했다.

"머리카락이 새하얗게 되버렸고……."

"그래서 자네 어머니는 어찌 지내시나? 건강하신가" 하고 노파는 말했다.

"아뇨, 작년에 돌아가셨습니다."

"돌아가셨어! 그런가, 작년에……"라고 노파는 말하고, 잠시 생각에 잠긴 뒤에 계속했다. "자네 어머니는 나보다 2살 연하였으니까, 79세였겠군."

"네, 그렇습니다."

"그 사람도 말이지. 그렇다면 이제 남아있는 건 드디어 나뿐이라는 건가. 문식의 부모님도 돌아가셨고. 이제 슬슬 내게도 맞이하러 와도 좋을 때가 되었군."

"무슨, 할머니는 괜찮아요" 하고 석문식이 말했다.

"뭐가 괜찮다는 건가. 난 이제 그만 됐어. 내가 괜찮다고 말을 들으면 기뻐할 거라 생각했는가."

"그러니까 그런 기운이 있는 동안에는 걱정 없다는 말씀이에요" 하고 석문식은 말한다.

"좋겠네. 그렇게 해서 늙은이를 놀리면 좋겠어."
라고 노파는 말하고서 하구태에게 눈을 돌렸다.

"그래서 자네는 지금 뭘 하고 있는가?"

"작은 가게에서 숯불구이 고기집을 하고 있습니다"라고 하구태는 대답했다.

"호오…… 장사를 말이지. 그럼 행복하게 지내고 있겠군."

"네." 하구태는 작게 중얼거리듯 대답했다.

"그건 그렇고 그 어머니가 돌아가셨다니, 슬픈 일이군. 정말로 야무진 어머니였으니까. 난 말이지, 자네 어머니와 석탄채굴장에서 일했던 적이 있어."

"석탄채굴장에서 말입니까?"라고 하구태는 말했다.

"그렇고말고, 남자들과 함께 말일세. 자네 어머니는 남자들과 함께 삽을 사용해서, 조금도 지지 않았으니까. 문식의 어머니도 일한 적이 있어."

"허, 우리 집 할머니가요."

"그래, 아직 너희들이 태어나기 전의 일이니까. 이런 큰 삽을 쓰고 있었어"라고 노파는 말하더니, 쭈그러진 양손을 펼쳤다.

"석탄 삽이라면, 나도 알고 있어요" 하고 석문식이 말했다.

"그래, 그거야."

"그런 얘기 우리 집 할머니 말한 적 없는데."
라고 석문식은 말했다.

"옛날 일이니까……. 정말로 여러 가지 일이 있었어……." 하고 노파는 말하곤, 더욱 말을 하려다 말고 갑자기 입을 다물었다.

"할머니, 그 이야기 좀 더 들려주시지 않겠습니까. 우리들은 아무것도 모르니까 말이죠" 하고 하구태는 말했다.

"그런 옛날이야기를 들어서 뭘 어쩌려고. 좋은 얘기는 아무 것도 없으니까. 모두 옛일이야"라고 노파는 말했다.

"네, 그래도 들어두고 싶어요. 내가 태어났을 때는 어땠습니까. 할머니 알고 있습니까?" 하고 하구태는 말했다.

"아, 알고말고. 아직 확실히 기억하고 있지. 자네도 어머니께 들은 적이 있겠지. 자네는 틀림없이 석탄채굴장에서 태어났어."

"석탄채굴장에서!…… 정말입니까?" 하구태는 말했다.

"그건 구태 여동생 얘기 아닙니까?" 석문식이 말했다.

"그 얘기라면 나도 들은 적이 있어. 석탄채굴장에서 태어나서 바로 죽어버렸다지."

"그래, 그건 구태의 여동생이었군. 가엽게도 한창 일하고 있는 도중에 태어나서 말이지, 그 후가 좋지 않았어."

"여동생 일이라면 저도 들은 적이 있습니다"라고 하구태가 말했다.

"생각해보면, 자네 어머니도 심한 고생을 하셨지. 커다란 배를 하고서도 쉴 수 없으니까 말이야. 한푼이라도 많이, 하루라도 빨리 모아서 조선으로 돌아가려고 했었어. 모두 그랬지. 빨리 돌아가려고 생각하면, 그만큼 열심히 해서 일하지 않으면 안 되었으니까."

"음……." 하구태는 입 안에서 말했다.

"하지만, 그것도 이미 옛날 일이야. 말해 봐도 어찌 될 일도 아니고 말이지"라고 노파는 말한다.

"그런 말씀 마시고 좀 더 들려주세요" 하고 하구태는 말했다.

"왜 그러나. 그런 옛날 일을 들어봤자 재밌지도 않을 테고."

"그게…… 듣고 싶어요. 왜인지 모르겠습니다만, 듣고 싶습니다."

짧은 침묵이 흘렀다.

"자 그 술이라도 드시게"라고 노파는 말했다.

하구태는 잔을 손에 들고, 노파의 쭈글쭈글해진 눈을 바라보았다. 처진 눈꺼풀의 그늘 아래서 작은 눈이 촉촉해진 듯이 빛난다. "언제가 되면 고향 땅을 밟을 수 있을까……"라고 노파는 중얼거리듯이 말했다. "헤아려보면 벌써 일본에 온지 57년이 되었어. 1년이나 2년을 생각했는데, 57년이야. 모두 죽어버렸고, 나도 여기서 죽게 되겠지……. 저 할아버지가 나쁜 거야. 일본에 오면 뭐든지 손에 들어올 것같이 말했으니까. 쌀밥도 마음껏 먹을 수 있다고 하니까. 뭐가 마음껏 먹을 수 있어. 아이는 둘이나 죽게 해버렸고, 그러고선 57년이야…….”

그리고 노파는 먼 과거를 손으로 더듬듯이 이야기하기 시작했다. 노파가 액자 속 노인의 집에 신부로 온 것은 17살 때였다고 한다. 아마 그로부터 노파의 몸속을 지나간 65년이라는 세월이 당시의 일을 즐겁게 상기시키는 것이겠지. 이 결혼에 대해서 이야기할 때, 노파는 묘하게 아주 젊어 보이는 미소를 띠었다. 그 때 신부는 17살이었지만, 신랑 쪽은 불과 12살의 소년이었던 것이다. 훌륭한 귀공자라는 말을 철석같이 믿고, 혼례 자리에 가슴을 설레며 임석한 그녀는 신랑 자리에서 새침해하고 있는 것이 아무리 봐도 코흘리개 애송이라고밖에 할 수 없는 소년임을 알고서, 졸도할 뻔했다고 한다. 그 후 신혼생활이라기 보다, 장난꾸러기 애를 돌보러 온 듯한 생활이 시작된 것이다. 12살인 신랑은 실로 손이 많이 가는 장난꾸러기였던 것 같다. 그녀가 대접을 깨버리는 실수라도 하면, 남편으로서 그걸 감싸기는커녕 그야말로 장난꾸러기 그대로 떠들어대기 시작해서 “알려줘야지, 알려줘야지”라고 요란하게 소리를 질렀다 한다. 노파는 이 울고 싶어 질 정도로 괘씸하고, 또한 흐뭇한 신혼생활 얘기부터 시작해서 그 후의 65년간의 일을 잇달아 얘기해갔다. 조선에 있을 수 없게 된 사정이랑, 일본으로 건너올 때의 배 이야기. 그리고 서일본의 중소도시를 전전했을 때의 모습이랑, 이 구사카미쵸에 오고나서의 이야기. 하지만 이야기가 어두운 그림자를 띠기 시작하자, 노파의 목소리는 갑자기 하구태의 귓속을 그대로 지나쳐가기 시작했다.

석탄채굴장에서 큰 남자들에게 섞여서 일한 조선인 여자들의 이야기, 연립 주택에서의 생활, 갈보집으로 몰래 팔려간 연립 주택 처녀의 이야기, 노파는 연이어 옛날을 생각해냈고, 그 대부분은 처음 듣는 내용뿐이었지만, 하구태에게는 왠지 그 모든 것이 다 알고 있는 일뿐인 듯이 여겨지는 것이었다. 그는 틀림없이 더 이상 아무것도 듣고 싶지 않았을 것이다. 컵의 술에 입을 대더니, 노파로부터 눈을 돌렸다. 그 눈이 액자 속 노인으로 향한다. 그는 거무스름한 양복에 넥타이를 매고, 갑갑한 듯이 몸을 움츠리고 있는 온화한 노인의 얼굴을 응시했다.

그러자 소리 없는 외침이 구강 안에서 검은 비애를 뚫고 나오듯이 치밀어 올랐다. 내게는 고향 따위 없다!…… 어머니는 죽었다. 박의 할머니도 이윽고 죽어버리겠지. 언젠간 나도 죽고, 석문식도 죽어간다……. 그는 침울하게 소리도 없이 계속 외친다. 그런 그의 귓전에 노파의 쉰 목소리와 함께, 액자 속 노인이 마을의 골목 뒤에서 굴리며 갔던 리어카의 녹슨 소리가 흘러들어온다. 노인의 리어카에는 잔반이 든 한 말들이 깡통이 늘어서 있었다. 녹슨 날카로운 금속음에 한 말들이 깡통 속에서 흔들리는 잔반의 눅눅한 소리가 섞여 들어온다. 그 눅눅한 소리와 녹슨 금속음이 노파의 목소리를 밀어내기 시작한다. 그러자 리어카를 끄는 노인을 놀리는 아이들의 목소리가 울리기 시작했다. 석문식의 목소리가 들리고, 박희원의 목소리가 울리고, 하구태 자신의 목소리가 들린다. 그들은 노인을 놀리면서 언덕으로 접어든 리어카를 뒤에서 민다. 돼지……. 노인의 아들인 박희원이 노인을 향해서 말한다. 노인의 낮은 중얼거림이 들린다. 노인은 슬픈 듯이 중얼거린다. 이 꼬마 녀석들이…….

이것이 내 고향인가! 납골 항아리 바닥에서 바스락바스락 마른 소리를 낸 어머니 뼈의 울림이 그의 귓속을 떨게 한다. 하구태는 다시 소리 없는 외침을 지른다. 처음부터 태어난 그 때부터 내게는 고향이라 부를 수 있는 토지는 있지 않았던 거다. 내게는 고향 따위 있지 않다……. 하지만 다음 순간, 그는 깊은 추락감에 휩싸였다. 눈앞이 캄캄해지고 그 깊은 어둠 속에 귓속의 울림이 무서운 속도로 빨려들어간다. 리어카의 소리와 노인의 목소리가 빨려들어가고, 그 소리를 듣고 있던 그도 빨려들어가고, 빨려들어가면서 그는 새카만 세계에서 공포로 일그러진 자기 자신의 얼굴을 본다. 비명이 그의 목구멍을 기어올랐다. 그는 비명을 지르고, 번쩍 제정신이 들었다. 주위가 묘하게 밝았다.

노파는 어느 사이엔지 그 이야기를 끝냈다. 주름 깊은 얼굴의 오그라든 입은 닫혀있고, 촉촉한 듯 빛나는 시선은 손 맡으로 떨어져 있었다. 무거운 침묵이 방안으로 퍼지고 있었다. 하구태는 똑바로 노파를 바라보고, 지금 막 전신을 세로로 관통한 공포를 새삼 반추했다. 확실히 그 순간, 그는 칠흑의 허공으로 날려 올라갔던 것이다. 그는 노파를 응시한 채, 조용히 고개를 옆으로 흔들어 움직인다. 그러자 새로운 비애가 가슴 밑바닥에서 요동하기 시작했다. 생각할 뿐이라면 고향이 없다고 생각하는 것도 불가능한 일은 아니다. 하지만, 그래도 여전히 그 인간과 떼어 놓을 수 없는 토지가 고향이라는 것이었다. 만약 그곳을 떼어 놓으려고 하면, 칠흑의 어둠에 빨려들어갈 수밖에 없는 것이다. 하구태는 지금 그것을 새삼 의식하는 것이었다. 그에게 있어서는 이 토지가, 이 토지의 바람과 하늘이 그의 고향이었다. 설령 그것이 이국의 땅이더라도,

그는 이 토지를 단단히 양손으로 부둥켜안을 수밖에 없는 것이다. 그는 조용히 고개를 옆으로 흔들면서 생각한다. 나는 이 토지에서 출발할 수밖에 없는 거다……. 도망칠 수는 없다, 나의 비애는 이 토지와 함께 있다. 비애도, 애증도, 고통도, 기쁨과 웃음도, 그 모든 것을 이 토지와 함께 꼭 껴안을 수 있을 때, 나는 내 모든 것을 껴안고서 계속 걸어갈 수 있음에 틀림없다. 그는 여전히 조용히 고개를 옆으로 흔든다.

그러자 갑자기 노파가 낮게, 그러나 확실한 목소리로 말했다.

"어떤 일이 있어도 조선은 통일되지 않으면 안 되지. 어떤 일이 있어도 말이야. 통일되어야 해!"

하구태는 그 낮은 목소리를 듣자, 강하게 고개를 끄덕이면서 새삼 생각한다. 조선인인 내가 이 토지를 양손으로 단단히 껴안을 수 있을 때, 내 발걸음은 시작되는 거야……. 그래요, 할머니, 박의 할머니, 조선인으로서 통일을 향해서 말이죠…… 난 이 토지를 단단히 껴안고서 걸어갈 겁니다……. 걸어서 말이죠……. 걸어서 바다를 건널 겁니다. 걸어서 바다를 걸을 수가 있다면, 조선의 하늘 위에 빛나는 별을 올려다볼 겁니다. 무수한 별을 이 양손으로 껴안을 거예요. 조선인으로서 말이죠, 이 자신의 발로 말이에요……. 걸을 거예요. 저 광대한 우주까지 말이죠…….

하구태는 말없이 액자 속 노인의 온화한 얼굴을 올려다보았다.

(번역 : 신승모)

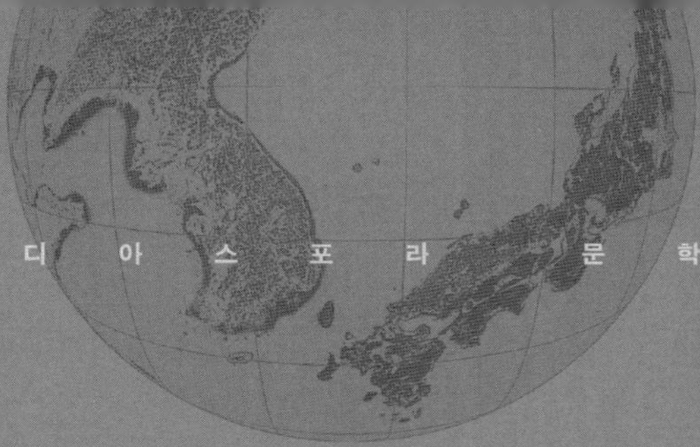

균열의 흔적

정승박鄭承博

내가 태어난 곳은 경상도의 거의 중앙부를 남쪽으로 흐르는 낙동강의 상류이다. 소백산맥의 품에 안긴 산촌인데, 12, 3살 무렵까지 여기서 자랐다. 가족은 조부모에 부모님, 나는 다섯 형제 중 장남이다. 이만큼의 인원에 농지는 얼마 안 되었기에 생활은 결코 편하지 못했다.

1932, 3년 무렵, 흉작이 계속되어 마침내 먹을 게 없어져버린 때이다. 마침 한창 먹을 때였던 나와 한 살 아래인 남동생은 배가 고파서 산으로 들어가서는 나무열매를 줍고, 강으로 내려와서는 물고기도 잡았다. 어느 날 산 속에서 주렁주렁 달린 왕머루를 발견했다. 둘은 얼싸안고 기

뻐했다. 그 때의 왕머루가 얼마나 맛있었는지 지금도 잊을 수 없다. 배불리 먹고서, 게다가 다 들지 못할 정도로 양손에 가득 안고 돌아왔다.

또 어떤 때는 산기슭에 놓아둔 덫에 큰 사슴 한 마리가 걸린 적도 있다. 한쪽 다리가 그물에 걸린 채 사슴은 필사적으로 날뛰고 있었다. 남동생과 둘이서 얼굴을 마주봤지만, 아직 어느 쪽도 그걸 죽일 담력은 없다. 아버지를 부르러 달려갔다. 세 명이 달려들어서 멋지게 제압했는데, 들고 돌아오니 어머니도 큰 가마에 물을 끓이면서 기다리고 있다. 물로 푹 삶고 삶은 연한 스프를 온 가족이 며칠이나 걸려서 마신 적도 있었다.

이렇게 가난한 속에서도 내 생일만큼은 제대로 축하해주었다. 어머니는 수수를 찧어서 떡을 만들고, 밤이나 보리죽이 아니라 그 날만큼은 이걸로 밥을 해주었다. 생일 축하도 받지 못하는 사람은 출세도 못한다는 징크스가 있었던 건지, 아니면 장남에게는 특별대우였던 건지 모르겠다. 여하튼 형제 중에서 내가 가장 애지중지되던 것을 확실히 기억하고 있다.

그런 내게 고향을 떠날 계기가 생긴 것은 이 무렵이었다. 어느 날 일본에서 한통의 편지가 도착했다. 우리들이 태어나기 전에 가출해서 행방을 몰랐던 숙부에게서였다. 이미 죽은 사람이라 포기하고서 할머니는 매년 가출한 날을 기일로 삼고 있었다. 그 숙부가 일본 와카야마和歌山에서 살아 있었던 거다. 한동안 근처에 사는 친척 집안들까지 시끄러워졌다. 당시는 아직 일본에 대해 잘 몰랐다. 단지 돈 벌러 가는 곳이라고만 생각하고 있었다. 가난에 시달리는 사람에게 있어서는 동경의 땅이다. 온 친척이 소란스러워진 것도 당연했다.

조부는 이 기회를 놓치지 않았다. 긴 백발 수염을 휘날리면서 70이 넘은 나이에 친필로 숙부에게 편지를 계속 보냈다. 몇 년이나 이어진 흉작을 호소하고, 굶주림과 싸우는 괴로움, 손자들을 정규 학교에도 보내지 못하는 슬픔 등을 편지에 적어서 보내곤 했다. 숙부에게서 답장이 온 것은 1934년 초여름이다. 생활비는 보낼 수 없지만, 아이 한명을 맡아도 좋다고 쓰여 있었던 듯하다. 10엔 지폐를 한 장 동봉해서 이걸 여비에 보태서 건너오면, 여기서 제대로 학교도 보내겠다고 명기되어 있다. 다시 온 집안이 옥신각신했다. 나를 보낼 것인가, 아니면 한 살 아래인 남동생을 보낼 것인가로 말이다. 마침내는 친척에게도 상담하러 돌아다니는 꼴이었다.

나로 정해진 것은 그로부터 얼마 지나지 않아서이다. 당시 세상은 일본의 식민지 정책이 마침내 노골적으로 심해지고, 동화정책도 강제로 진행되고 있었다. 복장도 말도 습관까지 일본화에 맞춰져 있었다. 그런 풍조 속에서 일본 학교를 나오게 되면 우쭐해진다. 관리로 발탁되는 일도 꿈은 아니었다. 그렇다면 역시 장남이 좋다는 결론이 내려졌던 것이다.

나는 아직 막 13살이 된 참이다. 자신의 장래를 생각할 정도의 분별력은 없다. 돌아오면 당연히 마을에 있는 관공서 정도에서는 근무할 수 있을 거라고 생각했지만, 그런 반면 어쩐지 마음이 불안해지기 시작한다. 혼자 타국에 간다는 것보다도, 일본인뿐인 학교에 들어가서 정말 자신이 성적을 따라갈 수 있을지 어떨지가 제일 걱정이었다.

다소의 일본어는 알고 있다. 남동생은 아직 서당밖에 모르지만, 나는 학교와 비슷한 사립의 일본어학사에도 다녔다. 바로 작년에 요 근처에 생긴 4년제 공립 보통학교(일본의 공립 소학교)의 2학년으로 편입시험을 쳐서 합격해서 재학 중이었는데, 이 시골에서는 여기까지가 최대한이고 그 뒤는 바랄 수 없다. 도시에 있는 6년제 공립 보통학교에 가는 일조차 자산가의 아들이라도 되지 않는 한은 무리였다.

일본으로 출발한 것은 그 해 한여름이다. 숙부에게서 온 편지 봉투를 들고 찾아간 곳은 와카야마현의 다나베田辺에서 또 5리나 안으로 들어간, 인가도 드문 산촌이었다.

주거는 임산도로 공사장의 노무자 합숙소였다. 주택이라 할 정도가 못 되었다. 계류 근처에 세워진 가건물로 벽은 거적으로 둘러싸고, 지붕은 함석으로 이은 것이었다. 인부는 커다란 남자들이 7, 8명이나 있다. 일본인 숙모에, 아직 어린 사촌 형제도 있었다. 위로는 막 3살이 된 여자아이고, 아래 남자아이는 아직 젖도 떼지 못했다. 이들이 모두 동거하고 있다. 학교 같은 건 어디 있는지 짐작도 가지 않았다.

과연 숙부는 고향의 아버지와 아주 닮았다. 수염이 많은 얼굴에 말이 없는 것까지 쏙 빼닮았다. 그만큼 처음 봤어도 확실히 안심은 할 수 있었다. 하지만 아무리 기다려도 학교 얘기는 꺼내질 않는다. 애 돌보기를 시키거나 숙모의 심부름으로 여기저기 뛰어다닐 뿐이다. 두 달이 지나 이제 여름도 끝나가고 있었다. 어느 날 갑자기 큰 비가 내리기 시작해서 멈추질 않는다. 끝내 계곡 물이 불어나서 노무자 숙소도 위험해지기 시작했다.

탁류는 점점 벼랑 위까지 밀려왔다. 그래도 숙부와 인부들은 피난할 준비도 않는다. 단지 현장과 숙소를 왕복하면서 당황해하고 있었다. 산기슭을 깎아내서 안에서 원목을 베어 반출하는 길을 만들고 있었다. 애써 완성된 길이 여기저기 무너지기 시작해서 어쩔 도리도 없는 듯했다. 요소요소에 걸쳐둔 다리도 몇 개인가 떠내려갔다고 한다. 물이 이제 숙소 입구까지 도달하고 나서였다. 간신히 모두는 포기했는지, 전원이 돌아와서 짐을 짊어지기 시작한다. 숙모와 나도 한 사람씩 아이를 업고 밖으로 나왔다. 벼랑길을 올라가면 바로 그 위에 큰 길이 있다. 도착한지 얼마 안 되어 숙소에도 물이 침입하기 시작했다. 벽 대신에 둘러싸고 있던 거적은 한 장씩 벗겨져서 급류인 강 하류로 흘러간다. 마침내 함석지붕도 그대로 옆으로 쓰러져서 물에 잠겨버렸다.

빗발이 잠시 멈추기 시작했지만, 그래도 아직 때때로 비는 내리고 있다. 옷도 흠뻑 젖었다. 숙모도 끼여서 어른들은 길가에 웅크린 채 뭔가 상담에 골몰하고 있다. 나는 단지 천진난만하게 울어대는 사촌들을 달래고 있었다. 그 사이에 수위는 급격하게 올라온다. 상류에서 커다란 나무 그루터기가 계속해서 흘러왔다. 이윽고 상담이 끝난 듯, 이불을 짐으로 꾸려서 짊어지는 사람, 토목에 사용하는 도구류를 묶어서 짊어지는 사람, 가지고 나온 짐은 대부분 서로 나눠서 짊어지고 있었다. 드디어 강 하류를 향해서 걷기 시작한다. 마을을 몇 개 지나가고, 무너진 벼랑의 토사를 밟고 넘으면서, 거기에서 3리나 되는 기차역에 도착한 것은 이미 저녁 무렵이었다.

역 구내에 늘어서 있자, 잠시 뒤 열차가 들어왔다. 하지만 숙모와 사촌들은 타지 않는다. 나는 숙부와 함께 인부들과 올라탔다. 거의 승객이 없는 빈차와 다를 바 없는 차내에 들어가서 혼자 창가 좌석에 앉자, 좀체 말도 없는 숙부가 내 옆에 앉자마자 조선어에 일본어를 섞어가면서 뭔가 중얼거린다. 이런 처지에 빠질 줄 알았다면, 너를 불러 오는 게 아닌데, 라는 의미로 들렸다. 발차한 열차가 바로 앞의 터널을 빠져나오고 나서이다. 두 눈을 가슴츠레 끔벅이면서 말을 걸어왔다. 오랫동안 이 지역에서 막벌이를 해왔지만, 제대로 된 일을 도급맡은 건 이번이 처음이다. 처음에는 순조롭게 진행되어서 한 재산 모을 수 있을 거라고 생각했던 것이 생각지도 못한 난관에 부딪혀서 큰 적자를 내버렸다. 가진 돈을 전부 털어 넣은 데다가 현장에서 사용한 자재에, 인부들의 식사에 들어간 식료품, 근처 담뱃가게, 일용품가게에도 빚이 있다. 수해를 만나지 않고 만족스럽게 공사를 완성시키더라도 도저히 지불할 수 있는 금액이 아니다. 이대로는 경찰에게 끌려갈 위험도 있어서 숙모는 아이들과 함께 처가로 보냈지만, 나는 당분간 몸을 숨기지 않으면 안 되게 되었다. 너는 인부들에게 부탁해두었다. 가까운 시일 내 반드시 데리러 올 테니 걱정을 말거라. 그때까지 참고 견디는 거다, 라는 의미의 말을 하면서 무릎에 올려둔 내 손을 잡고 있었다.

다음 역에서 기차가 멈췄다. 숙부는 얼마간의 돈을 나에게 쥐어주고 선 내렸다. 가랑비가 내리고 있었다. 긴 플랫폼을 걸어서 역 구내로 향하는 숙부를 보고 있자니 나도 모르게 크게 부르고 싶어졌다. 이미 늦다. 바로 앞 전신주에 장착된 발차벨이 요란스럽게 울려퍼지고 기차는 크게 증기를 내뿜으면서 발차하고 있었다. 얼마 안 되어 철교로 접어든다. 굉음과 함께 어딘가로 빠져들어가는 듯한 기분이었다.

그로부터 나는 이 인부들과 같이 있으면서 숙소의 취사부터 시작했다. 현장을 전전하면서 숙부를 계속 기다린 것이다. 하루라도 빨리 학교에 가고 싶은 초조함과, 고향에 대한 그리움에 눈물이 끊이질 않았다.

1년이 지나고 2년째가 지나도 숙부는 나타나지 않는다. 어느 샌가 조선어도 잊어버리기 시작했고, 점차 고독이 몸을 감싸왔다. 3년째가 되자 이제 쓸쓸함도 억울함도 사라져서 끝내는 자신이 조선인이라는 의식조차 분명치 않아졌다.

숙부와 재회한 것은 16살이나 된 해이다. 기세이紀勢선 구시모토串本역 부근의 터널공사에 노무자 숙소 채 옮겨간 때였다. 숙부도 그곳에서 인부로 일하고 있었다. 서로 얼굴을 마주봤지만, 이제 와서 학교 얘길 꺼낼 상황도 아니다. 나는 이미 어엿한 막벌이 일꾼이 되어 있었다.

완전히 잊고 있던 고향이 역시 숙부의 얼굴을 보자마자 마치 환상처럼 떠오른다. 조부모에 부모님, 동생들 얼굴까지 어른거리기 시작했다. 배우지 못하고 돌아가더라도, 밤이나 수수밖에 먹지 못할 건 알고 있더라도 몹시 그리움이 심해진다. 이 생각을 끊기 위해서라도 숙부와 함께 있는 것조차 싫어서 견딜 수 없었다.

노무자 숙소를 빠져나온 것은 그로부터 얼마 안 있어서이다. 차라리 완전히 일본인이 될 작정으로 농가의 머슴이 되었다. 고향을 떠날 때는 한자도 다소 익혀두었지만, 이미 완전히 까먹어서 자신의 이름조차 쓰지 못할 정도이다. 고용된 농가에 당시 중학교에 다니는 아들이 있었다. 그에게 붙어서 농사일 짬짬이 가나仮名문자에서 구구단 학습을 시작하던 때이다. 모내기가 끝난 초봄의 어느 날, 점심 휴식 때 마을의 거의 중앙부에 있는 절의 마루 끝에 드러누워 있었다. 그러자 그곳에 주지스님이 나와서 안으로 들어오라 한다. 가끔 이 주지스님에게도 쓰다만 노트를 받거나, 읽기쓰기를 배웠는데, 방 안까지 불려들어 온 것은 이것이 처음이었다.

복도를 지나 안방에 들어가자 손님이 와있다. 이 시절의 차림으로서는 드물게 장발의 노신사가 한 사람 앉아 있었다. 내 얼굴을 보자마자 "자네는 공부를 하기 위해서 일본에 왔다고 하더군. 이제부터라도 늦지 않네. 우리 집에 오도록"이라 한다.

나는 한순간 자신의 귀를 의심했다. 정말 그렇다면 고향으로 돌아가는 것도 꿈은 아니다. 완전히 잊고 있던 고향이 다시 눈앞에 떠오른다. 당장 채비를 해서 따라갔다.

이 사람은 무산당無産党 소속으로 국회의원에도 출마했다는 구리스시치로栗須七郎라는 인물로, 동시에 수평사운동水平社運動(수평사를 중심으로 전개된 피차별부락 해방운동－옮긴이)의 활동가였다. 부락문제에 관한 저서도 많이 있다. 이전에는 자주 이 절에 원고를 쓰러 오곤 했던 것 같다. 주거는 오사카의 나니와浪速구에 있고, 골목의 일각을 차지하고 있었다. 밖에는「수평사학습학교水平舍学習塾」라는 간판이 걸려 있고 선배도 많이 있다. 김金에 홍洪, 백白에 최崔 등 조선청년도 많다. 학생복을 입은 사람만 7, 8명이나 동거하고 있었다. 부모 없는 사람부터 불우한 환경의 사람들이 모여 있었다. 학교는 대학교나 중학교 등 모두 대단하다. 완전 무학인 사람은 나 혼자였다.

근처 초등학교 5학년으로 입학한 것은 그 다음해 봄이다. 그때까지

약 1년간, 이 선배들에게 격려를 받으면서 4학년까지의 교과서를 배웠다. 조선인 일본인을 불문하고 이 수평사에 있는 사람은 한결같이 차별 속에서 살고 있다. 애매한 정신으로는 살아갈 수 없다. 그걸 단련하기 위해서도 공부시간 중은 물론이거니와 일상생활에서도 엄격한 규율이 있었다.

초등학교 고등과에 진학했다. 점차 전쟁이 긴박해져서 식량사정이 나빠지기 시작했다. 게다가 모든 걸 의지하던 구리스 시치로에게도 사상가로서의 박해가 닥쳐왔다. 불문곡직하고 수평사학습학교는 해산을 당해서 모두는 뿔뿔이 흩어져 떠나간다. 나는 신문가게에 기거하면서 배달을 하면서 학교를 계속 다니고 있었다. 이제 조금만 있으면 졸업 직전이다.

학급 전체가 군사공장으로 동원령이 내려졌다. 나는 다른 학생보다 나이가 4살이나 위이다. 게다가 조선인으로 수평사에도 있었다고 해서 다른 애들과는 다른 취급을 받아서 곧바로 정식의 징용영장이 건네졌다. 이미 고향에 돌아갈 수 있는 상태가 아니다. 매일 매일이 공장과 기숙사의 왕복이다. 마침내는 사소한 착오로 징용 탈주죄를 덮어쓰곤 결국엔 각지를 도망쳐 돌아다녔다. 아와지淡路섬에 도망쳐 들어가고 얼마 안 있어 전쟁은 끝났다. 조선은 독립을 되찾았지만, 나는 이미 모국어조차 깨끗이 잊어버렸다. 말도 할 수 없는 자가 돌아가더라도 생계를 유지할 수 있으리라곤 생각되지 않았다.

그대로 섬에 정착했다. 완전히 섬에서 자란 지금의 아내와 살림을 차린 것은 그 때이다. 아이를 키우면서 자그마한 목돈을 모아서 현재도 계속하고 있는 작은 선술집을 시작했다.

그러는 동안 세상도 안정되기 시작했다. 한국과 통신이 자유롭게 되고, 왕래도 할 수 있게 된 지 얼마 안 된 1968년의 일이다. 어느 날 한통의 희한한 우편이 도착했다. 봉투의 주소란에 아와지섬 무엇무엇이라 적혀 있고, 틀리지 않은 것은 내 이름뿐이다. 잘도 이 편지가 도착했구나 생각하면서 뒤를 뒤집어보았다. 순간 몸이 떨리기 시작한다. 어릴 때에 헤어진 남동생 이름이 확실히 적혀있었다.

13살 때 일본으로 건너오고 나서 고향에 편지를 쓴 기억은 없다. 오랜 동안 주소가 안정되지 않았던 것도 원인이기는 하지만, 그보다도 조선 문자를 잊어버려서 어쩔 수도 없었다. 특히 한국전쟁 때이다. 자주 신문을 열중해 읽었다. 고향은 언제나 격전지 한복판으로, 남북 양군이 대치하는 화살표가 한동안 사라지지 않았다. 실로 그것은 당시 자주 유행하던 말대로, 롤러로 치어 다져진 지옥, 정말 그 자체라는 느낌이었다. 그런 와중에 생존은 어려울 터이다. 게다가 조부모는 이미 살아있을 나이가 아니지만, 부모님도 고령이다. 동생들도 군대에는 안성맞춤인 나이 때로 전선에 끌려갈 것은 분명하다. 고향은 이미 완전히 파괴되어, 만약 살아남았다 하더라도 지금은 어디에 있는지 모른다. 그런 생각을 하면서 오랜 세월 지내왔다.

주소를 다시 한 번 잘 확인해보니, 이전과 거의 같다. 뛰는 가슴으로 개봉해봤다. 작은 조선 문자뿐으로, 세 장의 편지지에 빼곡히 쓰여 있다. 전혀 읽을 수 없다. 모국의 문자도 못 읽는 창피함도 더해서 잠시 주저했지만 어쩔 수가 없다. 근처 조선총련으로 달려갔다. 간부 한 사람이 읽어줬는데, 부모님은 이미 돌아가셨다. 동생들은 세 명 다 무사했다. 한시라도 빨리 만나고 싶다고 반복하고 있다. 내 주소는 아무래도 귀국한 사람들로부터 전해들은 듯하다. 그러고 보니 짚이는 바가 있다. 나는 아와지에서 살림을 차리고 나서도, 게한신京阪神(교토, 오사카, 고베의 총칭—옮긴이)은 물론, 각지로 돈벌이하러 돌아다녔다. 그곳에서 알게 된 조선인 동료 중에 확실히 고향 가까이에서 온 사람이 있었다. 그 중 누군가와 남동생이 만났음에 틀림없다.

그 후 조선어 공부를 시작했다. 전후에는 때때로 조선인연맹에도 드나들었기 때문에 귀에는 익어 있다. 원래가 아이 때는 술술 읽거나 쓰기도 했었다. 커피를 마시러 나가지도 않고, 잊고 있던 말을 생각해내면서 공부에 열중했다. 한 주 걸려서 간신히 한통 다 썼다. 서로 생존을 확인한 기쁨과, 가까운 시일 내 꼭 만나러 돌아가겠다는 약속을 했다.

한데 귀국 준비를 시작했지만 어려운 문제가 속속 나왔다. 우선 조선적을 버리고 한국 국적으로 옮기지 않으면 안 된다. 가벼운 기분으로 바로 최근에 생긴 민단 사무소에 신청했더니, 국적을 바꾸더라도 여권이 나오는 건 3년이나 걸린다고 한다.

이미 내 마음은 들떠서 일도 손에 잡히지 않을뿐더러, 고향 산천이 꿈이나 잠꼬대에까지 나온다. 여러 가지로 방법을 강구했다. 오랜 동안 조선적이었던 것은 아와지섬에 민단이 없었기 때문이라며 애원해보기도 했다. 하지만 규칙 일변도이다. 밤에도 잠들지 못하는 날이 많아졌다.

남동생과 편지를 주고받는 일만은 잦아졌다. 그 때마다 내 귀국을 애타게 기다리고 있는 문면이었다. 몇 번째인가 도착한 편지에는 사진이 들어있었다. 동생들과 그 가족, 이미 성인이 다 된 조카들도 찍혀 있다. 지금은 가장인, 나와 한 살 차이의 남동생은 어릴 때의 얼굴 모습이 그대로 남아있어서 그리움이 무턱대고 치밀어 올라왔다. 한시라도 빨리 만나서 얘기하고 싶다. 돌아가지 못한 변명도, 부모님의 죽음조차 몰랐던 사죄도 있다. 돌아가고 싶은 마음이 간절하다는 말은 정말 지금의 나를 두고 하는 말이었다.

이런 어느 날, 근처 상점가에서 이웃마을에 사는 동포 한 사람과 만났다. 그는 이번에 민단을 유치해온 그룹 중 한 사람으로 그 방면에 훤했다. 이때다 싶어 근처 다방으로 데리고 가서 쉴 새 없이 말을 해댔다.

"난 일제 강점기에도 이런 처사를 받은 기억이 없네. 어릴 때 헤어진 동생과 한 번 만나고 싶을 뿐이야. 그런데 민단 녀석들 저런 식이야. 마치 옛날 특고特高경찰 이상이지 않은가."

"그건 자네 방법이 틀렸어. 개인이 정면에서 말해도 안 돼. 지금이라면 좋은 방법이 있네. 최근 고베神戸에 한국 전문의 여행사가 두 개나 생겼네. 거기에 가서 부탁해봐. 어떻게든 상담에 응해줄 테니까."

비관의 밑바닥에서 구출되는 기분이었다.

대략의 절차를 듣고서 다음날 아침 첫 번째 기선을 탔다. 고베에 도착해 찾으니, 대로변에 의외로 찾기 쉬운 곳에 있다. 여행사의 큰 간판을 향해서 들어갔다. 2, 3명 사무원이 앉은 안쪽에 사장자리가 마련되어 있다. 나와 비슷한 연배로 보이는 중년남자가 앉아있었다. 인사를 하고 사정을 설명하니, 그는 바로 팸플릿을 한 장 보여준다. 마침 지금 성묘를 명목으로 해서 한국 일주 관광단을 모집하고 있었다. 체재 예정은

1주일간으로 되어 있다. 정식 여권은 도저히 무리지만, 이것에 가입하면 그 기간만 통용되는 임시 패스포트를 신청하는 방법도 있다고 한다. 내가 고개를 끄덕이자 그는 메모장을 꺼내서 이것에 필요한 서류를 쓰기 시작했다. 관광단을 따라서 가는 것만으로도 정신이 아찔해질 정도로 복잡하다. 우선 민단에의 입단증명, 사상조사서, 가족 구성에 자산표, 납세증명부터 영주권 신청서의 사본, 뭐가 뭔지 나로서는 잘 모르겠다. 이것을 지구 민단사무소에 부탁해서 전부 갖춰서 오라고 한다. 여행사를 나왔지만, 관광하러 갈뿐이라면 아무런 의미도 없다. 아와지섬으로 돌아오는 배 안에서 다시 한 번 팸플릿을 꺼내 보았다. 코스가 고향에서 가까운 대구에서 1박하기로 되어 있어서, 어딘가에서 동생과 만날 수도 있다. 그리 생각하자 이젠 거기에 드는 비용도 개의치 않았다.

민단사무소와 여행사를 오가기 시작한 것은 그 다음날부터이다. 2개월이나 걸려서 겨우 임시 패스포트가 나왔다. 관광단도 조직되어서 오사카의 공항에 집결한 것은 1968년 4월 상순의 초봄이었다. 전원이 조선인으로 몇 명인가 여성도 섞여 있었다. 모두가 훌륭한 표지의, 수첩식으로 철한 진짜 여권을 지니고 있다. 나만이 큰 엽서 크기의 백지에 검은 잉크 인쇄로, 완전히 종잇조각 같다. 보기에도 미덥지 않은 것이었다.

동생을 만날 수 있다는 기쁨과는 반대로, 일말의 불안도 달라붙는다. 총 인원 30명 정도의 단체 중에는 남녀노소 각양각색인데, 모두가 예전부터 민단원이었던 사람뿐인 듯하다. 별로 조선총련의 활동을 한 적은 없지만, 그렇더라도 서류를 갖추는데 상당한 노력이 들었다. 2개월 정도 동안은 제대로 집에 머문 적도 없다. 민단의 지부에서 본부, 영사관에 출입국관리국, 여행사에는 몇 번 출입했는지 셀 수조차 없다. 나로서는 여기까지도 간신히 이를 수 있었다.

후쿠오카福岡를 거쳐 부산에 도착한 것은 그 날 정오를 지나서였다. 공항에 내려서자 태양이 눈부시게 빛나고 꽤 강한 봄바람이 불고 있었다. 아직 조국 땅을 밟았다는 감개는 들지 않는다. 여행사나 민단 사람들로부터 입국심사의 어려움을 물릴 정도로 들어왔다. 과연 밖으로 나가게 해줄지 어떨지 그것조차가 걱정이다. 모두를 따라서 정면에 있는 건물 속으로 들어갔다. 먼저 내린 승객들이 길게 줄을 짓고 있다. 나도 줄을 섰다. 예상보단 의외로 빠르다. 술술 진행해간다. 차례가 왔다. 종이 조각 같은 패스포트를 내밀자 제복을 입은 담당자가 가만히 얼굴을 들여다본다. 잠시 뒤에 조선어로 여행 목적을 묻는다. 확실히 알아들을 수는 있지만, 나는 조선어를 입 밖으로 내어서 말할 수는 없다. 게다가 순간적으로 여기서 말할 생각은 아니었는데 어쩔 수 없었다. 일본어로,

"성묘."

라고 하자, 그는 다시 빠른 말의 조선어로 떠들어댄다. 당신은 단체여행자니까 자유로운 행동은 허락되지 않는다는 의미의 말을 하고 있었다. 그런 건 이미 알고 있다. 새삼 주의를 받을 정도의 일도 아니었다.

다음 창구에서는 소지품 조사이다. 우선 지니고 있는 통화가 문제였다. 당연히 일본엔화의 반입은 허가되지 않는다. 나는 이것도 뻔질나게 여행사를 드나들면서 충분히 설명은 들어왔다. 하지만 해외여행이 처음인 사람으로서는 복잡하다. 지시받은 제한 대로 달러로는 바꿔왔지만, 손에 쥐어본 적도 없는 지폐의 단위가 성가시다. 게다가 나는 긴장

한 나머지 흥분해버려서 자신이 들고 있는 돈이 100달러인지 1,000달러인지 그 구별도 할 수 없을 정도였다. 선불리 숫자를 죽 늘어놓고선 허둥지둥해서는 곤란하다. 결국엔 봉투에 넣어두었던 것을 그대로 꺼내서 담당자에게 내밀었다.

내가 끝나고 나서 얼마 되지 않아서였다. 뭔가 큰 소리가 나서 돌아보니, 담당관과 승객의 싸움이 시작되고 있다. 함께 온 단체 안의 사람은 아니다. 검붉게 햇볕에 그을린 얼굴에, 머리도 짧게 깎아서 마치 토목 공사장 숙소에서 빠져나온 듯한 풍체를 하고 있었다. 그 사람은 아무런 예비지식도 없이 찾아온 듯하다. 일본엔 지폐 다발을 그대로 꺼내고선 소리 지르고 있다. 돈은 돈이다, 쓰지 못한다니 뜻밖이다. 달러 얘기는 들은 적도 없다. 이걸 그대로 한국 지폐로 바꿔달라고 떼를 쓰고 있었다. 이 소동에 바로 옆의 문이 열리고 위압적인 일당이 많이 나온다. 그 중에는 반들반들 금줄이 들어간 모자에, 검은 제복, 몇 명은 권총대를 찬 자도 있었다. 물론 허가될 리가 없다. 돈은 전부 출국할 때까지 당관리소가 맡아둔다고 한다. 모처럼 여기까지 왔는데 돈이 없어서는 옴짝달싹 못한다. 결국 그 사람은 완전히 붉어진 얼굴로 자신은 타국에 온 게 아니라, 조국으로 돌아온 거다. 그러한대 약간의 편의는 봐주는 것이 당연치 않은가. 같은 민족끼리 서먹한 말 말라고 외치고 있다.

지당하다. 나도 겨우 마음이 후련해지는 듯한 기분이 들었다. 여기가 조국이라는 안심감도, 동포 속에 있다는 애정도 솟지 않는다. 답답함은 옛 일본관헌에게 검문을 받았을 때 이상이다. 무턱대고 공포감이 죄어온다. 그에 비해 자신의 생각대로 호통치는 이 노동자풍의 남자가 한

없이 부러워서 견딜 수 없었다.

이번에는 수하물을 받았다. 함께 온 단체 사람들도 모두 도중에 친척이나 가족을 만날 약속이 있는 듯하다. 모두 선물을 듬뿍 가지고 있다. 관광안내 설명서에 부산부터는 대절버스로 가게 되어있으니, 웬만한 짐은 감당이 안 된다. 나도 대구에서 기다리고 있을 남동생에게 줄 작정으로 트랜지스터 라디오에 카메라, 내복 종류부터 비누에 이르기까지 시골에서는 진귀할 것이라 여겨지는 물건을 이것저것 사모아서, 세 개의 짐으로 만들었다. 한 개씩 짊어지고서 장내에 설치된 세관 대기소 앞으로 옮기자, 여기서 꾸린 짐을 전부 풀지 않으면 안 된다. 튼튼한 끈으로 단단히 묶어둔 것을 담당관들은 함부로 베어버리고선 세밀히 조사하고 있었다. 세액을 알린 후엔 모른 체한다.

달러를 한국통화로 교환하는 것은 그 후이다. 이것도 편지가 올 때마다 생활고를 호소하던 남동생에게 줄 생각으로, 제한액을 꽉 채운, 일본 엔으로 40만 엔 정도이다. 봉투에 넣은 채 내밀자, 여자가 받아서 조사하자마자 카운터 위에 지폐다발을 쌓아올린다. 한국에서는 아직 500원 지폐가 최고액인 듯하다. 도저히 주머니에 들어가기는커녕, 보자기에 싸더라도 큰 부피였다.

수속이 완료되어 전원이 로비에 집합한 것은 이미 저녁 무렵이다. 석양이 비친 앞 광장은 차들로 메워져 있다. 공중전화 부스도 보였다. 그것도 파란색으로 칠해져 있어 일본과 조금도 다름없다. 마침 그곳으로 조선옷에 갓을 쓴 모습의 노인이 한 사람 걸어온다. 정신없이 주시했다. 어릴 때에 헤어진 조부의 모습을 닮았다. 그래도 아직 여기가 모국이라는 실감은 전혀 나지 않았다.

여러 볼일에 시달려서 깨닫지 못했지만, 어느 샌가 여행사에서 보낸 안내원이 없다. 후쿠오카에서 환승할 때까지는 제대로 동행하고 있었다. 그것이 모르는 새에 사라졌다. 후쿠오카에서 이미 비행기에는 타지 않았던 것인지, 아님 부산까지 오고나서 되돌아간 것인지 그것조차 석연치 않다. 단체에서 떨어지지 않도록 조심하면서 기다리고 있자니, 이번에는 25, 6살의 청년이 한 사람 들어왔다. 아무래도 부산에도 여행사의 자매회사가 있는 듯하다. 그는 모두에게 인사를 하고나서, 버스가 기다리고 있는 승차장으로 안내하면서 갔다.

시내에 들어가서 호텔에 도착하자, 울긋불긋한 네온이 반짝 반짝거리고 있다. 거의 시가지의 중심부로 주위에는 잡다한 음식점이 북적거리고 있었다. 큰 식당에서 단체 일동 저녁 식사가 끝나자, 제각각 헤어져 자신의 방으로 들어간다. 하루 종일 긴장과 조급함에 쫓긴 탓인지 농담 한마디도 튀어나오지 않는다. 언제나 몇 명이 모이면 반드시라고 할 정도로 왁자지껄 떠드는 것이 조선인의 습관이지만, 저녁식사는 마치 상갓집 밤샘과 같았다.

다음날 아침, 잠에서 깨어 밖을 내다보자 비가 내리고 있었다. 통고받은 집합시간은 9시이다. 세면을 끝내고 기다리고 있었다. 그곳으로 보이가 들어와서 누긋한 조선어로,

"같이 오신 대부분의 분은 첫 번째 열차로 출발하셨습니다. 당신은 아침식사를 하시겠습니까?"

라고 했다.

나는 그 순간 너무 놀란 나머지 다리가 떨리기 시작했다. 혼자 이런 곳에 내버려져서는 어찌할 바도 없다. 임시 패스포트로는 자유행동을 할 수 없음을 여행사도 충분히 알고 있을 터였다. 술술 조선어를 하지 못하는 분함이 치밀어 오른다. 입구에 선 채 대답을 기다리고 있는 보이를 향해 겨우 한마디,

"정말 한 사람도 없는 건가?"

하고 묻자, 아직 아래 로비에서 다음 열차를 기다리고 있는 사람들도 있다고 한다. 급히 서둘러 뛰어 내려갔다. 남자만 4, 5명 의자에 앉아있었다. 순간적으로 하기 힘든 조선어를 생각해낼 여유는 없다. 일본어로 큰 소리로,

"나는 말도 모르는데 이런 곳에 혼자 내버려지면 곤란하오. 어제 여기로 안내해준, 여행사의 자매회사에서 왔다는 남자, 그 사람을 어디로 가면 만날 수 있소?"

라고 하자, 모두는 단지 기가 막힌 듯한 얼굴을 하고서 입을 다물고 있다. 잠시 후에 겨우 한 사람이 말을 꺼냈다.

"그런 놈 찾아도 소용없소. 사기야. 모두 속은 거야. 이걸로 여행사에 지불한 1주일 분의 체재비가 날아가 버린 거야. 처음부터 알고 있었지만. 애써 조국에 돌아왔는데, 태연스레 관광하러 다닐 바보가 있을 리 없지. 단지 개인으로 오는 경우는 민단의 고참이라도 아닌 한, 수속이 까다로워서 들어갔을 뿐이지. 부산 땅을 밟으면 이제 이쪽 맘 대로지. 성급한 사람들은 벌써 어젯밤부터 채비를 하고서 안절부절못하고 있던 걸 모르겠나. 당신도 무리해서 오지 않았는가, 고향을 한 번이라도 보고

서 돌아가시게."

순수한 간사이関西 사투리다. 난 살아나는 기분이었다. 하지만 이제부터 어찌하면 좋을지 모르겠다. 자신의 여권을 보이고 상담도 하고 싶어진다. 그러나 이미 늦었다. 여권을 가지러 방으로 돌아오자, 일행은 총총히 짐을 들고 호텔을 나갔다.

빗발이 잠시 멈췄다. 나도 문간으로 나와서 밖을 바라봤다. 이 시내에도 출근러시가 있는 듯하다. 가방을 들고 일하러 가는 듯한 풍채의 남녀가 많이 걷고 있다. 기차역은 어느 방향인지 알 수 없었다.

공항으로 돌아와서 패스포트 심사를 하던 담당관에게 신고를 해야할지, 그렇지 않으면 경찰에게 가서 사정을 얘기해야할지 여러모로 망설였다. 어느 쪽이든 서투른 조선어로 자세하게 말할 자신은 없다. 그렇다고 해서 정규 패스포트를 가진 사람들과 같이 기차에 올라타는 것도 위험하다. 지금부터 전보를 쳐도 고향의 그 산속에 언제 도착할지 모른다. 남동생과 대구에서 만날 약속 기일은 이제 3일 앞으로 다가왔다. 우물쭈물하고 있다간 서로 엇갈릴 위험도 있었다.

로비 청소를 하고 있는 보이에게 신용할 수 있는 택시 운전수를 한 사람 불러달라고 부탁하고 방으로 돌아오자, 가슴이 뛰기 시작한다. 다시 한 번 패스포트를 꺼내 봤다. 유효기간은 1968년 4월에서 9월로 되어 있다. 6개월이나 있는 셈이지만, 별지에 여행사의 회원권이 부수되어 있었다. 이것만 떼면 보통의 임시 패스포트이다. 문면은 모두 영어와 조선어로 쓰여 있었다. 한자가 섞인 조선문 만큼은 거의 의미를 읽을 수 있다. 따로 단서의 기입도 없다. 만일의 경우를 생각해서 회원권만을 빼냈다.

얼마 안 되어 운전수가 찾아왔다. 커다란 체구로 햇볕에 그을린 얼굴에 광택있는 눈알을 두리번거리고 있다. 겉보기와는 달리 공손한 말로 인사를 했다. 아직 젊어 보이지만, 일본어도 다소는 할 수 있다 한다. 호감을 품은 나는 바로 실내에 설치된 전화를 들고서 프런트에 커피를 시켰다. 그리고선 상담을 하기 시작했는데, 역시 말이 잘 안 나온다. 오랜 외국생활에 조국말을 잊어서 매사 부자유스럽다는 의미의 말을 전하는 것이 겨우였다. 양국어를 섞어서 한 말이 그에게도 통한 듯하다. 엷은 웃음을 띠고서 고개를 끄덕이고 있다. 나는 거기에 용기를 얻고서 다시 이야기를 계속했다. 게다가 짐도 많이 있기 때문에 기차를 갈아타고 가는 것은 곤란하다. 고향 주소를 보이면서 택시로 가고 싶은데, 요금은 얼마인가 물었다. 그러자 그는 배달되어 온 커피를 홀짝거리면서 주머니의 지도를 꺼내서 조사하고 있다. 잠시 시간이 흘렀다. 여기까지 가려면 편도 2일, 왕복 4일이 걸리는 일이다. 그래서 2만 원이라면 맡겠다고 했다. 일본 엔화로 환산하면, 15,000엔도 되지 않는다. 나로서는 의외로 싼 가격이었다.

먼 길을 가기 위한 정비와 채비를 한다면서 운전수는 돌아갔다. 돌아온 것은 2시간이나 지나고 나서이다. 정오가 지나서 비도 멎어 있었다. 차는 호텔 현관에 옆으로 대어 있다. 짐은 뒤의 트렁크에 쌓아 넣었다. 출발하자 어슴푸레 엷은 햇살이 비치어 들어온다. 시영 전차와 차로 혼잡한 시내를 지나갔다. 북방으로 완만한 산맥이 보이기 시작한다. 그 골짜기로 향하고 있었다. 고향이 가까이 다가오고 있다. 하지만 오늘 중으로는 도착할 수 없다. 내일 몇 시쯤이 될는지 그 예측도 되지 않았다.

농촌지대로 들어갔다. 촌락을 몇 개나 지나간다. 농가의 모습에도, 전원풍경에도 옛 모습이 그대로 남아 있다. 봄의 농사일이 시작되었을 것이다. 밭에 나와 있는 농부의 모습을 넋을 잃고 볼 때이다. 전방의 삼거리에 군인인지 순사인지 구별이 안 되는 무리가 많이 서있다. 더러워진 푸른 작업복을 입고 총신이 긴 소총을 등에 맨 자, 그 중에는 경관과 같은 복장을 한 자도 있었다. 가까이 가니 손을 들고서 일제히 차를 둘러싼다. 놀란 나머지 잠시 숨이 막이는 듯했다.

차를 갓길로 붙이고 운전수가 내린다. 뭔가를 교섭하고 있는데, 말이 빨라 한마디도 알아들을 수 없다. 그 사이에 미국의 대형군용트럭이 몇 대나 통과해갔다. 상당한 시간이 지나도 나에게는 아무런 소식이 없다. 4, 5명이서 자세를 취한 총신만이 이쪽을 향하고 있다. 이제 이렇게 되면 어쩔 도리도 없다. 완전히 단념하고서 태도를 바꿨다. 짐짓 꾸민 듯이 뒤로 몸을 깊이 기대고 기지개를 켜면서 밖을 내다보자, 여기는 좀 높은 구릉 위이다. 아득히 맞은편 안개 속으로 큰 굴뚝이 늘어선 공업지대도 보인다. 울산에 가까운 듯하다. 부산을 나선지 2시간 남짓이다. 아침 무렵의 비는 완전 거짓말처럼 활짝 개어서 태양도 비치고 있었다.

언덕 아래에서 승용차가 한 대 올라온다. 이것도 미국제의 대형이었다. 이 차는 정차를 할 기미도 없다. 상당히 높은 사람이 타고 있는지 관헌들은 당황한 듯이 길을 양보한다. 바로 옆을 통과했다. 뒷좌석에는 파이프를 문 중년의 신사가 한 사람 있다. 빠른 스피드로 사라져갔다.

그 직후, 조금 떨어진 장소에서 운전수와 교섭하던 경관이 다가 온다. 차안의 나를 들여다보고서는 어디에서 왔는지 물었다. 일본이라 대답하자, 패스포트를 보이라고 한다. 고개를 끄덕이고선 살짝 안주머니로 손을 넣었지만, 전신이 희미하게 떨리기 시작한다. 다시 부산으로 회송될는지, 아니면 근처 경찰서로 끌려갈 것인지 알 수 없다. 종잇조각 같은 여권을 꺼내서 차창으로 말없이 내밀었다. 그것을 받아든 경관은 다시 운전수와 문답을 시작한다. 무슨 말을 하고 있는 건지, 마침내는 쌍방 다 목소리가 거칠어지기 시작했다. 결국 화가 난 경관은 운전수의 어깨를 밀어서 쓰러뜨리는 꼴이다. 도대체 무슨 일이 일어난 건지, 운전수와 경관이 싸움을 시작하리라곤 예상도 못했다.

멈춰선지 20분이 지났다. 운전수가 진 듯하다. 머리를 긁으면서 돌아와서는 차 문을 열었다. 얼굴을 끄덕이면서 뭔가 중얼중얼 거리고 있다. 1,500원을 내라는 듯이 들린다. 의미를 확실히 알지 못한 채, 여하튼 주머니에 넣어둔 500원 지폐를 세 장 꺼내자, 이걸 그 자리에서 공공연히 순사에게 건넨다. 나는 단지 멍하니 보고 있었다. 그러더니 바로 운전수도 차로 올라탄다. 눈 깜짝할 새에 엔진이 걸렸다. 돈을 받아든 순사 쪽도 싱글벙글 안색이 바뀌어 있다. 몇 사람이나 겨누고 있던 총이 내려지고, 그 중 한 사람은 손을 흔들면서 발차를 재촉하고 있다. 마치 너구리에게라도 홀린 듯한 순간이었다.

납득이 가질 않는다. 이러쿵저러쿵 모조리 조사당하면 나는 여기를 통과하지 못하게 된다. 1,500원은 도대체 벌금인건지 뇌물인건지 분명치 않았다. 검문소를 멀리 지나고 나서 운전수에게 사정을 물으려고 했지만, 그는 이미 벌써 포장이 끊긴 자갈길을 맹렬한 스피드로 달리고 있다. 게다가 차바퀴에서 감아 올린 작은 돌이 끊임없이 차 밑바닥을 때려서 마치 기관총을 쏴대는 소리를 내고 있었다. 이 소음 속에서 말을 거는 건 무리다. 나는 단지 창밖 경치를 넋을 잃고 바라보면서 안달하는 기분을 참으면서 찬스를 기다렸다. 마을인지 시내인지 모를, 인가가 밀집한 한가운데로 들어갔다. 조그마한 가게 앞도, 평상복 차림의 주민 얼굴도 눈앞에 있다. 근대화된 부산의 시가와는 전혀 달랐다. 조선옷의 아이들이 신이 나서 떠들고 있다. 소를 끄는 농부도 걷고 있었다. 토벽에 초가집, 그 처마끝을 닿을락말락 지나쳐간다. 오랫동안 잊고 있던 온돌방의 정취가 직접 전해져왔다. 겨울은 따뜻하고, 여름은 시원하다. 그 안에서 놀던 옛날 일이 마치 주마등과 같이 잇달아 되살아난다. 나에게 있어서는 여기가 진정한 조국이었다.

그 부락의 변두리이다. 전방에 또 소총부대가 서있었다. 이번에는 3명이 일렬로 늘어서서 길을 막고 있다. 가까이 가서 정차하자, 그들도 다가와서 차 안을 들여다봤다. 어디로 가는 건지 묻는다. 운전수는 혀를 차면서 중얼중얼 말했는데, 거추장스럽다는 듯이 문을 열고 내려갔다. 문답이 시작되고 얼마 안 되어 모두가 뒤로 돌아간다. 차의 트렁크를 열었다. 소총을 든 한 사람이 나를 들여다보면서 짐을 조사한다고 한다. 곤란해졌다. 그 부피가 큰 물건을 여기서 풀어놓아서는 처치곤란이다. 또한 그보다도 시간이 걸린다. 이미 이건 부산의 세관에서 충분히 검사를 받은 것이라고 확실히 말하고 싶다. 머리를 감싸고 생각은 해봤지만, 난 그런 어려운 조선어는 할 수 없다.

입을 다문 채 말이 통하지 않는 체를 하고 있자, 또 돈 얘기가 나온다. 500원이라는 둥 1,000원이라는 둥 하는 말이 들린다. 나는 당장

1,000원을 꺼내서 차창으로 내밀었다. 그러자 소총부대의 한 사람이 마치 낚아채듯이 받아든다. 아직 운전수는 밖에 있는데 "발차 오라이"라는 소리가 들린다. 앞의 검문소를 나오고서 1시간도 지나지 않았다. 이래서는 2일이나 걸린다는 노정이 염려된다. 일본어와 조선어를 섞어서 적은 돈으로 해결된다면 어려운 문답은 하지 않도록 하라고 간신히 운전수에게 알아듣게 말했다.

경주를 지나자 땅거미가 지기 시작했다. 그리고 나서도 소총부대는 여기저기에서 회중전등을 흔들어대면서 기다리고 있었다. 이제 익숙해졌다. 차 안에서 돈을 건네고 여권을 보이면서 통과해간다.

예정해둔 숙박지까지는 아직 멀다. 변함없이 차는 덜그럭거리는 자갈길을 무리한 스피드로 달리고 있다. 구릉지대로 접어들었다. 상당히 높은 곳을 달리고 있는 듯하다. 깜빡깜빡 보이는 민가의 등불은 훨씬 아래였다. 양쪽으로 숲이 우거진 언덕길을 내려가는 도중이다. 큰 소리가 났다. 뒤쪽 타이어가 하나 찢어져 있다. 어둠 속에서 스페어타이어와 교환했다. 이것도 이상하다. 공기가 새서 거의 빠져있다. 서행하면서 그 아래 부락까지 겨우 당도했다.

여기서 물었더니, 수리공장은 4킬로나 더 가야한다고 한다. 도저히 찢어진 타이어를 메고서 걸을 수 있는 거리가 아니다. 밤도 깊어졌다. 한국은 아직 계엄령 하로 밤 중 외출금지는 11시부터인데, 벌써 10시가 다 되었다.

이대로 차 안에서 날이 밝기를 기다리면 어떨까하고 나는 운전수에게 권했지만 듣지 않는다. 그는 근처 민가에서 빌려온 자전거에 찢어진 타이어를 싣고 나섰다. 차 안에서 혼자 앉아있자니 불안해지기 시작한다. 성냥을 긋고 지도를 펼쳐보자 얼마 안가 요 앞에도 마을이 있다. 중요한 간선도로치고는 몇 시간이나 달리는 동안 마주 달려오는 차 한 대 눈에 띄지 않은 것도 이상했다.

담배에 불을 붙이고 피고 있으니, 갑자기 어둠 속에서 구두 소리가 들려온다. 잘 보니 소총을 든 사람의 모습이 다가오고 있다. 회중전등으로 얼굴을 정면으로 비추면서 누구냐고 묻는다. 어쩔 수 없다. 패스포트를 꺼내 보이면서, 조국말은 잘 못한다고 얘기해줬다. 그러자 이번에는 문을 열고 파출소까지 따라오라고 한다. 여기서 1,000원을 꺼내면 해결될 것임은 알고 있었다. 하지만 이 순사의 태도에는 일종의 괴이함이 느껴진다. 거친 말을 쓰면서 아무리 봐도 꽤 흥분해 있었다. 무심코 돈을 내서 만약 받지 않는 경우에는 오히려 곤란해진다. 경솔한 행동을 취하기보다도 운전수가 돌아올 때까지 참는 게 낫겠다고 생각하면서 마지못해 따라갔다.

조그마한 파출소 안에는 램프가 하나 켜져 있다. 의자가 나왔다. 나는 여기서 정말이지 1,000원을 꺼내서 선물 대신에 담배라도 사라고 말하고 싶었다. 좀처럼 말이 나오지 않는다. 우물쭈물하고 있는 동안에 그는 선 채 내 주위를 빙글빙글 돌면서 연설을 시작했다. 아직 공산 게릴라의 출몰이 끊이질 않는다. 바로 요전에도 1개 중대 국군이 출동해서 요 앞 산 속을 수색한 참이다. 우리들은 조국에 몸 바쳐 일하고 있다고 서두를 꺼내고 나서 모르는 자가 마을을 통과할 때는 누구라도 조사하지만, 특히 나의 경우는 신원이 좀 더 확실해질 때까지 여기에 있어야 한다는 이야기를 장황하게 하고 있다. 이렇게 훌륭한 대사를 들은 이상, 더욱 돈을 꺼내기가 곤란해졌다. 게다가 마을 사람들도 밖에서 신기한 듯이 몇 명이나 들여다보고 있다.

좀처럼 운전수가 돌아오지 않는다. 나는 다만 비슷한 질문을 반복하는 순사를 향해서 고개를 세로로 흔들거나 옆으로 젓거나 하고 있었다. 외출금지 시간인 11시가 지나고 나서이다. 부인 한 사람을 데리고 운전수가 들어왔다. 나를 쿡 지르면서 큰 소리로 1,000원을 내라고 한다. 밖은 어느 샌가 사람들이 모여들어 많은 이가 보고 있었다. 완전히 공공연하다. 이 돈이 공금이 될지, 그렇지 않으면 순사가 착복할지는 모르겠다. 어느 쪽이든 영수증 따위는 주지 않았다.

여기로 오기 전에 운전수는 근처에서 숙소를 잡은 듯하다. 부인은 그곳의 여주인이다. 그녀도 순사와는 완전히 친한 말투로 지금부터 우리 집에 같이 마시러 가지 않겠냐고 농담을 하고 있었다. 석방되어 나왔지만, 여관이라곤 해도 도로변에 면한 그 근처 민가와 다를 바 없다. 구태의연하고 옛날부터 있는 시골의 술집과 같은 분위기다. 등불이 켜진 방으로 들어가자, 좁아서 갑갑한 느낌의 온돌방으로 훈훈했다. 초봄이라곤 해도 저녁때부터 갑자기 추워진 몸이 기분 좋게 풀리기 시작한다. 겉옷을 벗고 마음껏 다리를 폈다. 얼마 안 있어 들어온 밥상은 옛날 그대로의 양식으로 식기류에서 요리의 배열방법까지 조금도 변하지 않았다. 드디어 고향에 가까워진 느낌이었다.

식사를 시작하자, 밖에서 헛기침 소리가 들려왔다. 술을 권하러 와 있던 여주인이 문을 열자, 좀 전의 순사가 서있다. 그는 소총을 멘 채 들어와서, 소총을 벽에 기대어 세웠다. 이미 올지 알고 있었던지 그의 밥상도 들어와 조그만 연회가 되었다. 모두 술이 강하다. 소주도 탁주도 꿀꺽꿀꺽 다 마신다.

거나하게 취한 순사가 나를 돌아본다. 말은 못하더라도 어느 정도 조국말을 알아들을 수 있는지 묻고 있었다. 이번에는 자신의 무용담을 펼친다. 한국전쟁 당시는 전선 용사로 각지를 전전한 얘기부터 시작되었다. 잡은 북한군 병사를 다리 밑에 일렬로 매달아 총살한 이야기, 야전에서 양군이 격렬하게 서로 쏘아대는 포탄이 때로는 머리 위에서 부딪혀 그 때마다 섬광의 불기둥이 섰던 이야기, 어느 것을 들어도 신경이 긴장되었다. 게다가 전쟁은 아직 끝나지 않았다고도 한다. 바로 요 전날도 북에서 날린 선전 전단이 이 마을에도 떨어졌다고 하면서 내 얼굴을 힐끔힐끔 엿본다. 그리고 일본은 괘씸하다. 북의 스파이를 양성하는 나라라고 단정한다.

다음날 아침은 일찍 일어나서 밖으로 나와 봤다. 봄이라고는 여겨지지 않을 정도로 맑게 갠 아침이다. 커다란 아침 해가 떠있었다. 마을 사람들은 여러 가지 모습을 하고 있다. 양복에 조선옷, 아직도 갓을 쓴 사람도 걷고 있었다. 이 시골에도 근처에 학교가 있는 듯해서, 가방을 든 어린 아이들이 바로 앞의 제방에서 많이 떠들고 있다. 천진난만하게 노는 그들의 모습도 옛날 아이들과 변함없다.

숙소로 돌아와서 아침식사를 서둘렀다. 어젯밤은 여주인의 서비스로 술도 꽤 마셨다. 요리도 닭 스프에 야채 반찬 등 넘칠 정도로 많이 나왔다. 여행사의 숙박비 명세서와 비교하면, 이곳의 계산은 싸게 어림잡아도 만원은 나올 것이다. 여주인에게 금액을 물었다. 1,500원이라 한다. 터무니없이 싸다. 어느 세계도 약자는 역시 약자이다. 일본에서도 나오는 장소에 따라서 맥주 가격도 요리 가격도 모두 다르다. 같은 술집이 직업인 나는 강하게 마음이 울리는 느낌이었다.

나온 조식을 두 사람 다 간단히 끝내고서 나섰다. 아침안개 길을, 오늘은 차도 상태가 매우 좋다. 다만 돌아가고 싶은 일심에서 경관들에게 아낌없이 돈을 건네 왔지만, 잘 생각해보면 거금이다. 이번에는 반액 정도로 깎을 셈으로 소총부대를 기다렸다. 근데 의외로 나오지 않는다. 몇 개의 취락을 지나서 고개를 넘었다. 도로표식에 안동이라 적혀있다. 차로 몇 분이나 걸리는 낙동강의 큰 다리를 건너서 시내로 들어오자 정오가 다되었다. 서행을 시키면서 마을을 내다보았다. 완전히 바뀌어 있다. 역 앞에 늘어서있던 여관거리도, 큰 포플러 나무가 우거져있던 대로도 없다. 전쟁으로 전부 없어졌음에 틀림없다. 지금은 단지 일본과 비슷하게 요란하게 꾸며진 상점가에 다방 간판이 마구 눈에 띈다.

고향까지는 20킬로 남짓이다. 변두리로 나와서 뒷산 골짜기로 들어갔다. 언덕을 다 오르자, 추억의 산맥이 보이기 시작했다. 송림이 덮고 있던 산맥이 흰 흙을 드러내고 있다. 이것도 전쟁으로 벌거숭이가 된 것 같다. 하지만 갑자기 가슴이 메어온다.

간선도로에서 마을로 들어가는 삼거리가 다가온다. 운전수에게 거기에서 돌라고 지시했다. 마을로 들어갔지만 농사용 좁은 길로 이 이상은 들어갈 수가 없어서, 차에서 내려섰다. 고향의 전경이 눈앞으로 펼쳐진다. 고불고불 고부라진 실개천, 놀이터로 삼던 구릉 위, 집 호수도 거의 변하지 않았다. 어느 것을 봐도 잊고 있던 아이 시절이 되살아났다.

잠시 있자 많은 사람이 달려왔다. 어른도 아이도 섞여 있었다. 백발을 휘날리는 남자가 다가와서 "형님인가?"라고 한다. 잘 보니 남동생이다. 눈가에 아이 시절의 느낌이 희미하게 남아있다. 그저 서로 얼싸안았다. 말 따위는 한 마디도 나오지 않았다.

(번역 : 신승모)

재 일 디 아 스 포 라 문 학 선 집

동화

김태생金泰生

"신지야 어서 일어나, 지금 나가야 해."

신지는 푹 잠들어 있던 잠에서 갑자기 깨어났다. 졸린 것을 참기 힘들었지만 신지는 금방 정신을 차렸다. 양손으로 두 눈을 문지르고 방 안을 멍하니 둘러보자 컴컴해서 아무것도 보이지 않았다. 아직 밤인 것이다. 엄마는 석유램프도 켜지 않고 어둠 속에서 신속하게 침상을 정리했다. 램프에 넣을 등유가 떨어진 것이 틀림없었다. 그게 아니라면 언제나 주의 깊은 엄마가 불을 켜지 않을 리가 없다. 그래도 나갈 준비는 이미 끝나 있는 듯 했다. 신지를 등에 업고, 작은 천 보따리를 가슴에 안은 엄마는 잠시 방 안에 우두커니 서 있었다. 뭔가 잊은 것은 없는지 확인하는 듯 했다. 정말 어두울 때 빛이 없는 것은 불편한 일이다. 그래도 모든 일이 순조롭게 진행되는 듯 보였다. 엄마는 신중하게 방문을 잠근 후 서둘러 마당으로 나갔다.

신지는 엄마가 이제 틀림없이 모옥 쪽으로 갈 것이라고 생각했다. 조금 떨어져 있는 작은 방을 빌려 준 화옥 할머니에게 언제나처럼 집을 봐 달라고 부탁할 것이라 생각했는데 예상이 빗나갔다. 엄마는 발소리를 죽인 채 살살 어두운 안뜰을 가로질러 갔다. 문 앞까지 가자 엄마는 소중한 것을 다루는 듯한 과장된 손짓으로 빗장을 슬며시 뺐다. 통나무로 짜 맞춘 무거운 문이 열릴 때 불쑥 삐걱거리는 소리가 났다. 당황한 엄마는 움찔 몸을 움츠린 채 뒤를 돌아보았다. 신지도 엄마처럼 놀라 몸을 움츠렸다. 엄마를 흉내 내어 경계 하듯 몸을 돌려 뒤를 응시했다. 그러자 차가운 바람이 살며시 불어와 코를 간지럽혔다. 신지는 갑자기 재채기가 나왔다. 거의 나오려는 것을 견디자 엉겁결에 딸꾹질이 났다. 엄마는 쉬이 하고 작은 목소리로 조용히 하라고 등을 흔들었다. 그러나 그저 그 뿐, 뒤에서는 아무 일도 벌어지지 않았다.

엄마는 칠흑 같이 어두운 길을 짐말처럼 부지런히 걸었다. 엄마는 하- 하-숨을 끊어 쉬며 몹시 힘들어 했다. 그럼에도 엄마는 곁눈질도 하지 않았다. 신지는 마을 외곽 길에서 실눈으로 소나무 숲을 가만히 바라보았다. 어깨동무를 한 인간 같은 모습을 한 소나무가 어둠 속에서 뭉실뭉실 움직이는 것처럼 보였다. 산발한 머리의 할머니 같은 검은 나무 그림자가 여기를 보라고 말하는 것처럼 신지의 눈 속으로 다가왔다. 신지는 갑자기 무서워져 엄마 등에 달라붙었다.

마을길은 정말 걷기 힘들다. 낮 동안에도 왕래하는 사람을 매우 곤란하게 만드는 돌멩이 천지인 울퉁불퉁한 시골길이었다. 그러나 엄마는 여유가 없는 듯 쉴 새 없이 걸어갔다. 오르막 산길에 들어서도 엄마의 걸음은 빨랐다. 엄마는 상반신을 구부린 채 비탈길을 빠르게 올라갔다. 엄마가 상반신을 구부리자 등에 업힌 신지도 앞으로 기우듬해졌다 엄마가 숨이 가빠지면 신지도 숨이 가빠졌다. 배가 눌려 숨 쉬기가 힘들었다. 언덕을 넘어 내리막길이 나오자 엄마는 허리를 펴고 척척 걸어갔다. 그러자 신지의 등도 저절로 펴져 몸이 편안해졌다. 엄마가 어디를 향하는지는 잘 몰랐지만, 그건 엄마에게 맡기면 되었다. 때문에 신지는 어느새 엄마 등에서 잠들어 버렸다.

다음 날 아침 신지가 눈을 떴을 때 전혀 모르는 집에 도착해 있었다. 방 안에 있어도 강한 바람이 불어왔고 해명이 크게 들려 왔다. 처음에 신지는 바닷가 할머니 집이라고 생각했지만 그게 아니었다. 방 문 틈으로 밖을 살펴보았으나 찬하 아저씨 집도 아니었다. 아저씨 집이라면 마당 저 쪽 멀리 높게 솟은 한라산이 보여야 했다. 때문에 신지는 오히려 안심했다. 찬하 아저씨와 엄마는 사이가 나빴기 때문이다. 신지도 찬하 아저씨를 싫어했다. 언제나 무서운 얼굴을 하고 잔소리만 한다. 게다가 찬하 아저씨 집의 아줌마도 신지를 짓궂게 대했다. 얼굴에 마마자국이 있는 아줌마는 머리가 텁수룩하고 눈이 부엉이처럼 부릅떠진 게 커다랬다. 신지가 지나가다가 돌담 모퉁이에서 마당을 들여다보면 아줌마는 두 팔을 날개처럼 벌려 쉬잇, 쉬잇, 가까이 오지마, 돌아가라며 신지를 내쫓곤 했다. 부엉이가 인간의 언어로 위협하는 것처럼 보여 매우 무서웠다. 그렇지만 여기는 찬하 아저씨 집이 아니었다. 천장이 낮고 벽이 좁은 작고 어두컴컴한 방에는 엄마와 신지 둘 뿐이었다. 신지는 엄마에게 물었다.

"여기는 어디야?"

"항구야."

"항구가 뭐야?"

"배가 있는 곳이야."

"배? 그럼 배에 탈거야? 엄마랑 나, 어디로 가는데?"

"가야지, 그래도 배는 하나도 안 무섭단다. 우리들은 배로 먼 곳에 갈거야."

"먼 곳에?…… 뭐 하러 가는데?

"그거야, 살러 가는 거지, 신지야, 아주 재밌게 살러 갈 거란다."

엄마는 신지의 작은 몸은 꽉 안고는 개구쟁이 같은 얼굴에 몇 번이고 빰을 문질렀다. 그리고는 아주 즐거운 듯 웃음을 멈추지 않았다.

그날은 아무리 신지가 방 밖에 놀러 나가려 해도 엄마가 허락하지 않았다. 그건 이상한 일이었다. 신지가 집요하게 그 이유를 묻자, 엄마의 대답은 더욱 이상했다.

"나쁜 사람이 밖에 있을지도 모르니까. 신지야, 아무튼 조심해야 하는 거란다."

정말 엄마는 신중한 성격이었다. 하지만 집에 있을 때나, 어딘가 방문했을 때 멀리 가지 말라고 주의를 준 경우는 있었지만, 바깥출입을 금지한 일은 지금까지 없었다. 이것이 만약 뱀 굴에 손가락을 넣어서는 안 된다는 얘기였다면 신지도 이해할 수 있었다. 그런 장난을 치면 뱀에게 왕하고 물려 손가락이 썩어 버릴 것이다. 들쥐 굴에 오줌을 싸는 것도 해서는 안 되는 일이다. 그런 장난을 하면 순식간에 고추가 부어올라 따끔한 맛을 보게 될 것이다. 들쥐 굴에는 독이 있으니까. 또한 징그러운 지네도 매우 위험하다. 멍청하게 손으로 잡기라도 하면 바로 물려 고생한다. 신지는 언젠가 귀가 아파 밤새도록 울었던 적이 있었다. 몹시 당황한 엄마는 다음 날 신지의 귓구멍을 살펴보고 깜짝 놀랐다. 귀의 안쪽 깊숙이 뻔뻔스럽게도 작은 지네가 들어가 있었던 것이다. 지네라도 어릴 때는 필시 이런저런 장난을 치는 것이다. 엄마는 화옥 할머니와 상담했다. 화옥 할머니는 나이가 많으니까 여러 가지 일들을 잘 알고 있었다. 지네는 참기름을 좋아한다. 그래서 엄마와 화옥 할머니는 신지의 귓볼에 참기름을 바른 후 끈기 있게 기다렸다. 그러자 어땠을까, 먹성 좋은 지네는 참기름 냄새를 맡고는 굼실굼실 귓구멍에서 기어나온 것이었다. 그렇지 않았다면 신지는 귀가 들리지 않게 되었던가 죽었을지도 모르는 일이었다. 지네한테는 결코 가까이 가서는 안 되는 것이다.

거기에 엄마가 제일 싫어하는 것이 밤에 방심하여 이불에 오줌을 싸는 것이었다. 어느 날 밤 결국 실수를 저지르자, 엄마의 명령으로 신지는 작은 대나무 키와 빗자루를 들려 화옥 할머니 집에서 소금을 받아와야 했다. 그 소금은 짜지는 않았지만 몸을 오싹오싹 아프게 하는 것이었다. 화옥 할머니는 신지가 떨떠름하게 내민 대나무 키를 신지 머리 위에 씌우고는 박자에 맞춰 빗자루로 신지의 머리를 세게 내리쳤다. 따뜻한 계절이었기에 신지는 알몸이었다.

> 오줌 싸지 마, 이불에 실수 하지 마.
> 벌 받는게 싫으면, 다시는 하지 마.

울면서 분해해도 어지간해서는 용서해 주지 않았다. 선불리 우는 소리를 내면 근처 애들까지 달려 와, 소금을 뿌려라, 더 많이 뿌려라 하며 신이 나서 왁자지껄 떠들어댄다. 두 손으로 고추를 가린 알몸의 신지는 부끄러워 견디기 힘들었다. 자다가 무심코 오줌을 싼 마을 아이들은 옛날부터 이 벌을 피할 수 없었다. 신지는 이처럼 해서는 안 될 일을 많이 해 왔다. 그러나 나쁜 사람이 있을지도 모르니 밖에 나가면 안 된다는 말은 처음 들은 것이었다. 신지는 그 이유를 아직 잘 이해할 수 없었다.

혹시 밖에는 그 이상한 순사가 있을지도 모른다. 마을 파출소의 일본인 순사는 검은 옷에 수염을 기른 정말 무서운 얼굴을 하고 있다. 거기에 허리에 찬 하얗고 긴 칼은 반짝반짝 빛나고 있어 매우 기분 나빴다. 언제나 어른들은 순사가 집에 오면 반드시 좋지 않은 일이 생긴 것이라고 말했다. 순사는 마을 사람을 잡아 어디론가 끌고 가 버린다. 사람을 잡아 가는 사람은 나쁜 인간임에 틀림없다. 그러니까 순사를 보면 특별히 신경 써야 한다.

그렇지만 방 안에 꼼짝 않고 있는 일이 어린 신지에게는 답답한 일이었다. 신지는 참지 못해 때때로 떼를 썼다. 그때마다 엄마는 신지를 품에 안아 주었다. 신지는 벌써 다섯 살이었기 때문에 보통 때라면 이처럼 응석을 받아주는 일이 없었으나 이번에는 특별히 엄마가 봐주는 기분이 들었다. 그러자 신지는 밖에 나가고 싶다는 기분이 순식간에 사그라드는 것이 느껴졌다. 게다가 오늘의 엄마 품은 특별히 따뜻하고 부드러운 것이 기분 좋았다. 저녁 무렵 어둑어둑해졌을 때 몸이 큰 아저씨 한 사람이 엄마를 방문해 왔다. 낯선 사람은 아니었다. 신지는 그 아저씨가 같은 마을에서 도자기를 굽는 아저씨라는 사실을 한 눈에 알아챘다. 따로 걱정할 필요가 없었던 것이다.

그러나 기다렸던 것처럼 방 안으로 아저씨를 맞이한 엄마는 아-하고 놀라 한 손으로 입을 막았다. 잘 살펴보니 아저씨의 두 눈 주의가 검게 부어 놀라 있었다. 거기에 입술 끝도 상처를 입어 돼지 입처럼 볼록하게 부어올라 있었다. 엄마는 그 모습에 놀란 것이다.

엄마와 아저씨는 긴 시간 동안 걱정스런 기색으로 은밀하게 이야기를 나누었다. 아저씨는 신지에게 특별히 단 조선 사탕을 선물로 주었다. 신지는 입 안 가득 사탕을 넣은 채 엄마와 아저씨를 보고 있었다.

엄마는 아저씨 가게에서 도자기를 받아 팔러 다녔다. 더운 여름이면 밭의 풀을 뽑고, 다른 집의 일들을 도와주며 목숨을 이어왔다는 말을 언젠가 들은 적이 있다. 그때 엄마는 저런 당황한 얼굴을 하고 있었다. 어른들이 못마땅한 얼굴을 하고 있을 때는 대개 누군가의 목숨이 위험한 상황임이 틀림없다. 말 장사꾼인 아저씨가 말에서 떨어진 상처로 죽을 지경이었을 때, 그 집 아줌마가 딱 저런 눈으로 화옥 할머니와 이야기를 나눴던 것이 떠올랐다. 그러니까 엄마와 아저씨도 지금 틀림없이 누군가의 목숨과 관계된 상담을 하고 있을지도 모른다.

그러나 인간이 자신의 목숨을 잇는다는 것은 과연 무슨 의미일까. 신지는 어른들이 자주 말하는 목숨을 잇는다는 뜻이 잘 이해되지 않았다. 예를 들어 말 장사꾼 아저씨 집의 애완견인 검둥이는 함부로 사람을 물려고 달려드는 버릇이 있었다. 그래도 언제나 굵은 밧줄로 기둥에 매여 있었다. 그렇지 않으면 근방 아이들이 안심하고 마당과 길에서 놀 수 없을 테니까. 엄마도 다른 집의 부탁으로 밭의 잡초 제거를 할 때에는 신지의 몸을 끈으로 묶어 소나무에 매어 놓은 적이 있었다. 신지는 엄마가 일하는 동안 나무 그늘 밑에서 빙글빙글 기어 다니며 놀았던 기억이 있다. 필시 신지가 어딘가로 사라져 버릴 것을 염려한 것이다. 누군가 잡아 준 잠자리와 매미 또한 마찬가지였다. 실로 단단히 매어 두지 않으면 방심하고 있을 때 갑자기 어디론가 날아가 버린다. 그래서 신지도 겨우 납득이 되었다. 그렇다, 인간의 목숨도 잠자리와 매미처럼 어딘가에 단단히 매어 둘 필요가 있는 것이다. 그렇지 않으면 사람은 곤란해지는 것이다. 잠자리와 매미처럼, 어디론가 도망쳐 버릴 수도 있다. 필시 그런 것이다…….

그 때 이야기하던 엄마가 갑자기 큰 소리로 분한 듯 소리쳤다.

"아이고, 저 부끄럼 모르는 놈들이, 아이를 남겨두고 가라면 내가 단념할거라고 생각하네, 누가 그런 협박에 굴복할까!"

엄마는 참기 어려운 듯 주먹을 쥐고 몇 번이고 자신의 가슴을 치고 몸을 부들부들 떨며 단호히 말했다.

"내 결심은 바뀌지 않아."

깜짝 놀란 신지는 엄마의 품으로 달려갔다. 엄마는 한 손으로 신지를 안았는데, 신지가 엄마 품에 얼굴을 묻자 두근두근 심장에서 커다란 소리가 들렸다. 그러자 아저씨가 위로하는 목소리로 말했다.

"당신도 힘들겠지만, 나는 당신 말을 들으니 안심되는군. 오늘 이른 새벽에 찬하일행에게 잠자리를 습격당했을 때 나는 솔직히 혼비백산했소. 찬하 일행이 냄새를 맡은 이유를 알 수 없었고, 무엇보다 당신 마음이 변한 게 아닌가 기겁했소."

"내 마음은 바뀌지 않아요."

엄마는 신지를 품에 안은 채 재차 같은 말을 반복했다.

"찬하 일행 말투를 보고 그렇지 않은 것은 금세 알아챘소. 참견 잘하는 화옥 할머니가 문의 빗장이 내려져 있는 걸 보고 당신이 없어진 걸 눈치 채고는 바로 찬하 집에 알리러 달려갔다오. 함께 마을을 나오면 오히려 사람 눈에 뜨일 것이라는 우리들의 생각이 틀어져 버린 거요. 어차피 알려졌다면 밟히고 차이는 처사를 우리들도 이를 악물고 견딜 수밖에. 가능하면 이 이상 일을 악화시키고 싶지 않았소. 이런 얼굴이 될 때까지 얻어맞았지만 나도 참은 보람이 있구려. 당신도 힘들겠지만 지금 각오를 들으니 고맙게 생각하오. 신지 아버지도 조국에서 살아갈 수 없기에 일본으로 일하러 뛰쳐나간 거고. 어떻게도 할 수 없으니까 조국으로 돌아오지 못하는 거요, 틀림없이. 처음부터 당신 모자를 내팽개칠 뜻은 없었을 거요. 생각해 보면 우리들은 모두 뿌리 내릴 땅을 빼앗긴 고양이 같은 존재지, 가만히 있으면 말라 죽으니 마을을 나가 어떻게든 연명해야 하는 것이오. 마을 사람들도 우리들 행동을 그렇게 나쁘게는 말하지 않소. 어쨌든 당신은 여자 혼자 이 아이를 여기까지 키워 왔으니까, 가령 이 애를…….”

아저씨가 진지한 얼굴로 거기까지 말했을 때 엄마는 황급히 그 뒷말을 막았다. 엄마는 몇 번이나 얼굴을 옆으로 젓고 있었다.

“아이 앞에서는 그 이야기를 더 이상 꺼내지 마세요. 내 마음은 이미 정해졌으니까, 바뀌는 일은 없어요.”

엄마의 목소리는 매우 고통스러워 보였다. 신지에게는 울 것 같은 목소리로 들렸다. 신지는 아저씨가 말하는 말의 깊은 의미는 잘 몰랐다. 그렇지만 신지는 어떤 경우라도 엄마와 완전히 같은 기분을 느꼈다. 그래서 겁에 질린 새끼 원숭이 같은 엄마에게 달라붙은 신지는 그저 불안을 견딜 수 없어 벌벌 떨며 엄마의 안색을 살필 뿐이었다.

어두워지자 도자기 가게 아저씨는 돌아갔다. 돌아가면서 아저씨는 엄마에게 이렇게 말했다.

“찬하 일행과 이야기를 매듭지으면 절차는 내일이라도 알리러 오겠소.”

엄마는 그저 고개를 숙인 채 대답하지 않았다. 아저씨가 사라지자 엄마는 긴 시간 말을 꺼내지 않았다. 무언가를 생각하면서 콧물만 훌쩍이고 있었다. 결국 자야 할 시간이 되었다. 언제나 신지는 엄마와 함께 잠든다. 그것은 정말 즐거운 일이었다. 그러나 오늘 밤은 그렇지 않았다. 엄마의 모습이 평상시와는 달랐다. 신지는 왠지 불안해서 견딜 수 없었다. 필시 엄마는 걱정거리가 있는 것이다. 엄마를 남겨두고 신지만 잠들어 버리면 왠지 나쁘다고 생각되었다. 그래서 신지는 이불에 들어가, 가능한 즐거운 일을 생각하며 잠들지 않도록 노력했다.

신지는 엄마 손을 잡고 할머니 집으로 간다. 할머니의 집은 바다 바로 앞에 위치했다. 하얀 백사장 저쪽으로 넓은 바다가 반짝반짝 빛나는 것이 매우 아름다운 곳이다. 바람이 불면 바다 냄새가 물씬 났다. 물고기가 찰싹 찰싹 튀어 오르는 일도 있었다. 신지는 언제나 할머니 집이 가까워지면 더욱 큰 소리로 노래를 불렀다. 달아달아 밝은 달아 이태백이 놀던 달아……. 신지의 목소리를 알아들은 할머니는 기뻐서 마당으로 나와 웃으면서 신지를 반겼다. 반짝 반짝 빛나는 바다가 보였다……. 신지는 득의양양 해져 언제나처럼 노래를 부르려 했다. 그런데 어찌된 일인지 지금은 전혀 목소리가 나오지 않았다. 정신을 차리자 언제나 손을 잡고 있던 엄마가 없었다. 엄마, 엄마……. 아무리 불러도 목소리가 나오지 않았다. 게다가 신지는 어느 샌가 바다 속에 있었다. 얼룩무늬로 하늘하늘 출렁이는 바다 밑으로 한없이 가라앉아 가는 것이다. 구조를 부르려 해도 목이 막혀 입을 열 수 없다. 호흡이 막혀 숨쉬기가 매우 고통스러웠다. 신지의 몸은 물처럼 투명해졌다. 바다에 녹아 들어간 신지의 몸은 깊은 바다 밑으로 세차게 빨려 들어갔다. 신지는 두려워져 계속해서 발버둥 치며 구조 받기 위해 소리를 질렀다. 엄마, 엄마……. 신지는 꿈속에서 계속 필사적으로 소리쳤다. 고추 부근이 눌린 듯 뜨거웠다. 아아, 오줌이 나올 것 같았다. 그리고 갑자기 미지근한 것이 나오는 것을 느꼈지만, 그래도 신지는 눈을 뜨지 못했다.

다음 날 아침 신지는 언제나 보다 훨씬 이른 시간에 깨어났다. 무서운 꿈을 꾼 신지가 결국 이불 속에 오줌을 누었기 때문이다. 그런데 엄마는 평상시와는 달리 신지를 꾸짖지 않았다. 엄마는 슬픈 얼굴로 젖은 신지의 속옷을 갈아 입혀 줄 뿐이었다. 신지는 조금 쑥스러웠지만 오줌에 대한 일은 금세 잊어버렸다. 그 후에 신지는 엄마와 함께 아침을 먹었다. 음식은 밥과 국, 그리고 간단한 생선 반찬뿐이었으나 엄마와 신지는 매우 정성 들여 천천히 식사를 끝냈다. 그 때문인지 유난히 배가 부른 느낌에 신지는 아주 만족했다. 어제 일어난 일 따위 거의 잊어버렸다.

그런데 이때 어제처럼 걱정스런 얼굴을 한 도자기 가게 아저씨가 찾아 왔다. 아저씨는 방 안에 들어오자마자 허리를 숙여 엄마에게 빠른 어조로 귓속말을 속삭였다. 그러자 엄마는 갑자기 획 하고 일어섰다. 엄마 무릎에 부딪힌 상에서 쾅 하는 소리가 났지만 엄마는 쳐다보지도 않았다. 엄마의 눈은 흡사 언젠가 닭을 훔쳤던 도둑고양이를 노려보았던 것처럼 반짝반짝 빛나고 있었다.

"지금, 바로라고요……?"

매우 화난 말투로 엄마는 아저씨에게 말했다. 엄마의 목소리는 마치 나이 든 할머니처럼 갈라져 있었다. 무슨 일이 일어난 걸까? 아저씨는 정말 미안한 듯 입을 다문 채 그저 수긍하듯 고개를 끄덕일 뿐이었다.

"알았어요. 당신은 어딘가 밖에서 쉬고 있어요. 잠깐 내 아이와 둘만 있고 싶어요. 금방 끝낼 테니까……."

아저씨는 바로 방을 나가버렸다. 엄마는 방문을 잠근 후 가만히 그 자리에 앉았다. 깜짝 놀란 신지는 무심결에 엄마 품으로 달려들었다. 다시 지난 밤 일을 떠올린 것이었다. 신지를 끔찍하게 불안한 상태로 만든 게 이것일까. 게다가 엄마의 기색도 어제와 딱 닮아 있었다. 그래서 신지도 어제와 마찬가지로 불안해 견딜 수 없어 가슴이 뛰었다. 신지는 어떤 작은 표정도 놓치지 않으려는 듯 엄마 얼굴을 살펴보았다. 엄마는 두 눈을 크게 뜬 채 꿈작 않고 열심히 생각했지만 결론을 내리지 못하고 있었다. 엄마는 갑자기 아이가 싫어, 싫어 하는 모양으로 머리를 좌우로 몇 번인가 가로저었다. 그러자 있는 대로 커진 엄마의 눈에서 눈물이 뚝 뚝 떨어졌다. 엄마에게 필시 무언가 안 좋은 일이 생긴 것이다. 엄마의 슬픈 얼굴을 보고 있자, 신지도 저절로 엄마와 같은 얼굴이 되어 갔다. 엄마가 울고 있는데 신지가 어떻게 아무렇지 않은 얼굴을 할 수 있을까? 엄마가 치맛자락으로 눈물을 닦았기에 신지도 손등으로 뺨을 훔쳤다.

엄마가 몸을 흔들며 크게 울 때는 신지도 발버둥 치며 더 크게 울었다. 엄마가 아이고—하며 한탄할 때에는 신지도 가능한 큰 한숨을 쉬었다. 엄마와 신지는 모자간인데다 단둘뿐인 것이다. 신지는 엄마를 너무 좋아했고 그래서 무엇을 해도 엄마와 함께였다. 세상에 많은 아이들이 있는 것만큼 엄마도 잔뜩 있겠지만, 신지에게 엄마는 단 한 사람뿐이라는 사실을 잘 알고 있었다.

그러나 엄마는 언제까지고 신지와 이렇게 있을 수는 없는 듯 했다. 엄마는 겨우 정신을 차리고 신지를 달래기 시작했다. 그러자 신지는 금세 기분이 좋아졌다. 신지는 순진했기 때문에 엄마가 눈물을 보이지 않는 한 자신 또한 더 이상 훌쩍거릴 필요가 없었다. 더러워진 신지의 얼굴을 엄마는 깨끗하게 닦아 주었다. 다시 한 번 옷차림도 정리해 주었다. 그리고 나서는 결심한 듯 신지를 안아 올리고는 문을 활짝 밀쳐 열었다. 그것은 고심한 끝에 결국 자신 주변의 무언가를 버리려고 결심한 사람의 동작과 매우 닮아 있었다. 엄마는 열린 문에서 보이는 마당 저 멀리를 손가락으로 가리키며 낮은 목소리로 이야기했다.

"신지야, 저기 저 나무가 보이지? 저 높게 솟은 백양나무 말이야."

마당 저편의 돌담 너머로 키가 큰 포플러 나무 두 그루가 나란히 서 있는 게 보였다. 신지는 꾸벅 고개를 끄덕였다. 엄마는 말을 이어갔다.

"저 백양나무 밑에 네가 아끼는 고무신을 깜빡 두고 왔네. 가져다주지 않을래? 혼자서, 알았지……, 자, 저기 큰 나무 밑이야."

엄마는 등을 펴고 신지의 몸을 더욱 높이 올려주었다. 포플러 나무는 잘 보였다. 게다가 바람이 조금 불고 있어 해명도 희미하게 들리고 있었다. 마당에선 안 보이지만 바다가 가까운 것이다. 맑게 갠 하늘은 새파란 게 매우 선명했다. 그렇지 않아도 신지는 밖으로 나가고 싶어 몸이 근질근질 했었다. 신지는 기세 좋게, "갈게"라고 대답했다. 엄마는 갑자기 신지의 양 어깨를 꽉 안고는 몇 번이고 뺨을 비볐다. 머리를 쓰다듬고, 팔과 등을 확인하듯이 몇 번이고 어루만진 후 작은 목소리로 중얼거렸다.

"기특하네, 신지는……."

엄마는 마당을 가로질러 대문 문간까지 신지를 배웅했다. 신지는 그곳에서 일단 멈춰 잡은 엄마의 손을 놓지 않은 채 주의 깊게 도로를 살폈다. 그곳은 시들기 시작한 잡초가 나 있는 시골 길이었다. 길 양쪽에는 잘게 부수어진 용암석을 쌓아 만든 검은 돌담을 둘러친 낮은 집들이 태평하게 늘어서 있었다. 주변은 아주 고요했다. 아직 이른 아침인 것이다. 지나가는 사람은 하나도 없었다. 밤사이 새롭게 다시 태어난 태양빛 아래, 지면 하나하나의 작은 돌과 웅덩이에까지 선명한 그림자가 드리워져, 상쾌한 아침 한 때를 즐기고 있는 듯 보였다. 하늘은 드높이 어디까지고 펼쳐져 있었다. 목표인 두 그루 포플러 나무도 돌담 저편에 확연히 보였다. 큰 포플러 나무와 작은 포플러 나무는 마치 부모 자식 사이인 듯 가까이 붙어 사이좋게 서 있었다. 큰 포플러 나무는 마치 고개를 흔들며 신지에게 어서 와, 어서 와 하고 말하는 것 같았다. 보이는 모든 것들이 기분 좋았다. 신지는 지금이라도 즐거워하면서 똑바로 달려가면 될 뿐이었다. 그러나 왠지 모르게 불안했다. 기세 좋게 목표인 나무로 달려 갈 기분이 나지 않았다. 무언가 안 좋은 일이 벌어지지 않을까? 엄마가 함께 가주면 얼마나 든든할까. 신지는 소심해져 부탁하듯 엄마의 얼굴을 올려다보았다. 그러자 엄마는 뺨이 경직된 채 딱딱한 미소를 지을 뿐이었다. 그럼에도 신지를 안심시키려는지 한 번 고개를 끄덕여 주었다. 그러고 나서 엄마는 신지의 어깨를 살짝 길 쪽으로 밀었다. 마지못해 걷기 시작한 신지는 도중에 몇 번이고 문 쪽으로 돌아보았다. 엄마는 여전히 문 부근에 어렴풋이 서 있었다. 신지는 결심한 듯 서둘러 돌담 쪽 포플러 나무가 있는 방향으로 몸을 돌렸다.

더 이상 엄마가 뒤에서 보고 있지 않다고 생각하자 신지는 갑자기 불안해졌다. 신지는 황급히 포플러 나무를 향해 뛰기 시작했다. 엄마는 역시 거짓말을 하지 않았다. 포플러 나무 밑 부분에 발 끝이 둥근 나뭇잎 모양의 익숙한 고무신이 놓여 있었다. 아아, 정말 다행이다. 신지는 고무신을 양손에 하나씩 들고 무언가에 쫓기는 기분이 들어 방금 걸어왔던 길을 빠르게 되돌아가려 했다. 그러자 불쑥 기분 나쁜 두꺼비 같은 목소리가 들려왔다.

"요 녀석, 이리로 와라!"

들은 적이 있는 목소리였다. 엄마에게 짓궂은, 그래서 신지 또한 싫어하는 찬하 아저씨의 목소리가 틀림없었다. 가까이 돌담 그늘에서 얼굴에 송송 마맛자국이 있는 부엉이 아줌마가 제일 먼저 달려 나왔다. 아줌마는 신지 앞에 서자 부엉이 날개 같은 양 팔을 벌려 신지의 앞길을 막았다. 찬하 아저씨 집의 아줌마다. 아줌마는 느닷없이 신지의 손목을 잡고는, 부자연스럽게 상냥한 목소리로 말했다.

"신지야, 착한 애지, 우리와 함께 집에 가자, 알았지?"

찬하 아저씨도 얼굴을 찡그린 채 무서운 눈매로 신지를 노려보며 느릿느릿 모습을 드러냈다. 정신을 차리자 다른 어른도 두 사람 더 있었다.

조금 전까지 정체를 알 수 없었던 불안은 역시 이유가 있었던 것이다. 신지는 기를 써서 아줌마의 손을 떨쳐 내려 했다. 그러나 아줌마의 손은 끈끈이처럼 짝 달라붙은 채 아무리 해도 신지의 손목에서 떨어지지 않았다. 신지는 우는 소리로 아줌마에게 애원했다.

"놔 주세요, 엄마한테 돌아가야 해요. 엄마랑 배 타고 먼 데로 가야 한다 말이에요!"

그러자 찬하 아저씨가 느릿느릿 신지 곁으로 다가왔다. 그리고 신지를 강아지처럼 들어 올려 아내의 등에 업히게 했다. 찬하 아저씨는 더럽지도 않은 손바닥을 마주쳐 털어내며 엄한 목소리로 신지에게 소리 질렀다.

"그만 조용히 해라."

아줌마는 척척 걷기 시작했다. 정신이 들자 신지는 방금 지나온 길

하고 반대 방향으로 걸어가고 있다는 사실을 깨달았다. 어디로 데려가는 것일까? 그렇다, 집으로 돌아간다고 아줌마가 말했었다. 그렇다면 큰일이다. 신지는 아줌마의 등을 손에 든 고무신으로 찌르면서 큰 소리로 아우성쳤다.

"엄마! 도와 줘요, 나를 데려가려 해요!"

그러자 그때까지 가만히 참고 있었던 아줌마도 신지가 너무 심하게 떠들어서 기분이 상한 듯 했다. 갑자기 업고 있던 손 하나를 풀어 신지의 엉덩이를 착, 착 몇 번이고 때렸다. 그리고 화난 목소리로 분한 듯 말했다.

"엄마라고? 흥, 너한테 엄마 따위 없어. 나라가 망하면 집도 망한다지만, 이렇게 부모 자식들도 모두 흩어지니……, 니 엄마는 너를 버리고 그 도자기 장인하고……, 제기럴 분하게도, 집을 버린 여자 따위에게 아이는 필요 없는 거야, 그래서 우리들이 너를 데려가려고 온 거고. 애가 없어도 엄마는 살아갈 수 있어, 엄마가 없어도 너도 살아갈 수 있고……."

신지는 부엉이 아줌마가 말하는 말을 하나도 듣고 있지 않았다. 그저 엄마가 그 자리에 고무신을 놓지만 않았어도, 이렇게는 되지 않았을 것이라고 생각했다. 그만큼 분함을 참을 수 없었다. 신지는 양손에 고무신을 꽉 쥐고, 정말 그 일만이 원망스러워 잊을 수 없었다.

(번역 : 이승진)

재일디아스포라문학선집

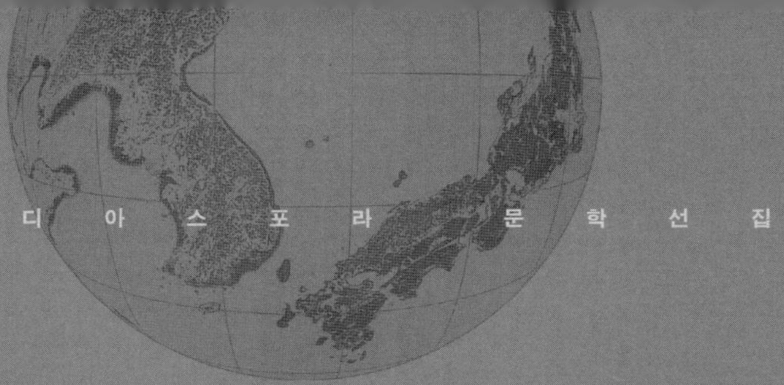

회귀

박중호朴重鎬

1

눈을 뜨자 이불 가장자리 바로 옆까지 다가와 있는 장지문의 뿌연 유리창만이 묘하게 밝았다. 팔을 이불 밖으로 뻗어 시계를 들여다보았다. 아직 어두컴컴한 공간에 청록색의 시침과 분침이 일직선이 되어 확실히 보였다.

6시다.

여느 때와는 어딘가 다른 주변의 조용함과, 쌀쌀하지만 손끝에 포근함이 느껴지는 공기에서, 자고 있는 동안에 밖에서는 함박눈이 쌓인 것을 알았다.

맹장지 하나로 나누어진 3평 거실의 난로 속에서 석탄이 타는 소리가 기분 좋게 들린다.

명수는 일어나서 유리장지문을 열었다. 창문에 투과되어 반짝반짝 회전하는 작은 입자가 눈부셨다. 창문을 열고 온몸을 내밀어 주변을 둘러보았다. 촉촉이 가라앉은 냉기에 모든 것이 순백이고, 솜과 같이 부드러운 막 내린 눈 속에 편안하게 감싸여 있었다.

바람은 전혀 없다. 고요한 정적이 이불의 온기로 밖에 나가기 싫어하는 내 몸을 휘감는다. 창가에 쌓인 솜뭉치 같은 눈을 한 움큼 집어서 거실로 향했다.

손바닥 안에서 눈덩어리가 스르르 녹는다. 차가운 눈에 잠이 확 달아나고 손목에 찡한 통증을 느낀다. 그 통증을 느끼면서 명수는 오늘 아침 7시 반에 빨리 출근해야겠다고 재차 다짐한다.

아내가 타준 인스턴트커피를 다 마신 명수는 집을 나섰다. 큰길로 나와서 항구로 이어지는 언덕길을 내려갔다. 막 내린 눈은 20센치 정도 쌓여 있고, 걸을 때마다 부드러운 감촉을 발뒤꿈치로 느끼며 장화는 푹푹 들어갔다.

언덕길은 약 100미터 정도 되는 거리이다. 제법 경사가 있기 때문에 발가락 끝으로 중심을 잡고 걷지 않으면 누가 다리라도 건 것처럼 뒤로 나자빠진다. 언덕길의 한 쪽은 돌담으로 되어 있고, 눈보라에 묵묵히 견며 시커멓고 거칠게 깎여진 네모난 돌계단이 언덕을 다 내려온 지점에서는 10미터가 넘는 높이로 쌓여 있다. 그 돌담의 여기저기에 막 내린 눈이 부드럽게 자리 잡아 흑백의 대조가 안정된 정취를 자아낸다.

선로가 완전히 눈으로 뒤덮인 건널목을 지나, 기와로 만들어진 건물을 왼쪽으로 꺾으면 확 뚫린 항구가 보인다.

항구는 밝아오는 겨울하늘 아래에서 잠시 졸고 있다. 불투명한 흰색 배경에 어두운 겹겹의 완만한 능선이 마치 그림을 오려놓은 것처럼 떠올라 있고, 푸르스름한 중천에는 아직 밤의 여운이 남아있어 반달이 부드러운 눈송이처럼 떠있었다.

항구의 주변은 막 내려 쌓인 눈으로 뒤덮여서 기분 좋은 듯이 꼼짝않고 있었다.

디귿자 모양의 부두에는 얇은 연잎모양의 얼음이 얼어 있다. 어젯밤은 그다지 기온이 내려가지 않은 탓인지 얼음은 꽁꽁 얼어붙지 않았고, 스무디처럼 조금 부드럽고 사각사각 한 느낌이다. 연잎얼음 특유의 크고 작은 다양한 문양의 도도라진 빙막이 이따금 천천히 솟아올랐다가 원래 자리로 돌아간다.

부두에 매어진 배도 찰싹거리는 약한 파도에 몸을 맡기고 넘실넘실거린다. 브릿지도 갑판도 뱃전의 충격 완화용의 낡은 타이어까지 두텁게 쌓인 눈 속에서 모두 따뜻해 보였다.

예인선, 작은 거룻배, 순시정과 통선通船이 서로 옹기종기 모여 있다. 그중에서도 특별히 작은 어선 한두 척이 미안한 듯이 움츠려 있다. 아마도 무허가로 사용이 중지 되었을 것이다.

예인선의 딱딱한 갑판이 보인다. 이 주변의 예인선은 스마트한 순시정에 비하면 빈말이라도 스타일이 좋다고 할 수 없을 정도다. 예를 들면 홋카이도 출생과 좋은 가문 태생과의 차이이다. 대부분의 작은 어선을 개조한 것으로 브릿지가 엄청 크고 머리가 큰 것이 있는가 하면 짧은 다리의 것도 있다. 팔등신을 자랑하는 해상보안부나 세관전용의 보트와 나란히 있을 때는 특히 그 촌스러움이 도드라진다. 브릿지의 흰 페인트도 대개는 때가 껴 있거나, 색이 퇴색되어 갈색이다. 물길을 가를 때에도 너무 둔탁한 엔진 소리를 내며 어기적거린다.

그러나 통나무를 끌거나 더러운 짐을 나르거나, 때로는 낚싯배가 되기도 하는 이 형태의 보트는 홋카이도北海道의 겨울 바다에 제격이다. 여간한 비바람에도 아랑곳하지 않는 넉살과 소박한 시골처녀를 만났을 때와 같은 친근감이 있다. 그 점에서 관청소속의 보트는 외관은 좋은데 제조가 얄팍해서 홋카이도의 겨울바다에는 어울리지 않는다.

부두에 늘어선 창고가 목조에서 철근콘크리트로, 칙칙해진 색깔의 야키다마燒玉 엔진보트가 두꺼운 화장을 한 지벨 엔진선으로 바뀌었는데, 얼굴을 스치는 투명한 냉기와 바다냄새는 예전과 조금도 다르지 않다.

걸쭉한 끈적임을 띤 해면은 막 내린 눈으로 가장자리에 테두리가 둘러져 평소보다 맑은 청록색이었다.

백 미터 정도 떨어진 맞은편 부두에 예인선 몇 척이 바싹 붙어 있다. 굴뚝이 없어서 뭔가 부족하지만, 검은 광택이 나는 뱃전, 하얀 브릿지, 죽 서 있는 붉은색과 노란색의 가느다란 소화탑- 날렵한 최신의 배와 비슷한 색조와 도회풍으로 세련되었다.

건너편에 보이는 제철소의 거대한 굴뚝들에서 시뿌연 연기가 올라가 천천히 곡선을 그리며 구름처럼 상공으로 하늘하늘 올라간다.

앞바다에서는 제철소의 부두로 향하는 큰 화물선이 무로란타케室蘭岳를 뒤로 천천히 움직이고 있었다. 15만 톤은 충분이 될법한 어마어마한 크기의 몸통에 거의 흘수선까지 화물을 불룩하게 실은 탓에 배 전체가 한 층 더 가늘고 길게 보인다. 뱃머리와 배 끝에 붙은 예인선이 마치 장난감같이 보였다.

바로 눈앞의 바닷가에 거룻배가 2척이 정박해 있고, 먼 바다의 뱃전에는 방한복으로 완전히 무장한 남자 2, 3명이 꼼짝 않고 서 있다. 멈춰서는 미동도 하지 않고 몸에서 돌출한 한쪽 팔이 상하로 조금씩 구분지어 움직인다. 팔을 휙 치켜 올리면 은비늘이 반짝반짝 흩날린다.

이렇게 추운데 웬 낚시야 하며 연달아 잡히는 겨울 빙어낚시를 곁눈질 하면서 명수는 집합소의 미닫이문을 열었다.

안에 들어서자 숨 막힐 듯한 열기가 얼굴을 감쌌다. 풍구로 불기운을 더한 것처럼 획하고 탁탁 나뭇가지가 벌어지는 건조한 소리가 주변을 사로잡았다.

막 타기 시작한 굴뚝은 사람의 가슴 높이까지 시뻘겋게 달구워져 있다. 수제 철판 난로 위에는 검게 그을린 구리주전자가 놓여 있고 거기에서 뿌연 김이 올라오고 있다. 나이에 맞지 않게 아담하고 귀여운 얼굴의 선장 도메留가 게처럼 가랑이를 넓게 벌리고 고환을 말리고 있었다. 한때 요시가와吉川폭력단에 몸담고 있었던 히로広도 있고 덩치가 작은 요시吉의 얼굴도 보인다. 난로 주변에는 술과 기름, 그리고 체취가 뒤섞여 쉰 냄새가 진동했다.

사각형의 마루 안쪽에 있는 1.5평의 칸막이 방에서는 놈팽이 남편 때문에 우는 후사코房子와 한쪽 다리가 불편한 노부코信子가 작업복으로 갈아입고 있었다.

"좋은 아침" 하고 의식적으로 큰소리로 인사를 하며 명수는 난로 주변에 북적거리는 인부 사이에 끼어 들어갔다. 장작난로가 사무실 석유난로보다 얼어붙은 몸을 따뜻하게 맞아 준다. 명수는 원래 석유난로의 냉랭하게 타는 모양을 좋아하지 않기 때문에 무심코 장작난로 앞에서 잠시 동안 몸을 쬐기로 한다.

"아아, 졸려."

작은 요시가 충혈 된 눈을 게슴츠레하게 뜨고 선하품을 하면서 혼잣말을 했다.

"왜 그래? 기운이 없네."

전前 요시가와 폭력단의 히로가 묻는다.

"요즈음 왠지 아침에 일어나는 게 무서워. 나이 탓인가."

"뭐야 추잡스러운 영감 같은 말을 지껄이는 거야. 어젯밤, 마누라랑 너무 해댔잖아."

"뭐야 이놈이. 이제 너무 해댈 정도의 물건이 아니야. 그렇게 헉헉대도록 별로 하고 싶지도 않아."

요시가 히로의 옆구리를 살짝 찔렀다. 난로를 둘러싸고 동료들이 히죽히죽 웃고 있다. 명수도 거기에 끌려 들어갔다.

구석의 좁은 곳에서 옷을 갈아입고 있는 여자들이 낄낄 천한 웃음소리를 냈다. 후사코가 얄미운 듯이 남자들을 째려보고 거무데데해진 가죽지갑을 뱃속으로 밀어 넣었다. 노동자들 사이의 소문으로는 남편이 틈만 나면 돈을 훔쳐가서 큰돈을 몸에서 떼지 않는다고 한다.

후사코는 이 항구도시에서 기차로 1시간 걸리는 농촌출신이다. 어린 시절부터 서민출신의 부모님을 돕느라, 초등학교도 제대로 다니지 못했던 그녀는, 겉으로 말하지 않고는 못배기는 성격이다. 특히 남편, 데짱哲이 밤늦게까지 잠을 안자고, 아침에 일어나지 않아 아무리 깨우려고 해도 이불 속에서 나오지 않을 때면 아무나 붙잡고 푸념을 쏟아낸다. 후사코의 수없이 반복된 푸념을 이어 맞춰보면, 태평양전쟁에서 일본의 패망으로 북중국에서 돌아온 후 데짱은 이상해졌다고 한다. 소집되어 만주로 가기 전까지는 고향에 있는 공장의 경리로 착실하고 너무 꼼꼼했을 정도였다. 그러나 퇴역한 후로 완전히 게을러져서 경리로서 인정받을 만한 실력이 있음에도 불구하고 장기간 근무하지 못하고 빈둥빈둥 놀기만 할 뿐이다. 명수네로 5년 전에 오게 된 것도 후사코가 남편을 일하게 해달라고 부탁해서였다. 그즈음 데짱은 성장기 자녀를 위해 아내가 남자도 하기 힘든 바다 인부 일을 하고 있는데, 술집과 파칭코를 들락거리고 있었다고 한다.

지금도 옛날 버릇을 버리지 못하고 한 달에 몇 번씩 종적을 감추는 것도, 데짱이 그럭저럭 일을 감당해 내고 있는 것은 아내가 치켜세워 주고, 때로는 격려와 히스테릭한 불호령 덕분이다.

미닫이문을 천천히 열고 데짱은 까치집 머리에 윤기가 없는 장발 아래로 흐리멍덩한 충혈 된 눈을 게슴츠레 뜨고 뚱한 표정으로 들어왔다. 동료나 특히 아내에게 멋쩍을 때 보이는 그만의 독특한 연기이다.

"어젯밤도 또 놀았냐?"

히로가 턱을 치켜들며 데짱을 놀렸다.

"흥, 정력도 없는 주제에 여자한테 빠진다우."

화난 투의 날카로운 목소리가 후사코의 입에서 터져나왔다.

"뭐야. 이 여편네."

취기의 눈을 치켜 올려 뜨고는 데짱이 아내를 밀어붙이려 했다.

"이봐, 나이 살이나 먹어가지고 그만둬. 형수도 50이 다 돼서 질투하는 건 아니지."

선장인 도메가 데짱의 어깨를 눌러 되돌리며 후사코를 나무랬다. 그저 아이처럼 도메를 뿌리치며 데짱은 어깨를 추켜올리고는 무뚝뚝한 표정으로 난로로 향했다. 어젯밤도 묘코妙子가 있는 술집에서 북중국이야기를 신나게 하고는 결국엔 아침에 돌아왔을 것이다.

몸단장을 하는 후사코의 손발이 히스테릭하게 움직였다. 다른 사람들은 팔꿈치로 서로 쿡쿡 찔러대거나 무슨 의미라도 있는 듯이 입가에 웃음을 띠우며 눈빛을 교환했다.

"자, 그럼 보트 엔진이나 걸어볼까."

어색한 분위기를 바꾸려고 큰 소리로 말하며, 도메가 밖으로 나갔다.

그곳의 분위기에 휘말려 있던 명수는 다쓰達의 모습이 보이지 않는 것을 알았다.

"이봐 다쓰는 어딨어?"

누구에게랄 것도 없이 물었다.

"항상 그렇지. 술주정뱅이가 그 근처 어디에서 얼어붙어 누워 있는 거 아냐."

수다쟁이 히로가 평소처럼 큰소리로 떠벌리며 말했다. 오늘은 석탄 청소를 하는 날이기 때문에 그녀석이 없으면 곤란한데 무슨 일이 있는지 명수는 당황했다. 그가 있을 때와 없을 때는 일의 진척이 전혀 다르다.

팽팽하게 얼어붙은 공기를 깨고 부릉부릉 엔진시동을 거는 소리가 들렸다. 그것을 신호로 인부들이 줄줄이 보트 쪽으로 향했다.

"이봐 출발해야지 꾸물꾸물 거렸다간 해가 지고 새벽이 되잖아."

도메의 고함치는 소리다.

집합소의 창문을 열어 보니 2.3미터 떨어진 부두에 뱃머리를 가까이 갖다 댄 보트의 브릿지 창문에서 도메가 문어 모양의 모자를 쓴 얼굴을 내밀고 손을 흔들며 출항을 독촉했다.

"잠시 기다려 줘. 다쓰 녀석이 아직 나오지 않았어. 10분정도 기다려. 녀석한테 갔다 올테니까."

하얗고 작은 연기원형을 급하게 쏟아 올리더니 부르르 몸을 떤 것에 비해서는 넓적한 얼굴의 오징어잡이 배의 브릿지로 향해 명수는 고함을 쳤다.

상대의 답변을 기다리지 않고 명수는 다쓰네로 향해 달리기 시작했다. 아래위로 흔들거리는 방한복의 안쪽으로 화가 치밀어 올랐다.

심장이 멋대로 그 고동을 재촉한다. 방금 내려온 경사진 길을 단숨에 다 올라 해변가와 거의 평행으로 달렸다. 도로로 나왔다. 산 경사지를 개척한 6.7미터의 좁은 포장도로다. 다쓰의 셋집은 이 길에서 조금 더 산꼭대기 방향으로 들어간 곳에 있었다. 폭이 4.5미터도 되지 않는 이 산길은 소쿠료산測量山[1] 정상까지 이어져 있는데, 산을 올라갈수록 길 폭은 좁아지고 한층 더 꼬불꼬불해진다.

태고의 화산활동으로 푹 함몰된 공기그릇 모양의 칼데라지대에 해수가 흘러들어가서 생겼다고 하는 무로란항室蘭港[2]은 얼핏 보면 호수와 같은 모양새를 하고 잘록한 작은 입을 '훙가만噴火湾'[3]으로 틀어 향하고 있다. 이 좁은 입구를 제외하면 항구는 완만한 구릉지대로 빙 둘러싸여 있다. 훈가만의 서쪽에 위치한 산 병풍 속에서 보는 각도에 따라서 드러누워 있는 젊은 여성의 유방을 연상시키는 것이 소쿠료산이다. 높이 200미터 정도의 이 산은 지금은 TV용 안테나가 몇 개나 나란히 서있어 멀리서 보면 간자시[4]를 화려하게 한 유녀 머리처럼 완전히 흥이 깨진 모습이 되고 말았지만, 이전에는 그 볼록한 가련한 가슴이 보는 이에게 청렬한 에로시티즘과 애교를 떨었다.

유사이전에 분출한 용암이 격렬하게 흘러내릴 때에 만들어진 말 등과 같은 구릉이 소쿠료산 정상에서 몇 갈래로 나눠져서 항구를 향해 흘러내려 도중에 한 호흡 쉬고 상피가 거칠게 벗겨진 살덩어리를 추하게 드러낸 채로 일시에 해안선으로 무너져 갔다. 그 여러 갈래로 나눠진 구

---

1 홋카이도 무로란시에 있는 효고 199.63m의 산.
2 홋카이도 무로란시에 있는 항만, 항만관리자는 무로란시.
3 분화만은 홋카이도 남부 우치우라만〔内浦湾〕의 다른 이름.
4 여자의 머리 장신구.

릉 사이로 크고 작은 골짜기가 있고 그 골짜기에 달라붙어 있는 것처럼 집이 산재해 있다.

다쓰가 사는 이 골짜기는 산하나 너머의 이웃 골짜기와 마찬가지로 한층 더 비탈지고 길 폭이 좁다. 생활조건이 매우 열악한 이 계곡에 사는 계층은 대개 정해져 있었다.

메이지 중기부터 석탄 적재 항구로서 비약적인 발전을 이루었던 이 도시에는 해운업과 하역업에 종사하는 사람이 많다. 바닷일은 힘들고 위험하다. 기질이 난폭하고 거친 사람과 떠돌이가 많다.

해안과 가까운 이 골짜기에는 언젠가부터 바닷일을 하는 인부들이 살기 시작하고 좁은 산길을 따라 빈곤한 판잣집이 다닥다닥 들어서 있었다. 시내 사람들은 2개의 계곡을 '노동자 도시' '무네와리판잣집棟割長屋'[5] 의 촌락을 '도둑 판잣집'이라고 불렀다. 목적지 집에 이르러 명수는 숨이 차서 헉헉 숨을 헐떡거리면서 잠시 동안 손바닥을 가슴에 댄 채로 서 있었다. 얼어붙은 대기 중에 기세 좋게 뱉어낸 하얀 숨이 추위에 질려 바로 사라진다.

정신없이 뛰어 올라온 탓인지 뻑적지근한 통증이 찡하고 사타구니를 눌러 내렸다. 발바닥이 딱 지면에 달라붙어서 무릎이 굽혀지지 않는다.

집이라 해도 폭이 3.6미터, 깊이가 기껏해야 5.5미터 정도로 변변치 못하다. 땅을 파서 세운 헛간이라고 하는 편이 더 정확할 것이다. 처마에서 토대까지의 두께는 1센치, 폭 15센치, 길이 4미터정도의 얇은 널

5 한 채의 집을 벽으로 칸막이해서 여러 가구가 살 수 있게 한 긴 집.

빤지가 횡으로 나란히 못이 박혀져 있다. 그 널빤지도 수십 년의 세월에 완전히 망가져 있고 거무죽죽하게 변색되어 바싹 건조된 널빤지에서 이음새 여기저기 나와 있고, 주먹만한 크기에서 10원짜리 동전 정도의 검은 구멍이 이쪽을 노려보고 있다. 못이 녹슬어서 고정되지 않은 널빤지가 두세 개 힘없이 비뚤어져서 끌려 내려오고 끝이 잘게 갈라진 들보가 차가운 대기 밖으로 노출되어 있다.

이 상태에서 눈보라가 휘날리면 눈이 몰아닥쳐서 바깥 마루까지 파묻히고 말 거라고, 남의 일이지만 신경이 쓰였다.

위의 반쪽에 20센치 정도의 유리를 몇 장이나 끼어 넣은 현관의 미닫이문이 비뚤어져 있는지, 아니면 집전체가 기운 것인지 위 미닫이 틀에서 문지방까지 역삼각형으로 완전하게 틈이 생겨 있다. 명수는 죄다 닳아빠진 문지방이 녹지 않고 꽁꽁 얼어붙어 있는 눈 속으로 함몰되어 쉽게 움직이지 않는 현관문을 양손으로 힘껏 옆으로 밀었다. 그래도 삐걱삐걱 유리를 갈때와 같은 신경을 건드리는 소리를 낼 뿐 전혀 열리지 않아서 어깻죽지로 몸을 마구 비벼 넣어 "다쓰야 안에 있니?"라고 큰소리로 불렀다. 유리미닫이문 너머로 난로의 불길이 반사되어 비추는 게 보였다. 아마도 깨어있는 것 같다.

미닫이문이 슬며시 열리더니 해안선가의 잡거건물에서 일하고 있는 청소부가 미안한 듯한 얼굴로 내다보고는 바로 들이밀었다. 흐릿하게 술냄새가 섞여서 따뜻한 공기가 방에서 휙 나오더니 명수의 얼굴에 닿았다.

다쓰의 아내는 길가나 잡거건물의 복도 등에서 때때로 얼굴을 마주쳤지만 머뭇머뭇 시선을 돌리고 명수를 의식적으로 피하는 행동을 갑자기 보이기 때문에 제대로 인사말을 건넨 적이 없다.

"여보 이봐요 아사히旭형이 왔어요. 빨리 일어나세요……. 진짜 술을 마시면 칠칠치 못해서 이 양반은."

질질 다다미 위로 무거운 것이 끌려가는 소리가 났다.

(저 녀석 또 했구나. 끊는다더니 기껏 일주일도 못 갔어)

기다릴 수 가 없어서 명수는 유리미닫이 문에 손을 가져갔다.

"미안합니다. 술이 들어가면 항상 이러니까요."

생기가 없고 부어오른 얼굴에는 치밀어 오르는 부아와 창피함으로 어쩔 줄 몰라 우두커니 서 있는 아내의 옆에서 다쓰가 잠옷차림으로 난로 앞에 털썩 앉아 있었다. 3평 남짓한 좁은 방 한쪽에 색이 바란 얇고 낡은 이불이 제멋대로 깔려있었다. 들쳐진 이불 안쪽으로 고름과 같이 누런 솜이 삐져나와 있다.

"빨리 와, 보트가 기다리고 있어."

상대의 재촉에 전혀 반응하지 않고 난로 앞에 책상다리를 하고 앉은 다쓰는 다른 사람을 더욱 더 안절부절 시키는 여유로운 손짓으로 담배에 불을 붙이고, 고개를 숙인 채 아무 말도 않고 있다. 윤기가 없는 푸석푸석한 흙빛의 얼굴이, 방한용 겉옷의 번질거리는 검은 광채가 나는 옷깃에 반 정도 파묻혀 있다. 간장이 상당히 안 좋은 것이다.

폭발할 것 같은 분노를 억누르며 명수는 계단에 앉았다.

"저녁 4시까지 끝내 달래. 어떻게든지 오늘 중으로 출항시키고 싶대. 5시 넘으면 파일러 작업이 끝나니까, 부탁해."

"지금 가요."

중얼거리듯 불쑥 말하더니 피우다 만 담배를 난로 옆쪽에 비벼 껐다. 작은 불꽃이 선향 불꽃놀이처럼 후드득 받침대 강판 위에 떨어졌다.

"바로 와. 보트를 잡고 있을 테니깐."

"……"

초점이 맞지 않는 흐리멍덩한 눈동자가 난로를 향해 있는 다쓰를 흘끗 보고 명수는 밖으로 나왔다.

저 정도면 괜찮겠다고 생각했다. 다쓰가 고개를 숙이고 아무 말도 없이 있을 때는 그다지 취하지 않았기 때문이었다. 다쓰 때문에 일의 착수가 늦어져서 모두 투덜투덜 대겠지만 그들도 다쓰가 있으면 든든해 할 것이다.(술에 안취하면 솜씨도 좋고 착실한 정말 아까운 녀석이다. 어디부터 어떻게 꼬인 것일까……)

안심한 탓인지 명수는 다쓰에 관하여 이런 저런 생각을 하면서 비탈길을 내려왔다.

눈 아래로 항구가 보였다. 북서풍이 강하게 불고 파도가 거칠게 일던 어제와는 완전히 딴판으로 잔잔했다.

항구 중앙부에는 크고 작은 화물선이 같은 방향으로 뱃머리를 향해서 한가로이 쉬고 있었다. 청색, 붉은색, 오렌지색, 붉은색과 흰색의 줄무늬 모양의 굴뚝 마크가 보인다.

뒤돌아보니 소쿠료산을 중심으로 온통 흰색의 구릉이 선명한 복숭아 색으로 물들어 있다. 그러고 보니 길 한쪽에 지저분한 집의 유리창문도 널빤지 벽도 낡아빠진 나무 전봇대도 엷은 붉은색을 띤다. 처마 끝에 늘어져 있는 고드름의 가운데까지 선열한 붉은색으로 물들어 있고 중앙에서 세로로 이어진 작은 기포가 붉은 구슬처럼 반짝거렸다. 건너편 기슭의 구릉지대에서 얼굴을 내민 햇빛은 더 반짝거려서 마침내 그 일대를 황금색으로 바꿀 기세였다.

다쓰가 명수 앞에 나타난 것은 5년 전이다. 오일 쇼크로 이전보다 입출항 선박 수가 줄고 있었지만 그래도 명수네 일은 꽤나 바빴다.

항구에는 원료를 운반하는 배나 수출용 제품을 적재하는 선박이 수없이 드나들고 있었다. 무로란室蘭에 석탄과 광석을 싣고 온 배가 다른 항구에서의 제품이나 전혀 질이 다른 원료를 실을 경우 선창에서는 이전 화물의 흔적을 없애야만 했다. 이전화물의 부스러기 때문에 항해 중에 새로운 화물이 오염되거나 손상되면 선주가 화물주에게 손해배상을 해주야만 했고 무엇보다도 화물주의 신용을 잃게 되기 때문이다.

출항을 서두르는 선주는 하역이 끝나면 일각이라도 빨리 배를 출항시키려 했다. 자연히 청소작업은 심하게 재촉되었다. 만성적으로 일손이 부족했다. 그러나 위험하고 일도 엄청 힘든데다가 작업시간도 불규칙해서 쉽사리 제대로 된 인간은 모여들지 않았다.

동업자의 소개나 바다 인부들의 주선으로 홀연히 찾아오는 사람이 대부분이었다. 신원이나 경력은 알 수 없었다. 다쓰도 그런 식으로 일하기 시작한 노동자들 중에 하나였다.

다쓰는 집합소나 현장에서 거의 말을 하지 않았다. 집합소에서의 담소에도 전혀 흥미가 없는 것 같았고, 현장에서도 묵묵히 일을 할 뿐이었다. 게다가 그는 뱃일을 잘 알고 있었다. 명수가 일일이 지시하지 않아도 어려운 뒷작업도 헤아려 척척 해냈다.

다쓰가 명수네서 일하기 시작해 2, 3개월 지났을까. 명수는 다쓰의 처가 조선인이라는 것을 듣게 되었다.

명수의 부모가 조선에서 일본으로 건너와 이 지역에 정착한 후, 이미 50년 가까이 되었기 때문에 명수네 가족이 조선인이라는 것은 이 주변에 사는 사람들은 거의 알고 있었고, 노동자들도 예외는 아니었다. 명수네는 당연히 전전戰前부터 습관처럼 써오던 가네야마金山라는 일본성도 사용하고 있어서, 안지 얼마 되지 않은 사람들 중에는 명수네의 국적을 모르는 사람도 있었다.

당연히 노동자들은 다쓰의 처에 관한 소문을 명수 앞에서는 떠들지 않았다.

어느 저녁 무렵 작업이 일단락되고 명수가 사무소에서 뒷정리를 하고 있었을 때였다. 보통 같으면 잠겨 있어야 할 집합소와의 경계문이 반쯤 열려 있고, 거기서 새어나오는 다쓰의 아내의 비밀을 들었다.

전달하는 쪽은 자신이 엄청난 발견이라도 한 듯 흥분하여 떠들고, 듣는 쪽은 "허참, 정말? 사람이란 모를 일이네. 다쓰가 저렇게 된 것이 그 때문이야"라며 놀람과 서먹함이 섞인 어조로 맞장구를 치고 있다.

새어나오는 말들은 명수의 심경을 복잡하게 만들었다.

40이 넘은 후에는 일본 땅에서 조선인으로서 살아가는 것에 대해서 나름대로 결론을 짓고 젊었을 때처럼 자신이 가는 길에 바작바작 초조해 하거나 고통스럽게 이것저것 생각하지 않게 되었다. 물론 미래나 특히 자식들의 장래에 대해 불안해하지 않는다면 거짓말이겠지만, 이제

와서 바둥거려봤자 일어날 일이 일어나지 않거나, 어차피 그렇게 될 일은 그렇게 된다고 생각하는 다소 뻔뻔해진 면도 없지 않다. 그러나 남일이라도 조선인에 대해서 이러쿵저러쿵 소곤대는 소리를 들었을 때, 소년시절에 "어이, 조선반도"라고 놀림당할 때의 슬픔과 억울함, 한심함이 안타까움으로 되살아났다.

그 날 이후 명수는 다쓰의 언동을 은밀하게 주의를 기울이며 기회를 봐서 무슨 일이 있을 때마다 상담을 해 주려고 생각했다. 그러나 명수가 자신의 처와 동포라는 것을 아마도 누군가에게 들어서 알고 있을 다쓰는 명수에 대해서 감정의 변화를 암시하는 듯한 태도를 전혀 보이지 않았다. 명수도 노골적으로 다쓰의 마음속으로 툭툭 들어갈 기분은 들지 않았다. 오히려 불필요한 부담을 줄지 모른다고 생각했기 때문이다.

보트의 뱃머리에서 파도를 가르는 소리가 기분 좋게 귀를 간지럽힌다. 잔잔한 수면을 가르는 부드러운 감촉이 뱃전을 통해서 몸에 전해져 온다. 이 쾌감은 고급옷감을 잘 드는 날카로운 가위로 단숨에 자를 때의, 그 시원함과 비슷하다.

예인선이 만들어 내는 옆에서 들이치는 파도에 제대로 부딪쳐서 덜커덕, 큰 충격에 몸이 흔들렸다. 그 순간 브릿지에 밀어 넣어진 인부들이 우르르 한꺼번에 한쪽 벽에 부딪쳤다.

부서지는 물보라가 눈앞의 창문을 두들기며 물방울이 유리에 부딪치는 동안에 다시 다음 놈이 덮쳐 왔다. 키를 쥐고 있는 도메의 몸이 위태롭게 내동댕이쳐질 것 같았다. 도메의 옆에 서서 앞을 보고 있던 명수는 브릿지의 문에 세게 부딪쳤다.

"아야, 제기랄."

다시 흔들려서 몸이 반대쪽으로 세차게 날아가지 않도록 몸의 중심을 물결에 맞추면서 명수는 고함쳤다.

"뭐야 파도만 크게 쳐대고 제기랄."

도메가 썩은 감과 같은 숨을 내뿜으며 욕설을 퍼붓는다.

"세게 밀면 물결도 커진다니까."

한바탕 외설적인 큰 웃음이 터졌다.

1평정도 넓이에 가득 밀어 넣은 인부들과 중유 난로로 덥혀진 좁은 방에는 소변과 땀과 술 냄새가 뒤범벅이가 되어 숨이 막힐 듯한 끈적끈적한 공기로 뒤덮여 있다. 난로의 열과 사람의 열기로 얼굴은 화끈거리지만, 발 앞꿈치는 추워서 아플 정도다.

"이봐, 심한 냄새네, 창문을 좀 열어."

아니나 다를까 누군가가 비명을 질렀다. 얼굴 넓이만큼 연 선창으로 건조한 냉기가 상기된 얼굴에 스며들었다. 엔진진동이 몸에 시원하게 전달되었다.

아침에 출발하는 브릿지 안은 언제나 뭔지 모를 터질 듯한 밝은 분위기이다. 기다리고 있는 것은 위험하고, 힘들고, 지저분하고 더러운 일이라도 뭔가 왠지 좋은 일이 생길지도 모른다는 기대감이 있기 때문일 것이다.

"야, 어젯밤은 전혀 안됐어. 큰바구니 5개까지 간 다음에는 전혀 없었어. 결국 전부 없어졌어. 만 엔을 다 써버렸다구."

히로가 파칭코 실력을 자만하고 싶은 건지 아니면 너무 분한건지 조금한 더하면 되는 지점에서 만 엔짜리를 몽땅 없애버린 아쉬움을 토로했다.

"어디서."

도메가 키를 잡고 정면을 향한 채로 물었다.

"미고三楽, 그때 그만 두었더라면 제기랄. 차라리 스낵바에나 가서 배터지게 먹을 걸. 아아, 멍청이 같으니라고. 진짜."

"너는 진짜 절뚝발이 물 긷는 인부지."

"뭐래 그건."

"투덜거리고만 있다는 거야. 미고는 요즘 꽉 조이고 있는 거야. 기계를 바꾸고 2, 3주 지나면 위험해."

"그런 것쯤은 알고 있어."

자존심이 매우 상한 히로가 무뚝뚝하게 말했다.

"중앙회관이 최근에 많이 풀고 있다니깐. 요 2, 3일 빨간 바구니가 잔뜩 있어."

"가게가 아니야. 나오는 기계를 찾는 것이 실력이지."

"실력? 하룻밤에 만 엔이나 잃고 잘난 척은 ."

"운대라는 것도 있지. 너 같은 놈은 빨간 바구니 본 적도 없잖아."

실력에 자신이 있는 히로가 되받아쳤다.

"그런 것은 얼마든지 있지. 너 같이 개점 셔터가 올라가는 것을 기다리는 프로와는 달리 이쪽은 대개 저녁부터야."

일보다 파칭코에 다니는 일이 많은 히로의 약점을 찔렀다.

"그게 어쨌다는 거야."

분위기가 조금 험악해 졌다.

"이봐. 모두들 들었어? 여기에 있었던 가쓰和말야. 어제 저녁 호쿠요자이北洋材[6]선에서 죽었대."

요시가 두 사람의 얘기에 끼어들었다.

"뭐. 그게 정말이야."

히로가 눈을 돌렸다.

"왜 내가 거짓말을 하겠어. 호시야마星山파의 겐健에게 들었어. 가쓰의 선배가 거짓말을 할 리가 없잖아. 히로, 너도 가쓰 알지?"

"당연하지. 함께 쭉 하역 일을 한 사이인데."

모두의 시선이 요시에게 집중됐다.

"K부두에 막 도착한 러시아 배에서 말야. 목재가 겐카마키[7]라서 와이어를 정리하는데 목재에 감아서 살짝 매달았을 때인 것 같다. 붐의 한가운데서 뚝 부러진 놈이 마침 신호당번이었던 가쓰의 등을 정면으로 내리쳐서 즉사한 것 같아. 구급차가 도착 했을 때, 갑판 위에서 피를 토해 얼굴이 피범벅이가 되어 죽었대."

"안 됐네. 아직 애가 어린데."

"맏이가 소학년 6학년 그 밑으로 3명인데."

"맞네 맞아, 정확히 그 녀석이 지금……36살이니까 그런가, 일 잘하

---

6 러시아 시베리아 지방에서 생산하여 수출된 목재.

7 2개의 데릭이 1세트로, 하나는 선창위로 또 하나는 뱃전 밖까지 끌어내어 양쪽의 하역줄을 같은 화물에 연결시켜 조절하면서 상하 / 수평으로 이동시키는 하역 방식.

는 좋은 녀석이었지. 그 처도 어린애를 데리고 지금부터 큰일이네.”

“히로의 침울한 말투에 주변이 순간 축 가라앉았다. 선상에서 같은 위험에 노출된 사람에게는 남의 일이 아니다.

등 뒤에서 오고가는 이야기를 들으면서 명수는 자신의 가게에서 잠깐 동안 일한 적이 있는 눈매가 시원스러운 젊고 씩씩한 남자의 모습을 떠올렸다.

“쓰야通夜[8]는 언제야?”

앞을 향한 채로 명수가 물었다.

“오늘밤 6시부터 인 것 같아.”

“나는 갈 거야.”

“굳은 결의로 히로가 혼잣말을 했다.

“그런데, 당신들 가느다란 시베리아 목재 몇 갠가 날랐지? 왜 목재가 부러졌어?”

도메는 아무래도 이해가 되지 않는 것 같다.

“그거야 그거.”

핵심을 알아 준 사람에게 요시는 기세가 등등해졌다.

“목재의 중앙에 이음새가 있었대요. 그게 굴뚝처럼 쳐 박혀서 그 부분을 조금 용접해 두었을 뿐이였다고 하던데. 대갈못도 박지 않았고 아무 조치도 안했기 때문에…… 심하네.”

“그렇다면 부러지지 않은 것이 이상하지.”

---

8 쓰야・오쓰야란 고인과의 마지막 이별 의식임.

도메가 뱉어내듯이 말했다.

"스테배(하역회사)는 선장에게 항의 하지 않았어?"

"회사 쪽도 항의는 한 것 같은데. 지금까지 사고가 없었다는 말로만 일관하고 있대."

요시가 열심히 설명한다.

"사회주의인지 공산주의인지 모르겠지만 소련도 별거 없네, 그렇지."

도메의 목소리에는 화가 잔뜩 나서인지 가시가 있다.

"놈들의 나라도 우리들과 크게 다르지 않잖아, 목재를 그 꼴로 만들어 놓으면 목숨이 몇 개라도 부지 못할 거야."

히로가 도메의 장단에 맞장구를 쳤다. 허를 찔린 것 같아서 명수는 기분이 이상하게 가라앉지를 않았다. 그렇다고 해서 얘기에 끼어들고 싶은 마음은 들지 않았다.

"우리 형 얘긴데. 그놈들 일본 젊은 처자들의 누드 달력을 가지려고 안달이 난 것 같대. 하역 십장에게 어떻게든 입수해 달라고 끈질기게 졸라댄다고 하던데."

요시가 또 새로운 정보를 제공했다.

"여자의 나체를 보면서 무슨 건설이냐?"

도메가 키를 쥔 채 어깨 너머로 고개를 구부리며 소리쳤다.

"나체 앞에선 소련도 미국도 똑같네."

히로가 큰 소리로 말했다. 확 와 닿았다.

"보트는 목적지인 A부두에 가까워졌다. 오늘 작업장인 만톤급의 배가 묵직하게 자리를 잡고 있었다.

엔진의 속력이 낮아지자 배는 부드러운 파도 소리를 내면서 살이 그을린 여자 엉덩이를 연상시키듯(배끝) 부두의 틈으로 미끄러져 갔다. 뱃머리에는 지저분한 시베리아 국기가 축 늘어져 있다.

“이봐, 모두들. 오늘일은 빡세. 화이팅 해줘, 이제 곧 도착이다……. 자, 모두 나가자.”

명수는 힘차게 모두를 독려했다. 속도 조절용의 렌치를 오른손으로 빙빙 돌리며 키를 쥐고 있던 도메는 앞을 쏘아본 채 있다. 인부들은 줄줄 브릿지에서 나와 밖(선수)으로 다리를 질질 끄는 듯한 발걸음으로 걸어간다. 동료의 세상 돌아가는 얘기를 묵살하고 브릿지의 구석에 움츠리고 있던 다쓰가 명수의 옆을 스쳐갔다.

“다쓰, 부탁해.”

명수의 말에 되돌아보지도 않고, 아내가 보자기에 싸준 도시락을 옆구리에 끼고 느릿느릿 앞을 향하여 걷는다.

저속특유의 답답한 엔진의 붕붕거리는 소리가 나더니 쿵하고 가벼운 충격이 있었다. 밖에 우두커니 서 있는 인부들의 몸이 홱 휘였다.

인부들은 일단 부두로 올라가 본선인 킹웨이에서 부두에 걸려 있는 사다리(승강용의 계단모양의 사다리)를 어렵게 천천히 올라간다.

화물의 대부분이 이미 양륙되었다. 배 중간의 붉은 부분이 부두에서 올려다 볼 정도의 높이까지 떠올라 있었다.

“본선은 외국왕래선이라 승선할 때는 반드시 세관의 허가를 받아 주십시오. 무허가로 승선했을 시에는 위반이 됩니다. ××세관지서.”

녹색바탕에 흰 글자가 빼곡히 쓰인 고지판이 사다리의 계단참[9] 에 걸려 있었다.

명수는 사다리를 뛰어 올라 킹웨이에서 선실로 통하는 무거운 철문을 우측으로 밀어냈다.

기름 냄새가 진동하는 배안 특유의 답답한 공기 속에서 아주 익숙한 독특한 냄새가 섞여 있었다.

김치와 창자의 강렬한 냄새였다. 동경에서 대학생활을 하게 되어 비로소 창자를 보았을 때, 명수는 여자 생식기의 분비물과 같은 냄새에 압도되었지만, 익숙해짐에 따라 그 강렬한 냄새가 오히려 식욕을 돋게 했다.

아, 그래라고 명수는 납득을 했다. '조립 배' '멀십'임에 틀림없다. '조립 배' '멀십'이란 일본의 해운회사가 그 지배하에 있는 배에, 일본인 선원보다 훨씬 싼 급료의 개발도상국의 선원을 승선시켜 운항비를 감축하여 국제 경쟁력을 높이기 위한 것이었다. 이 경우 개발도상국이란 한국, 타이완, 홍콩, 인도네시아, 필리핀, 말레이시아 등을 가리킨다.

뒷머리로 목덜미를 감추고, 윤기가 없는 퍼석퍼석한 앞머리를 이마를 다 가릴 정도로 기른 남색의 작업복(맬빵바지)을 입은 남자가 어색하게 턱을 끄덕끄덕 했다. 인사할 요량인 것 같다. 돌출된 광대 위로 가는 눈이 보인다. 외모의 특징에서 조선인인 것을 바로 알았다. 아마도 20대일 것이다.

"CHIEF OFFICER(1등행해사) 있습니까?"

---

9 계단 중간에 조금 넓게 만들어 놓은 곳.

젊은 남자는 경악과 불신의 눈빛으로 천정을 가리켰다.

작은 외선이나 외항선이라면 1등 항해사의 방은 대개 2층에 있었다.

명수는 남자를 향해서 가볍게 한쪽 어깨를 으쓱하고 영혼 없는 웃음을 보내며 옆에 있는 계단을 뛰어 올라갔다. 철제계단 특유의 가벼운 소리가 발밑에서 울렸다.

계단을 다 올라가자 좁은 복도에 선실이 늘어져 있었다. 가장 앞쪽 문 위의 틀 부분에 "CHIEF OFFICER"이라는 글자가 쓰여 있었다.

노크를 하자 예스하고 우물거리는 목소리가 두꺼운 나무 벽을 뚫고 나왔다.

고무장화 바닥을 쓱쓱 몇 번이나 힘을 주어 문지르고 나서 기세 좋게 문을 밀어제치고 "안녕하십니까"라며 일부러 힘 있는 목소리를 냈다.

침대의 측면에서 축 늘어져 있는 하얀 다리가 보였다.

"네에."

잠시 후에 졸린 듯한 답변이 있었다.

3평 될까 말까한 방 가운데에 네모난 책상이 우두커니 있고 그 위에 리플렛과 메모용지가 난잡하게 접혀 있었다. 재떨이에는 담배꽁초가 넘쳐나고 무참하게 비벼 눌러진 몇 갠가가 책상 위에 떨어져 있었다. 어젯밤 늦게까지 옥신각신 했음에 틀림이 없다.

테이블 맞은편에 낡아서 바란 목제의 집무용 책상이 둥근 뱃전의 창문아래에 떡 버티고 있었다.

잠을 방해 받은 사람이 보이는 뚱한 나른한 표정으로 침대에서 떨어진 1등 항해사에게 명수는 명함케이스에서 자신의 명함을 주의 깊게 골라내서 건넸다.

졸음이 덜 깬 얼굴에는 갑자기 들이 닥친 방문에 놀라움과 당혹한 표정이 역력했다.

"아이고, 교포입니까?"

1등 항해사는 감정을 누르며 명수를 보았다.

"네에. 대리점에서 부탁받고 세척작업으로 왔습니다만."

명수는 모국어를 사용했다.

"오, 한국 사람입니까. 드문 일이네요."

정중한 조선어로 얘기하면서 자 이쪽으로 라며 테이블 의자로 안내했다. 명수는 털썩 의자에 앉았다.

"여기에서 생활하십니까?"

유창한 서울말이다. 명수는 그렇다고 말했다. 아무래도 30대 초반인 것 같다.

"고향은 어디입니까?"

"경상도 부산입니다. 고향은 어디입니까?"

"서울입니다. 언제 일본에 왔습니까?"

애교가 있는 가볍고 부드러운 억양이다. 따지는 듯한 거친 전라도나 경상도 출신 사람들의 말과는 매우 다르다.

"일본에서 태어났습니다."

이쪽은 조선의 어느 지방색도 묻어나지 않는 인공 조선어이다. 상대는 눈을 크게 떴다.

"진짜예요? 그런 거 치고는 한국어를 매우 잘하시네요."

겉치레 말임에 틀림없다. 본국의 사람이 들으면 순수 배양적 조선어는 바로 알 것이다.

의미는 알지만 조국의 어떤 지방색도 없는 말투이다.

“그렇지 않겠죠. 학생 시절을 동경에서 보냈기 때문에 그 때 배웠습니다. 반쪽발이 한국어입니다.”

“그래서 한국에는 가끔 가십니까?”

“아니오. 어머니는 두세 번 갔다 왔습니다만 저는 아직 간 적이 없습니다.”

명수는 히죽 웃었다.

“왜요? 그렇게 한국어를 자유자재로 하시니까 거기 가서도 아무런 불편함이 없을 거예요. 한국은 많이 바뀌었습니다.”

미소를 짓고 있었는데 눈빛은 뭔가를 살피는 기색이었다. 지금까지 수십 번 한국 선원을 만났지만 얘기를 많이 할수록 미묘한 어색함이 얼굴 표정이나 말에 감춰져 있다. 이번에도 예외는 아니었다. 아마도 품평을 하고 있을 것이다.

“기회가 있으면 갔다 오려고 합니다.”

명수가 일하는 항구에 들어 온 배에서 처음으로 동포를 만났을 때 그는 매우 감격하여 상대의 손을 두 손으로 꽉 쥐고 뜨거운 마음으로 본적지와 본관을 얘기하며 조국의 정세를 적극적으로 물어보기도 했지만, 회를 거듭할수록 이쪽의 흥분이나 열정적인 어조에 따라오지 않고 어딘가 거리를 두는 상대의 말투를 깨달은 뒤로부터는 자신의 감정을 직접상대에게 드러내지 않도록 신경을 썼다. 그들도 재일동포에 대한 친근감은 있겠지만, 명수와는 달리 한 발짝 뒤로 물러나 있는 듯한 냉정한 점이 있었다.

그렇더라도 교포가 선박관계의 사업을 하는 분은 드문일이네요. 동포선원을 만나면 마치 말을 맞춘 듯이 이 표현이 나온다. 처음에는 액면 그대로 받아들이고 전혀 기쁘지 않은 것은 아니었지만, 그 표현 뒤에 숨겨져 있는 본국 사람들의 재일 동포관을 알아챈 후에는 복잡한 생각을 품으면서 적당하게 응대하게 되었다.

아니, 그렇지도 않아요. 우리 동포들의 직업도 다양하니까요. 이렇게 못을 박아두지 않으면 대개 그 뒤에 이렇게 말하긴 좀 그렇지만, 재일교포는 대개 파칭코 점포에 한국요리점이 아니면 고리대업이나 고철상이라며 속마음을 털어놓는다. 상대는 이쪽을 칭찬할 의도였겠지만 듣는 쪽은 기분 좋지는 않다. 그러기는커녕 오히려 굴욕감을 느낀다.

"어젯밤 일이 일단락 된 후에 상륙해서 한잔 하고 왔습니다."

명수의 마음을 알아챘는지 어쩐지는 모르겠지만, 화제를 바꾸었다.

"여기는 시골이라 괜찮은 곳이 없었죠."

상대는 직접 대답하지 않고 파칭코를 하고 나서 한국요리점에 갔다고 했다. 한국 본토와는 다르니까 입맛에 맞지 않았겠다고 말을 잇자,

"그곳의 요리는 역한 냄새가 나"

"그렇습니까. 어느 가게입니까?"

상대는 가게 이름을 말했다. 명수도 자주 가는 가게였다. 1등 항해사는 멸시의 웃음을 띠고 있었다. 명수는 역한 냄새라는 의미를 이해했다. 조선요리라고 쓰여 있는 간판이 마음에 들지 않은 것 같다. 이름을 보고

후각과 미각이 이상해진 것이다. 갑자기 부아가 치밀었다.(어떠한 사소한 일에도 방심하지 않고 신경을 써서 색깔론으로 나누어서 서로 반목하는 습성이 본능처럼 장착되어 버리고 만 것이다. 조선이라는 글자를 보는 것만으로 혐오와 거절 반응이 솟구칠 것이다. 평소처럼 선장은 S시의 영사관에게 나의 국적을 물어봤겠지. 조사했는지 어떤지 그들의 태도 변화에서 바로 앎)

"그곳은 이 어촌에서는 가장 맛있다고 평판이 나 있는 곳인데."

명수는 가장이라는 수식어를 일부러 강조했다. 잠시 동안 침묵이 흘렀다.

"그런데 말인데요."

침묵을 깨듯이 상대는 사무적인 말투로 말했다.

"정말로 왜놈(일본인)은 어쩔 수가 없어요."

이번 항해는 놈들이 용선주인데 진짜 심하게 화물을 운반시킵니다. 하마터면 태평양의 정 중앙에서 타 죽을 뻔 했습니다. 놈들은 안전한 곳에서 떡 버티고 있고 우리 한국인과 동남아시아 사람에게 아주 싼 월급으로 위험한 일을 시킵니다."

명수가 나이가 더 많다는 것을 확실히 알았기 때문에 정중한 말을 사용했다.

"가루 모양의 석탄을 그냥 고체모양으로 만들었을 뿐이라는 말에 방심한 것이 잘못이었습니다. 아주 엉터리입니다. 그런 발화점이 낮은 것이라고는 꿈에도 생각하지 못했습니다. 이쪽으로 입항해서 수하인에게 들으니 양륙장에 적재해 두기만 해도 발화 할 가능성이 있는 위험한 것이라고 하지 않습니까. 일본에 거의 도착했을 때 불이 나서 다행이었지만 조금만 더 빨랐더라면 선창이 녹아서 아수라장이 될 뻔 했어요.”

말투가 점점 격해졌다.

“그 조개탄은 어디에서 적재했습니까?”

“호주입니다. 이렇게 불이 붙기 쉬운 것을 꽉 채워서 배로 흔들흔들 거리다니 죽으라는 것이지요.”

그때 주황색의 헬멧을 쓴 남자가 문에 바짝 붙어 들어왔다. 하역회사의 십장이었다.

“CHIEF! 3번 창구에 물이 너무 많아서 저 상태로는 하역할 수 없어요. 앗, 그렇지. 일본어를 할 수 없었지. 코리아도 젊은 사람의 경우는 불편하네.”

십장은 전문용어를 그저 늘어놓는 수준의 영어를 사용했다. 그것도 더듬 더듬거렸다. 그것을 듣는 1등 항해사는 불안한 듯한 표정으로 그저 끄덕일 뿐이었다. 명수에게 드러낸 일본인에 대한 노골적인 증오를 어느샌가 몸속깊이 감춰버렸다.

앉아 있는 명수와 시선이 마주치자 십장은 단숨에 말을 토해 냈다.

“앗, 아사히旭 씨, 딱 마침 만났네. 댁의 세척용 배수 펌프로 말야, 하역과 병행해서 창구내의 물을 배수해 줄 수 있어. 침수상태라 재작업하는 인부가 홀드에 들어가려 하질 않아. 1, 2번 방은 속이고 속여서 했지만, 3번은 물이 많아서 어쩔 수가 없어서. 기껏해야 만 톤 화물에, 오늘로 벌써 5일째야. 용선주는 무슨 일이 있어도 오늘 저녁까지 끝내라고 하던데. 윗 놈들은 선박회사에는 고분고분하면서 우리들에게는 마구 화풀이를 하구. 짜증나……. 어쨌든 우리가 끝나지 않으면 당신들도 일이 되지 않지.

(그건 틀림없지만……)

"그렇지만 우리들은 청소하러 왔어. 배수 작업이 되면 그거에 발목이 잡혀서 중요한 부분이 예정대로 가지 않게 됐단말이지."

그건 알겠는데. 배수 쪽은 또 별도요금을 청구하면 돼. 하역이 진척되지 않으면, 결국 대리점이 곤란해지니깐"

억지였다.

"대리점 쪽은 우리들이 납득시킬 테니깐 좀 부탁해."

모두가 싫어하는 처치 곤란한 일을 떠맡는 것이 생업이니까, 이러쿵저러쿵 해 봤자 결국 이쪽으로 돌아오기 마련이다. 할 수 없다고 말하면 다른 업자에게 시켜도 좋은가 라는 얘기가 된다. 이런 일이라도 일단 다른 곳으로 가면 되돌아오지 않는다.

이때 하역청부업자에게 신세를 지게 하는 편이 앞으로의 장사에 손해는 보지 않을 것이다.

명수는 대리점에서 O・K를 받는 것을 조건으로 2개 작업을 병행해서 하는 것에 동의했다.

평소에 일이기 때문에 인부들은 이미 갑판에 흩어져서 비어있는 1, 2번 창구를 들여다보고 있었다.

"이봐. 데짱. 잠깐 이쪽으로 와봐."

갑판에서 나온 명수는 양손으로 나팔을 만들어 작업원들을 향해서 외쳤다.

3번 창구에서의 양륙이 시작되었다. 거대한 양동이가 배와 부두 사이를 계속 오가고 있었다.

명수는 3번 창구의 코밍[10]을 손질해서 안을 들여다보았다.

아이스하키 팩과 비슷한 석탄이 코밍 안쪽까지 부풀어 올랐다. 양동이가 몇 번인가 부딪쳐서 생긴 사발 모양의 구멍에 시커먼 물이 고여 있다.

엄청난 양의 물인 것을 명수는 직감했다. 불대로 불은 석탄을 양동이가 부두 앞에 토해낼 때 마다 자욱한 검은 연기가 솟아올랐다. 일단 올라간 미세한 검은 먼지가루가 슬금슬금 눈이나 콧구멍으로 들어온다. 눈꺼풀의 안쪽이 시큰거리고 콧구멍은 간질간질하고 목이 맵싸하다.

명수는 데짱에게 배수펌프를 우선 3번 선창에 넣도록 말하고 다른 사람에게는 1, 2번 선창 안을 쓸도록 지시했다.

요시가 명수의 가슴높이까지 올라와 있는 코밍 가장자리에 서서 대나무 빗자루와 삽, 등유의 빈 깡통을 동여맨 로프를 선창바닥으로 끌어내리고 있었다.

"이봐, 조심해, 미끄러지면 전부 끝이야. 하려면 갑판에 내려가서 해"

"이 편이 일이 빨리 진행돼. 엄마 배위 보다 훨씬 안심 되네."

말을 들을 것 같지도 않다. 동작이 기민하고 눈치가 빠르지만 키가 작은 요시는 턱을 부딪칠 것 같은 코밍 너머의 로프를 올리고 내리는 작업은 아무래도 자신의 일 리듬에 맞지 않는 것 같다. 요시의 줄타기 작업을 명수는 못 본 척했다.

---

10 coaming : 갑판의 승강구 및 지붕 등의 뚫린 부분의 방수용 테두리.

명수는 코밍의 가장자리에 손을 얹어서 몸을 쭉 피고 아래를 들여다보았다. 훨씬 아래쪽에서 4, 5명의 작업자가 천천히 청소 순서를 정하고 있었다.

명수는 선창내의 상황을 알기 위해 선창바닥으로 내려가기로 했다.

선수창고의 무거운 문을 열자, 바로 가까이에 선창으로의 입구가 있었다. 아래를 보니 벌크헤드에 붙어 있는 사다리가 10미터를 족히 넘는 깊이의 선창 바닥에 수직으로 박혀져 있다.

양륙을 완료한 선창 안은 철벽으로 둘러싸인 큰 창고의 느낌이 난다. 선창바닥에 서면, 불안한 고요함이 휑한 공간에 자리 잡자 밖의 그 떠들썩함이 거짓말 같다.

로프에서 떨어져 나갈 때마다 삽과 빈 깡통이 부딪치는 한가로운 금속음이 더러운 철벽에 메아리쳐 날카롭게 혹은 부드럽게 고막을 친다.

막 일을 하기 시작한 인부들의 동작에는 어딘가 느긋한 여유가 느껴졌다. 한순간 시간이 정지한 듯한 조용함으로 인한 것이지만 출항까지는 아직 상당히 여유가 있다는 것을 알기 때문이다.

바닥만을 둘러봐서는 대단한 먼지나 가루양이 아니었다. 문제는 코밍 안쪽과 양옆의 벽을 횡으로 뻗어있는 슈퍼링의 뒤쪽에 감춰져 있는 것들이었다.

"으쌰 드디어 배꼽까지 시커머졌네."

자세를 바꿔 앉으면서 농담 섞인 어조로 도메가 혼잣말로 선창 바닥에 흩어져 있는 빗자루와 쓰레받기를 허리밴드에 푹 찔러 넣었다.

"이봐, 도메. 어느 정도 걸려?"

명수는 일의 리더 격인 도메에게 물었다.

"1, 2번 선창 내를 쓸어내는 것만으로 오전 내내 걸리지 않을까?"

예상한 대로의 답변이 돌아 왔다. 3번 선창의 불필요한 작업이 있기 때문에 잘못하면 어두워져서 파일러가 승선하지 않는다고 할지도 모른다. 그렇게 되면 오늘 출항은 무리다.

"이봐, 히로, 코밍 안쪽까지 좀 올라가서 보고 와 줘. 의외로 죄다 감춰져 있을 지도 모르니까."

"알았어."

바닷일을 하는 인부가 되기 전에는 빌딩 건설현장에서 토대작업을 전문으로 했다고 자부한 만큼 익숙한 동작으로 스파링를 잡더니 쭉쭉 올라간다.

"이봐 꽤 높아."

머리 위에서 쨍쨍 울리는 목소리가 울려 퍼지는 순간 석탄덩어리가 제각기 바닥에서 튀어 오르고 검은 먼지가 위로 날아올랐다. 석탄 특유의 그을린 냄새가 주변에서 나고 저릿한 감촉이 눈꺼풀 안쪽에 차츰 퍼져갔다.

"이봐 다쓰. 너 오늘은 웬일로 맨 정신이냐. 요전에는 위세가 대단히 좋았는데."

혈색이 나쁘고 푸석푸석한 두꺼운 피부의 얼굴을 숙이고 묵묵히 일을 하고 있는 다쓰에게 도메가 반 놀리듯이 말을 걸었다.

"……"

"너도 술을 마시면 완전히 변하잖아. 요전에 일을 기억 못하지 그렇지?"

3일전의 일을 말하는 것이다…….

그때까지 일주일은 이 일 저 일로 분주한 작업이 계속 돼서 일용직은 쉬게 하고 정규직만이 집합장소에서 짐정리와 도구정리 등 막간 작업을 했다.

빈둥빈둥하기에는 아까울 정도로 날씨는 평온하고, 봄처럼 온화한 햇살이 느슨해진 지붕 위의 눈을 비췄다.

도메가 집합소의 입구에 멍석을 깔고 그 위에 책상다리를 하고 앉아서 하역용의 그물인 슬링 손질을 하고 있었다. 이전, 북양선단의 어부였던 만큼 그물 수리를 시켜보니 정말 솜씨 좋고 완성도도 훌륭했다.

만면에 웃음을 띤 다쓰가 어느샌가 도메 앞에 멍청하게 서 있었다. 내장에 질환이 있는 사람 특유의 평소에 흙빛이 안면에서 사라지고 홍조마저 띠고 있었다.

"도메, 미안해."

한손으로 비는 듯한 흉내를 내며 자못 거리낌 없이 말을 걸었다.

"도메 잘난 척하지마 이 새꺄."

지병이 도졌다는 걸 알고 있지만, 갑자기 친한 척하는데다가 거만스러운 말투로 도메라고 부른 것이 비위에 거슬린 모양이다.

도메는 작업을 멈추지 않고 비틀거리는 상대를 눈을 치뜨고 노려보며 침착해 있지만 덤벼들 듯이 말을 걸었다.

"대낮부터 좋은 팔자네. 너무 바쁠 때는 전혀 코빼기도 안 비추더니 한가하게 쳐 나타나서는 도메……는 아니지 이놈이."

"미안, 미안, 오려고 했는데, 거 있잖아……. 야마모토파의 형님을 만나서 그만…… 오랜만이라……. 걱정하지마. 다음번에는 틀림없이 올테니까. 저는 여기가 맘에 든다니까……. 바람 같은 건 피우지 않아. 이래도 항구의 의리정도는 알고 있으니까. 본선에 대해서는 너보다 훨씬 더 잘 알고 있어."

"허, 너 같은 놈이. 대단하지도 않은 놈이 그럴싸한 소릴 해대네."

"뭐라고…… 뚜껑열리네……. 내 방식에 대해 트집을 잡는 거야, 응?"

"일주일간이나 땡땡이치고 그 형님인가 뭔가와 마셨을 리가 없지. 너 2, 3일전에 목욕탕 카운터에서 주인아주머니랑 크게 옥신각신 했다면서. 너무나도 끈질기게 시비를 걸어서 손님이 참다 참다 너를 밖으로 내쫓아 냈다고 들었어. 취해서 목욕탕에 들어가 목욕 값이 비싸다고 나뒹구는 놈이 어딨어. 이놈새끼, 평소에는 조개 같은 입을 꽉 다물고 있는 놈이, 술이 들어가면 어째서 이렇게 나불나불 지껄이는 건지……. 됐으니깐 다른 사람의 일을 방해 말고 빨리 빨리 집에 돌아가 빨리 자빠져 자. 네놈의 아내도 남편 복이 없네."

뭐 자빠져 자라고?…… 너한테 무슨 권리가 있어서 나에게 자라니 일어나라니 말할 수 있냐. 응?…… 너도 다른 사람에 대해서 이러쿵저러쿵 말할 수 있는 근본은 아니지……. 이봐, 이쪽 봐……. 네 처는 여기저기 가게에서 물건을 사고는 돈을 지불하지 않는다면서……. 그 금융 빚부터 이것저것 합치면 밑바닥인생이라면서. 다른 사람에게 설교할 수 있는 주제가 아니지."

설명이 충분치는 않지만 계속해서 말이 흘러나온다.

부부 둘 다 돈도 잘 꾸는데 그것 이상으로 특히 돈을 갚지 않는 것이 탁월한 도메는 아픈 곳을 찔려 하얀 얼굴이 빨개졌다.

“이봐. 너무나 장황한 말 늘어놓지 말라니까. 맨 정신일 때 와, 맨 정신일 때에, 언제든지 상대해 줄 테니까.”

말에 노기가 서렸다.

“정곡을 찔렸다고 꽁무니를 빼려는……. 빚이 늘어 가면 부부가 헤어지고 적당히 사건이 잠잠해 지면 또 합친다며……. 이걸로 그 여자와 붙어먹은 게 몇 번째야?”

턱을 내밀고 앉아 있는 상대의 얼굴을 들여다보이지만, 다쓰는 다리가 얽혀 그 자리에 털썩 주저앉았다.

“이 알코올중독 새끼. 후딱 꺼져. 그냥 안 둘거야.”

마침내 정말 화가 나서 도메의 얼굴빛이 변했다.

“알코올중독 새끼?…… 너도 하룻밤에 한 홉(말) 마셔치우면서. 이튿날 숙취로 배가 아파, 엉덩이가 아프다느니 하면서 쉰 게 누구였더라, 응?”

“이 새끼, 깔보는 말투를 해가지고는.”

심한 욕설과 울퉁불퉁하고 딱딱한 손이 다쓰의 멱살을 잡은 것이 동시였다.

“아, 아파. 저리가.”

얼굴이 빨개진 도메는 근력이 없어져 어떤 반발도 하지 못하는 다쓰의 몸을 세게 밖으로 질질 끌고 가서는 갑자기 명치를 힘껏 밀었다. 이미 평행감각을 잃어버린 다쓰의 몸은 나무막대처럼 눈 위에 뒤로 벌렁 나자빠졌다. 따뜻한 햇살에 녹은 수분을 머금은 눈송이가 투명한 빛을 반짝이며 흩날렸다. 주위사람이 말릴 새도 없이 순식간의 사건이었다.

신선하지 않은 명태처럼 늘어져서 움직이지도 않는 다쓰의 몸 위로 올라타자마자 구깃구깃한 작업복의 목 언저리를 비틀어 올려서는 주먹으로 안면에 몇 발을 날렸다. 뿌드득, 뿌드득 뼈가 함몰되는 듯한 소리가 들렸다.

"이봐, 멈춰."

밖으로 뛰어나간 명수가 치켜 올린 팔을 눌렀다.

"이렇게 술에 취한 사람을 상대로 어른스럽지 못하게."

명수는 도메를 쏘아보며 거친 말투로 내뱉었다.

"다쓰, 이런 곳에서 어슬렁거리지 말고 집에 가서 자라니까."

초점이 맞지 않은 멍한 시선이 허공을 헤매고 있는 다쓰를 내려다보면서 명수는 타이르듯이 말했다.

"이 새끼. 만만하게 보이면 기어올라서는 썩 꺼져. 죽기 싫으면."

아무도 다쓰를 간호해 주려 하지 않았다. 모두 아무 일도 없었던 것처럼 태연했다. 명수도 도와서 일으켜 줄 마음도 없고 옆에서 아무 말 없이 보고만 있을 뿐이었다.

다쓰가 벌떡 상반신을 일으켰다. 입술에서 빨간 피가 줄줄 흘렀다. 광대에 진흙이 찰싹 붙어서 주변으로 피가 스며들고 있었다.

일어선 다쓰의 얼굴에는 억울함과 슬픈 표정 따위는 전혀 보이지 않았다. 아까 도메 앞에 나타났을 때와 같은 온화한 얼굴이었다.

뭔지 알 수 없는 말을 중얼거리고는 천천히 몸의 방향을 바꾸었다. 등에서 엉덩이까지의 작업복은 젖어서 변색되었다.

복장의 흐트러짐이나 지저분함에는 전혀 신경이 쓰이지 않는 것 같고, 자신의 의지와는 아무 상관없이 제멋대로 움직이는 다리 때문에 미끄러져 넘어지고 겨우 일어나려고 한 순간 엉덩방아를 찧는 동작을 반복하면서 군데군데 웅덩이가 파인 눈길에서 멀어져 갔다…….

주변에는 이미 검은 가루먼지가 자욱이 끼어 있었다. 시야가 2, 3미터 될까 말까로 어디에 누가 있는지 전혀 모른다.

위를 향하면 창구 부근이 멍하니 희미하게 밝을 뿐이다. 입을 의식해서 꽉 다물고 있지만 미세한 검은 입자는 코털을 쉽게 빠져 나가 목구멍까지 침입해 들어온다. 눈꺼풀 안은 저릿함에서 불편함으로 변하고 목은 아릿하고 입속은 꺼슬꺼슬하다.

켁켁거리며 기관지의 깊숙한 곳에서 짜내듯이 가래를 토해내는 소리가 여기저기서 들려왔다.

직선으로 똑바로 떨어져 오는 것과 스파링 사이를 굴러 바닥에 내동댕이쳐진 덩어리가 건조하게 튀어 오르는 소리에 섞여 커터로 긁혀 떨어진 가는 알맹이 덩어리가 물기를 머금어 둔탁한 소리가 창고바닥을 긴다.

"이봐. 다쓰, 어디야?"

도메의 고함치는 소리가 우물거리며 메아리친다.

"위에서 3단 째다."

무뚝뚝한 대답이다.

"빠르네. 나는 아직 두 번째다. 너는 취하지 않으면 진짜 일이 빨라. 으쌰 둘이서 양옆에서부터 간다."

대단한 도메 역시 맨 정신의 다쓰의 재빠르고 능숙한 일처리에는 손을 든 것 같았다.

(여기는 두 사람에게 맡기면 괜찮겠지. 다른 인부들도 그들의 페이스에 말려서 농땡이를 칠 수 없겠지)

"이봐. 도메 3번 쪽을 보고 올 테니까 여기 부탁해."

명수는 석탄먼지 속에서 들려오는 방향을 향해서 외쳤다.

"알았슈."

까불거리는 듯한 답변이 아득히 높은 곳에서 울려 퍼졌다.

큰 파도 작은 파도가 밀려온다
여기 겨울바다 캄챠까 앞바다.
포경선 선장, 북해의 도메요시는
고래를 겨냥해서
작살을 쏘았다.
작살은 날아갔다.
작살은 고래에 적중하지 않고
파도에 철버덕 떨어졌다.

도메가 잘하는 가락이다. 맑고 탄력이 있는 소리의 기분 좋은 리듬으로 부른다. 북태평양으로 고기잡이를 갈 때 외운 것이 틀림없다. 그는 고된 일을 시작하기 직전에 자주 이 애창곡을 부른다. 몇 번이나 들어서 도메와 똑같이 완전히 읊조린 명수는 도메의 굴절된 마음의 표출을 알 것 같다. 자조적인 장난기 섞인 목소리가 사다리를 오르는 명수의 뒤에서 웅웅 울려 퍼졌다.

게구멍에서 얼굴을 내밀자 하역작업의 분주한 소음이 마치 경쟁을 하듯이 귀에 뛰어 들어왔다. 크레인이 낮게 윙윙 거리는 소리, 부두를 돌아다니는 트랙터의 중앙에 울려 퍼지는 소리, 들통에서 뱉어진 석탄을 바로 집어서는 달려 사라지는 방약무인한 덤프트럭의 엔진소리. 일정한 간격으로 삐-삐- 얼어붙은 바깥공기를 가르는 순번신호를 알리는 호루라기소리.

기름기가 있어서 조금만 방심하면 제대로 걷지 못하게 될 것 같은 갑판을 조심조심해서 명수는 3번 선창 쪽으로 걸어갔다.

브릿지 전면이 눈부시게 하얗다. 군데군데 끼워 맞춘 둥근 창문이 이쪽을 보고 비웃는 듯하다.

원주가 커진 웅덩이의 가장자리에 위험하게 놓인 펌프가 아주 크게 윙윙거리고, 소방용의 호스가 코밍의 가장가리까지 솟아올라가 갑판을 기어 블루워크[11]를 타고 올라가 배 중앙에 매달려 있다.

펌프의 상태가 나쁜지 호스 속을 타고 올라가는 물의 기세가 코밍 쪽에서 갑자기 약해져 호스는 나무줄기를 기어가는 번데기처럼 여기저기 주름을 만들고 꿀렁꿀렁 꿈틀거린다.

11 또는 현장(舷牆) : 배 갑판의 울타리, 선수부에 마련되어 있고 선수의 갑판에 올라오는 파도를 막는 기능을 함.

분료 회수차 수배를 하지 못해, 급히 준비한 사각 됫박 모양의 하대를 짊어진 대형 트럭이 호스에서 받은 흙탕물을 담아서 배에서 떠나간다. 천천히 달리지만 부두 앞면에는 크고 작은 파인 자국이 생겼고 거기에 타이어가 빠질 때마다 흙탕물이 출렁거려서 2, 3미터도 가지 않은 사이에 하대 양쪽을 기세 좋게 뛰어넘어 주변에 튄다. 목적지에 도착했을 때에 하대는 거의 비어 있을 것이다.

(이런 상태로는 도저히 저녁때까지 할 수 없다)

명수는 불안해 졌다. 시계를 보니 12시 전이었다. 점심을 먹기로 했다.

브릿지의 복도에서 도시락을 편 인부들은 갑판에 눌러앉아 코밍에 기대서 쉬고 있었다. 약한 겨울햇살이 철판에 희미한 온기를 주었다.

명수는 하역회사의 대기소 전화를 빌려서 자신의 사무소 작업의 대략적인 종료 시간을 막 알리고 왔을 때였다.

모두 늘어져 있었다. 식사 전에 일단 얼굴을 씻은 것 같았지만 숯가루가 줄무늬로 남아있었다. 일에 지친다기보다 너무나도 지저분하기 때문에 진절머리가 난 느낌이었다.

"이제 조금 남았으니 힘내자구."

애써 밝은 목소리를 냈다. 모두 잠자코 있었다. 대답 하는 것도 귀찮은 것 같다.

다쓰가 무리에서 떨어져 갑판에 엉덩이를 딱 붙이고 앉아 있다. 양팔로 무릎을 감싸고 있다. 모두 기분 나쁜 태도에 조금은 주눅이 든 명수는 이어갈 얘기꺼리를 잃고 어쩔 수 없이 다쓰 옆으로 가서 앉았다.

"어때, 괜찮아?"

명수는 다쓰가 이야기 상대가 되어 주기를 원했다.

"응, 그럭저럭."

다쓰는 멀리 응시한 채 대답했다. 명수는 안심했다.

"직원들은 한국인이지?"

다쓰가 나직한 소리로 물었다. 명수는 깜짝 놀랐다. 물은 내용도 내용이지만 다쓰가 먼저 이야기를 꺼내는 일은 매우 드문 일이었기 때문이다.

"그래. 그것이 어째서?"

"응, 아무것도 아니야."

다쓰는 방한복의 가슴팍에 있는 주머니에 엄지와 집게손가락으로 넣어서 담뱃갑을 꺼냈다. 담뱃갑은 숯가루로 뒤덮여 있었다.

담뱃갑 안을 집게손가락으로 가볍게 두드려 거무스름해진 담배를 명수 눈앞에 들여댔지만, 담배를 피우지 않는다고 하자 그대로 자신의 입으로 가져갔다. 입술가가 검어져 입술색이 두드러진다.

"다쓰, 여기에 오기 전에는 어디에 있었어?"

이야기 할 것 같은 예감이 들어서 생각나는 대로 물어보았다.

"도마코마苫小牧"

오늘따라 입이 가볍다.

"도마코마에서 뭘 했어?"

"지금과 같은 일."

"근데, 너는 도마코마출신이 아니잖아."

"요코하마."

"뭐라고?"

정말 의외였다. 요코하마에서 무엇을 했냐고 물으니, 하역회사에서 일했었다고 대답했다. 어쩐지 뱃일을 잘 알고 있었던 것이 납득이 되었다. 조금 더 경력을 물어보려고 했지만 그만 두었다. 이 세계에서는 너무 타인의 과거를 캐는 것은 바람직하지 않다.

"명수 씨는 귀화하지 않을거야?"

뿜어내는 보라색연기와 함께 또다시 의외의 말이 튀어나왔다.

"왜 그런 걸 물어봐."

사람을 보고 말을 해, 라고 내심 불쾌했다.

"아니, 아내가. 귀화 같은 건 죽어도 싫다고 하니까. 명수 씨도 그런가 하고."

"……"

다쓰가 명수에게 자신의 비밀이야기를 한 것은 물론 처음이었다.

"아니, 그게……. 일본사람과 오래 생활했으니깐 슬슬 일본인이 되면 어떠냐고 말했거든."

명수는 흠, 하고 콧소리를 낼 뿐이었다.

"그랬더니…… 그럼 당신은 조선으로 귀화 할 마음이 있냐고……. 나는 할 수 없다고 했더니 그렇다면 피장파장이라고……."

"나는 귀화할 생각이 없어. 근데 왜 갑자기 그런 얘길 하는 거야."

"아니, 좀……. 여편네한테는 빚이 있어서."

그 말로 끝이었다. 다쓰는 더 이상 말을 하려고 하지 않았다. 내용이 내용인 만큼, 명수 쪽에서 이야기를 리드할 마음이 내키지 않았다.

시간이 된 듯 하역노동자가 갑판에 모습을 드러냈다. 명수네 인부들도 일어났다. 다쓰가 천천히 일어났다.

머리카락의 색과 별반 다르지 않은 다쓰의 목덜미를 보면서, '아내에게 미안한 마음이 있다면 조금 더 소중하게 대해주면'이라고 잔소리 한마디라도 해 주고 싶었다.

다쓰의 아내는 명수의 사무소에서 백미터 정도 떨어진 잡거건물[12]에서 일하고 있다. 건물은 부두의 해안을 따라 세워진 3층짜리로 주로 해운관계의 회사가 들어와 있다. 일관계로 명수는 가끔 그 건물을 찾아갔다.

그날 그 건물에 명수가 가까이 왔을 때 앞쪽에 택시가 현관에 옆으로 대더니 안에서 남자가 들어 삼킬 듯한 표정으로 나왔다. 남자는 엉킨 발걸음으로 건물 안으로 들어갔다. 다쓰라고 생각했다. 문을 열자 복도에서 다쓰와 그의 처가 옥신각신하고 있었다. 명수는 모르는 척하고는 그들 옆을 지나 복도 끝을 돌아갔다. 돌아가서 바로 발꿈치를 돌려 벽으로 얼굴만을 내밀었다.

다쓰가 끈질기게 치근덕거렸다. 그의 처는 다쓰를 무시하고 대걸레질을 빠르게 했다. 이봐, 내봐. 다쓰가 호통 치는 소리가 들렸다. 아내는 다쓰의 손을 뿌리치고 홱 돌아서서는 힘을 주어 대걸레를 바닥에 비벼댄다. 옆을 지나가는 사람들이 불쾌함을 노골적으로 드러내며 싸늘한 시선을 보낸다. 여사무원 등은 매우 불쾌하다는 식으로 몸을 홱 돌린다. 몇 번이나 다쓰를 매정하게 뿌리쳤지만 지나가는 사람들의 시선이나 태도를 견딜 수 없었던지, 그의 처는 작업복 주머니에서 지갑을 꺼내더

12 잡거건물은 불특정다수의 업종, 업태의 가게나 주거 등이 다수 혼재한 빌딩을 말함.

니 거기서 지폐를 잡어서 던지다시피 다쓰의 손에 건넸다. 다쓰는 천천히 몸을 돌린다. 몸으로 문을 열어 택시 안으로 들어간다. 어디선가 또 계속 마셔대겠지.

명수는 모퉁이를 돌아서 되돌아왔다. 원래 현관의 바로 옆에 있는 사무소에 볼일이 있었다. 그의 아내 옆을 지날 때 힐끔 그녀의 모습을 들여다보았다. 그의 처는 무표정하게 대걸레질을 하고 있었다. 꽉 잡은 주먹 가까이의 자루대 손잡이에는 몇 방울의 얼룩이 퍼져 있었다.

1, 2번에서의 순조로운 일 진척과 비교해서 3번 선창의 하역은 좀처럼 진척되지 않았다.

항해 중에 얼마만큼 방수작업을 반복한 건지 창고 내에 숨겨진 물의 양은 예상을 훨씬 상회하는 것이었다. 퍼내고 퍼내어도 계속 솟아난다.

짐을 싸는 작업자는 흙탕물이 장화 높이를 넘는 곳에서의 작업은 하려 하지 않았다. 하역회사의 작업자는 노동협정에 따라 열악한 노동을 거부할 수 있는 것이다.

무게 200키로의 펌프가 눈앞이 어지러울 정도로 위치를 바꿨다.

겨우 창고바닥이 보이고 포크레인이 잔여물 작업을 시작했을 때에는 이미 예정 출항시간이 바로 목전이 되었다.

수하인, 선박회사의 대리점, 거기에 하청업자와 선장 간의 부산한 얘기 끝에 3번 창고에 대해서는 배수와 하역만 하고, 청소는 선원이 항해 중에 하기로 해서 늦어도 17시에는 파일러[13]를 탑선시키기로 정해졌다.

모든 것이 분주함을 더했다. 갑판을 오가는 작업원의 눈초리가 험악해졌다. 배와 부두를 왕복할 양동이의 움직임도 몹시 격렬해졌다. 고함치는 소리가 긴박감과 험악함을 급속히 고조시켰다.

주변이 저녁노을에 물들어 갔다. 명수는 대략적인 작업종료시간을 알리기 위해 1등 항해사가 있는 객실로 향했다.

1등 항해사는 방에 없었다. 복도에 나와서 두리번거리고 있자, 가장 구석방의 문이 열리더니 중년의 남자가 명수를 오라고 손짓했다. 방에 들어가기 전에 문 윗쪽을 보니 BOA TSWAIN(갑판장)이라는 글씨가 눈에 들어왔다.

갑판장은 상냥한 웃음으로 명수를 맞이했다.

어딘가 작위적인 느낌이 들게끔 스스럼없는 표정이지만 조심스럽게 경계심이 이따금씩 나타난다. 명수는 그가 무엇을 부탁하고자 하는지 바로 알아차렸다. 이것도 경험 덕분이다.

"교포시죠?"

그렇다고 대답하고 어떤 용무인지 일부러 물었다. 명수가 조선인이라는 것은 이미 1등 항해사로부터 들어서 알고 있을 터이지만 본인에게 확인하고 싶었을 것이다.

"좀 부탁이 있습니다만."

바닷바람과 햇볕에 탄 얼굴은 흑갈색에 가깝고 거칠었다.

돌출된 광대뼈 위에 안착된 눈동자는 두리번거리며 불안해한다. 명

---

13 건설공사나 토목공사에서 강철관, 콘크리크 말뚝을 박거나 빼는 데 이용하는 세계에서 처음 압입원리를 실용화 한 유압식항압입인발기.

수는 미소가 사라지지 않도록 신경을 썼다.

“아니, 작은 걸 하나 사줬으면 하는데요. 교포라고 들어서 안심했어.”

당연히 예상하고 있었는데 확실히 듣고 나니 마음이 무거워졌다. 솔직히 말해서 자신의 일이 신경이 쓰여서 그럴 여유도 없다. 동포의 우의를 이럴 때에 강요받는 것은 참을 수 없었다.

“뭡니까?”

짜증을 눌렀다.

“아니, 홍콩에서 아내를 위해 사소한 것을 샀는데, 사서 찬찬히 보니 아무래도 50가까이 된 할머니에게는 너무 젊은 것 같아서요. 당신 와이프라면 아직 어릴 테니까 잘 어울릴 거라고 생각해서.”

막힘없이 말이 나온다. 3국 간의 장사도 꽤 높은 경지에 이르렀다고 생각했다. 갑판장 중에는 수완가가 많은데, 특히 조선인이나 동남아시아 출신자 중에 인생파, 대담하고 유들유들한 지혜파 느낌의 사람이 많다. 젊었을 때부터 해상에서의 거친 작업으로 단련하여 학력 없이 여기까지 기어 오른 탓도 있을 것이고, 또 작업반장이라는 그 직업상의 특징도 있을지도 모른다. 간부선원과 성깔이 보통이 아닌 하급선원 간에 중재하는 데에는 상당한 넉살과 신경, 빠른 변신이 요구 될 것이다.

갑판장은 서랍에서 싸구려 벨벳을 박은 납작한 작은 상자를 내밀었다. 뚜껑을 열자 목걸이가 가로질러 있었다. 갑판장은 그것을 눈앞에 늘어뜨렸다. 금색의 줄 끝에서 빨간 유리구슬이 반짝거렸다.

“얼마입니까?”

“보통 10만은 하지만, 이쪽도 무리하게 사라고 하는 거니깐 이 가격으로 됐어요."

그는 손바닥을 펼쳐서 한쪽 팔을 쑥 내밀었다. 비싸다고 생각했지만, 명수는 지갑에서 만 엔짜리 지폐 5장을 빼서 갑판장에게 건넸다. 작업이 종료되면 무거운 도구를 부두로 옮기기 위해서 배의 붐을 승무원이 조작해야만 한다. 그것을 허가해 주느냐 마느냐는 갑판장의 권한이다. 갑판장은 그 수고 값을 정확히 계산에 넣은 것이다.

"무엇이든 도울 일이 있으면 사양 말고 말하십시오."

갑판장은 환하게 말했다.

신명난 상대에게 부아가 난다.

(세관에 어떻게 설명하지?)

그러잖아도 한국선박이나 동남아시아선박에 대해서는 세관의 감시가 엄하다. 마약과 총, 그 외의 금기품 밀수입이 이들 선박을 매개로 이루어지는 케이스가 많이 때문이다. 작업으로 지쳐 있는데 이런 일 때문에 일부러 외출해 결국에는—수상쩍은 시선은 참을 수 없다.

잠적할까, 그만둘까. 열변을 토하는 상대에게 적당히 반응하면서 명수는 망설였다.

적당하게 이야기를 일단락 짓고 갑판에 나오니 후사코와 다리가 불편한 노부코가 연락교에 우두커니 서 있다.

"우리는 돌아가도 괜찮겠죠?"

후사코가 물었다.

"나머지 3명은?"

"하청업자 대기소에서 기다린다고."

"어느샌가 여성노동자의 대변인이 된 후사코가 말했다. 여자는 정시에 돌아가야만 하는데 업무가 분주해서 정신이 없다보니 미처 거기까지 생각지 못한 것이다.

명수의 최종허가를 받기 위해 기다리고 있었을 것이다.

"내가 대기소에 갈 시간이 없으니까 미안하지만 당신들이 전화를 해서 임시 통선에 부탁해서 돌아가."

"남편은?"

후사코는 지저분해진 얼굴에 환한 웃음을 지웠다. 일을 끝낸 뒤에 후사코는 항상 기분이 좋아 싱글벙글했다. 특히 남편이 함께 일하는 날은 행복 그 자체의 모습이다. 작업이 끝나고 배에서 멀어질 때, 후사코는 꼭 '남편은?'이라고 묻는다. 배우자의 무사함을 그녀 나름대로 확인하고 싶은 것이다. '지금 와요'라고 누군가 대답하면 안심하고 사다리를 내려온다. 신혼도 아닐 테고 남편, 남편 하지 말라고 놀림을 당해도 후사코는 명랑하게 웃을 뿐, 이 안부확인을 그만두지 않았다.

오늘도 힘 있는 목소리로 들떠있다. 이른 아침 남편에 대한 질투도 미움도 일하며 흘리는 땀과 함께 말끔히 씻어 낸 것 같다.

명수는 남편은 조금 더 걸린다고 대답했다.

코밍너머로 배수 작업을 지켜보는 명수 옆으로 어느 새 아침에 만난 본선담당자가 서 있었다.

"야, 아무리해도 안 된다니까. 너희들이 항해 중에 청소하기로 됐기 때문에 오염물 집합소의 물까지 완전히 퍼내고 쓰레기까지 파내대서.

이건 청소업자가 할 일이지."

분해서 참을 수 없다는 투였다. 빈틈이 전혀 없는 갑판장의 얼굴이 잠깐 눈앞에 떠올랐다.

"뭐…… 근데 우리도 3번은 청소하지 않기로 해서 거기까지 할 이유는 없어."

"그거야 그렇지만. 이번에는 마지막까지 같이해. 말을 듣지 않으면 선장 놈은 또다시 투덜대면서 하역종료의 사인을 머무적거릴지도 몰라서……. 어쨌든 상황을 보러 밑으로 내려가 보지 않겠어?"

내키지 않았지만 명수는 오렌지색 헬멧을 따랐다.

선창 내에서는 귀를 찢을 것 같은 소음이 윙윙 거렸다. 산더미처럼 쌓인 석탄이 뒷부분만 남아 있었다. 75형의 거대한 포크레인이 미친 듯이 전후좌우로 돌아다녔다. 그 굉장한 울림소리가 펌프 엔진소리를 완전히 먹어버렸다.

엄청난 스피드로 후진한 거체가 급브레이크를 밟아 아주 큰 버킷을 쑥 내밀어 튕기듯 앞쪽으로 튀어나와서 석탄더미 쪽으로 돌진해 온다. 타이어만으로도 어른 키 높이인 이 미치광이의 근접에 짐정리를 하던 한 무리가 양 옆으로 쫙 흩어진다.

몇 명인가는 버킷 끝을 아슬아슬하게 피해서 배의 양측의 어두침침한, 겨우 한 사람 들어갈 좁은 공간에 몸을 숨긴다.

선창 내에는 하역램프가 창고 입구 끝에 매달려 있지만 램프의 불빛이 비추지 않는 곳은 발끝이 보이지 않을 정도로 어둡다. 구석의 어두운 음지부분을 보니, 어둠 속에서 희미하게 윤곽을 드러낸 몇 명의 작업자가 연체동물처럼 꿈틀거렸다.

석탄의 작은 더미 옆에 자리를 차지하고 있는 데짱이 무뚝뚝한 표정으로 있다. 흙탕물은 꽤 줄어들어 데짱이 서 있는 곳에서 발뒤꿈치밖에 차지 않았다.

"물은 이제 이만큼 밖에 남지 않았으니까 우리는 끝나도 괜찮은데 말야……. 쓰레기나 오물까지도 말끔히 하라고 지껄여. 이 정도면 얼마든지 하역할 수 있어."

명수의 귓가에 쑥 내민 입술을 가까이 대며 데짱은 화를 내며 소리쳤다.

명수는 이제 조금 더 참으면 되니까 선박 측과 하청업자가 말한 대로 해달라고 말하고 바지 주머니에 손을 집어넣고 불만을 늘어놓는 데짱을 어르고 달랜 후에 갑판으로 올라왔다.

밖은 날이 급속히 어두워졌다. 상공은 아직 희미하게 푸른빛이 남아 있는데 별이 유난히 반짝반짝 거리고 있었다. 산의 능선도 한없이 어둠 속으로 녹아 들어가고 어디까지가 바다고 어디부터가 하늘인지 전혀 구별이 되지 않았다. 그저 일정 높이를 상한으로, 긴 띠 모양으로 무수하게 점재된 오렌지색과 푸르스름한, 깜빡이는 등불이 산속의 존재를 알리고 있었다.

눈앞에는 부두의 전등과 서치라이트에 떠오른 평평한 해면을 부드럽게 비추고 있었지만, 빛이 없는 곳에는 암흑이 아득하게 펼쳐져 있을 뿐이다.

몇 덩어리의 구름이 불타는 광재의 강열한 빛을 받아서 붉게 물들고 그 아래쪽에 붉은 빛을 유유하게 점멸시키는 제철소의 땅딸막한 굴뚝들과, 울퉁불퉁한 각이 진 윤곽의 공장 실루엣이 솟아올랐다.

태양이 사라지자 급속히 차가워진 겨울 밤공기에 얼굴이 얼얼했다.

흙탕물의 포말이 일어난 갑판은 살얼음판이 되었다. 브릿지의 꼭대기에 매달은 전등 덕에 어슴푸레했지만 걷는 데에는 지장이 없었다.

전등이 넓게 비추는 곳 중에서 그곳만이 어울리지 않게 하얗고 청결하게 비추는 브릿지를 향해서 명수는 걷기 시작했다. 업무에 윤곽이 잡혔기 때문에 1등 항해사에게 작업증명서에 서명을 받을 셈이다.

1등 항해사는 기분이 나빠 보였다. 명수가 작업증명서를 내밀자, 아무 말도 하지 않은 채 그것을 바라보았다.

"당신, 3번 창고의 물청소는 하지 않는다면서."

증명서를 바라본 채 시선을 돌리지 않고 말한다. 서울말의 구석구석에 가시가 있다.

"예, 선박회사의 대리점에서 배수 작업만을 요청해서요."

"하는 김에 하면 되지."

빈정거렸다. 비뚤어진 탓인지 동포보다 일본인 편을 들고 있다고 말하는 것 같았다. 지금까지 몇 번이나 경험했는데 이럴 때는 아주 참을 수가 없다. 대리점에서 의뢰를 받지 않은 업무는 불가능하다는 것은 뱃사람인 그라면 잘 알고 있을 것이다. 그럴 수는 없다고 명수는 쓴웃음을 지었다.

"이제 와서 항해 중에 물청소를 하라니. 선원도 사고처리로 지쳐있고. 푼돈으로 다음 항구까지 홀드를 깨끗이 말려놓으라니 터무니없어요. 왜놈은 자신들의 돈벌이밖에 생각하지 않는 놈들이야. 그래도 당신들이 배수 작업을 하는 중에 틈틈이 하면 돈도 되고 좋지 않아."

아니꼬운 말투에 명수는 화가 치밀었다. 상대는 동포로서보다도 명령하는 사람의 의도를 노골적으로 드러냈다. 그러나 본선 쪽이 물청소를 하고 안하고는 하찮은 영세업자인 명수가 관여할 일이 아니다. 그런 것을 뻔히 알고 있으면서 분풀이로 약한 자에게 자신의 불만을 토로하고 있는 것이다.

"대리점 얘기로는 그쪽 선박회사에서 출항을 오늘 저녁으로 정했다고 하는데, 아무리 돈을 받더라도 그때까지 작업을 끝낼 수가 없습니다."

1등 항해사는 거기에 대답하지 않고 등을 홱 돌려 집무용 책상에 털썩 앉았다. 조바심을 노골적으로 드러내며 사인을 갈겨쓰고 돌아보지도 않고 작업증명서를 쑥 내밀었다. 본국의 사람에게도 이런 태도를 취한다고 생각하니 명수는 한심하고 분했다.

"감사합니다.(한국말) 선장에게 안부인사 전해 주세요"라고 명수는 억지로 장사꾼 웃음을 지어 보이며 상대의 등 뒤를 향해 말했다.

"네." 매우 귀찮은 듯이 대답했다.

주변에는 어둠이 완전히 내렸다. 부두에 야간등과 선박 갑판의 등불이 불안하게 명수의 눈에 비쳤다.

어느샌가 아까 전에 떠들썩함 대신에 조용하고 고요함이 주변을 잠식하고 있었다.

(왜 이렇게 빨리 하역이 끝나버린 것일까?)

명수는 아무도 눈에 띄지 않는 갑판을 쭉 둘러보았다.

(다들 빨리도 돌아갔네. 뒷정리만으로도 꽤 걸리는데. 그건 그렇다치더라도 우리 동료들은 어떻게 된 거지)

명수는 부두와 배 주위로 시선을 돌렸다.

그때 부두의 조명등이 좁게 비추는 곳을 오렌지색 안전모가 한꺼번에 빠져나가 순식간에 어둠속으로 사라졌다.

'희한하네'라고 이상한 예감이 든 순간 어디에선지도 모르게 홀연히 요시의 모습이 갑판 위에 떠올랐는가 싶더니 예사롭지 않은 기색으로 명수 쪽으로 달려 왔다.

"무슨 일이야?"

서서히 고양되는 고동을 겨우 진정시키면서 가까이 다가오는 요시를 향해서 외쳤다.

"데짱이 당했어."

명수 앞까지 와서 그것만을 말하고 요시는 우두커니 선채 하하 숨을 헐떡거리며 뒷말을 잇지 못한다.

"또 어째서."

초조함과 불안이 섞인 말이 생각지 않게 입에서 튀어 나왔다.

"펌프와…… 포크레인 사이에…… 끼었어요."

"그래서?"

"의식은 있지만…… 배가 아프다고."

"뭐. 그러니까 작업 종료 시에는 특히 조심하라고 항상 말했잖아."

"아니…… 우리 잘못이 아니에요. 펌프 옆에 있던 데짱에게…… 포크레인이 후진해 왔어요……. 정면으로 박았어요."

"그래서. 데짱은 지금 어디에 있어?"

"이상하게 잘못 치료했다가는 위험하다고 하니까……. 바닥에 누인 채 있어요……. 지금 도급업자가 들것으로 매달아 올리라고……. 가지러 갔어요."

"바보. 들것에 매달면 그거야말로 몸을 꾸부리게 할 뿐인데……. 자 봐. 나는 도급업자의 대기소에 갈 테니까 베니어합판, 아니 철판이라도 좋으니까 찾아오라고. 들것 위에 깔도록 해. 도급업자에게도 그렇게 말해야 돼."

아직 숨결이 거칠고, 얼굴이 굳어 있는 요시에게 호통을 치고 나서 명수는 사다리를 달려 내려가자마자 2, 3백 미터 앞의 도급업자 대기소로 달려갔다.

적막한 부두 구내가 어둠으로 완전히 둘러싸인 속에서 자주 들은 듯한 일정치 않은 간격의 소리가 희미하게 울리더니 빙글빙글 회전하는 작은 붉은 등이 보였다. 소리가 커짐에 따라 등의 밝기도 더욱더 밝아졌다.

구급차의 하얀 차체가 선박 옆쪽으로 바싹 붙여졌을 때 데짱은 땅바닥에 깐 베니어 합판위에서 시뻘겋진 얼굴로 신음하고 있었다. 크게 입을 벌려 아무리 들이마셔도 부족한 듯이 열심히 공기를 들이마시고 들이마신 숨을 답답한 듯이 바로 토해냈다.

무표정한 담당자 두 사람이 훌륭한 솜씨로 들것에 부상자를 옮겨서 구급차로 운반했다. 많은 사람들이 침묵한 채로 그 상황들을 쳐다보았다.

명수도 차에 올라탔다.

“어디가 아파?”

라고 담당자 한 사람이 데짱의 얼굴을 들여다보며 귓가에 소리쳤다.

부들부들 떨리는 시커먼 손이 아랫배를 만졌다.

“배?”

격렬하게 좌우로 흔드는 머리가 멈추고 눈꺼풀을 살짝 뜨더니 끄덕거렸다. 의식은 꽤 확실한 것 같다. 이정도면 큰일은 일어나지 않을 것 같아 명수는 내심 안심했다.

“주소는 어디?”

“니시코로쵸 2쵸메 11번”

고통으로 얼굴이 일그러지고 의식은 흐트러진 모양이지만 담당자의 질문에는 의외로 또렷하게 대답했다.

구조대원이 무전전화로 환자의 용태를 보고하고 어느 병원으로 옮길 것인가에 대해서 지시를 청하고 있다. 그들의 침착한 행동과 의외로 의식이 또렷한 데짱의 용태에 명수의 어깨에서 힘이 빠져 나갔다.

엑스레이 촬영을 위해 석탄가루로 더러워진 팬티차림으로 촬영대에 옆으로 누운 데짱의 복부는 군데군데 피하출혈 시의 울혈의 파란 반점과 피가 번진 찰과상만으로는 심한 부상을 입은 것 같이 보이지 않았다. 그러나 담당의사는 막 나온 사진을 비춰보면서 옆에 같이 온 명수를 향해서 고개를 저었다. 일견 아무렇지도 않게 보이는 피부 아래 내장이 엉망진창이 되었다고 한다. 간장이 파열되고 부서진 허리뼈의 작은 뼈가 내장의 여기저기를 찔러서 출혈이 심하고 바로 개복수술을 해야 된다고 진단했다.

귀가한 외과의사가 급히 호출되고 데짱은 두꺼운 철문의 수술실로 사라져 갔다.

결과는 처음부터 알았다. 야간 등이 약하게 비추고 있는 희미한 복도에서 답답하게 엄습해 오는 얼어붙은 고요함을 깨는 그의 아내의 통곡소리에 배웅을 받으며 데짱은 그 밤에 죽었다.

두터운 하얀 천으로 붕대처럼 둘둘 말아진 파이프가 빼곡하게 나열되어 있는 복두 천정의 끊어진 곳이 스포트라이트를 받은 무대처럼 주위의 질흑 같은 어둠 속으로 떠오르고, 그 확연한 밝기에 둘러싸여 어깨를 움츠리고 힘없이 서 있는 그림자에게 배웅을 받고 데짱은 영안실을 나갔다.

'연락주시면 24시간 언제라도 분부를 받자겠습니다' — 장식이라곤 얇은 하얀 비닐판에 검은 글자로 쓰여 진 장례식장의 무신경적인 광고뿐, 차디찬 콘크리트 벽에 둘러싸인 좁은 방을 나올 때 데짱의 전신은 거무죽죽하게 부어 있었다. 목면의 굵은 실로 견고하게 묶여진 양손목이 임종 시의 고통을 말해 주고 있었다.

친척과 직장동료가 겨울하늘의 선명한 달빛에 푸르스름하게 반사하는 미끄러지기 쉬운 눈길에 실족하지 않게 통나무처럼 뻣뻣해진 데짱을 엉거주춤한 자세로 조심조심 그의 집으로 운반했다.

후사코는 친척과 다 큰 아들들의 제지를 거칠게 뿌리치고 남편 쪽으로 뛰어갔다. 후사코는 겨우 둘이서 편하게 살게 되었다고 생각했다며 이불 속에 누워있는 남편의 시체를 껴안고 엉엉 울었다. 고등학교를 졸업하고 시내의 유력기업에 근무하고 있는 두 명의 아들이 곤란 표정으로 곁에서 모시고 있었다. 심하게 거칠어진 어머니의 모습에 장남이 남의 눈을 의식하여 어머니를 유체에서 떨어뜨리려고 했지만, 후사코는 그저 어린아이처럼 싫다고 하며 아들의 팔을 뿌리쳤다.

사망사고가 있고 나서 한동안 명수의 마음은 좀처럼 밝아지지 않았다. 장기간 자신의 가게에서 일하던 사람을 사고로 잃은 것에 대한 자책감을 그렇게 간단히 씻어낼 수 없었고, 더럽고 위험한 자신의 사업에 대한 혐오도 있었다.

물론 고향에 돌아와 가업에 전념하기로 결정했을 때에는 그 나름대로의 각오는 했지만 사람이 죽고 보니 굳이 무엇이 좋아서 이런 일을 계속해야만 하는 건지 하는 푸념도 하고 싶어졌다. 하려면 좀 더 깔끔하고 자존심이 별로 상처받지 않아도 되는 사업도 있건만. 우울한 기분이 끈질기게 이어졌다.

2

부두의 화물하역장에 팽팽한 냉기가 사람들의 활기에 자극되어 누그러지고 이내 사라져갔다.

작업이 시작될 조짐이 떠오르는 맑은 대기 중에 쥐색의 선체가 덮어지는 것처럼 명수의 바로 눈앞에 정좌하고 있었다.

반 정도 열린 2톤 트럭의 창문에서 인부들의 힘 있는 얘기소리와 박장대소가 들려왔다. 검은 두 줄의 옆선이 쳐진 엷은 녹색의 헬멧이 인부들 무리 사이를 천천히 돌며 움직인다.

전신을 원색으로 야하게 도장한 지게차가 양팔을 땅바닥에 대고 선박과 마주한 채로 대기 중이다. 빈 수하대를 길게 늘여서 4톤과 10톤 트럭이 제각각의 방향으로 얼굴을 향해 있다.

북조선의 국기가 눈에 머문다. 청, 백, 홍의 가로줄무늬를 백지로 뺀 원 안에 붉은 오각형 별이 하나. 국기의 무늬 그 자체가 선박회사의 마크가 되어 있다. 큰 국기를 그대로 굴뚝에 빙 감은 느낌이다. 굴뚝의 면적의 거의 3분의 1을 점하고 있다. 이 무늬를 바라본 명수의 몸속에 막연한 생각과 그리움이 동시에 지나간다. 과거 한때까지는 이 국기에 스스로의 모든 것을 건 적이 있다.

"이봐, 빨리 사다리를 펴. 어여."

도전적인 욕설이 인부의 무리 중에서 퍼졌다. 선창 안에서 인계 작업을 하는 인부들은 아침 작업 방법에 따라 저녁에 가져가는 지폐수가 달라진다. 평소라면 8시의 하역개시이전에 선창에 들어가 재빠르게 하역 준비를 끝내지만, 중요한 사다리가 내려오지 않으면 탑승할 수 없다.

"빨리 해. 뭘 꾸물꾸물 하고 지랄이야."

킹웨이에 나타난 굳은 표정의 선원에게 던져지는 화난 목소리에는 심한 초조감이 담겨있다.

사다리가 부두에서 초조하게 기다리는 인부들의 기분을 완전히 묵살하고 천천히 내려온다.

사다리의 층계참이 지면에 닿자마자 인부들이 앞 다투어 계단을 올라간다.

최근에 중국으로 수출 비료를 출하하게 된 후, 왠지 그 이유를 알 수 없지만 북조선의 선박이 이따금씩 입항한다. 중국 항에서는 양륙하는데 시간이 걸리고 잘못하면 입항에서 출항까지 1~2개월을 기다려야 하지만 북조선 선박은 빨리 해준다는 소문이 있다. 아니, 운송요금이 터무니없게 싸다고 반론하는 사람도 있지만 미국에서 원료를 이입하여 이 항구에서 포장하여 출하하는 일본 상사입장에서는 양쪽 다 유리한 것은 확실하다.

이 3국간 무역이 시작된 후부터 명수네한테 포장작업의 일부가 맡겨졌다. 게다가 명수의 가게와 긴 세월 거래관계가 있는 고향 해운회사가 북조선 선박회사의 대리점을 인수하기도 해서 명수는 출하용 자재 납입도 부탁받았다.

북한에서 온 선박은 부두에 계류 중으로 저녁 하역이 끝나면 반드시 사다리를 정리한다. 그것이 항구사람들의 화를 돋군다. 대리점과 하역 책임자들은 역시 본심을 좀처럼 드러내지 않지만 생각한 것, 느낀 것을 마음속으로 숨기지 못하는 사람들이 많은 뱃일인부들은 불쾌감을 숨기려하지 않는다.

"특별히 일일이 사다리를 올리지 않아도 되는데."

"다른 나라 선박주제에 이런 일을 하는 게 아냐. 이건 마치 도둑놈 취급이잖아. 뭔가 도난을 당할 거라고 생각하나봐. 이쪽도 선박 도둑질을 할 정도로 망한 놈은 없어. 제기랄 재미없어."

어둠이 주위를 감쌀 때 즈음, 외부자를 냉정하게 거절하듯이 사다리가 높이높이 매달려 올라가는 것을 보고 바다인부 중 누군가가 내뱉었다.

동포가 나쁘다는 말을 듣는 것은 기분 좋지 않지만, 그들이 화내는 것은 당연하다고 명수는 생각한다.

북조선의 사정을 어느 정도 알고 있는 동포로서 자본주의 국가 일본이라는 '적구'에 들어 갈 때의 긴박함, 거기에서 오는 경계심과 패기를 모르는 것은 아니지만 그렇다 치더라도 밤이 되면 사다리를 올려버리는 것은 지나친 처사라고 생각하고 마음 또한 무거워 진다.

항구의 상식으로서 외항선이나 외국선이 방문항의 부두에 정박하고 있을 때에는 항시 사다리를 내린 채로 있다. 사다리는 선박과 외부를 연결하는 계단일 뿐만 아니라, 말하자면 상대측에게 내민 우호와 신뢰의 수단이기도 하다. 특별히 중요한 화물을 적재하고 있는 경우나, 약간의 트러블이 발생할 가능성이 있을 경우에는 밤낮으로 킹웨이(연락가교)에 경비원을 세울지언정 사다리를 걷어 올리는 일 따위는 하지 않는다. 이런 습관에 익숙하고 친숙해진 사람에게 부두에 연결되어 있으면서 사다리를 걷어 올리는 선박의 모습은 실로 이상하고 내민 손을 매정하게 뿌리친 것처럼 불쾌한 것이다.

명수는 본선이 어젯밤 도착한 후에 하역 자재 납입 건으로 방문했을 때 정치국원인 듯한 남자가 한 말이 떠오른다.

담소 중에 명수가 상륙하시라 권유했을 때 그는 만면에 미소를 띠며 선박에는 오락시설이 충분이 갖춰져 있고 먹고 마실 음식도 충분히 있습니다. 상륙할 필요 따위는 전혀 없습니다라고 말했다. 말꼬리를 잡지 못하게 과한 자기주장이 조금 보였다. 한 달 전에도 같은 북조선의 선박이 왔을 때 몇 개월이나 집에 돌에 가지 않았다고 들었기 때문에 가끔은 오카에서 조선요리라도 먹으시라 권했지만, 그 때도 배에 충분한 요리가 있다며 괜찮다고 거절당했다. 사실 선박이 재항 중에 승무원이 상륙하는 것을 보지 못했고 상륙했다고 들은 적도 없었다.

명수는 뭐든 그렇게 경계하지 않아도 되는데…… 답답했다. 지난 일을 잊지는 않았지만, 식사를 권유하는 것은 동포로서 당연한 예의라고 생각했기 때문에 같은 것을 말한 것뿐이었다. '적'으로부터의 '도발'과 '유혹'에 대하여 이상할 정도의 경계심을 논외로 정리해 버릴 수는 없지만, 일단 이 지역에 온 이상 외부로부터의 초대는 기분 좋게 받아들여야 된다고 생각한다.

이러면 상대방도 마음을 열리가 없다. 그거야말로 '적'에게 불신과 경계심을 가질 권리를 부여하는 것과 마찬가지다.

타워크레인이 어색한 동작으로 선회하기 시작했다. 그것이 시동의 신호처럼 지게차와 트럭이 일제히 작동하기 시작했다. 옷을 두껍게 껴입은 크레인 하역 작업자가 각각의 담당구역으로 흩어져 간다.

명수는 트럭 방향을 바꾸어 차체를 후진하여 선박 바로 옆에까지 가까이 붙였다.

스톱! 절규에 가까운 과장된 외침소리에 차를 멈추고 명수는 운전대에서 내렸다. 크레인 화물의 하역 요원이 수하대에 무리지어 원통형에 감은 비닐과 갈색의 튼튼한 종이를 감싸 안고 있다.

순식간에 수하대는 비워졌다. 명수는 하역에 방해가 되지 않는 곳까지 트럭을 뺀 후에 사다리로 향했다.

사다리의 핸드레일에 손을 얹었을 때 볼이 들어간 붉은 얼굴의 남자가 비굴한 웃음을 지우면서 쑥 가까이 왔다. 눈치 채지 못했지만 어느 샌가 수행원 가까이에 코끝을 살짝 내민 소형승용차가 멈춰 섰다. 한쪽 문이 열린 채다.

"당신, 아사히旭 씨죠."

항구나 구청에서 본 얼굴이여서 용건을 바로 알았다.

"그렇습니다만, 뭐예요?"

명수는 시치미를 뗐다.

"업자 쪽에 연락해 두었는데 탑선 명단 제출했어요?"

이상하게 알랑거리는 듯한 태도는 흑심을 가진, 교활한 패거리를 연상시킨다.

"예 제대로 제출했습니다. 그렇더라도 북조선선박의 경우는 성가신데 말야."

"참, 이 나라와는 국교가 없으니까. 어서 일하세요. 명단을 제출해 두었으면 괜찮아요."

비굴하고 의미 있는 듯한 웃음은 가시지 않는다. 명수가 조선인이라는 것을 알고 있기 때문이다. 다른 외국선에는 이런 식으로 입국관리국의 공무원이 지키지 않는다는 것을 알고 있는 명수는 북조선이든 남조선이든 조국에서 온 배가 이렇게 굴욕적인 취급을 받는 것을 보자 울컥

화가 치밀었다. 자신도 똑같이 감시당하고 있다고 느끼기 때문이다.

"빨리 이런 것을 없애고 싶네."

알랑거리는 표정을 보면서 명수는 사다리로 올라갔다. 시야가 높아짐에 따라 출입국관리국의 후방에 또 한대의 승용차가 보였다. 앞 유리창너머로 이쪽을 가만히 살피는 두 사람의 얼굴이 보인다. 외국인관련 일을 하는 형사다. 불끈불끈 뿜어져 나오는 뜨거운 것을 누르면서 명수는 계단을 한숨에 올라갔다.

선장을 만나기 전에 창고 안을 봐두려고 명수는 브릿지에서 가장 가까운 선박갑판의 승강구에서 아래로 보았다. 많은 얼굴이 병아리처럼 위를 향하고 있다.

"이봐, 당신네 자재가 오지 않으면 일을 시작할 수 없잖아. 빨리 해"

상당히 흥분한 모양이다. 창고바닥에 비닐과 갈색의 튼튼한 종이를 깔지 않으면 화물을 적재해서는 안 되기 때문이다.

"팔레트에 적재했기 때문에 이제 바로야."

양손을 입에 대고 명수가 큰소리로 되받아쳤다.

"늦은 분만큼 그 쪽이 지불해야 돼"

2, 3명의 남자들이 덤벼들 듯한 제스처를 보이지만, 얼굴은 웃고 있다. 악의는 없다. 명수는 히죽히죽 웃으면서 알았다고 한손을 올려 갑판의 승강구에서 얼굴을 들여 밀었다.

살롱을 겸한 사무실에서 선장이 열심히 서류를 보고 있었다.

"어, 들어오십시오(한국말)."

선장은 기세 좋게 일어나서 의자를 답답한 듯이 뒤로 밀어낸 후 명수의 손을 아플 정도로 잡았다. 흑갈색의 얼굴에는 소박한 감동이 드러나 있었다. 상선의 선장이라기보다, 어선의 어로장 같은 인상이 강하다. 어제저녁에 만났을 때 상식적인 자기소개는 해 두었기 때문에 명수가 조선국적을 가진 동포라는 것을 그는 알고 있다.

"어제 회의한대로 바닥에 깔 비닐과 갈색의 튼튼한 종이를 가지고 왔습니다."

"아아, 그렇습니까. 사실은 필요 없다고 생각합니만."

표정이 어둡다.

"저는 아무래도 좋습니다만 화물운송을 위탁한 쪽에서 봉지를 더럽히지 않기 위해서 그렇게 하라고 말해서요."

"그렇지만 우리 선박의 창고바닥은 깨끗합니다."

어제 상사와 청부업자가 함께 한 회의에서 합의한 사항인데 선장은 아직 이해가 되지 않는 모양이다. 원래 하역용 재료대금은 선박회사에서 지불하기로 되었는데 그들에게는 눈이 휘둥그레질 정도로 비싼 금액이 머리에서 떠나지 않을 것이다.

회의석상에서 이야기가 하역 자재 건에 이르렀을 때 선장얼굴이 굳어지는 것을 보고 명수는 자재를 무상으로 제공하겠다고 말하려 했지만, 괜히 상대방에게 이상하게 아첨하는 꼴이 되니 생각을 고쳐먹었다. 불필요하게 좋은 척하지 않는다. 사회주의를 신봉하는 동포가 상대라도 장사는 장사로서 긍지를 갖고 하려한다. 일이 끝난 후에 답례의 의미를 담아 사소한 선물을 하려고 했다. 여성용의 꽃무늬 스카프가 괜찮을 것이다. 고국에서 기다리고 있는 부인이 기뻐할 것이다.

최근에는 실크 스카프가 북한여성에게 굉장히 인기가 있는 것 같다. 명수는 바로 얼마 전에 아내가 북조선에 귀국한 남동생에게 스카프를 보내고 싶다고 했던 것을 기억하고 있다. 몇 개를 모아서 보내면 팔아서 어려운 생활에 보탬이 된다고 그녀는 자조적으로 말했다.

"그런데 어제 부탁한 차트는 어떻게 됐습니까?"

이것 또한 마음이 무거워지는 이야기가 될 것 같다. 하역 자재 건에 대한 회의 후에 선장에게 해지도海図를 수배해 줄 것을 부탁받았을 때 명수는 다른 선박이라면 전문분야가 다르다고 거절했을 텐데 어떻게든 해보겠다고 받아들이고 말았다. 동포에게 좋게 보이고 싶은 마음에서였다.

가게에 돌아온 후에 지인의 선박 용품실에 전화를 하자 주문한 번호의 해지도는 동경에서 주문해서 들여올 수 있지만 항공편이 아니면 제때 받아볼 수 없다. 이전에도 북조선 선박에 실을 수 있니 없니 옥신각신했기 때문에 주문하기 전에 그 번호차트를 실을 수 있는지 없는지 세관에 확인하는 편이 좋다고 한다.

'어째서'라고 묻자 '글쎄, 우리도 잘 모르지만'이라고 분명치 않다.

설마 선박 용품실에서 거짓말을 할 리도 없고 세관도 이상한 말을 하지 말라고 해서 재미없었지만, 선박이 선박이니만큼 뭔가 있다고 느꼈기에 감시 창구에 가 보았다.

내민 해지도 번호를 쓴 리스트를 본 젊은 감시관이 명수의 얼굴을 힐끔 보고 난 뒤 안으로 들어갔다.

바로 리스트에 시선을 떨어뜨린 채 나타난 관리는

"붉은 표시를 한 것은 안 됩니다."

라고 무뚝뚝하게 말했다.

눈앞에 내민 번호의 대부분이 ×표시가 되어 있다.

고작 해지도 갖고 트집 잡다니 화가 치밀었다.

"선박에 해지도가 없으면 항해에 지장을 초래하지 않습니까?"

이런 것 까지도 트집을 잡냐고 말하고 싶을 정도였다.

"그렇지만 필요 없잖아요?"

인정머리 없다.

"필요 없어? 어째서 해지도가 선박에 필요가 없다는 것입니까?"

명수는 안색이 변했다.

"그렇잖아요. 본체의 최종목적지는 중국 대련이죠?"

"맞습니다."

"게다가, 본체에서 이쪽에 제출된 서류에는 도중에 아무데도 들리지 않는다고 되어있습니다."

"……?"

"통과도 하지 않는 곳의 해지도가 뭐 때문에 필요합니까?"

"통과하지 않는다고요?"

아직 이해가 되지 않았다.

"최종항구인 대련으로 직행하는데 어째서 유럽과 동남아시아의 해지도가 필요할까?"

무엇을 말하려고 하는지 겨우 이해가 됐다.

"겨우 해지도가지고, 어디에 어떤 놈이건 상관없잖아."

항의조의 어투는 누그러뜨렸지만, 다소 기세가 꺾였다.

안됩니다. 상대가 차갑게 거부한다. 조직에 몸담고 있었을 때라면 전 세계를 항해하는 선박이 여러 지역의 차트를 필요로 하는 것은 당연한 것이 아닌가, 이것이야말로 우리나라에 대한 적대정책 표명의 하나라고 책상을 두들기며 큰 소리로 낼을 것이지만, 상대에게도 이유가 있다는 것을 알고 있어서 맹목적으로 동포 편만을 들 수는 없다.

확실히 해지도 번호에 고집하는 공무원의 태도에 어딘지 모르게 불순한 의도를 느꼈지만, 명확한 확증이 없다. 명수의 경험에서 오는 감으로는 다른 나라의 선박이라면 아마도 이렇게 엄격하지는 않을 것이다. 어쨌든 법의 표면상으로는 선박용품은 체재 중의 항구에서 최종목적지까지의 항해에 필요한 것 이외에는 적재하지 않도록 되어 있다.

명수는 세관에서 승인한 번호 해지도만을 우선 선박 용품실에 주문했다.

명수의 설명에 선장의 얼굴이 갑자기 험악해졌다.

"나는 일본 세관 당국에 반드시 항의하겠습니다. 이것은 공화국 대표에 대해 있을 수 없는 모욕행위입니다."

격식을 차린 말투에 명수는 어떻게 대응을 해야 할지 당황스러웠다. 명수가 짐작한 바로는 일본 해지도는 세밀하고 정확할 것이다. 때문에 일본 항구에 들린 김에 입수하려 한 것이 본선 쪽 진의일 것이다. 중대한 군사기밀도 아니라서 일본 쪽도 보고도 못 본 척하면 그야말로 고작 해지도 정도로 서로 눈초리를 추켜올리며 트집을 잡는 불쾌함을 느끼는 일도 없을 것이다.

그렇다고 해서 세관의 주장도 어느 정도 정당성이 있기 때문에 명수는 선장과 같은 차원에서 분개하지 못했다. 북조선의 상선도 최근에는 유럽이나 동남아시아의 자본주의 국가에 갈 수 있게 되었다고 들었는데, 그렇다면 더더욱, 조금만 더 성숙해졌으면 했다.

땅딸막한 체구를 스탠딩 칼라의 인민복으로 넉넉히 휘감은 남자가 한 손을 내밀면서 가까이 다가왔다. 인민위원이었다. 윤기가 있는 얼굴에 넘칠 듯한 미소는 쾌활 그 자체이다. 나이는 명수보다 꽤 어릴 것이다.

"어떻습니까? 장사는 잘 됩니까?"

덕분에. 명수는 악수를 하면서 상대에게 지지 않을 만큼의 웃음으로 되받아쳤다.

"다행이네요. 재일동포에게 조금이라도 도움에 된다면 이만큼 좋은 일은 없습니다."

부자연스러울 정도의 유유한 태도는 넘치는 자신감과 완고한 의지를 과시하고 있는 것 같기도 하다.

본선 입항 이후에 그는 자신의 직위나 이름도 밝히지 않는다. 그러나 선장과 간부선원의 그에 대한 태도나 말투에서 인민위원인 것은 일단 틀림이 없다. 사회주의 국가의 상선에서는 선장이 대외적으로 최고 책임자로 되어 있지만, 실질적인 지도자는 인민위원이라는 것을 외국선에 출입하는 사람이라면 누구나 알고 있다. 북조선도 예외는 아닐 것이다. 그렇더라도 북조선 간부선원은 자신의 개인적인 것은 일체 밝히지 않는다. 이렇게 하면 친근함은 전혀 생길 리가 없다.

"이분이 지금 이야기해 주었습니다만, 일본당국은 우리가 요구한 해지도의 적재를 거절하고 있는 것 같습니다. 강하게 항의해야 합니다."

"그 얘기는 나중에 합시다."

인민위원은 선장의 분출할 듯한 격렬한 흥분을 조용하고 부드러운 위엄이 있는 말투로 누르면서 무언가 마실 거라도? 라며 명수에게 변함없는 미소를 보냈다. 명수는 쥬스가 있으면 달라고 대답했다.

인민위원은 방 한쪽 구석에 놓여 있는 찻장을 향해 큰 보폭으로 걸어간다. 찻장은 조잡하고 색이 바랬다. 그 비스듬한 벽에 김일성주석과 아들인 김정일 서기의 사진이 걸려있었다. 다시 방을 둘러보니 지저분하지는 않지만 싸늘한 느낌이다. 명수는 선실, 특히 사롱과 선장실의 장식으로 그 선박이 속한 국가의 생활수준을 대개 추측할 수 가 있고, 자신의 판단이 전혀 틀리지 않는다고 생각한다. 또 정확하지는 않더라도 크게 빗나가지는 않는다. 물론 다른 루트에서도 북조선의 생활상에 대해서 어느 정도 듣고 있지만, 타국을 방문한 선박의 장비나 브릿지 내부의 모양, 선원의 옷차림에서도 그 나라가 경제적으로 낙후된 것이 티가 난다.

"본선은 건조建造된지 얼마 지나지 않았죠."

거품이 일어난 액체가 들어있는 유리컵을 손에 쥐고 명수가 말했다.

"예, 2년 전에 막 완성됐습니다. 위대한 수령님 덕분에 우리나라에서도 자력으로 이렇게 훌륭한 화물선을 만들 수 있게 되었습니다."

인민위원의 얼굴은 그야말로 득이양양이었다. 선장이 서류를 껴안고 갑자기 일어나더니 명수에게 묵례를 하고 방을 나갔다.

"어디에서 만들어졌습니까?"

"남포조선소입니다. 지금은 우리나라에서는 근대적 시설을 갖춘 대형화물선을 잇달아 진수進水[14]시키고 있습니다. 이것은 운송부분에 대한 위대한 수령과 조선노동당 및 공화국 정부정책의 위대한 승리를 의미합니다."

확신에 찬 상대의 설득에 머리는 무의식적으로 끄덕였지만 명수는 전적으로 그의 말에 찬성할 수가 없었다.

일제강점기의 경제 예속화와 조선전쟁으로 철저하게 파괴된 것을 생각하면 자력으로 화물선을 만들게 되었다는 것은 크게 평가할 수 있지만, 이 항구에 출입하는 외국선, 특히 한국의 조선소에서 건조된 대형화물선과 비교하면 규모나 성능에 있어서 훨씬 뒤떨어진다. 남북의 조선기술의 격차를 본 사람에게는 인민위원의 말은 세상 물정 모르는 뽐내는 얘기로 밖에는 들리지 않는다. 자기 혼자만 좋다고 믿는 자기만족은 조국발전을 위해서 결코 도움이 되지 않을 것이다. 명수는 본선의 어색한 타워크레인의 동작과 뱃전 쪽의 철판의 촌스러운 절단면을 떠올렸다.

"공화국에는 몇 번 갔습니까?"

명수의 냉담한 반응에 눈치를 챘는지 인민위원 쪽에서 화제를 바꿨다.

"아니오, 아직 가본 적이 없습니다."

상대는 눈을 크게 뜨고 의미 있는 듯 히죽 웃었다.

무엇을 느꼈는지 대개 짐작이 간다.

---

14 새롭게 건조한 함선(艦船)을 조선대(배를 만들어 올려놓는 대)로부터 미끄러뜨려서 물 위에 뜨게 하는 것.

"그래서는 안 됩니다. 꼭 가세요. 조국은 나날이 발전하고 있습니다. 외국 손님들도 조국의 멋진 모습을 눈앞에서 보고는 사회주의 건설의 표본이라고 칭찬하고 있습니다.

"처남도 그쪽에 가 있어서 한 번은 가보려고 생각합니다만."

"아이고, 친척이 있지 않습니까. 그럼 아내 분은 갔습니까?"

"아니오, 아직 안 갔습니다."

"에, 정말입니까? 언제 귀국했습니까?

"이럭저럭 20년 됩니다."

인민위원은 질린 표정이었다. 여전히 볼과 입 주변은 웃고 있었지만 눈은 웃지 않았다.

"왜 부인은 가지 않았습니까?"

"……만나서 비참한 마음이 든다고, 좀처럼 가려 하지 않습니다."

"남동생을 만나는 것이 뭐가 비참합니까? 20년이나 만나지 않다니 너무 냉정하군요."

확실히 그럴지도 모른다. 그러나 귀국 시킬 때에는 상상조차 하지 않았던 남동생의 힘든 생활상황과 안 좋은 건강상태를 생각하면 만나는 것이 무섭다는 아내의 마음도 알 것 같다.

"이 세상에 단 한 명뿐인 혈육이라 물론 만나고 싶겠죠."

명수는 쓴웃음을 지었다.

"부모님은?"

"장모님은 그녀가 고등학교 3학년 때 암으로 돌아가셨습니다. 고등학교 측에서는 귀국하면 대학입학은 보증한다고 장인과 함께 귀국했습니다만, 장인도 귀국 후에 돌아가셨습니다."

"처남은 지금 어디에 삽니까?"

"해주입니다."

"오, 따뜻한 곳이네요. 무슨 일 합니까?"

"포장공장의 근로자입니다. 생활이 힘든지 이것저것 보내달라고 편지가 오는 것 같습니다. 저는 모르는 척하고 있습니다만, 아내는 나 몰래 가끔 뭔가 보내고 있는 것 같습니다."

속내가 슥 드러나고 말았다. 인민위원은 표정을 바꾸지 않고 어떤 반응도 보이지 않았다. 말하지 않은 편이 좋았을까 하고 생각하는 반면에 사실은 사실이니까 상대가 누구더라도 숨길 필요가 없다는 대범함이 생겼다.

'조국의 따뜻한 품속에서 귀국동포는 아무 불편함 없이 행복하게 생활하고 있다'라고 한쪽에서 말하고, 그에 반해 가슴속에서는 납득이 가지 않는데 침묵하고 수긍하는 시대는 끝나야 될 것이다.

"그런데, 지금의 사업은 오래됐습니까?"

인민위원이 물었다.

"네, 이럭저럭 30년이 됩니다만, 제가 이어받은 것은 얼마 안 됩니다. 동경에서 잠시 민족사업 관련의 일을 했습니다만, 건강이 안 좋아져서 고향인 이곳에 돌아온 후에 가업을 이었습니다."

"그렇다면서요."

"……?"

"아, 어제 저녁, 이후에 총련의 지부위원장을 만났는데, 당신에 대하여 말하더군요."

의문이 풀렸다. 순간, 어색한 침묵이 흘렀다. 인민위원은 계속 미소를 지은 채 명수를 응시했다. 그 미소에는 조롱이 숨겨져 있는 것같이 느끼는 것은 나의 삐뚤어진 심성 탓일까.

명수는 자신의 개인적인 것을 말할 마음이 없어졌다. 이런 곳에서 조직을 그만둔 이유를 말해 봤자 열등한 자기변명에 지나지 않는다.

명수는 무리하게 하역과 배의 운항에 관한 화제로 돌렸다. 역시 똑똑한 사람이라 그런지 인민위원은 화제 변경에 잘 응대했다. 그러나 명수는 꺼림칙한 느낌이 드는 것은 어쩔 수가 없었다.

조심스러운 듯 "저기"라는 목소리가 들렸다. 옆을 보니, 입구에 본선 담당자가 우두커니 서있다. 본선 사람에게 용무가 있는 듯하다. 적당히 명수는 자리를 일어났다.

밖에는 활기와 떠들썩함으로 가득 차 있었다. 팔레트에 7단으로 적재된 50키로 짜리 비료가 공중에 높이 매달려 천천히 선회하고 창고입구에서 정지되어 잠깐 호흡을 정리한 후에 각오를 한 듯 거침없이 창고 안으로 모습을 지워 간다.

3개의 선창에서 동시에 하역을 하고 있어서 하얀 포대를 적재한 팔레트와 비워진 팔레트가 갑판 위를 쉼 없이 왕복하고 있다. 선창마다 신호당번이 서있어 팔을 천천히, 혹은 조금씩 격렬하게 움직이고 있다.

명수는 다시 한 번 입구 쪽을 들여다보았다.

작업자들은 팔레트 위의 하물더미에서 비료포대를 하나씩 들고 창고 안에 적재하고 있었다. 말끔하게 단면을 정리한 화물 블럭은 꽤 높았다. 작업이 시작한 지가 얼마 안돼서 분주하게 부지런히 일하는 그들의 움직임에는 아직 긴장과 힘이 있었다.

부두에서는 하역용 광장에 늘어 서 있는 창고의 여러 곳의 입구에서 화물을 적재한 대형 트럭이 천천히 다가온다. 운전수는 주의 할 요량이었겠지만 패인 곳을 통과할 때 여러 번 흔들리는 동안에 적재한 것이 갈라져 포대가 후드득 지면에 떨어져 오도 가도 못하는 차도 있다.

비어진 놈은 아주 급하게 돌아갔다. 어색한 동작으로 주황색이나 녹색의 지게차가 우왕좌왕한다. 10여 년 전의 장난감 자동차 같이 정지에서 동작, 정지로의 동작이 부자연스럽게 너무 빠르거나 느리거나 한다. 어딘가 아장아장 걷는 어린 아기를 연상시키는 동작으로 트럭에서 짐을 포크로 건져 소정의 장소로 운반하고 있다. 하역작업의 독특한 긴박감과 소음이 명수를 감싸고 일종의 상쾌한 자극을 주었다.

인민위원과 한 얘기의 여운이 가시지 않았다. 허전한 적막감이 서서히 구석구석 스며들었다.

많은 생각들을 멈추기 위해서 일로 전환하려한다.

오늘 명수네 쪽은 근처 창고에서 비료 알갱이와 땀투성이로 고군분투하고 있을 것이다. 그들의 작업 상황을 보기 위해 명수는 포장작업 현장으로 향했다.

하역은 꼬박 4일 계속되었다. 그 사이 매일 명수는 전에 말한 그 배에 가 보았다. 인민위원도 선장도 명수의 과거는 건들지 않으려 했고 명수도 의식적으로 업무상의 이야기만을 하도록 했다. 그러나 그들과 만나는 것 자체가 다짜고짜 과거를 들이대는 것이었다. 눈앞에 있는 사람들이 속한 나라에 일찍이 끝없는 동경과 애정을 가지고 그 나라의 제도와 사상에 마음으로 찬동하고 그 당과 정부가 내세우는 노선과 정책을 일본 땅에서 구현하려고 헌신적으로 움직였던 사람에게 자신의 인생에 결정적인 영향을 준 한 시기와 거기에서 질질 끌려온 것을 생각하지 말라고 하는 것이 애당초 무리한 얘기다.

장사치답게 하려고 겉으로는 빈틈없이 행동했지만, 기억의 주름마다 감춰져 있던 생각이 뇌리에 되살아나서 명수를 우울하게 했다.

선박이 출항할 때 하역자재용의 수령서에 선장으로부터 사인을 받고 답례로써 선물을 건네고 일부러 쾌활한 척하고 또 만나자고 뜨거운 악수를 했지만 적막한 허무함을 떨쳐낼 수 없었다.

20여 년 전에 장인을 비롯한 처갓집 식구가 탄 귀국선을 니이가타新潟에서 배웅할 때 선박의 항적의 저편너머에 자신과 견고하게 이어져 있는 조국을 보고 뜨거움으로 가슴이 복받쳤지만, 지금 점차 멀어져 가는 만국기를 봐도 선박의 앞길에 명수의 마음은 격렬하게 요동치지 않았다.

3

십수 년 전, 만추의 심야에 심장발작을 일으켰을 때 명수는 민족조직산하에 있는 보도부문의 직장에 소속되어 있었다. 그는 쓰러지기 2,

3개월 전부터 직장에 얼굴을 내밀지 않고 중앙본부의 직접적인 지도하에 '김일성전伝'의 영어번역 일에 참가했었다. 출판 날이 얼마 남지 않았기 때문에 며칠간 철야가 계속되었다. 이송된 병원 의사는 일을 멈추고 얼마동안은 안정을 취하도록 강권했다. 번역을 할 수 없게 된 명수는 요양 중인 채로 중앙본부의 지도하에서 떠나 본업으로 돌아오는 모양새가 되었다. 병중의 부하를 되돌려 보낸 김만경 사장은 그 사이에 몇 번이나 병문안을 왔다. 그는 일은 걱정 말고 천천히 쉬라고 말해 주었다. 명수는 몸 상태를 보고 가능한 빨리 직장에 복귀하겠다고 전했다. 명수는 무리를 했기 때문에 몸살이 난 정도라고 생각하고 있었고 사장도 그렇게 생각하고 있던 것 같았다.

그러나 기대와는 반대로 병 상태는 전혀 호전되지 않았다. 혈압은 내려가지 않고 발작이 종종 일어났다.

명수는 어느 국립대학부속병원의 의무국에 근무하는 동포 의사, 고명식高明植을 방문했다. 심장외과가 전문인 그는 일주일에 며칠간은 조선인이 경영하는 시립 종합병원에서 아르바이트를 하고 있었다. 친한 사이는 아니지만, 일찍이 명수가 일하던 동포학생 조직에 가끔 얼굴을 내밀었고, 특히 아내가 졸업한 민족고등학교 선배이기도 하고, 아내들이 서로 동급생이기도 해서 친근감이 있었다. 홋카이도에 사는 명수 어머니가 백내장으로 어려움을 겪고 있었을 때나 아내가 원인불명의 요통으로 괴로워했을 때 그에게 전문의 소개를 부탁하기도 했다. 그럴 때마다 그는 언제나 흔쾌히 받아 주었다. 또한 북조선에 있는 처남일도 그는 명수네한테 도움을 주었다.

고명식은 이전에 만났을 때 보다 약간 살쪄 보였다. 얼룩하나 없는 새하얀 가운의 명찰에 '고명식'이라는 글자가 선명하고 자랑스러운 듯 했다.

명수를 신중하게 진찰해준 그는 역시 심장이 나쁜 것 같으니까 얼마 간은 무리하지 말고 안정을 취하는 편이 좋다고 알렸다.

며칠 후에 다시 고명식을 방문한 명수에게 정밀검사 결과 상태가 좋지 않다고 알려왔다. 역시 좋지 않은가 하고 맥이 풀렸다. 약이라도 먹으면서 일을 계속할 수 없겠는지, 포기할 수 없다는 명수의 말에 고명식은

"조직에 나가면 아무래도 무리하게 되니까, 낫을 병도 낫지 않게 되요. 별일이 아닌데도 입원시켜달라고 말하는 사람도 있어요. 동무가 처해진 입장을 생각하면 이렇게 말하는 게 괴롭지만, 결단을 내려 2, 3개월 쉬는 편이 좋아요"라며 미안해했다.

명수는 대답할 수가 없어서 침묵했다.

"일전에 이종암李鐘岩 씨가 와서는 당분간 입원시켜 달라고 말했어."

"에, 어디가 안 좋아?"

"응, 그게 말야, 간장이 나쁘다고 본인은 말하지만."

고명식은 의미 있는 듯이 히죽 웃었다. 명수는 그가 말하려 하는 것을 이해했다.

"잠깐 들었는데, 그는 지금 최원철崔元哲 부위원에게 미움을 사서 자기비판을 하게 되었다더군. 정작 본인은 그것을 말하지 않았지만 말야."

"나도 잘 모르지만, 그런 것 같아."

그에게 숨겨봤자 소용없다고 생각해서 명수는 애매한 답변을 했다.

"그는 지금 중앙본부의 사무국장이지?"

"응."

"어, 오해하면 곤란해. 그의 경우와 동무의 병은 아무 관계가 없어."

"나는 그와 달리 아주 작은 피라미에 지나지 않아."

"이상한 말을 했네. 정말 나쁘게 생각하지 말아줘."

고명식은 미안해했다. 명수 쪽에서 화제를 돌렸다. 두 사람은 밑도 끝도 없는 세상 돌아가는 이야기를 했다.

대학생 시절, 다테시나蓼科고원에 캠프를 갔을 때, 그 비실거렸던 의학생은 어쩌고 있어? 동포학생조직의 중앙본부위원장을 맡고 있던 웅변가는 조직을 그만둔 후 무엇을 하고 있어? 이야기는 아무래도 10여 년 전의 청춘시절로 돌아가고 만다. 서로 생활기반이 다르기 때문에 어쩌면 당연한 일이었다.

'바쁠테니깐'이라고 명수가 일어나려고 하자 고명식은 함께 식사하자고 권하며 병원내의 식당으로 안내했다.

밝고 청결한 식당은 병원의 직원만으로 꽤 붐볐다. 젊은 의사들의 지침 없는 목소리가 높은 천정에 울려 퍼졌다.

식사를 하면서 명수와 얘기하고 있던 고명식이 갑자기 턱을 치켜 올리더니 옆 테이블에서 담소하고 있는 의사 그룹을 흘끗 보았다.

"재네는 나와 동급생인데, 2년 정도 미국에서 유학하고 돌아온 녀석들이야……. 한 번 외국에서 유학하면 프리미엄이 붙어서 1등급 승진이야."

명수는 고명식이 표면적으로는 느긋하게 굴고 있지만 병원내의 차디찬 두꺼운 벽을 뚫지 못해서 괴로워하고 있다는 것을 알았다.

"재네는 재네지. 결국 여기는 일본인을 위한 곳이지. 동무라면 언제 조국에 돌아가더라도 대환영이지."

"그런데 말야. 먼저 돌아간 친구들의 편지에 의하면 내 전공은 아직 그쪽에서는 그다지 필요 없는 것 같대. 게다가 일본과 그쪽과는 의사에 대한 평가가 달라. 일본같이 우대해 주지 않는 것 같아. 그렇다고 해서 이 의무국에 있어도 앞날은 뻔하고…….한 동포 상공인이 개업을 하지 않겠느냐고 계속 권유하고 있어. 재정적인 지원을 아끼지 않는다면서. 이제 와서 연구를 버리고 개업의사가 되는 것도 좀 그렇지."

고명식은 힘없는 미소를 지었다. 명수는 학생시절 고명식이 의사자격을 취득하면 조국에 돌아가 오로지 그 땅의 의사발전을 위해서 바친다고 말했을 때의 반짝거리는 눈을 잊지 않고 있다. 청년시절에 공유했던 꿈이 무너져 가는 것을 목격하는 것은 고통스러웠다.

명수는 적당한 지점에서 이야기를 끝냈다. 고명식은 우선 3개월간의 요양을 권하는 진단서를 명수에게 건넸다. 그와 헤어진 후 한동안 악수의 온기가 손바닥에 남았다. 동시에 그가 말한 이종암 건이 좀처럼 머리에서 떠나지 않았다.

의사를 통해서 조직 간부와의 접촉이 있는 그가 1, 2년 조직내부에서 정력적으로 실시하고 있던 사상 사업에 대해서 어느 정도 알고 있는 것은 쉽게 헤아려진다. 하지만 최근에 그와 같은 특수한 입장이 아닌 일반 동포에 대해서도 의식적으로 이 사업을 알리려고 하는 움직임이 활발하다.

물론 조직내부자에게 이종암이 아무래도 위험하다는 것을 명수는 알고 있지만, 그 정확한 이유에 대해서는 몰랐다.

이종암 뿐만 아니라 중앙본부나 산하단체의 요직에 있는 간부에 대해서 조직 모두의 비판이 심해졌다. 같은 중앙본부의 사무국 부국장을 하고 있던 김동원이 실각되고 나서 아직 얼마 지나지 않았다. 김동원金東源이 조직의 중추적 지위로부터 쫓겨났을 때에 그의 죄상을 밝히는 '간부강연회'에 명수도 출석했다. 강사는 최원철 제1부위원장이었다.

강당을 메운 간부들을 앞에 두고 그는 김동원의 비조직적인 책동을 엄격한 어조로 단죄했다. 두꺼운 검은 테 안경을 쓴 갈색피부에 자신감과 위엄마저 풍기고 있었다.

그는 이미 중앙본부에서 뛰어난 이론가로서 통하고 있었고 박 위원장의 후계자로 간주되었다. 실제로 명수의 직장책임자도 최원철 제1부위원장이 말한 것은 박위원장의 말이고 궁극적으로는 경애하는 수령님의 의도로 구현하고 있다고 매번 강조하였다.

제1부위원장은 김동원이 범한 죄과로써 '가족주의', '지방주의', '자유주의'를 열거했다. 당시 조직 내에서는 모든 사람이 혁명사상으로 무장하고, 구석구석에 이르기까지 유일사상체계를 확립하기 위한 학습회, 사상 사업이 한창이었다. 그곳에서는 유일사상 체계 확립에 방해가 되는 분파활동, 그 사상적 근원이 되는 '지방주의', '가족주의', '자유주의', '개인이기주의', '출세주의' 등, 옛날 사상의 잔재가 비판되고 있었다. 그 중에서도 특히 '지방주의', '가족주의'가 집중적으로 지탄받았다. '가족주의자'는 주로 제주도 출신의 일부 활동가를 가리키고 있고 '지방주의자'는 민전(재일조선통일 민주전선)해방과 노선전환(1955년, 재

일조선인 운동을 그때까지의 극좌 모험주의적 투쟁에서 조국의 방침과 직결한 민족적 주체성이 있는 운동으로 전환시켰다)에 반대 혹은 소극적이었던 사람들을 의미하고 있었다.

명수자신도 진행 중인 사상 사업은 향후의 조직의 비약적인 발전에 빼놓을 수 없는 것이라고 믿었고, 그 때문에 '자기비판', '상호비판'에도 적극적인 태도를 취했다. 중앙본부의 지시를 받은 김만경金滿京이 일찍이 중앙본부의 요직에 있던 사장의 '지방주의', '가족주의'를 비판하기 위한 회의를 주재했을 때 당연히 명수도 거기에 참가했다. 김만경은 본부와 회사의 실질적인 파이프역할을 하였다.

조직 안에서 웃어른의 한 사람으로 유망한 사장은 사원 전원이 실시하고 있는 근무시간 전후의 학습회를 나 몰라라 한 채 거의 참가하지 않고 봉건적이고 완고한 성격으로 편집국장을 초보 지도하듯 하고, 사소한 일로 사원들 앞에서 큰 소리로 그를 야단쳤다. 그런 태도는 도저히 선배 동지로서의 엄격하고 원칙적인 것이라고 볼 수 없고, 상점의 주인이 지배인을 일방적으로 혼내는 것과 비슷하다. 때로는 무례하다고 생각되는 말에도 반론하나 하지 않고 고개를 숙이고는 가만히 참고 있는 편집국장의 비굴하기까지 한 순종적인 태도에 명수는 불쾌함을 몇 번이나 느끼곤 했다.

그러나 사장은 제주도 출신도 아니고 민전 해산과 노선전환 시에는 현 위원장과 함께 반대세력과 싸운 간부 중에 한 사람이었다. 그렇기 때문에 현재 초미의 문제로 제기되고 있는 '지방주의', '가족주의'에 사장이 어떻게 구체적으로 관련되어 있는지 명수들은 알지 못했다. 따라서 중앙의 의도가 뭔지 확실치 않다. 편집국장도 그 점에 관해서는 굉장히 애매한 태도를 취했다. '비판은 밀어붙이는 힘'이라는 듯, 사장의 이러한 일상적인 언동에 명수들은 집중하지 않을 수 없었던 것이다.

부하의 비판에 대해서 사장은 의연하게 수긍하며 인정하는 듯한 태도였다. 명수를 포함한 젊은 층의 사원들에게 불만은 남았지만, 계속적으로 비판을 끈질기게 국장에게 하지 못했다.

점점 격렬하게 이야기 하는 최원철 제 1부위원장에 대해서 명수는 강사가 지적하는 김동원의 구체적인 잘못이 비조직적인 책동과 규탄받을 정도로 심각하고 중대한 것이 아니라는 생각이 들었다. 당연히 해야 할 때에 위원장의 지시를 받들지 않았고, 친족의 장례식이 너무 화려했다는 식의 내용은 설득력이 없었다. 강사가 죄상의 중대성을 계속해서 강조한 만큼의 뭔가가 딱 오지 않는다.

그 후에 조직의 김동원에 대한 공격은 점점 더 격렬해졌다. 김동원의 '행방불명'이 보도되었다. 그의 후화後禍를 청산하기 위한 지부집회, 분과회집회까지 열렸다. 제1부위원장 스스로 그 선두에 섰다.

우연히, 명수와 아내 정숙은 김동원과 같은 지부, 분과회에 속해 있었다. 부부 다 같이 본업이 바쁘고 남는 시간은 사적인 일에 할애하고 싶은 마음도 있어서 본인들이 속한 분과모임에는 그때까지 거의 얼굴을 내밀지 않았다. 때문에 분과모임에서는 김동원 부부와는 한 번도 만난 적이 없었다. 물론 김동원과는 면식도 있었고 유학생동맹 기관지 때문에 투고원고를 의뢰하여 직접 만나기도 했기에 보면 인사말 정도는 건넨다. 그리 많지 않은 접촉을 통해서 명수는 그가 머리회전이 빠르고 밝고 괄괄한 성격의 정의파라는 인상을 가지고 있었다.

매우 중요한 모임이여서 꼭 참석하라는 지부, 분과회에서 평소와는 다르게 몇 번이나 다짐을 받는 요청이 있었기 때문에 각각의 시간을 내어 명수와 그의 아내는 지부대회에 참가했다.

동포로 초만원인 회장에는 최원철 제1부위원장도 보였고, 김동원이 남겼던 여러 가지 후화를 이 지부에서 일소해야만 한다고 그답지 않게 주먹을 치켜 올리고 분노하며 역설했다. 계속해서 지부위원장과 청년, 부녀회 대표가 김동원과 원칙적으로 타협 없는 싸움을 전개 할 수 없었던 것에 대한 자기비판을 눈물로 토로하고 그 위험한 사상 잔재를 지부, 분과회에서 없애기 위한 결의를 피로했다. 강연 단상 가까이에서 보도 관계자가 바쁘게 움직이고 회장은 일종의 이상한 열기로 넘쳐 있었다.

입회 후 바로 김동원의 가족에 대한 따돌림의 움직임이 지부, 분과회에 속한 동포 사이에 나타나기 시작했다. 그 내용을 아내에게 들었을 때 명수는 심하다고 생각했다.

민족소학교에서 큰딸과 동급생인 김동원의 딸이 반에서 모든 임원에서 제외된 사실을 아내는 격분한 어조로 명수에게 이야기 했다.

"중앙본부의 간부 부인이 김동원의 딸과 우리 옥희玉姬를 놀게 하지 말라고 말해요. 아버지가 나쁜 짓을 했을지는 모르지만, 아이와는 관계없는 일이라고 말했어. 그랬더니 그녀는 이상을 표정을 지었어. 그 후 얼굴을 마주쳐도 뾰로통해요. 귀여운 여자. 감추지 못하고 다 드러내잖아. 요전에도 화가 났어. 옥희가 그의 집에 놀러 가서는 돌아오지 않아서 마중 갔더니 김동원의 아내는 요즘은 여맹女盟사람 아무도 얼굴을 내밀지 않아요 라며 서운해 하는 것 같아. 이런 방식은 아무리 생각해도 이상해. 지금부터라도 하고 싶은 말은 할거야. 미움을 받아도 상관없어."

조직에 헤아릴 수 없는 해를 끼쳤다고 비난받는 간부에 대한 동포들의 소박한 분노까지 전면적으로 부정할 수 없었지만 그의 가족에 대한 전근대적이고 음산한 공격에 명수는 화가 났고, 간부의 부인이 그 선두에 있다고 들으니, 중앙의 강한 압력과 권세에 대한 비열한 아첨과 맹종을 느꼈다.

명수네 사장에 대해서 중앙으로부터 귀국지시가 있었던 것 같다. 동무네 사장은 조국에 돌아가라고 했는데 양친의 유골을 찾고 난 후에 귀국하게 해달라고 이유 같지 않은 구실을 둘러대며 돌아가지 않으려 하는 것 같아. 다른 직장 간부로부터 조롱 섞인 귓속말을 듣고 놀란 것은 명수 쪽이었다. 사건의 진상이 공식적인 자리에서 확인되기도 전에 사장은 위가 안 좋다며 입원하고 말았다. 위폴립 수술을 받았던 그는 수술 후, 경과가 좋지 않아 사망했다.

직장 동료 중에는 사장은 조국으로 돌아가기 싫어서 저승으로 가버렸다고 농담을 하는 이도 있었다. 농담으로 해서 될 말이 있고 안 될 말이 있다고 나무랐지만, 결점이 있더라도 이승을 떠난 옛 동무를 경박하게 야유하거나 그것을 용인하는 분위기에 명수는 도저히 따라 갈수가 없었다. 사장의 사후 최원철 부위원장이 직접 명수네 직장을 방문하여 편집국장의 사장승진을 전했다.

입원해도 특별한 치료법이 없다고 해서 결국 명수는 고명식이 아르바이트로 근무하고 있는 병원에 주 2회씩 다니게 되었다.

호흡곤란과 구토, 그리고 현기증이 끈질기게 달라붙었다. 회복할 기미가 없는 채로 통원치료가 반복되었다. 통원횟수가 많아질수록 불안감과 초조감이 팽배해졌다.

그 날은 몇 십번 째인지 모를 병원치료를 가야하는 날이었다. 와있어야 할 고명식이 없다. 급한 용무가 생겨서 오늘은 오지 않습니다. 간호사의 쌀쌀한 대답에 조금 실망했다. 집에서 자고 일어나고 하는 반복적인 생활을 하고 있는 탓일까 전차로 1시간 정도인데 피로감이 전신을 덮는다. 조금 쉬고 나서 돌아가려고 했다.

약국 앞에 2, 3평의 공간이 대기실이다. 공원 등에서 자주 볼 수 있는 싼 벤치와 똑같은 긴 의자가 5, 6개 아무렇게나 늘어져 있다. 미처 청소를 못한 바닥을 걷자니 슬리퍼 바닥으로 거칠거칠한 감촉이 발바닥에 전해져 왔다.

명수는 빈 긴 의자에 앉았다. 주변은 어슴푸레하고 곰팡이 냄새가 났다. 대합실에는 명수를 포함해서 2, 3명밖에 없다. 구석에 놓여 있는 흑백TV 소리가 몹시 커서 귀에 거슬렸다. 평소에는 상가 지역의 조선인과 일본인으로 혼잡한데 이런 때도 있다고 이상하게 감탄하는 동안에 왠지 쓸쓸함이 가슴을 스쳤다.

명수는 의자 위에 내던져진, 표지가 찢어져 나간 주간지를 주워서 딱히 읽으려는 생각도 없이 페이지를 넘겼다.

누군가 어깻죽지를 꽉 눌러서, 앉은 채 고개를 들었다. 긴 얼굴에 가냘픈 웃음을 띤 키가 큰 남자가 서 있었다. 순간 누군지 알아보지 못했다.

"어, 장인수張仁洙 아냐! 오래간만이야."

"응, 동무도 어디가 안 좋은가?"

손가락의 관절이 아플 정도로 힘찬 악수를 건네며 몇 년 만에 만나는 명수에게 의심스러운 듯이 묻는다. 그와는 2, 3개월이라는 짧은 기간이었지만 유학생조직에서 함께 일 한 적이 있다.

장인수는 민족고등학교 출신이었지만 같은 학생조직에서 활동한 동창생과는 어딘가 이질적인 분위기를 가지고 있었다.

사무소에 있는 그는 뭔가 고민이 있는 듯, 주변사람과는 그다지 말을 섞지 않고 주어진 일을 묵묵히 하고 있었다. 민족학교를 나온 학생활동가에게 일반적으로 보이는, 상대의 감정 등을 문제시하지 않는 강인함과 자신의 약함을 표면상 투지로 덮어 감추려고 하는 태도, 바꿔 말하면 한없이 밝고 자기주장이나 행동력이 그에게는 결여 되어 있는 것처럼 명수 눈에는 비춰졌다. 그럼에도 불구하고 명수는 성실한 업무태도에서 심지가 강하고 자신에게 엄격한 남자로서 그를 존경했다.

얼마 지나지 않아, 그는 가정에 사정이 있어 일시적으로 조직을 떠났다. 그의 선택에 대해서 동료의 반응과 평가는 냉담했다. 그러나 명수는 마음으로부터 모두의 태도에 동조할 수 없었다. 그의 가정의 궁핍함을 직접 본적이 있기 때문이었다.

명수의 하숙집이 자신의 집에서 그다지 멀지 않다는 것을 안 장인수가 딱 한 번 명수를 자기네 방으로 부른 적이 있었다.

3평정도의 낡은 아파트에 그의 일가가 살고 있었다. 명수가 방에 들어갔을 때 가구나 그 이외의 자질구레한 살림살이가 복잡하게 놓여있는 중앙부에 시트 없이 기름때가 잔뜩 끼어 있는 이불 속에 누군가가 자고 있었다. 여동생이라고 한다. 4살 아래인데, 긴 세월 병을 앓고 있다고 했다. 병명을 말하려 하지 않았지만 그의 일그러진 표정에서 가능한 눕혀놓고 싶은 환자인 것 같았다. 어머니와 여동생, 3명 가족인데 어머니도 늙어서 일용직 막노동을 언제까지나 계속 할 수 없을 것 같아서 자신이 일해야만 한다고 털어 놓았다. 홀어머니 밑에서 자란 명수는 그의 힘든 마음을 잘 안다. 창가에 빽빽이 쌓아진 전문서적이 그의 감춰진 뜻을 말해 주었다.

대학을 졸업하고 새로운 직장에 취직한 명수는 대중 집회에서 몇 번인가 그의 모습을 보았지만 말을 섞을 기회는 놓쳤다.

얼마 지나서 그가 다시 조직에 돌아와 일하고 있다는 것을 전해 들었다.

그 후 2년이 지났을까. 명수는 아내로부터 그가 악성 간장염으로 입원했고 어쩌면 목숨이 위태로울지도 모른다고 들어서 다음날 그가 입원한 병원을 방문했다.

의외로 건강해서 일단 안심했지만 머리맡에 라디오 영어회화의 얇은 텍스트가 놓여 있었다. 어, 영어회화 하고 있어? 명수의 놀란 모습에 그는 수줍은 웃음을 지어 보였다.

"내가 전공한 서양사 따위는 현 조국이나 조직에는 아무 도움도 안 돼. 뭐든 좋아. 구체적인 도움이 되고 있다는 실감을 할 수 있는 것을 배우려고 해. 그런 의미에서 동무가 정말 부러워. 나 같은 건 조선어는 어중간하고 그렇다고 해서 일본어도 안 되고……. 어중간한 사람이란 나

같은 사람을 말해."

가난한 아파트의 일실에 말끔히 정리된 책이 떠올랐다.

당시 조직에서는 그 주장을 보다 널리 세계에 알리는 데에는 영어 쪽이 유리하다는 판단에서 그때까지 러시아어, 중국어를 중시하던 것을 재검토하여 일찍이 적국의 언어로 간주되어 왔던 영어로 출판하고 그와 동시에 영어교육도 활발해지기 시작했다.

장인수는 명수가 부럽다고 끊임없이 반복하며 어떻게 하면 영어를 마스터할 수 있을까 하고 빨아들일 듯한 눈빛으로 물었다.

대학을 나온 사람이 영어공부방법을 모를 리가 없다. 취미로 한다면 모를까, 지금의 그의 일에 영어 따위는 전혀 관련이 없다. 본인은 그것을 충분히 알고 있을 것이다. 알면서 게다가 어학을 공부하려고 하는 그의 순수한 노력을 그만두라고 강하게 말할 수가 없었다. 상대의 초조한 마음과 불안, 조급한 마음이 손바닥 보듯 뻔히 알기 때문이다.

명수는 형식적인 대답밖에 할 수가 없었다. 국민 학생처럼 진지한 얼굴로 끄덕이는 그의 잠옷차림이 명수의 가슴을 뜨겁게 했다.

반년정도 걸려 장인수가 기적적으로 건강을 회복하여 무리하면 안 되는 몸으로 같은 조직계열의 출판사에 근무한다는 것을 명수는 아내로부터 들었다.

그 이후에 그를 만난 것은 이번이 처음이었다.

명수는 자신의 건강상태를 물어보는 상대의 질문에 대답하지 않고 거꾸로 되물었다.

"동무야말로 여전히 좋지 않은가?"

"응, 뭐 그렇지."

자신의 몸 상태에 대해서는 언급하고 싶지 않은 모양이다. 동병상련하는 것은 싫은 것일까.

"일은 바쁜가?"

"응, 다른 모두는……. 나는 아침 늦게 나와서 저녁 일찍 돌아가도 돼"

여전히 한 마디 한 마디 음미한 후에 입 밖으로 내는 말투였다. 이야기하면서 쑥스러운 표정을 지었다.

명수는 그와 천천히 이야기해 보고 싶어졌다.

"이제 돌아갈 건데 지금부터 일해?"

응 하고 대답하는 것만으로는 어정쩡했지만 명수는 근처의 찻집에 들렀다 가자고 강권했다.

두 사람이 같이 병원을 나왔다. 날씨가 좋지만 겨울 공기는 몸을 웅크리게 했다. 두 사람은 약속이나 한 듯이 코트 옷깃을 세웠다.

2, 3분 걸어 도로가에 작은 찻집을 발견했다.

길이 5미터 정도의 검은 빛깔의 카운터에 5, 6개의 테이블. 검은 먼지가 길고 가늘게 살짝 들러붙어 있는 벽에 복제품인 유럽의 유명한 풍경화가 걸려 있었다. 늘쩍지근한 표정의 마담 겸 웨이트레스가 한 명, 지루한 듯이 카운터에 턱을 괴고 있다. 주변이 어두워지면 그대로 곧장 변신할 수 있는 분위기다.

"담배 피울래?"

"아니, 끊었어."

"어. 어째서 또."

믿을 수 없다는 표정을 짓는 것도 무리가 아니다. 명수는 학생시절부터 담배를 연달아 계속 피우는 사람으로 유명했다. 친구 중에는 머지않아 엉덩이에서 기름이 나올 거라며 놀리는 사람이 있었을 정도다.

추억의 친구들에 관한 얘기꺼리가 다하자 두 사람 사이에 잠시 침묵이 흘렀다. 그 침묵 속에는 공통의 화제를 찾으려고 해도 자연스럽게 나오지 않을 때의 어색함이 있었다.

"그 당시의 동무 중에 지금도 조직에 있는 사람은 겨우 2, 3명이네."

장인수가 히죽 웃었다. 그 때 이후 약 10년, 유학생 동맹에서 함께 활동했던 동료들의 대부분은 조직을 떠났다. 몇 명인가는 조국의 사회주의 건설에 자신을 바치고자 동해를 건넜다. 주어진 임무를 일본에서 다하기 위해 여기에 남았던 사람들 중에서 어떤 사람은 '지방주의', '가족주의자' 라는 비판을 참지 못하고, 또 어떤 사람은 지도부의 관료주의적 체질, 맹종적인 형식주의에 염증이 났다고 하고, 다른 사람은 건강에 이상이 생기기도 해서 조직을 그만두었다.

"자, 서로 무리하지 말고 분발하자. 동무도 굳이 말하자면 너무 순수한 쪽이니까 ."

명수는 이런 곳에서 옛 동무들을 찻집의 수다꺼리로 삼고 싶지 않았다. 장인수는 명수의 말에는 대답하지 않고 지금 잠시 갈 곳이 있었다고 중얼거리듯 말한다.

일의 방해를 하면 미안하다는 생각이 들어 "그럼 또"라며 자리를 뜨려고 하자 그렇게 서두를 볼일도 아니라며 동무만 좋으면 조금 더 이야기 하자고 권한다. 명수는 막 일어나려다 말고 다시 앉았다.

"인쇄소에 좀 볼일이 있어서. 중요한 일이 아냐. 얼굴만 내밀면 되는 일이야. 금방 끝나."

자조적인 어조였다.

"일적으로 뭔 일이 있었던 거 아냐?"

"뭐 그렇지……. 사실은 남조선 경제를 소개하는 기사 사진을 바꿔 넣기로 해서 말야."

"전부 다시 인쇄하는 거야?"

"응. 나는 그대로 내도 관계없다고 생각하지만."

"……"

"서울 거리를 찍은 것이 말야. 너무 훌륭하대. 남조선경제의 예속화는 확실하다. 그렇다고 해서 항상 판에 박은 듯이 넝마를 뒤집어쓰고 헤매는 고아라든가, 노상에서 쪼그리고 앉아있는 지게꾼만으로는 안 된다고 생각해. 조국신문이 『인간의 산지옥』이라고 보도하고 있다고 해서 그쪽에서 실은 사진 스타일을 모방만 해서는 보도출판자로서의 주체성과 창조성은 전혀 없지 않은가. 남조선경제 또한 언제까지나 발전 없이 한군데 머물러 있지는 않는다. 나날이 변화하는 현상 속에서 사진을 찍어내서 올바르게 보도하는 것이 우리들의 임무가 아닐까. 조국이 하는 것을 모방하는 것도 좋겠지만, 좋은 것은 모방해야하지만 뭐든지 맹신하고 맹종하는 것은 안 되고, 모방하면 큰일이 날 것처럼 하는 보신술이나 무사안일주의는 결단코 용인해서는 안 된다고 생각해."

과묵한 남자가 이상하게 말이 많았다. 명수는 아무 말 없이 듣고 있었다. 팔짱을 낀 팔이 점점 죄어져 간다.

"게다가 승질 나게 부장은 일단 좋다고 했단 말야. 괜찮은 제작이라며 들떠서 상부기관에 가져갔어. 그런데 나쁘다고 하니까 크게 당황해서 다시 가져와서는 아무 논의도 없이 바로 다시 고치라는 거야."

이야기를 듣고 있는 동안에 명수 쪽이 점점 우울해졌다.

장인수가 고뇌의 대상으로 말한 사례는 명수의 직장에도 많이 있고 정도의 차이는 있을지언정 보도부문 전체가 공통적이었다.

대회나 집회를 기사로 하는 경우, 그 모든 부분에 "경애하는 수령, 김일성원수의 초상화가 공손히 장식되어 있었다"라는 표현이 반드시 필요했다. 들어가 있지 않으면 데스크 단계에서 삽입되었다. 거기에 토를 다는 자가 있으면 수령에 대한 충성심을 의심받고 사상적으로 문제가 있는 자로 간주되었다. 명수도 그 뻔한 문구가 없으면 안 된다는 형식주의는 기사의 경직화를 초래한다고 주장했지만 무시되었다. 두세 번 말해도 받아들여지지 않으니 귀찮아져서 상부와 철저하게 토론도 하지 않았다. 아무리 해도 안 된다는 체념과 이상하게 의심받는 것도 재미없다는 비겁한 계산으로 인한 것이었다. 물론 명쾌하게 구별할 수 없는 생각은 남았지만 방대한 업무량과 눈이 팽팽 돌 정도로 지나가는 시간 속으로 매몰시켰다.

'우리 출판 보도부문의 중심역할을 하는 사람은 조직 · 선전자 역할을 다해야만 한다' 위에서 아래까지 매번 반복된다. 그러나 이 표현은 연설용에서 없어서는 안 될 수사 어구가 되어 실제 보도활동 중에는 살려지지 않는다.

"이 상태가 계속되면 우리 출판물은 동포와 일본 독자로부터 외면

받을 것 같은 생각이 든다."

확실히 그렇다고 명수도 생각한다.

"그래도 뒤에서 불만만 말해봤자 사태는 좋아지지 않아."

고민만 하고 있어봤자 아무것도 시작되지 않는다고 명수는 말하고 싶었다.

"응. 그건 알고 있지만, 기분 상했어? 하지만 누군가에게 말하고 싶어서."

장인수는 테이블 위에 놓인 '하이라이트'[15]담배 갑을 집더니 한손으로 가볍게 들어올린다. 반동으로 튀어나온 담배의 필터를 그대로 입으로 가져간다.

"돌아가려고."

명수는 그 의미를 바로 알았다.

"돌아가서 어쩌려고? 여기에서 쓸모없는 인간이 조국에 돌아간다고 해서 훌륭히 해 나갈 리가 없어. 동무 정도 되면 그쪽이 어떤 상태인지 모를 리가 없잖아. 역시 남아서 노력할 수밖에 없잖아."

"일을 해도 자부심이 느껴지지 않아 의욕이 없어."

동무 같이 자신을 괴롭혀서는 신경쇄약에 걸릴 거라고 말하려다 멈췄다.

"동무의 마음은 알겠지만."

탈 없는 이야기밖에 말할 수 없다. 한마디로 그와 같은 인간이 조직

---

15 일본 담배산업(JT)이 제조 · 판매하는 담배 상표.

안에서 더 길러져야만 한다고 생각한다.

"조국의 현실을 모르지 않아. 친척이 일전에 갔다 와서 여러 가지 얘기해 주었어. 하지만 사람은 바뀌고 조직이 없어져도 조국은 영원히 살아 계속되잖아. 때문에 돌아가고 싶어."

담담한 어조인 만큼 명수의 가슴을 쿡 찔렀다.

"동무와 같은 인간이야말로 돌아가서는 안 돼 . 힘들겠지만 여기에 남아서 분발해야지."

장인수는 아무 말 없이 담배를 계속 피웠다.

사장에게 만나고 싶다는 전화가 왔다. 요 한달 갑자기 끈질기게 게다가 재촉하듯 병 상태에 대해서 묻고 있지만 명수는 애매한 대답밖에 할 수 없다.

병원으로부터 돌아오는 도중에 명수는 자신의 직장에 들렀다.

사장은 병 상태를 이것저것 물은 후에 누워있는 상태도 아니니까 몸을 길들이기 위해서도 하루에 몇 시간이라도 좋으니 나오라고 한다. 명수는 동료들이 이른 아침부터 밤늦게까지 일하고 있는 상황 속에서 그렇게 어중간하게 일을 계속해서는 폐 끼치는 정도는 차이가 없다고 대답했다.

그럼 언제까지 이런 상태가 계속되는가? 입가에 미소를 짓고 있지만 안경너머로 명수를 들여다보는 눈은 의심을 감추지 못하고 있다.

"잠시 더 쉬고 싶습니다만."

"잠시라는 게 어느 정도?"

"기간은 확실하게 말할 수 없습니다만."

그렇지 않아도 일손이 부족해서 고민하는 직장의 책임자로서 상대방의 입장도 모르지는 않지만, 명수에게는 그 이외의 다른 대답을 찾을 수가 없었다.

곤란하네. 미간을 찌푸렸지만 그것도 순간이었다.

"귀국하면 어때."

밝은 웃음이었다. 그로서는 자신에 찬 말투에 명수는 느끼는 바가 있었다.

명수네 직장은 표면상은 독립한 주식회사이지만, 상부조직에 의해서 움직여지고 있다. 편집, 경영, 인사 등 중요사항은 모두 상부조직중앙의 지시에 따라서 결정된다. 그가 최근 사장과 친해진 것도 지금 실질상 최고책임자로서 평판이 높은 최원철 부위원장의 신임이 두텁기 때문이라고 한다. 명수가 현재 직장으로 왔던 것도 중앙의 명령이었다. 사장은 투쟁 중에 노력해서 출세한 활동가가 아니다. 조직중앙의 노선이나 정책을 보도부문에서 창조적이며 동시에 대담하게 자신의 생각을 전개해 가는 타입도 아니다. 학생시절 현재의 회사에 아르바이트로 온 이후, 성실하게 근무하여 지금의 지위에 오른 남자다. 잘나갈 때 호기를 부리는 짓 따위는 절대로 하지 않는다. 또한 그는 문제를 제기할 때나 상부에서 지령을 전달할 때에도 결코 관료적, 고압적인 태도를 보이지 않았다. 방긋방긋 웃고, 그러면서 긴장감을 가지고 상대의 반응을 재빨리 파악하면서 서서히 핵심에 다가가는 방식이었다.

상대가 조금이라도 이론異論을 주장하면 "응응, 어, 동무의 마음은 잘 알아. 내 진의를 오해하지 말길 바래. 서로 몇 년이나 조직생활을 하고 있으니 말하지 않아도 알겠지."

비굴하기까지 부하의 이해를 얻으려고 필사적이었다. 신념을 가지고 원칙을 관철하기보다 그때그때 그 자리를 빠져나가 결과적으로 자신의 생각대로 되면 이긴 거라는 방식이었다.

그런 그가 고압적일 정도로 자신만만해졌다. 명수는 그의 태도에서 중앙의 의향을 파악했다. 사장이 실무책임자가 없는 상태로는 업무가 돌아가지 않는다고 사내의 어려움을 호소하여 상부의 승낙을 얻었을 것이다. 중앙은 중앙대로 짐이 될 것 같은 사람은 그 처분을 재빨리 하부조직에 맡기는 쪽이 상책이라고 판단했었을 것이다. 중앙의 승낙만 받으면 결원 보충의 확약을 받은 거나 다름없다.

언젠가 오겠지라고 생각했지만 너무나 준비성이 좋아서 명수는 아연 질색했다.

조직도 어렵기 때문에 병으로 쓰러진 사람을 쉽게 돌봐 줄 수 없다는 것은 명수도 충분히 이해하고 있다. 건강이 나빠진 동료들이 별다른 수가 없어, 뜻하지 않게 조직을 떠날 수밖에 없거나, 조국에 돌아가거나 하는 것을 명수는 몇 번이나 보고 들어왔다. 그러나 그렇더라도 결론이 너무 빠른 것이 아닌가하고 화가 났다. 명수는 잠시 생각할 시간을 달라고 대답했다.

저놈은 조직의 지령에 따르려 하지 않은 것입니다. 조국에 대해 전적인 신뢰를 하지 않는 놈입니다. 사장이라면 이정도 일을 상부기관에 말 할지도 모르지만 그래도 상관없다고 결심했다.

"그래, 그래. 차분하게 생각해봐. 중요한 일이니까."

사장은 진짜 당연하다고 말하려는 듯이 몇 번이나 고개를 끄덕였다. 먼저 결론을 내려놓고 차분하게 생각하고 말고 할 것도 없다고 생각했다. 겉과 속을 훌륭하게 가려 쓰는 것에 명수는 화를 넘어 어이가 없어졌다.

회사를 그만두고 집에 돌아와서도 마음은 가라앉지 않았다.

사장은 명수의 병이 어떤 종류의 것인지 잘 알고 있을 터이다. 조국의 현 상태에서는 명수의 병 진행을 막는 약이, 그와 같은 지위의 사람에게 주어질 가능성이 우선 없다는 것도 알고 있을 것이다. 사장이 조국의 의료 실태를 모를 리 없다. 명수조차 처남의 편지를 통하여 그 나라에는 결핵 약은 물론이거니와 무좀약조차 일반 민중에게는 충분히 주어지지 않는다는 것을 알고 있다.

'재능과 희망에 따라 일하며 배울 수 있는 지상낙원'을 믿고, 명수와 처는 일본에 남아서 가족 모두가 같이 살고 싶다는 장인을 억지로 설득시켜서, 처남과 둘이서 귀국시켰다. 당시 조직에서 일하고 있는 자는 일본에 남아서 애국사업에 전념해야만 한다는 것이 상부기관의 방침이었다.

조직에서는 처남을 맡겨만 달라고 말했다. 동무들 대신에 조국이 제대로 보살펴 주겠다고 보증을 했다. 장모가 곱창가게를 하면서 조금씩 모은 돈으로, 조국에서 필요할 것이라고 생각되는 물품을 구입하는 아내를 보고, 자신의 일이 되면 객관적이고 냉정하게 행동 못하는 그녀의 모습이 싫으면서도 명수는 이걸로 어깨의 짐을 내린 것 같은 비겁함과 안도감을 느꼈다. 민족고등학교를 졸업하고 바로 귀국했던 처남은 뭐 때문인지 희망을 이루지 못하고 공장에서 일하게 되었다. 그 이후 동생에게 오는 편지를 아내는 명수에게 보여주지 않으려 했다. 아내 몰래 읽은 처남의 편지 내용에 명수의 가슴은 아팠다. 결핵에 걸려 있는 것이었다. 약을 보내달라고 했다. 명수네는 고명식에게 부탁해서 약을 조제하여 그에게 보냈다. 그 때 명수는 자신들의 행위가 결과적으로 처남을 약하게 하여 그의 눈을, 여러 모로 일본으로 향하게 하는 것은 아닐까 걱정이었다. 명수는 그것을 아내에게 털어 놓았다. 아내는 이 정도는 모두 하고 있어, 부위원장은 아들이 당에서 받는 과일이 썩는다고 냉장고까지 보내 줬대 라며 태연했다. 명수는 그 이상 그녀를 책망할 마음이 들지 않았지만 꺼림칙함이 사라지지 않았다.

그 후에도 처남의 비운은 계속되었다. 아픈 몸이라 일도 못하는데 아내도 집을 나가, 두 명의 어린자식을 껴안고 먹고 사는데도 힘든 생활이 계속되고 있었다. 정도의 차이는 있을지언정 처남과 엇비슷한 궁핍함에 내몰린 귀국자가 적지 않다는 것은 동포사회에 퍼진 소문으로부터도 알 수 있다.

지금은 조직에서 일하는 사람들도 공공연하게 입에 올리지는 않지만 명수와 같은 환자를 충분히 치료할 여유가 조국에게 없다는 것을 인정할 수밖에 없다.

(그런데도 왜 성급하게 조국에 돌아가려는 것일까. 조국에 건너가기만 하면 안심된다는 것일까. 무엇이 안심된다는 말인가. 돌보는 수고만 덜면 귀국한 사람의 행방은 어찌 돼도 좋은 것인가. 조금 더 도량을 넓게 가지고 병 상태를 지켜볼 수 없는가. 조직에서 일단 떠나게 두고 1년이나 2년 기다려도 좋을 텐데)

명수는 한없이 격해지는 감정을 누를 수 없었다.

의문을 계속 되새기는 동안에 명수는 조직에 대해 어쩔 수 없이 솟구치는 불신을 느꼈다. 조직이 명수를 의심하는 것은 확실했다. 1, 2년이나 조직의 엄격한 규율에서 떠나면 수상하게 여긴다는 것을 명수는 알아차렸다. 일본이라는 매우 부패한 사회에 방치해 두면 조직비밀과 내막을 폭로할 지도 모른다는 걱정일 것이다. 이미 꾀병을 부리는 괘씸한 놈으로 낙인이 찍혀 있을지도 모른다.

(그렇다 치더라도, 나 같은 피라미가 얼마나 비밀을 알고 있다는 것일까)

명수는 한심스러워졌다.

명수는 큰맘 먹고 태어난 고향에 한동안 돌아가기로 했다. 돌아간다고 해서 뭐가 어떻게 되는 것도 아니지만, 조직의 누구에게도 방해받지 않고 혼자서 있고 싶은 마음이었다. 그렇게 하고 있으면 저절로 결론이 날 것 같았다.

홋카이도에 돌아가고 싶다는 명수의 말에 아내는 고민에 찬 표정으로 그를 가만히 바라보았지만 아무 말도 하지 않았다.

본가에 돌아온 명수를 어머니와 형 부부는 따뜻하게 맞이해 주었다.

명수는 자고 싶을 만큼 자고, 통원이외에는 산책을 하거나 독서로 나날을 보냈다.

어머니를 비롯한 형 부부는 그런 명수의 생활태도에 대해서 아무 말도 하지 않았지만, 어디선가 지켜보고 있는 기색이었다.

병 상태는 전혀 호전되지 않았다. 한밤중에 변소에서 발작을 일으켜 쓰러지기도 했다. 심상치 않은 기미에 번쩍 깬 어머니는 변기에 쓰러져 있는 아들을 껴안고, 이웃에 폐가 되는 줄도 모르고 아이고, 아이고 하며 큰 소리를 냈다. 여자혼자서 대학까지 보냈는데 이 꼴이라며 자신의 불운을 개탄했다.

고등학교를 졸업할 때 조선인이라는 이유로 희망하는 샐러리맨 생활을 포기한 형은 젊은 시절에는 꽤 방탕한 나날을 보냈지만 최근에 와서는 제법 자리를 잡고 가업에 열심이다.

그 궁핍한 떼거지의 조직에 계속 들러붙어 있으니까 이렇게 되어 버리잖아. 어머니는 쌓이는 분노를 정기적으로 토해 냈다.

그런 걸 이제 와서 말해봤자 아무 소용없어. 동생도 좋아서 병에 걸린 것이 아니니까. 형은 흥분한 어머니를 타이르며 명수를 감싸주었다. 형수님도 느끼는 바가 있음에도 아무 말도 하지 않고, 이것저것 보살펴 주었다. 명수는 가족의 배려가 고마웠다.

본가에서 어슬렁 어슬렁거리면서 명수는 동경에 있는 아내와 자식이 신경이 쓰였다.

두 아이와 막 태어난 젖먹이 갓난쟁이를 껴안고 의지할 친척도 없이 겨우 혼자서 민족학교의 교사생활을 계속 하고 있는 아내가 불쌍하다는 생각이 들면서도 도와줄 수 없는 자신이 답답했다. 어머니와 형은 장래문제는 둘째 치고 우선 가족을 전부 홋카이도에 부르도록 권유했지만 자신의 사정만 고려하여 아내에게 조직 일을 포기하고 오라고는 할 수 없었다. 이쪽은 어떻게든 되니깐 걱정 말라는 힘차고 밝은 목소리가 든든했다.

애초에 민족학교에서 교원을 하도록 강권한 것은 다름 아닌 명수였다. 그가 아내와 처음 만난 것은 유학동맹 사무소였다. 두 사람은 학생

운동 중에 교제가 깊어져 갔다.

대학을 졸업하고 조직의 중앙본부에서 활동하기 시작한 명수는 연구실에 그대로 남아서 학생생활을 계속하고 싶다는 그녀에 대해서 아무런 신분보증도 없는 일본대학에 남아서 그저 현학적인 허영심을 만족시키기 보다는 성장하는 동포어린이들을 교육하는 편이 조선인으로서 올바른 삶의 방식이라고 주장했다.

명수는 대학에 들어간 후 동포 유학생 조직을 알았다. 그는 거기에서 모국어와 민족역사, 문화를 배움으로써 비로소 민족적 긍지와 자신감을 가질 수 있었다. 그것은 소외감에서 해방되어 당당히 살아 갈 수 있는 자신감이기도 했다. 때문에 조직 안에서 민족을 위해서 바치는 것은 자신을 살리는 것이기도 했다. 학문은 그 다음이었다. 한편 아내 정숙은 조직의 존재가치는 당연한 것으로서 인정하면서도 그것을 보는 시점이 어딘가 냉정했다. 조직의 절대성 등은 있을 수 없는 것이며, 믿을 수 있는 것은 결국 구체적으로 사회에 공헌 할 수 있는 학문이라고 굳게 믿고 있었다. 거기에 얘기가 미치자 두 사람 사이의 감정이 어색해져서 명수의 초초함은 더해져 갔다. 귀찮아져서 명수는 할까 말까 기로에 섰다.

당시의 명수에게는 이기적이라고밖에 생각되지 않았던 그녀의 사물에 대한 인식방법은 아무래도 고등학교 2학년 때의 큰 정신적 충격과 관계가 있는 것 같았다.

정숙은 고등학교 1학년 때, 일본공산당의 지휘 하에 있었던 '민전民戰'의 영향을 받아 일본공산당에 입당하여 자치회 임원역할을 하고 있었다.

입당 동기는 충동적이고 소녀적 로맨티시즘이었던 것 같았는데, 그만큼 순수하고 일본을 혁명화함으로써 스스로의 민족적 해방을 쟁취할 수 있다고 믿고, 경찰과 싸우기도 했다. 그러나 고등학교 2학년이 되었을 때, 돌연히 '민전'의 노선은 잘못 되었다고 하여 '조선민주주의 인민공화국정부'의 주변에 재일동포를 결집시키기 위한 조직이 결성되었다. 학내의 일본공산당 조직은 어느 새 해산되어 버렸다.

진상해명을 요구하는 학생들에 대하여 선생들은 지금부터 학생은 정치활동보다 면학이 중요하다고 반복만 했다.

명수는 결혼해도 조직 일에 함께 종사하는 것이 자신이 이상으로 삼는 부부상이라며 그녀에게 정열적으로 이야기 했다.

다음 해 봄, 그녀는 모교의 교원의 길을 선택했다. 두 사람은 머지않아 결혼했다.

근무시간이 불규칙한 직장 탓에 아이가 태어날 때마다 일을 포기해야만 하는 시련에 직면했지만, 아내는 낙천적인 성격과 조직에 대한 태도를 바꾸어 10년 동안 어떻게든 타개해 왔다. 담임을 맡지 않는다든가, 탁아소에 아이를 데리고 오는 시간에는 원칙적으로 일을 하지 않는다든가 학교 당국입장에서 힘들다고 생각하는 것을 책임자에게 호소하여 강제로 양해를 하게끔 하는 것 같았다. 육아에 관해서는 절대로 남편에게 부담을 지우지 않겠다는 그녀의 옹고집에 내심 미안하면서도 고마워했다. 그러나 한편, 상사와 동료로부터 제멋대로라던가 약삭빠르다던가 라는 비난을 받거나 남편에게 육아와 가사에 대한 잘못으로 싫은 소리를 듣더라도 자신의 희망을 포기하고 선택한 길을 어떤 일이 있더라도 앞으로 나아가려는 끈덕진 고집을 느껴서 아슬아슬 할 때도 있었다.

그런 그녀가 아이를 데리고 홋카이도에 온다고 한다. 명수는 매우 당황스러웠다.

직장과 아이교육은 어떻게 하려고? 학교는 그만 둘 거예요. 아이들은? 홋카이도의 조선학교에 넣으면 되죠. 헤어져서 생활하는 것은 좋지 않아요. 병이 회복된다는 보장도 없는데 성급하게 정하면 나중에 후회하게 돼. 성급한 결정이 아니야. 언제 병이 회복될지도 모르는데 혼자서 마냥 기다리는 건 참을 수 없어요. 어떻게 할 건지는 건강이 좋아졌을 때 다시 생각하면 되죠.

수화기 너머로 들려오는 목소리에는 어떤 걱정도 없었다. 뭔가를 결정해 버리고 났을 때에 그녀는 흔히 이런 상태이다. 그러나 명수는 자신의 건강이 좋지 않다는 이유만으로 자신이 권유했던 일을 그만두고 오라고는 도저히 말할 수 없었다.

명수는 서로 더 신중하게 생각해 보자고 반복할 뿐이었다. 의식의 표면에는 올라오지 않았지만 그 때 아내와 아이들이 와 버리면 조직에서는 틀림없이 초소로부터 도망갔다고 단정할 지도 모른다는 어린애 같은 두려움에 사로잡혀 있었는지도 모른다. 명수는 스스로 확실히 파악하지 못한 채 뭔가에 겁을 먹은 자신을 알아챘다.

아내의 의지는 굳건했다. 1개월 정도 지나서 그녀는 두 아이와 갓난쟁이를 안고 조금 살이 쪄서 공항 로비에 나타났다.

학교 측을 잘 설득했네, 라고 명수는 아내에게 묻기보다 혼자 중얼거렸다.

"신학기부터 나온다고 하고 아무 말 하지 않고 그만두고 왔어. 홋카이도까지 쫓아오지 않겠죠."

명수는 받아칠 말이 없었다.

아내의 예상대로 학교 쪽에서는 아무도 찾아오지 않았다. 게다가 아무연락도 없었다. 아내는 그 건에 대해서 표면상 아무런 반응도 하지 않았다. 오히려 명수 쪽이 재미없어졌다. 아내가 그만둔 방식이 갑작스럽고 거칠었을지 모르지만 이것은 변명의 여지도 없는 배신자 취급이라는 생각이 든다. 게다가 그녀의 동료들로부터 편지 한 통 오지 않는 것을 보니 아내가 얼마나 고독한 인간관계 속에서 일해 왔는지 알 것 같았다. 정말로 복잡한 심경이 들었다.

잠을 이루지 못하는 밤이 계속되었다. 통제할 수 없는 흥분과 불안이 발작적으로 찾아 왔다. 신경과 정신의 불안정한 상태는 병 상태에도 좋은 영향을 주지 않았다. 혈압은 심하게 오르내리고 심장발작도 가라앉을 것 같지 않았다. 이래서 좋은 결과는 나오지 않을 것이다.

명수는 사장에게 우선 직장에서 소속을 빼달라고 부탁했다. 그는 승낙 하지 않고 직장복귀를 기다리라고 말했다. 명수는 꽤 간단히 방침을 바꾼다고 쓴웃음을 지었다. 명수는 조직의 반응에 현혹되지 않고 자신이 놓인 상황에서 계속 살아갈 방법을 찾기로 결심했다.

아내가 갓난쟁이를 타인에게 맡기고 밤늦게까지 파칭코에서 일하는 것을 보고 건강이 나쁘다는 이유로 언제까지나 응석부리고 있을 수도 없었다. 우선 가업을 돕기로 했다. 마음속으로 고민하는 것은 이제 질색이다. 어머니도 형도 명수의 제안을 흔쾌히 받아주었다. 형은 무리하지 말고 조금씩 몸이 익숙해지도록 하라고 했지만, 하는 이상은 모두에게 도움이 되도록 노력해야만 한다고 결심했다.

20년 가까이 뱃일로부터 떠나있었기 때문에 불안했지만, 고등학교나 대학교 때에 도운 적도 있어서 사정은 알고 있었다. 그만큼 마음은 편했다.

가업을 돕기 시작한 후 얼마 지나 조직의 지부위원장과 부위원장이 명수를 찾아왔다. 위원장은 태도에 어딘가 품위가 있고 조선어 말투에서는 경상도 특유의 사투리가 있었지만, 나오는 말의 구석구석에는 잘 받고 자란 가정교육과 교양의 축적을 엿볼 수 있었다. 그때까지 명수는 그와 2, 3번 만났지만, 재일교포 1세로는 드물게 조용한 언동에 호감을 갖고 있었다. 그것에 비해 부위원장은 보기에 고생한 사람 같은 느낌이고 옹고집스러웠다. 해방 후에 목축업이 성행하는 인구가 적은 마을에서 조선요리점을 경영하고 있었지만 몇 년 전부터 조직에 참가하게 된 것 같다. 그만큼 조직 활동에 한결같은 점이 있었다.

위원장의 태도는 평소와는 달랐다. 경직된 말투와 어색함이 있었다.

"동무가 본가에 돌아가 장사를 시작한 것은 그것대로 좋지만 일찍이 조직중앙에서 활동한 인간이란 것을 잊어버리지 않았으면 해."

"나는 그저 도와주고 있을 뿐입니다."

옆에 나란히 앉아 있는 부위원장도 긴장한 표정이다. 아니, 오히려 정색하고 있는 것 같다.

"도와주고 있든 어쨌든 그것은 큰 차이가 없지만, 어쨌든 이전에 조직가였던 사람으로서 부끄럽지 않도록 살았으면 해. 뭐 확실히 말하면 여기서라도 조국과 인민을 위해서 다했으면 해…….”

잠시 기다려 주세요. 한꺼번에 막 떠들어 대려는 상대의 말을 명수는 막았다.

“나는 아직 조직을 그만두지 않았습니다. 잠시 여기에 있으면서 병 상태를 보려고 생각하고 있을 뿐입니다. 그만뒀다고 누가 말했습니까?”

반론하면서 명수는 위원장이 어떠한 형태로든 중앙의 의향을 대변하고 있다는 것을 알아차렸다.

“나는 굳이 동무가 이곳에 돌아온 것을 이러쿵저러쿵 말할 생각은 없어. 그저 어디에 있든 조국과 동포를 잊어서는 곤란하다는 얘기야.”

명수의 질문에 대답이 되지 않는다. 대답할 생각이 없는 것이겠지. 뭔가를 알고 있지 않으면 이런 식으로 동지로 생각하는 사람에게 할 리가 없다. 명수는 버려졌다고 직감했다.

얼굴에 경련이 일어날 것 같았다. 그것을 감추려고 명수는 쓴 웃음을 지었다. 이제 와서 그들에게 뭘 말하더라도 어쩔 방법이 없다는 생각이 들었다. 그들은 그저 전달하려 왔을 뿐인 것이다.

명수는 그들에게 어떻게 행동해야 할지 어찌할 바를 몰랐다. 뭔가 말하고 싶은 듯 아내가 어색한 손놀림으로 석탄난로에 집게를 밀어 넣고는 세차게 긁어 휘저었다. 부채질 한 것처럼 난로는 바닥을 울릴 기세로 소리를 냈다.

“뭐, 사업이라도 열심히 해서 돈을 벌면 우리 지부에도 많이 기부해 주시게나.”

"와 하하" 하며 위원장은 무리해서 호쾌하게 웃었다.

"그래야지."

그때까지 무뚝뚝하게 아무 말도 하지 않고 있던 부위원장이 억지웃음을 만들어 맞장구를 쳤다.

이것만은 말해두지 라는 뉘앙스가 귀에 들어온 순간, 명수는 가슴이 울렸다. 그리고 다음 순간 막혀있던 출구를 차 부수듯이 뜨거운 것이 뿜어 올라왔다.

"다시 한 번 말해봐."

떨리는 목소리가 입에서 튀어나왔다.

두 사람은 꾹 참는 모습이었다.

"다시 한 번 말해 보라고 하잖아."

아내가 등짝을 확 잡아당겼다. 긴 세월 잊고 있었던 미칠 듯한 분노가 전신을 휘감고 불쾌감을 동반한 흥분이 자제심을 잃게 했다.

"기부하라고?! 게다가 말하지 않아도 되는, 그래야지가 뭐야. 내가 뭐 때문에 당신에게 기부를 해야 해. 취소하세요……. 취소하라니까!"

격한 말이 점점 흥분을 고조시켰다. 아마도 이때의 명수의 눈동자는 이상하게 번쩍이고 있었을 것이다.

예상하지 않았던 상대가 평소와는 다른 험악한 얼굴에 두 사람은 머뭇거리며 황당해 하는 것 같았다.

"뭐 그렇게 흥분할 일도 아닌데."

그렇게 말하는 위원장의 말도 떨리고 있었다. 명수보다 12살 정도 많아 보이는 부위원장은 '뭐야 애송이 주제에 건방지게'라고 말하고 싶은 듯이 화를 노골적으로 얼굴에 드러냈다. "동방예의지국"에서 태어나 자란 1세에게는 자신보다 훨씬 젊은 사람이 이런 식으로 대드는 것이 뜻밖에 일이고, 생리적으로 미움이 솟구칠 것이다. 그러나 이성적으로는 감당할 수 없게 된 격정은 상대의 불쾌한 표정정도로는 진정되지 않았다. 결과를 생각할 여유 따위는 물론 없다.

"당신들이 무슨 자격이 있어서 타인에게 사업을 하라느니, 기부를 하라느니 말할 수 있어? 당신들이 뭘 어떻게 들었는지 모르겠지만, 나는 아직 조직에 소속되어 있습니다. 그런 인간을 잡아서 마치 조직을 떠난 사람을 대하는 듯한 말투는 실례지 않습니까. 당신들은 중앙으로부터 뭔가 지시라도 받고 찾아왔다고 하는 겁니까?…… 어쨌든 지금 한 말은 취소하세요."

부들부들 떨려올 정도로 격렬해진 것에 비해 모국어가 막히지 않고 나온다.

"취소할 거고 뭐고, 가족 몽땅 끌고 와서 아이들은 이쪽 학교까지 다니고 있잖아."

부위원장은 그런 건 말할 필요도 없는 확실한 것이라는 투였다. 진정되어 가던 흥분이 또다시 부채질되었다.

"뭐?! 다시 한 번 말해봐."

명수는 완전히 제정신이 아니었다.

"다른 사람이 얼마나 고민하고 괴로워하고 있는 줄도 모르고 처음부터 의심하고 드는 건 뭐야. 애매하게 말하지도 않으면서 기부하라느니, 그렇게 하지 않으면 안 된다 식의 말투, 취소하세요. 하지 않으면 지금 바로 나가. 이후부터 당신들과 만날 필요가 없어……. 취소하라면 취소해!"

명수는 분노에 휩싸여 소리쳤다.

"이봐, 그렇게 화낼 일이 아니잖아. 침착해."

아내는 남편의 평범하지 않은 거친 모습에 당황했다.

"시끄러워, 너는 입 다물어."

모두 미웠다. 만약 위원장이나 부위원장이 그때까지와 똑같은 상태로 되받아쳤다면 명수는 어느 한쪽인가의 멱살을 잡고 후려갈겼을 것이다. 그만큼 명수의 마음과 신경은 정상에서 벗어나 있었다.

위원장은 자기네는 무례하게 말한 적은 없다고 생각하지만, 동무의 기분을 상하게 한 것은 유감이다. 다른 뜻은 없으니 오해하지 말아 달라고 한발 물러났다. 부위원장은 언짢은 듯 입을 꾹 다물고 있는 채였다.

위원장의 말로 명수의 격정적인 분출에 브레이크가 걸렸다. 분노의 파도가 쓱하고 밀려가는 것을 느꼈다.

머리 한 쪽에는 이러면 안 된다는 생각이 후후 스쳐지나가면서도 감정의 분출에 휩싸여 버린 모양새였기 때문에 흥분이 가라앉으면서 명수는 스스로도 기이하게 비칠 정도로 도를 넘은 것에 대해서 부끄러워졌다.

명수는 큰소리로 미안하다고 사과했다. 3명은 겸연쩍게 웃으면서 악수를 했지만 어색한 공기가 흘렀다.

두 사람은 서둘러 나갔다. 그들은 마지막까지 앞에 했던 말을 뒤집지 않았다.

난로의 한쪽에 책상다리를 하고 앉아 있는 명수의 마음에 뻔뻔한 생각이 든다. 미안합니다 라며 떠나가는 두 사람에게 아내가 현관입구에서 말을 했다.

이제 그만해도 된다는 생각이 들었다. 이 이상 비굴하고 쭈뼛쭈뼛하는 것은 지겹다고 마음속에서 토해 버렸다.

그렇게 호통만 쳐서는 결국 미움을 받을 뿐인데……. 아내의 타이르는 건지 비난하는 건지 알 수 없는 말이 등 뒤에서 들려 왔지만 명수는 무시했다.

일부러 생각하지 않으려 했던가, 아니면 의식의 표면에 올라올 것 같은 것을 가라앉히려고 했던가, 아무튼 자신은 조직에서 따뜻한 손길을 내밀어 주기를 치사한 생각으로 기다리고 있었던 같다. 명예로운 처우나 박수를 받으며 복귀하는 것을 꿈꾸고 있었던 것이다. 그렇기 때문에 불필요하게 숨죽이며 우유부단했던 것이다. 어느 새 이렇게 비열하고 겁쟁이로 몰락한 건지 한심했다.

소년시절 아직 민족심이 손톱만큼도 없었는데, 반도나 '조선놈'이라고 친구들에게 조롱당했을 때, 마음을 애태운 미친 듯한 분노, 그 후에 잔인한 복수와 거만한 태도로 상대에게 본때를 보여준 용기와 강인함이 명수는 갑자기 그리웠다.

긴 세월 동안 조직생활 속에서 어느 새 무난하게 주어진 과제를 해내고, 동지라든가 생사고락을 함께한다든가, 그럴싸한 말을 했지만 무난한 인간관계로 해결해온 것에 지나지 않는다. 바꿔 말하면 추레한 처세술이 특히 능숙해졌던 것이다. 그런 것으로 주체성 확립을 바라는 것 자체가 애당초 무리한 얘기다.

한없이 넓은 상념이 부글부글 가슴을 끓어올렸다.

이제 너는 됐다고 통고받았는데 그래도 여전히 꿇어 엎드려서 구걸하지 않는다. 남겨진 조건 속에서 살아가 주겠어. 명수는 대담해지는 감정의 고양 속에서 결심했다.

반년 정도 아무런 연락도 없었지만, 결국 사장이 명수를 찾아 왔다. 병 상태도 호전되지 않고 다른 사원의 눈도 있으니까 부득이하게 그만두도록 하겠다며 매우 딱하게 여기는 것 같았다.

4

외방파제의 소용돌이에 닻을 내린 본선의 거대한 몸체가 점점 더 흔들렸다. 아침나절에 예상했던 대로 거칠어진 것 같다.

잠잠한 먼 바다에 하얀 삼각파도가 춤을 추고 미지근한 바람을 대신해서 어느샌가 따끔따끔한 차가운 바람이 갑판을 스친다.

부두를 떠나서 이미 3시간이 지나고 있다. 부두에서 석탄하역을 끝낸 배는 다음 차례에 입항할 배가 기다리고 있어서 부두를 바로 떠나야만 했다.

명수네의 청소작업은 아직 끝나지 않았지만 화물주나 선박회사에게는 청소업자의 사정 따위는 어찌되건 상관없었다. 청소가 끝날 때까지 먼 바다에 정박해 줄 테니 보트를 준비해두고 작업이 종료하면 바로 하선하라는 것이었다.

납빛의 구름이 미묘한 터치로 배색된 감청색과 순백의 캔버스를 히스테릭하게 빈틈없이 색칠하고 비웃듯 상공을 질주한다. 폭포같이 떨어지는 싸락눈이 갑판으로 이리저리 날아다니더니 순식간에 쌓인다.

선창에서 갑판에 옮겨진 석탄가루의 작은 산더미에도 쌀톨 크기만 한 놈들이 구석구석 박혔다. 콩알 철포의 세례를 피하기 위해 얼굴을 돌리거나 목을 움츠려서 인부들이 석탄가루를 손수레에 넣고서는 갑판 위를 몇 번이나 왕복했다. 그러잖아도 기름기가 있는 갑판은 눈으로 뒤덮여서 한층 더 방심할 수 없다. 종종걸음으로 달려온 인부가 공중제비를 넘어서 철판 위에 내던져 막 쌓인 눈 위에 검은 가루가 한꺼번에 확 흩날린다. 허리를 세게 부딪쳤는지 얼굴을 일그러뜨리고는 얼마 동안 일어나지 못했다

출항준비를 위해 갑판에서 작업을 하고 있는 선원이 옆으로 지나갈 때 피식 웃는다.

"도둑놈 새끼. 뭐가 웃겨."

화풀이로 욕을 퍼붓는다.

본선의 동체에 매달리듯이 해서 보트가 바짝 다가오고 있다.

빌딩화재 시에 사용되는 관(통)모양의 마대를 이어서 만든 깃발이 본선의 갑판에서 보트의 선창위에 매달려 있다. 그 깃발 입구에 석탄가루를 삽으로 퍼 던진다. 석탄은 바람에 날아가지 않고 선창으로 쌓여간다. 가끔, 일이 잘못되어 깃발 입구에서 벗어난 석탄이 보트주변에 탁탁 떨어진다.

"여봐, 조심해 이구, 어딜 보고 있는 거야."

"바다가 잔잔한 날도 아니고 일일이 밑을 보고 있으면 날 새버려."

"바보 같은 놈. 이구. 아래에 있는 사람 좀 생각해, 석탄으로 온몸이 엉망이야. 마누라의 그 구멍이라면 눈감고도 흘리지 않으면서, 이놈."

위에서 던지는 사람과 아래에서 받는 사람 사이의 말다툼이 계속된다. 분주하게 움직이는 손과 발에 입도 뒤지지 않는다.

"진짜 너는, 보트보다 바다에 던지는 게 많네. 보안부에 발각되면 큰일 나, 이구. 너 같은 놈 때문에 혼나는 것은 사절이니까."

"무슨 잠꼬대 같은 말을 하고 있어, 이런 날씨에 놈들이 올 리가 없잖아. 바다를 오염시키지마. 오염시키지 말라고 지껄여대지만 공장에서 바다로 흘려보내는 광석과 석탄 양을 비교하면 이 정도의 양은 오히려 물고기의 좋은 먹이가 되지."

"억지소리 그만 지껄이고 제대로 넣어, 이 바보야."

"이봐, 선창이 가득차면 갑판 옆에 베니어판 세워. 그대로는 도저히 전부 적재할 수가 없어."

좌우로 너무 흔들리자, 불안한 발걸음으로 화물 고르기 작업을 하고 있는 도메에게 한마디 외쳐 놓고 명수는 선장실로 향했다. 주변의 납빛이 거무스름하게 변한다. 시계를 보니 6시가 되었다.

16평정도 넓이의 집무실에는 붉은 카페트가 깔려있고 나뭇결 벽에는 고급스런 유화와 외국의 유명한 리조트의 사진이 붙어 있었다. 침실로 통하는 문 옆에는 냉장고가 놓여 있다.

방의 거의 중앙부에 자리 잡고 있는 책상은 보통의 사무용 책상보다

한, 두 배나 커 보이고, 그 침작한 갈색의 깊은 맛이 있는 광택은 산뜻한 느낌마저 든다. 선박책임자로서 격식 차린 말투를 쓰는가 하면, 국가의 대표로서 다양한 계층의 사람들을 응대하는 장소이기도 해서 벽에 붙이는 음란한 미인사진은 보이지 않는다. 다른 외국선과 동일하게 이 배에도 일반선원과 1등 항해사의 방에 조차 전라 사진이 붙어 있다. 특히 1등 항해사의 방에 있는 것은 풍만한 유방을 득의양양하게 양손으로 받치고 요염한 미소를 띠운 백인여성이 검푸른 바다를 배경으로 하얀 모래사장에 다리를 벌리고 털썩 주저 앉은 모습은 음부의 냄새가 날 것 같아서 실로 뇌쇄적이며 자극적인 자태였다.

1등 항해사로부터 보고를 받았던 모양으로 선장은 밤색의 부드러운 머리카락 아래로 붉은 얼굴에 미소를 띠우고 기분이 좋아 보였다. 그들 나름대로 기대하는 것이 있기 때문이다.

"CIGARETTE."

MARLBOREO였다. 적과 백이 명확하게 배색된 상자에서 반이 나와 있는 담배에 엄지손가락의 가운데를 대고 한 대를 갑자기 집어 올린 후 명수의 눈앞에 내밀었다.

담배를 피우지 않는다고 말하자 의외라는 듯이 검은 눈동자를 크게 움직이더니 그대로 자신의 입에 물었다.

"너의 직원들은 일이 빠르고 완성도도 훌륭하다. 그럭저럭 별로 늦지 않게 출항도 할 수 있을 것 같다."

그리스 사람 특유의 통통 튀는 영어가 연달아 나온다. 제법 입발림 말도 잘한다.

"한잔 할까?"

장난기 가득한 눈 표정을 짓는다. 명수는 웃어주며 끄덕였다.

선장의 책상 모서리에서 조니워커 술병과 찻장에서 컷글라스를 꺼내서 반씩 따랐다. 명수는 고맙다고 하고 단숨에 들이켰다. 뜨거운 액체가 목구멍을 태우며 미끄러져 내려갔다.

명수는 품에서 작업종료증명서를 꺼내 선장의 책상에 놓았다. 석탄가루로 군데군데 검게 된 종이에 능숙하게 싸인하고 나서 양 손바닥으로 그것을 눌러 명수를 바라보며 미소를 지었다.

"얼마를 원해?"

세손가락을 내밀었다. 3만엔이라는 의미이다. 다른 외국선에서도 가끔 있지만 특히 그리스 선박의 선장은 예외 없이 커미션을 요구한다. 커미션이라고 하면 좋게 들리지만 요컨대 뇌물이다.

명수는 조금 비싸다고 생각했지만 원양까지 나와 사소한 금액차이로 옥신각신하고 싶지 않아서 요구한 돈을 건넸다. 건네면서 어젯밤의 향응 대금이라고 직감했다. 급료는 와이프에게 유흥비는 커미션으로 쓰는 것이다. 배가 아직 T부두에 있던 오늘 아침 일찍 선장이 계단 옆에 택시를 세우고 금발여자와 함께 차에서 나오는 것을 우연히 갑판에서 작업을 하고 있던 명수가 목격했다. 키가 작은 여자는 아양을 떨며 선장의 몸에 기댄 채 성교의 여운을 남기는 특유의 몸짓으로 상대의 얼굴을 바라보고 있었다. 선장은 사랑스런 애인을 대하듯이 자신의 팔을 다정하게 여자의 허리에 댔다. 여자는 거리에서 가끔 보는 외국인 전용 BAR에 있는 여자였다. 명수는 간지러워져서 시선을 피했다.

선장이 얼굴을 반짝거리며 쉽스 스탬프?라고 묻는다. 선박의 인장을 말한다. 어쩐 일인지 그리스 선박회사는 사인보다 쉽스 스탬프를 중요시한다. 명수는 찍어 달라고 말했다.

서랍에서 꺼낸 스탬프를 힘 있게 누르고 엄지손가락과 집게손가락으로 작은 원을 만들고는 크게 끄덕였다. 이 인장만 있으면 회사는 절대 트집을 잡지 않고 청구한대로 지불해 준다는 의미인 것이다. 커미션에 대한 그의 감사표시이다. 선장은 증명서를 돌려주면서 복사본을 1장 달라고 말했다.

"지금은 회사의 운항계획도 꽤 엄격해서 우리 선장도 컴퓨터의 지령으로 일하는 시대라서 힘들어. 오늘 밤 출항하는 것과 내일 출항하는 것과는 몇 만 달러나 차이가 나. 서둘러서 힘들었겠지만 너도 이거로 많이 벌었으니까 행복하지?"

양손이 크게 움직이고 몸이 흔들렸다. 명수는 싱글벙글 웃으면서 거기에는 대답하지 않고 증명서를 품에 넣었다. 공치사 같은 말투에 재미없었다. 속으로 불만이었다.

(비바람으로 바다가 거칠어지면 작은 보트로는 위험하다고 말했는데 자신들의 호신을 생각해서 청소가 끝나는 것을 기다리지 못하고 이런 원양까지 끌고 온 주제에 너네는 그야말로 큰 배를 타고 나갈지도 모르지만 이쪽은 지금부터가 큰일이란 말야)

명수는 1, 2분 형식적인 말을 하고 난 후에 선장실을 나왔다.

위스키로 달아오른 얼굴에 차가운 눈발이 닿았다. 한층 더 세찬 바람이 찌를 듯이 얼굴을 덮쳤다. 이미 주변은 어두워지고 브릿지의 꼭대기에서 비추는 불빛에 하얀 갑판이 어슴푸레하게 드러났다.

벌크(방파제)에서 몸을 내밀어 아래를 들여다보니 녹색과 적색의 항해등을 킨 보트가 심하게 흔들리고 있었다. 본선과 보트의 틈에서 파도가 계속 조금씩 올라와 해수면에서 갈라진 녀석이 난무하여 산산조각 부서진다.

돌아갈 수 있을까 불안해졌다. 그래도 이제 와서 되돌아가 선장에게 울고불고 할 수는 없다.

"이봐, 내려간다."

아래를 향해서 큰소리로 외쳐 놓고는 도중부터 어둠에 휩싸여 그 끝이 보이지 않은 밧줄사다리를 잡았다.

해수면 가까이까지 내려간 후에 아래의 상황을 들여다보았다. 중앙에 있는 브릿지를 눌러 찌그러뜨릴 듯이 석탄산더미가 뱃머리와 배꼬리에 솟아올라 있었다. 석탄가루를 가득채운 보트의 갑판이 해수면에 아슬아슬하게 내려가 있어서 마치 검은 만두가 2개 둥실둥실 떠있는 것 같다. 그 흑만두가 불룩 올라 온 것을 가늠하여 꼭대기를 겨냥해서 뛰어 내렸다. 퍽하고 둔탁하며 눅눅한 소리가 나더니 양발이 넓적다리까지 박혔다. 파도를 뒤집어 쓴 끈적끈적해 진 석탄가루가 장화와 바지 틈으로 가차 없이 스며들었다.

어두운 선내 등불 아래서 인부들이 추위로 완전히 얼은 몸을 중유난로 옆에서 녹이고 있었다.

다리가 들어간 보트는 좀처럼 선장의 말을 들으려 하지 않았다. 전진과 후진을 힘껏 반복하고, 인부 한 사람이 하야스케[16]로 본선 중앙을 밀어 보트를 세로로 대려고 했지만, 옆에서 불어 닥치는 바람과 때리는 파도가 방해를 해서 좀처럼 잘 되지 않았다.

부릉부릉 둔탁한 엔진 소리가 울려 퍼지고 보트가 겨우 헐떡거리며 천천히 움직이기 시작했다.

인부들은 똑같이 입을 다물고 두리번거리며 난로를 둘러쌌다. 난로 위에 내민 손등은 완전히 그을려있었다.

본선에서 멀어질수록 보트의 몸부림이 심해졌다.

바람에 브릿지의 작은 창문이 달그락달그락 소리를 내며 어둠 속에서 큰 벌레 떼 같이 휙 모습을 드러낸 싸락눈이 유리창에 핵핵 소리를 내며 달려들었다. 브릿지 내부는 폭풍 속에서 옴짝달싹 못하는 곤드라처럼 불안하게 계속해서 흔들렸다.

때때로 옆에서 부딪쳐오는 파도에 덮칠 때마다 뭔가 의도성을 가진 것처럼 무거운 충격으로 얕은 여울에 걸린 듯이 쿵하고 복부 전체가 충격을 받는다. 그 때마다 난로 주변에 쭉 둘러앉은 사람의 원이 갈라지고 같은 방향으로 몸이 크게 흔들린다.

"아퍼, 이구 밀지 말라니까. 위험하잖아."

누군가가 괴상한 소리를 냈다.

"위험하다고 너, 좋아서 미는 게 아냐. 불만을 말하려거든 파도한테 해"

"뭐라구, 이 새끼가. 큰소리쳐대더니."

"뭘 그렇게 잘난 체 해. 나도 옆에서 밀렸어. 피장파장이야."

---

16 앞 끝에 철제 갈고리를 단 장대.

일의 피곤함에 숨 막히는 불안감이 더해져 가시 돋친 말싸움으로 되어 버린 것 같다. 이런 상황에서 작업을 끝낸 후, 평소처럼 한없이 밝은 분위기를 기대하는 것은 무리였다.

"이봐, 그렇게 발끈하지마. 모처럼 일을 끝내고 돌아갈 건데 이쪽가지 초조해지잖아.

분위기 메이커인 히로가 둘 사이에 끼어들었다.

"이봐, 이것 봐 초조함 따위는 한 번에 날아가 버리니까."

히로가 큰 편지지의 사진을 득의양양하게 과시했다. 옆에 있던 명수의 눈앞에서 사진의 움직임이 멈췄다. 그것은 정통 포르노사진이었다. 승무원으로부터 받았던가 아니면 구입했을 것이다.

"지금 선박에서 가져 왔어?"

명수가 나무랐다.

"아니, 육지에서 샀어. 항상 한시도 몸에서 떼지 않고 지니고 있어."

틀림없이 거짓말이지만 증거가 없기 때문에 그 이상 추궁하지 않는다.

사진은 금발의 젊은 여자가 풍만한 유방을 자랑하며 전라의 몸을 비꼬고 무아지경의 표정으로 남성 성기를 물고 있는 장면을 찍은 것이었다.

"위험한 물건을 외선에서 가져 오면 못써. 발각되면 가게가 영업정지가 되니까."

명수는 냉엄한 어조로 못 박았다.

"그런 짓은 안한다니까."

아무래도 석연치 않다. 히로는 허둥지둥 품에 넣었다.

"이봐, 다쓰, 꼭 미국 흑인 같다."

키를 잡고 있던 도메가 뒤돌아보며 놀렸다.

"……"

그런 도메의 얼굴도 탄광 안에서 나온 광부처럼 시커멓고 작은 붓으로 덧그린 것 같이 눈가와 입가를 분장했다.

"이런 모습을 아내, 자식에게 보여줄 수 없네. 진짜로. 앞전에 보트에서 육지로 올라가니 때마침 젊은 여자 사무원이 지나가면서 깔깔 포복절도했어. 화가 나서, 너희들이 바른 하얀 분가루보다 훨씬 피부가 거칠어지지 않는다고 호통쳤지만…… 다쓰 너는 본선 하역 십장을 시켰더니 실력이 좋다고 하던데. 어디서 배웠어?"

"……"

"이렇게 더럽고 수지가 맞지 않는 일 안 하려면 술 마실 생각만 하지 말고 솜씨를 살리도록 해"

"나는 여기가 좋아."

"맨 정신의 다쓰가 신기하게 동료와 얘기를 했다.

"그렇다 치더라도 명수 씨, 요즘 저런 석탄가루를 받아서 어쩌려고 해. 석탄난로라도 있으면 사용할 수 있는 방도라도 있겠지만, 요즘은 모두 석유 난로잖아. 이렇게 쓸모없는 것을 쌓는 데, 2시간이나 써버렸잖아."

부글부글 발효하고 있는 인부들의 불만을 대변하고 있다고 명수는 생각했다.

"응, 선박 측에서 항해 중에 버리는 것도 귀찮다고 해서……. 싫다고 할 수도 없고."

앞을 응시한 채로 명수는 변명을 했다.

재떨이용으로 쓰는 코가 콜라의 빈 깡통이 소란스럽게 맑은 소리를 내며 바닥 위를 튀어 굴러 다녔다. 벽의 호크에서 튀어나온 것 같다.

"시끄러워, 이놈이 신경을 건드려 대네."

짜증스러운 듯이 몸을 굽혀 깡통을 주우려 하지만 걸음걸이가 불안하고 엉뚱한 방향으로 깡통이 반전해서 좀처럼 잡을 수 없다.

"이놈."

하며 힘껏 팔을 뻗은 순간 덜커덕 바닥이 낙하했다. 중심을 잃은 히로의 몸이 머리에서 문입구의 판자에 내동댕이쳐졌다.

'뿌지직' 소리가 났다. 양철깡통은 비웃는 것처럼 떨렁떨렁 소리를 내며 춤추고 있었다.

머리를 누르고 납작 엎드린 자세로 고양이 같이 작은 사냥감에 확 달려들어 손바닥 안에서 아작을 내고 판자문을 옆으로 휙 열어 팔이 부러뜨릴 듯이 힘껏 어두운 바다에 집어 던졌다.

인부들은 히로의 거친 행동을 멍한 눈으로 바라보고 있을 뿐이었다. 난로 안에서 타오르는 폐유가 지지직 소리를 냈다.

주변의 어둠과 옆에서 휘몰아치는 눈의 두터운 막으로 확실치 않지만 보트가 상하로 흔들리는 정도로 추측하건대 파도의 높이가 2, 3 미터가 되어 있는 것 같다.

칠흑 같은 어둠속에서 물보라가 확 쳐서 브릿지의 열려 있는 창문으로부터 도메의 얼굴을 덮쳤다. 도메의 상반신은 함빡 젖었지만 창문을 닫을 수 없다. 선장은 직접 바깥 공기와 접해서 소리에 의지하여 파도와 바람의 상태를 파악해야하기 때문이다.

보트는 날카로운 각도에서 조금씩 올라왔나 싶더니 선수에서 바다 속으로 뛰어 들어간다. 해수가 갑판에 넘쳐나, 선체로 올라오더니 혀로 핥듯이 하고는 싹 모습을 감춘다.

파도에 당하지 않기 위해서 옆으로 밀려오는 파도의 방향을 감지하려고 도메는 귀를 쫑긋 세우고 있었다.

종횡으로 파도에 희롱당하는 보트가 꼼지락꼼지락 고통스러운 듯이 몸을 꼬았다.

실내등이 꺼졌다. 얼어붙은 바람이 좁은 방에 소용돌이친다.

"이봐, 위험하니까 난로 불을 꺼."

도메가 되돌아보며 고함을 쳤다.

인부들은 난로 주변의 원을 깨고 바닥에 앉거나 천정의 들보나 창가에 찰싹 붙어 있기도 했다. 내동댕이쳐진 해수 덩어리가 브릿지에 힘껏 부딪쳐서 창틀이 삐걱거리고 유리창이 발작을 일으킨 것처럼 심하게 흔들렸다.

"괜찮겠지."

꼬마 요시가 말꼭지를 뗐다.

"뭐가."

쓸데없는 말을 하지 말라고 말하고 싶은 건지 히로가 도전적인 어조로 응답했다.

"뭘 그렇게 오들오들 떨어대고, 이구. 이정도의 풍랑에 우는 소리를 해대면 원양작업을 할 수 있을까? 이 촌놈."

위세 좋은 큰소리가 튀어 나왔을 때 배가 갸우뚱거렸다. 쓱 배가 오른쪽으로 기울었다.

"위험해."

외침인지 비명인지 알 수 없는 히로의 목소리다.

보트는 기운 채 홱 해수면 아래로 돌진하기 시작했다.

도메는 열심히 키를 왼쪽방향으로 바꾸려고 했지만 키 손잡이가 전혀 생각대로 돌아가지 않는 것 같다. 엉덩이를 바닥에 붙이는 자세로 힘껏 아래로 감아올려서 끌어올리려고 해도 완강하게 말을 듣지 않았다.

"괜찮아?"

결국 참지 못하고 명수는 도메에게 말을 걸었다.

"이봐, 가라앉잖아."

"바보, 움직이지마. 뒤집히는 게 함정이야. 가만히 있어."

키 손잡이를 꽉 쥐고 앞을 바라본 채 도메가 소리쳤다.

"이봐, 어떻게 할 거야. 그러니까 말했잖아. 바다가 거칠어지기 전에 돌아가자고 했잖아. 욕심을 너무 부리니까 이렇게 된 거야. 빨리 어떻게든 하지 않으면 모두 끝이야."

명수에게 쏟아지는 비난의 목소리도 떨리고 있다.

"이봐. 누가 밖으로 나가서 선수의 오른쪽 가장자리 쪽에 석탄을 바다로 던져. 석탄으로 덮인 해수가 잘 빠지지 않는 것 같아……. 빨리 누군가 나가……. 이봐, 빨리 해."

명수가 고함을 쳤다. 이번에는 몸을 단단히 웅크리고는 아무도 움직이려 하지 않는다.

"멍청이, 야. 빨리 하지 않으면, 하나 더 큰 거 먹으면 모두 죽어."

얼굴에 뿜어대는 물보라를 손바닥으로 닦아 내리며 도메가 명수의 말을 거들었다.

누군가가 문에 손을 뻗었다.

단숨에 연 문 입구에서 싸라기눈과 포말이 밀어닥쳤다. 뭉실뭉실한 해수가 발밑에 엉긴다. 명수는 미닫이문을 원래대로 되돌렸다.

전방의 석탄더미에 꿈틀거리는 검은 덩어리가 아주 가는 항해불빛으로 희미하게 식별할 수 있다.

"누구야?! 히로니? 요시니?!"

선장 옆에 선 명수는 작은 창문을 하나 더 열었다. 문을 깜빡거리며 얼굴이 일그러졌지만, 고양되는 기분은 어둠을 응시했다.

"나는 여기에 있어."

히로의 목소리가 등 뒤에서 들렸다.

"누구야?!"

다시 한 번 큰 목소리로 확인했다.

"나야."

"다쓰니?!"

대답은 없었다. 대답 대신에 삽이 공중에서 미친 듯이 춤췄다.

"한 사람으로 부족해. 누군가 나와."

히로가 뛰어나왔다. 석탄더미를 향하는가 싶더니 뱃머리 쪽으로 미끄러져 간다.

"이봐, 뭐하는 거야. 뱃머리로 가도 아무소용 없잖아."

몸을 구부려 판자문틈으로 목만 내밀고 명수가 고함을 쳤다.

기듯이 해서 뱃머리 쪽의 석탄더미에 도착한 히로는 파도에 휩쓸리지 않기 위해서 양발을 석탄 속으로 푹 꽂아 넣었다. 발주변에 오렌지색의 둥근 빛의 원이 바쁘게 움직이고 있다. 작업용의 손전등을 미친 듯이 빙빙 돌리고, 이것도 작업에서 사용하는 메가폰을 입에 대고 '이봐, 도와줘'라고 외쳤다.

그러잖아도 높은 히로의 성량은 건전지식 마이크로 한층 더 금속성을 띤 여자의 비명에 가까웠지만 메가폰에서 나오자마자 휘몰아치는 바람과 난무하는 파도소리에 순식간에 묻혀 버린다.

오른쪽으로 기울어진 보트는 복원력을 잃어버린 채 삐걱삐걱 고뇌의 신음소리를 빈번히 내면서 거친 바다에 꼼짝도 못하고 있다.

"이봐. 누군가 히로가 있는 곳으로 가서 끌고 와. 저런 쓸데없는 일을 하려거든 다쓰를 도와주라고 해"

인부들의 번쩍이는 눈빛이 명수를 응시하지만 추위와 공포로 몸은 경직되어 버렸다.

도메는 키를 잡고 홀린 듯이 전방에 눈을 응시하고 있다. 얼굴을 덮친 포말은 턱으로 전해져 줄줄 가슴팍으로 흘러내린다. 연실 닦아내도 나침반의 표면에 바로 물이 괸다.

엔진의 고저가 심하게 불규칙한 회전음은 배꼬리가 파도에 차여서 스큐류가 허공을 가르고 있는 것을 알린다.

구조를 요청하는 히로의 절규가 띄엄띄엄 들려온다.

어슴푸레한 윤곽의 다쓰 모습이 팔팔하게 움직인다. 삽질이 단조롭지만 확실한 반복운동을 되풀이하고 있다. 그 기민하고 힘센 동작은 평소에 술만 퍼 마시고 비틀비틀 헤매다니는 알코올 중독과는 전혀 다른 모습이었다. 명수는 온몸에 소름이 끼쳤다.

파도 거품이 확 춤춰 오르는가 싶더니 격렬하게 석탄더미에 내려 부었다. 선체는 전후좌우로 그리고 비스듬히 흔들렸다. 다쓰의 몸이 휘청거리고 엉덩방아를 찌더니 푹 고꾸라진다.

"다쓰! 옆에서 치는 파도를 조심해!"

명수는 가슴이 답답해지는 것을 느끼면서 양손을 입에 대고 외쳤다.

보트가 크게 기우뚱하더니 옆으로 흔들리면서 아래위로 흔들리는 파도를 맞아 휠쩍 공중으로 떠올라서는 파도 속으로 내동댕이쳐졌다.

구조할 수 없을지도 몰라. 명수의 발끝이 찡찡 쑤셔서 소변을 누고 싶어졌다.

인부들이 비틀비틀 거리면서 서로 머리를 부딪치거나 넘어지기도 한다. 그러나 이제 아무도 상대를 욕하지 않는다. 빈 도시락통과 양철깡통이 바닥에 쌓인 채 해수의 움직임에 맞춰서 굴러다닌다.

"제기랄, 모두 겁쟁이만 모여가지고. 명수 씨 좀 바꿔줘."

명수가 키를 잡았다. 도메가 밖으로 뛰쳐나갔다. 명수는 물에 젖어서 미끄러운 키 손잡이를 꽉 잡았다.

무대 커텐이 내려지듯이 갑자기 눈 막이 급속히 물러나기 시작했다. 의외로 가까이에, 게다가 그거라고 바로 알 수 있는 특징이 있는 간격으로 점멸하는 안쪽 방파제의 적색과 청록색의 빛이 보였다. 바람과 파도는 조금도 잠잠해지지 않았지만, 두 개의 빛이 명수에게 안도감을 주었다.

선수의 석탄더미가 조금씩 깎여나간다. 명수는 몸의 무게를 전부 걸고 힘껏 키를 왼쪽으로 틀어 본다. 꾹 반응이 있었다. 살았다고 생각했다.

펵하고 큰놈이 왔다. 일순간에 깎여진 석탄더미가 시야에서 사라졌다.

"앗."

찢어지는 목소리가 났다.

"도메! 다쓰!"

명수의 외침소리에 대답하듯이 휙하고 석탄더미가 나타났다. 한 사람밖에 없다.

"다쓰가 바다에 빠졌다."

"요시. 너가 바꿔."

명수는 갑판으로 뛰어나갔다.

도메가 기어서 뱃머리 쪽까지 몸을 질질 끌며 다가오고 있다. 명수는 도메의 옆에서 같은 자세로 어두운 바다에 시선을 두었다.

제기랄, 제기랄 하며 도메가 고함을 쳤다.

"이봐. 되돌려."

"이 폭우에 선회하면 한꺼번에 뒤집혀."

"됐으니까 할 만큼만 해봐."

도메가 꿈지럭꿈지럭 일어났다.

소용없는 짓이라는 걸 알면서 새까만 바다에 시선을 향하지 않을 수 없었다. 파도 거품이 조롱하듯이 전신을 공격했다. 해수면이 벽과 같이 뻗어 올라 한입에 집어 삼킬 듯이 눈앞에 다가오지만 무너지기 바로직

전 쓱 눈 밑으로 빠져간다.

명수는 석탄더미로 올라가 짐승같이 네발로 기어갔다. 이렇게라도 하지 않으면 파도 사이로 날려버려질 것 같았다. 물방울이 가슴에 전해지고 하복부를 적시지만 이상하게 추위를 느끼지 않는다. 귀가 비틀어 올려진 것처럼 아프다. 격렬한 동기가 가슴팍을 무너뜨릴 듯했다.

"다쓰, 어디야."

있는 힘껏 외쳤지만 위안하기 위한 것에 지나지 않는다는 것은 확실하다. 그러나 명수는 석탄더미를 떠나지 않고 미친 듯 거친 바다를 노려보았다. 어디에 화를 내야 하는지 알 수 없는 분노가 날카롭게 신경을 공격했다.

바다가 잠잠해지고 나서 2일 후에 안쪽 방파제 가까운 해저에 가라앉아 있는 다쓰를 다이버가 찾아냈다.

함박눈이 유유히 떨어진다. 떨어진다기보다 내린다고 하는 편이 좋을지도 모른다. 섬세하고 폭신폭신한 눈의 결정을 망가뜨리는 것을 아쉬워 한 나머지 자연의 거대한 손바닥으로 부드럽게 받아들여서 가만히 대지에 놓는 것 같다.

꽃잎처럼 큰 것은 마치 부채와 같이 빙빙 부드러운 몸을 회전시키면서 내려오는 것도 있는가 하면 일직선으로 게다가 우아하게 지상의 친구들에게 더해지는 것도 있다. 한편 작은 놈은 목화 진딧물처럼 도중에 한순간 갑자기 멈추기도 하고 슬쩍 옆으로 도망치기도 하고 장난꾸러기처럼 논다.

부드러운 깃털에 덮인 가로수와 얼룩조릿대가 기분이 좋은 듯이 가만히 있는다. 대기까지도 하얀 꽃잎 경관에 홀려서인지 주위는 침착하고 포근함마저 느껴진다.

하늘거리며 내려온 눈송이는 서로 바싹 붙고 겹쳐서 병아리의 솜털처럼 신기할 정도로 부드러운 터치로 모든 것을 감싸 안는다.

장례식의 전야가 시작될 때 즈음에는 눈도 잦아들었다. 두텁고 하얀 막이 오르자 아주 조용해진 대기 중에 평소와는 다름없는 판자벽과 길가의 썩어가는 전봇대, 처마, 거무스름해진 돌담 등이 흑백으로 아름답게 물든 장식을 과시하고 있다. 신제품의 하얀 모자를 깊숙이 눌러쓴 붉은 우편포스트가 조금 거드름을 피며 포즈를 취하고 있었다.

장례식의 전야는 다쓰의 셋집에서 2백 미터 정도 올라간 산중턱에 둘러싸인 절에서 치루어졌다. 절이라고 하면 그럴싸하게 들리지만 본당이 아니고 평소에는 대기실로 사용되는 듯한 32평 정도의 지저분한 방이었다.

난방설비가 없어서 급히 가져온 원통모양의 작은 석유 난로가 한심한 듯이 가늘게 타고 있었다.

역시 창피했는지 주변의 벽에는 흑백의 줄무늬 모양의 천막이 둘러쳐져 있었다.

추운 방 한쪽 구석에 2, 3단의 높이로 꾸며진 제단에는 과일을 담은 접시 2, 3개와 장례식 과자가 두 더미, 게다가 향갑과 촛대가 좌우에 1개씩. 명수가게에서 보낸 생화와 친척이 보낸 듯한 조화가 2개. 게다가

상조회사가 가져온 헌화. 이것이 사자를 보내는 도구일체의 전부였다.

스님의 독경이 시작되어도 모인 것은 20명 안팎이었다. 제단의 우측 옆에는 다쓰의 처와 그의 죽음을 알고 달려온 듯한 친척 할머니와 중년 남성 한명이 고개를 숙이고 앉아 있었다. 나머지는 이웃 아주머니들과 다쓰와 관련된 사람들이었다.

참석자의 맨 뒤에 앉아 있던 명수는 선향의 연기와 석유 난로의 냄새에 가슴이 답답해져서 자리에서 일어나 막을 걷어 올리고 창을 조금 열었다. 얼어붙은 밤공기가 들어왔다. 선향의 거북함도 싫지만, 추운 것은 더욱더 싫어할 제단을 향해서 앉아 있는 참석자의 얼굴이 하나 둘씩 뒤를 향해 명수가 앉아 있는 쪽을 쏘아본다.

졸음을 재촉하는, 뭔지 알 수 없는 독경이 좁은 방에 어울리지 않게 쩌렁쩌렁 울린다.

분향이 시작되었다. 유족, 친족, 그리고 다쓰의 동료들이 느릿느릿 일어나서 제단으로 갔다. 신묘한 표정으로 손바닥을 합치지만 어울리지 않은 곳에 온 것처럼 행동이 참으로 어색하다. 상복도 3인 3색으로 손을 덮은 소매길이나 반대로 짧은 소매기장, 치수가 맞는 것은 닳고 낡기도 했다. 단 히로만은 언뜻 봐도 아는 아주 새로운 고가의 대용품을 훌륭하고 맵시 있게 입었다. 행동도 상황과 장소에 익숙한 느낌이었다.

명수의 순번이 되어 제단의 최상단에 장식되어 있던 다쓰의 초상화를 아주 가까이에서 올려다보았을 때 '역시'라고 생각했다.

이 같은 장소에 등장하는 사진은 대개 실물과 동떨어진 것이지만 그렇다 치더라도 여기에 놓여 있는 것은 명수들이 알고 있는 다쓰와는 전혀 다른 사람 같았다. 머리카락을 확실히 7대 3으로 나누고 자신에 찬 미소를 지은 시원스럽고 점잖은 얼굴 — 시내의 사진사가 손질을 해도 나이를 먹으면서 변모했다는 말로는 설명할 수 없는 고인의 특징을 어디에서도 끌어낼 수 없는 20대의 젊은이였다. 다쓰의 나이가 46세라고 하니까 20년 정도의 차이가 있지만, 실제로 접했던 다쓰와는 너무나도 달랐다.

합장을 끝내고 무릎을 움직여서 오른쪽 방향의 친척인 것 같은 노파와 중년의 남자에게 묵례했을 때 그들의 답례에는 품위와 부드러운 태도가 몸에 배어있었다. 그 옆에 앉아 있던 다쓰 처의 어색한 태도가 그만큼 한층 더 눈에 띄었다.

주민자치모임 회장의 익숙한 인사가 끝나고 친척이 감사의 말을 하기로 되어 있다.

예의 중년남자가 천천히 일어났다.

형이 대단히 신세를 진 것에 친척 일동은 깊이 감사한다. 바람 편에 듣고는 있었지만 모두에게 폐를 끼쳐서 정말로 죄송하다. 남은 유족이라고는 처 한 사람밖에 없지만 아무쪼록 앞으로도 잘 부탁드린다며 담담하게 이야기했다. 말의 구석구석에 도회적인 경쾌함이 있었다.

지금 이야기를 하고 있는 남자가 다쓰의 남동생이라면 그 옆으로 침통한 표정을 하고 앉아 있는 노파는 역시 다쓰의 어머니 일 것이다.

남자의 인사가 끝날 무렵 노파도 일어나서 함께 깊이 묵례했다. 주름이 깊은 얼굴에 윤기가 있었다. 머리를 숙일 때 예의 바른 양손의 동작, 머리를 숙일 동안의 자세, 앉을 때의 허리의 움직임이 나이에 맞지 않게 유연하고—어느 면을 봐도 요 주변의 노인에게는 볼 수 없는 세련된 엄격함이 있었다.

검소한 장례식 전야에 그다지 긴 시간은 필요 없었다. 8시 즈음에 장례식은 모두 끝났다.

주민자치회 회장의 맺음말 인사를 신호로 모두 줄줄이 일어나기 시작했다.

히로가 명수의 옆에 다가와서 도메와 요시, 3명이서 고인과 같이 자고 싶다고 심각한 표정으로 귀에 속삭였다. 친족이나 주민자치회 회장에게 물어본 후에 하면 어떠냐고 말을 하려던 참이었는데 벌써 그렇게 하기로 결정한 것 같은 결연한 태도에 좋을 대로 하라고 애매한 답변을 했다.

명수는 다쓰 처와 주민자치회 회장에게 내일 아침 다시 오겠다고 하고 밖으로 나왔다.

장화 밑에 눈은 부드러운 소리를 내며 함박눈 특유의 기분 좋은, 매끄러운 감촉이 발뒤꿈치에 전해졌다.

완전히 맑게 개인 중천에 걸린 푸르스름한 달이 무서울 정도로 산뜻하게 선명했다.

달빛이 방금 내린 눈에 반사되어 주변은 매우 밝았다. 익숙한 집집마다의 특징이 낮과 똑같이 확실히 식별되었다.

건너편 기슭에 제철소의 불빛이 보였다. 새까만 거대한 연기가 몇 개나 밤하늘을 찌르고 있었다. 공장무리의 한쪽 구석에서 큰 화염이 어두움을 태우고 있었다. 흔들리면서 올라가는 모양은 무수의 눈을 위로

하는 제단의 촛불 같았다.

출관하는 날은 날씨가 일변하여 꽁꽁 얼어붙었다. 새로 내린 눈으로 뒤덮인 집들은 얼어붙은 대기 속에서 꼼짝 않고 웅크리고 있었다. 지나가는 사람들에게 밟힌 가늘고 긴 꾸불꾸불한 눈길만이 단단해져 표면이 반들반들 거렸다.

귀가 아파올 정도로 차가운 바깥 공기지만 하늘은 뻥 뚫릴 만큼 파랗다. 때때로 생각난 것처럼 쥐색 구름덩어리가 파란하늘을 숨기고 바람이 지나가고 싸라기눈이 흩날렸다. 함박눈을 살포시 덮은 단단한 하얀 가루가 열풍에 날려 비참하게 날아갔다. 그 중에는 가는 소용돌이가 치고 쫓기듯이 달려가는 것도 있었다.

사람들은 검은 상복의 옷깃을 세우고 그 안으로 깊숙이 목을 움츠리고 영구차를 배웅했다.

작은 하얀 상자에 담겨 돌아온 다쓰의 유골 앞에, 저녁에 49제를 겸한 유골제의 술잔치가 시작되었다. 주연의 자리에는 장례위원장, 스님 외 기타, 직장동료와 이웃의 아주머니들을 포함한 10명 안팎이었다.

침울하게 시작된 술잔치도 술병이 늘어감에 따라 점점 시끌벅적해졌다.

다쓰의 남동생이 예의바르게 정좌를 하고는 매우 공손하게 내민 컵과 작은 술잔에 술을 따랐다. 말은 정중했지만 어딘가 점잔을 떠는 남동생의 면전에 명수는 다쓰와의 추억을 말할 기분이 아니었다.

노파가 보이지 않았지만, 컨디션이 나빠서 호텔에서 들어 누워 있다는 것이었다.

"이렇게 무사하게 있을 수 있는 것도 다쓰 덕분이야."

책상다리를 하고 술을 술술 들이키던 도메가 깊이 감동한 듯이 말했다.

"응, 술을 마시면 사람이 돌변했지만 천성은 정말 좋은 녀석이었어."

요시가 맞장구를 쳤다.

"아이를 굉장히 귀여워했어. 자신의 아이가 없었던 탓이겠지. 생기지 않았는지, 만들지 않았는지 모르겠지만."

히로도 추억담에 껴들었다.

"자식이라도 있었다면 꽤 달랐을지도 몰라……. 그 일이 언제였지……. 어쨌든 바람이 강한 날이었지. 가까운 소학교에서 꼬마들이 우글우글 항구에 사생화를 그리러 왔어. 근교낚시를 하고 있는 어른들과 섞여서 부두는 인산인해였어. 덕분에 이쪽도 작업이든 뭐든 아무것도 못하는 상황이었지."

이야기가 일단락되자 히로는 컵을 입에 갖다 댔다.

"그러자, 한 꼬마의 모자가 바람에 날아가 바다에 떨어지고 말았어. 옆에 있던 꼬마들이 와글와글 소란스럽게 했는데 썰물로 부두가 높아져서 손이 닿지 않았어. 근교낚시를 하러온 놈들도 장대로 건져내면 좋을 것을 낚시하느라 바빠서 모른 척하고 모자는 점점 물가에서 멀어져가는 거야……. 우연히 보트에서 작업준비를 하고 있던 다쓰가 이것을 봤단 말이지. 엄청 난 기세로 달려갔어. 갈고리로 건지려 했지만 좀처럼 잘 되지 않았지. 그러자 그 녀석, 그 자리에서 팬티만 입은 채 바다로 뛰어 들어가서는……. 보고 있던 우리가 아슬아슬 했어."

히로의 얘기에 주변 사람은 감개무량한 듯 계속 고개를 끄덕이고 있었다.

"그런데 말야. 그때 내 손전등의 빛을 발견해서 통선이 와줘서 살았어."

"히로, 그건 달라. 그때 보트는 안쪽을 교체하고 있었고 적재화물의 찌꺼기들도 다쓰와 도메 덕분에 상당히 줄었고, 통선 따위가 오지 않았어도 자력으로 돌아올 수 있었어. 그렇지 명수 씨."

요시는 얼굴을 마주보고 테이블 반대쪽에 앉아 있었던 명수를 향해서 동의를 구했다. 얼굴은 붉지 않지만 눈은 풀려있다.

"이봐, 너무 큰 소리로 말하지마. 다 들려."

대답 대신에 명수는 제단 앞에서 힘없이 앉아있는 다쓰 처 쪽으로 턱을 치켜 올렸다.

"과장된 얘기를 하면 안 돼. 이봐, 요시 그런 너는 중요할 때 어디에 있었어? 무서워서 브릿지 안에서 소변을 지리고 있었지."

자존심에 상처를 입은 히로가 덤벼들었다.

"내가 소변을 싸고 있었다고. 이 봐 죽은 사람 앞에서 해서 될 말이 있고 안 될 말이 있어. 산골 놈도 아닌데, 뭐 때문에 내가 그 정도의 거친 바다에서 오들오들 떨어 있었겠어. 그때 명수 씨 대신에 키를 잡고 있었지. 히로 너야말로 왜 뱃머리 쪽으로 갔었어?"

"그건 너, 그쪽은 모두 다쓰와 함께 해 줄거라고만 믿고. 그대로라면 영락없이 보트가 가라앉을 거라고 생각돼서 주변에 지나가는 배에 알릴 생각이었지……. 이봐. 너 내가 한일에 대해서 트집을 잡으려고 하는 거야. 도박으로 빈털터리가 되어 마누라도 도망간 놈이 잘난 척을 하니까."

히로가 요시를 쏘아보고 그냥두지 않겠다며 으름장을 놓았다.

"이봐, 히로, 그만둬 죽은 사람 앞에서 싸움질이 뭐야."

명수가 억누른 목소리로 나무랐다. 분노에 찬 얼굴을 하던 두 사람은 면목 없는 듯 컵에 있는 술을 들이켰다.

"근데, 주민자치회장이 그 할머니에게 들은 얘기라고……. 거기까지 말하면 히로는 명수에게 미안한 눈빛을 보내며 밖으로 내뱉으려하던 말을 술과 함께 마셔 버렸다.

히로의 피하는 시선을 쫓는 명수의 가슴속 깊은 곳에서 탁하고 울렸다.

"이봐 뭐야. 거드름 피우지 말고 빨리 말해."

도메가 졸린 눈으로 히로의 얼굴을 쳐다보며 재촉했다.

히로는 명수에게 비굴한 웃음 보낸 후

"…… 괜찮아 이제. 나도 잘 몰라. 알고 싶으면 네가 주민자치 회장에게 물어봐"라며 갑자기 내팽개치는 듯한 어조로 동료의 끈질긴 탐색을 물리쳤다.

술자리의 시끌벅적함 속에서 명수는 새삼스레 멍하니 제단 앞에 앉아 있는 과부를 응시했다. 어느샌가 선향의 연기 대신에 술 냄새가 몸을 휘감기 시작했다.

유골제가 끝나고 2, 3일 지나서 명수는 다쓰의 셋집을 방문했다.

방 안은 이전에 몇 번 봤을 때와 거의 바뀌지 않았다.

더럽게 그을린 천정, 잿빛의 기름종이가 여기저기에서 넘겨진 틈으로 보이는 낡은 신문지의 초배, 작은 찻장과 낡고 오래된 텔레비전, 긁힌 흠과 작은 벌레구멍이 곰보얼굴처럼 여기저기 있는 기둥에 무신경하게 박혀있는 붉게 녹슨 못—모두 쓸쓸한 풍취 속에서 석탄 난로만이 뎅뎅 기세 좋게 타고 있었다.

바뀐 거라곤 깔아 놓은 채 있었던 기름기가 잔뜩 낀 이불 대신에 다리가 낮은 식탁과 그 위에 현기증이 날 것 같은 하얀 유골함, 그리고 장례식 때 쓰였던 초상화가 얹어 있는 것뿐이었다.

일용직이라도 작업 중에 사망했기 때문에 산재보험금을 받기 위한 절차 등, 사고사의 뒤처리에 대한 명수의 이야기를 다쓰의 아내는 얼굴을 묻은 채 가만히 듣고 있었다.

다쓰의 아내를 눈앞에서 차분히 보는 것은 처음이었다.

남편의 갑작스런 죽음과 그 후에 이어지는 번잡한 장례식에 완전히 지쳐서 그런지 작은 체구가 손뜨개질로 짠 세타 안에서 움츠러들어 있었다.

아무렇게나 뒤로 묶은 머리카락 아래로 엿보이는 이마는 작은 얼굴에 어울리지 않게 넓고, 가늘게 좌우로 흐르는 눈가는 부드럽고, 입가는 굳게 다물어져 있었다. 그 표정에는 얌전함 속에 타인을 쉽게 받아들이지 않는 고독한 마음과 센 고집이 감춰져 있을 것 같았다.

"업무상이라고는 해도 다쓰에게는 정말 미안한 마음입니다. 부인에게도 뭐라 사과를 드려야 할지……."

명수는 사고 이후에 몇 번이나 같은 말을 반복했다.

"어쩔 수 없습니다……. 그래도 마지막에 타인을 위해 죽을 수 있어서…… 다행으로 여기지 않으면."

"다쓰도 당신을 꽤 고생시켰으니까."

"예, 그렇지만 그 사람도 나 때문에 인생의 반을 망쳤으니까 피장파장이에요."

여자는 눈을 내리깐 채 자신을 타이르듯 중얼거렸다. 담담한 말투에는 가장 사랑하는 반려자를 잃은 비탄에 잠겨있는 여자의 분위기는 없었다.

"다쓰는 요코하마가 고향이라고 했는데, 부인은 어디 출신입니까?"

"같은 요코하마입니다."

"요코하마 어느 쪽입니까?"

"H쵸 근처입니다."

"H쵸?"

"선내하역관계의 업자가 많은 곳입니다."

"부모님의 출신지는 어디입니까?"

큰맘 먹고 물어 보았다.

"경상남도 마산입니다."

순간, 눈빛에 긴장의 그림자가 비췄지만 거침없이 대답했다.

"내가 조선인이라는 것은 알고 있었겠죠?"

"예, 뭐."

"그이가 동포네서 신세를 지고 있는 것은 알고 있었지만 일행이 일본인이고 인사하는 것도 주눅이 들어서 죄송했습니다."

"뭘, 그런 건 상관없습니다만."

명수는 동포를 피하고 싶어 하는 그녀의 마음을 모르지 않았다.

"요코하마에는 친척이라도 있어?"

"아무도 없습니다. 모두 북조선으로 돌아갔습니다."

북조선에 친척이 있다니 의외였다. 애초에 조선인이라면 누구라도 그럴 가능성은 있다.

“모두 그쪽에서 건강하십니까?”

“네, 그럭저럭.”

대답하고 싶지 않은 듯했다.

“우리 처남도 그쪽에 있습니다. 오르지 두 남매밖에 없고, 그녀도 일본에서는 천애고아입니다.”

여자는 의외라는 표정을 지었다.

“다쓰의 친척들은 이제 돌아갔습니까?”

명수는 화제를 돌렸다.

“예, 유골제 다음날에. 시간을 두고 서로 얘기할 것도 별로 없고……. 죽으면 항구가 보이는 곳에 묻어달라고 자주 말했으니까.”

명수는 자신의 뼈를 묻을 장소를 정한 다쓰가 행복할 수도 있다고 생각됐다.

처신을 정하면 일단 연락해 달라는 다짐을 받고 명수는 남편이 없어진 방을 나왔다.

한 달 정도 지나고 나서 사후처리가 끝났을 즈음, 다쓰의 처가 명수를 찾아와서 요코하마로 돌아가게 되어 인사차 왔다고 했다. 명수는 형식적인 응답밖에 할 수 없었다. 동포로서 도와줄 일이 있으면 어떻게든 돕고 싶었지만, 이상하게 생색을 내는 것 같이 되면 그녀를 오히려 힘들게 할 것 같은 마음이 들었다. 어쩌면 구청에서 절차상의 문제로 연락을 하게 될지도 몰라서 안정되면 꼭 있는 곳을 알려달라고 부탁했다.

떠나는 날에 배웅하려고 시간을 물었지만, 말하고 싶어 하지 않는 것 같았다. 동포를 꺼리는 그녀의 심경을 일축하면 안 된다고 생각해서 그 자리에서 작별 인사를 했다. 뭐라 딱 잘라 말할 수 없는 복잡한 심경에서 벗어나는 데에 제법 시간이 걸렸다.

반년이 지나서 그녀에게 두터운 편지가 왔다.

5

(다쓰 처로부터의 편지)

무로란室蘭에서는 여러모로 신세를 졌습니다. 정말로 고마웠습니다.

지금, 고등학교 친구네서 일단 신세를 지고 있습니다. 그녀는 자신도 혼자이니까 자리를 잡을 때까지 서두르지 않은 편이 좋다고 말해 주었지만, 타인의 호의에 기대고 있을 수만도 없다고 생각합니다.

급한 대로 주소를 알리려고 펜을 잡았습니다만, 쓰기 시작하니 말하고 싶은 것은 하는 편이 좋다는 마음이 들었습니다.

아마도 장례식 때 시어머니와 시동생으로부터 여러 가지 얘기를 들으셨겠죠.

내가 아무 말 하지 않으면 우리 두 사람의 생활 흔적이 아무에게도 기억되는 일 없이 사라지겠죠. 또 떠올려도 비웃음의 대상이 될 것 같은 기분이 들어 견딜 수 없습니다. 사모님의 남동생이야기를 듣고 난 후 내 마음이 조금씩 열려가는 것도 심경변화의 원인일지도 모릅니다.

이전에 잠시 얘기했습니다만, 나는 요코하마 H쵸에서 태어나 자랐습니다. 양친은 작은 조선요리점을 경영했습니다. 조선부락이라고까지는 할 수 없지만 북조선과는 달리 가까이에 동포가 꽤 살고 있었고, 양친은 그들과 친하게 지냈습니다.

집에는 종종 조직활동가들이 출입하고 있었고 부모님은 그들이 오면 가족처럼 식탁에 둘러앉기도 했습니다. 조금이지만 기부를 하기도 했던 것 같습니다.

아버지는 특히 여자아이는 민족학교에 가지 않으면 조선인한테 시집 갈 수 없다고 하여 민족계 중・고등학교에 입학을 시켰습니다. 내향적인 성격도 있던 탓일가, 그때까지와는 전혀 다른 학교분위기에 좀처럼 적응하지 못했습니다. 당연히 동포 급우와의 사이도 좋지 않고 고등학교는 일본 학교로 가겠다고 우겨댔습니다. 어머니도 아버지도 크게 반대했습니다만 결국 딸의 센 고집에 지고 말았습니다.

그다지 머리도 좋지 않았던 나는 처음부터 대학에 진학할 마음도 없었고 고등학교를 졸업하며 가게를 돕게 되었습니다.

2살 터울의 남동생이 둘이 있고 둘 다 민족학교에 다녔습니다. 나는 원래 몸을 움직이는 것을 싫어하지 않고, 건강이 좋지 않은 어머니 대신에 남동생들을 보살핀다는 마음도 있고 해서 열심히 일했습니다.

총련 산하의 청년동맹 사람들이 가끔 집에 얼굴을 내밀고 다양한 집회에 참가하도록 권유받았습니다만, 많은 사람과 어울리는 것은 아무래도 내키지 않았습니다. 몇 번이나 재촉 받아서 겨우 참가해 보기는 했지만, 같은 세대 젊은이들과 허물없이 지내지 못하고, 그 때문에 적극적으로 청년활동에 참가하거나, 노는 자리에서도 신나게 논적도 없습니다. 물론, 그 나이 또래의 처녀가 마음속으로 달콤한 사랑을 꿈꾸지 않았다고 하면 거짓말이겠죠. 그러나 성격이 성격인지라 스스로 교제의 장을 좁히는 여자에게 좋은 찬스가 찾아오는 일 따위는 우선 불가능했겠죠.

집에 찾아오는 조직사람들은 옥순아 빨리 시집가지 않으면 결국엔 뚱보한테 걸릴거야 라며 놀리기도 하고 아버지의 지인이 맞선 얘기를 꺼내기도 했습니다만, 정작 우리 부모님과 나는 결혼에 대해서 아직 긴박하고 절실하게 서로 이야기 하지 않았습니다.

가게의 단골 중에 그 사람이 있었습니다. 항구에서 일하고 있다며 자주 가게에 와서 어머니가 만든 탁배기와 내장구이를 항상 주문했습니다. 보통 항구에서 일하는 사람은 거칠고 허세를 부리는 사람이 많습니다만, 그 사람은 혼자 묵묵히 다 먹고 가게를 나가는 것입니다.

그러는 동안 그가 어느 하역회사의 본선계에서 일을 하고 있다는 것을 알았습니다. 얼마 지나자 그는 같은 일을 하는 동료와 함께 가게에 왔습니다. 술친구와의 이야기에서 그가 예상했던 대로 성실한 사람이고 회사에서도 신망을 받고 있다는 것을 알 수 있었습니다.

어느 날, 가게에서 식사를 하고 있던 그가 항구를 좋아하냐고 묻는 것입니다. 항구도 좋아하고 특히 외국항로의 배를 좋아한다고 하자 비번일 때 한 번 부두에 가자고 권했습니다. 일본인이라는 것에 다소 저항감은 있었습니다만, 낮에 항구에 산책하러 갈 뿐이고 그가 원래 싫어하는 타입도 아니어서 저는 승낙했습니다.

홈모쿠本牧부두는 외국항로의 배로 가득했습니다. 부두에서는 크레인과 지게차가 분주하게 움직이는 모습은 보는 사람들을 압도했습니다.

그는 특별히 세관의 허가를 받아서 외국선으로 안내해 주었습니다. 나는 선박 내부의 규모와 근사함에 놀랐습니다. 그에게서 요코하마 항구의 무역선 출입항수, 취급 수출입품의 종류나 수량, 항구의 역사와 규모, 근대적인 시설, 항구특유의 다양한 직종에 관한 설명을 듣고 나는 이전보다 항구를 더 좋아하게 되었습니다.

그 후로 우리들은 친해져 갔습니다. 그와 떨어질 수 없게 된 자신을 알았을 때, 두 사람 사이를 알면 부모님은 매우 슬퍼할 것이라고 생각하니 마음이 무거워졌습니다. 특히 완고한 아버지가 미쳐 날뛸 것이 눈에 뻔히 보입니다. 서글프게도 부모님과의 싸움이 있을 것이라고 예상되는 반면에 그때는 그때라는 강한 마음도 있었습니다.

그런 때에 북조선으로의 귀국운동이 시작됐습니다. 당신이 동경에서 아주 오랫동안 조직 일을 했던 것은 이전부터 듣고 있었습니다만, 조직에 있었던 적이 있는 분이라면 그 당시에 동포사회에 일어난 이상한 분위기를 기억하고 있으시리라 생각됩니다.

정확히 1959년 연말이었습니다. 주변의 동포들은 학대받는 이국생활을 청산하고 '영광스러운 조국'에서 미래를 개척하겠다며 서로 앞다투어 북조선으로 돌아간다고 했습니다.

아버지도 예외는 아니었습니다. 일본의 패전직전에 도일하여 숱한 고생에 비해 보상받는 일이 적었던 자신의 미래는 어찌됐건 자식들에게

만은 결코 같은 전철을 밟게 하고 싶지 않다며 가족전원이 귀국한다고 말을 꺼냈습니다. 가족 중에서 아버지에게 반대할 사람은 없습니다. 특히 바로 아래 남동생은 이걸로 자신의 장래가 보증 받았다며 행복 그 자체였습니다. 나는 간다고도 가지 않는다고도 말하지 않고 그저 집안의 들뜬 분위기에 아무생각 없이 맞추고 있었습니다. 보수적인 아버지는 여자의 침묵은 당연히 승낙의 표명이라고 이해하고 있던 모양입니다.

나도 가족 모두가 함께 귀국하는 게 가장 좋다고 생각했습니다. 그러나 그가 마음에 걸렸습니다.

두 사람은 귀국 건으로 몇 번이나 서로 이야기를 나누었습니다. 그렇지만 쌍방에게 좋은 명안이 있을 리가 없습니다. 그럼 헤어질 수밖에 없다고 말해보았지만 어느샌가 다시 만나는 것이었습니다.

물론 아버지는 내 이름도 귀국신청서에 써넣었습니다. 그때 나는 돌아가지 않겠다고는 도저히 말할 수가 없었습니다. 조직에서 일하고 있다든가 학업도중이라면 그걸 핑계 삼아 거부할 수 있는 방법도 있었겠지만, 나는 동행거부를 납득시킬만한 구실을 찾을 수 없었습니다. 자신들의 미래는 조국으로의 귀국밖에는 없다는 신앙과도 같은 뜨거운 마음으로 주위의 모두가 불타고 있을 때에, 일본인 애인과 함께 하고 싶어서 가족을 버리고 이국에 남는다고 말하면 미친년의 발광이라고 몰아붙일 것이 뻔했습니다.

귀국 날이 다가왔습니다. 나는 그와 관계를 끊으려고 결심했습니다.

이게 정말 마지막이라고 결심하고 그를 만났을 때 그는 나와 함께 북조선으로 가겠다는 말을 꺼냈습니다. 나는 아연질색 했습니다. 그리고 그 정도까지 나를 생각하고 있었는지 울컥 했습니다. 그는 그 나름대로 고민 끝에 다급해져서 내린 결론이었을 것입니다.

용기가 났습니다. 나는 큰맘 먹고 부모님께 자신의 마음속에 생각하고 있는 사람이 있고, 그 사람과 함께 귀국하고 싶다고 털어놓았습니다.

진상을 안 아버지는 문자 그대로 흥분하여 큰 소리를 지르며 난리를 쳤습니다. 일본 놈 만들려고 지금까지 고생해온 게 아니라며 내 머리카락을 잡아서 온 방을 질질 끌고 어머니가 훈육을 제대로 하지 않은 탓이라며 그녀를 팼습니다. 지나치게 흉폭한 모습에 이웃 사람이 뛰어 들어와서 겨우 진정되는 형국이었습니다.

그렇지만, 다행인지 불행인지 세상에 얼굴을 들 수 없다고 한탄하고 있을 만큼의 시간이 부모님에게는 남아있지 않았습니다. 절대로 허락하지 않는다고 말한 아버지도 무슨 일이 있어도 따라 오겠다는 사람을 되돌려 보낼 수 없다는 태도로 부드러워지기 시작했습니다. 딸을 일본에 남겨 두어 일본인이 되게 하는 것보다는 낫다고 하는 극한의 선택이었을 것입니다. 그다지 알려지는 것이 싫다는 아버지의 의향을 받아들여 겨우 구색만 갖춘 결혼식이 가게 2층의 연회석에서 황급히 치러졌습니다. 우리 가족과 부모님과 아주 가까운 몇 명의 동포가 출석했을 뿐입니다. 그의 출국을 가능하게 하는 것이 최우선시 되어 갑자기 만들어진 부부였습니다.

그의 본가에서는 아무도 결혼식에 참석하지 않았습니다. 그의 친척이 보이지 않은 것에 대해서 아버지는 그편이 마음이 편하다며 자조적으로 말할 뿐이었습니다. 그는 아버지의 말을 고개를 숙인 채 아무 말없이 들을 뿐이었습니다.

나는 그와 함께 귀국할 수 있어서 기뻤습니다만, 부모님의 어두운 얼굴을 봐서 자신의 솔직한 감정을 겉으로 내색하지 않았습니다. 그와 함께 짐을 정리하고 있을 때도 아버지는 모르는 척했습니다. 남동생들도 어색한 태도였습니다. 그는 그런 모두의 앞에서 주뼛거렸습니다. 어머니만이 아버지가 눈치채지 못하도록 여러모로 보살펴 주었습니다. 그러나 어머니도 두 사람의 결혼을 마음으로부터 축복하고 있지 않은 것은 확실했습니다.

가족들이 낯설어하는 태도는 나쁜 마음이 있어서가 아니니까, 조금만 더 참자고 마음 쓰는 나에게 그는 해맑은 웃음을 보여주었습니다.

물론 나도 일본인을 환영할 리가 없는 조국에서의 두 사람의 생활에 불안했습니다만, 그와 함께 돌아갈 수 있는 것에 대한 기쁨으로 그런 것은 대단히 심각한 일이 아니라고 생각했습니다. 둘이서 성심성의껏 노력하면 반드시 언젠가는 부모님도 두 사람을 축복해 줄 것이라고 기대했습니다.

그런데 귀국선이 출항하는 니가타新潟로 출발하기 전날이 되어 그가 자살을 시도했습니다. 수면제였습니다. 아버지는 자 보라며 나를 심하게 힐책하고 그런 겁쟁이 왜놈 따위는 포기하라고 굉장히 노발대발했습니다. 자신의 감정을 꾹 누르고 있던 어머니도 마침내 참을 수 없으셨는지, 출발 전에 재수 없게 '아이고, 내 팔자야'라며 울부짖는 형국이었습니다. 귀국을 앞두고 설레도 좋을 법한 집안 공기는 무겁게 가라 앉아 오싹한 기분마저 들었습니다. 그래도 역시 나는 병원에서 생사를 헤매고 있는 그를 그대로 둔 채 니가타로 향할 수 없었습니다.

어떻게든 일가의 귀국연기를 해달라고 부탁했습니다만, 아버지는 뭘 미친 소리를 떠드냐는 듯 했습니다.

나는 바로 모두의 뒤를 쫓아 니가타에 갈테니까 거기서 기다려 달라고 부탁했습니다. 니가타에서는 출국 절차와 화물정리 등으로, 귀국자가 3일 정도 귀국자 수용 센터에 체재한다는 것을 알고 있었기 때문입니다.

나는 그의 마음을 확인하는 대로 반드시 가겠다고 맹세했습니다. 그가 죽으면 어떻게 할 거냐고 어머니가 물었습니다. 그때가 되면 그때 생각하겠다고 대답했습니다. 솔직히 마음이 막 바뀌는 중에 앞일까지 생각할 여유 따위는 없었습니다. 아버지는 어떤 일이 있더라도 반드시 와야 한다고 다짐을 받고 슬픈 눈으로 가만히 노려보았습니다. 어머니는 눈물 범벅이가 된 얼굴을 끄덕거릴 뿐이었습니다.

다음날 그는 의식을 되찾았습니다. 의식이 돌아올 때까지 시어머니도 그의 옆에서 간호를 해주었습니다. 나를 완전히 무시했습니다. 나를 볼 때의 무표정한 얼굴에는 적의로 가득 차 있습니다. 나의 옆에서 한숨 섞어서 나오는 혼잣말은 번거로운 일이 생기니까 그만 두라고 그렇게 말했는데, 어떤 곳인지도 모르는 나라에 간다는 것 자체가 터무니없다는 말이 반복될 뿐이었습니다.

나는 가족들의 출발시간에 맞춰서 병원에서 직접 시나가와역으로 갔습니다. 당신도 기억하고 있을 것입니다만, 역은 그야말로 흥분과 감격의 도가니였습니다.

귀국자를 태운 열차가 정차해 있는 홈은 사람으로 가득했습니다. 넘칠 것 같은 인파의 머리 위에는 북조선의 작은 깃발이 몇 겹으로 교차되고 조금씩 흔들리고 있었습니다. 여기저기서 만세 만세라는 절규소리가 들리고 '김일성 장군의 노래'가 멀리서 혹은 가까이서 높고 낮게 바다울림처럼 약해져서는 높게 울리며, 서로 공명했습니다. 차창에서 허리까지 몸을 내밀고 눈물을 줄줄 흘리며 외치는 사람, 꽉 껴안는 노파와 학생, 양손으로 서로의 손을 꽉 잡고 팔이 부러질 정도로 격렬하게 흔드는 남자들, 이마를 부딪치며 꽉 껴 앉는 아주머니들 — 무시무시한 열기입니다.

한편, 격한 감정을 서로 나누는 사람들 무리에서 떨어져, 눈을 내리깔고 조심스럽게 타인을 기피하는 어색한 동작의 여자들. 나는 그녀들이 일본인 여성인이라는 것을 바로 알았습니다. 그때 나는 그녀들의 마음을 아주 잘 알 것 같았습니다.

발차 벨이 울리고 뭐가 뭔지 몰라 멍한 의식 속에서 이유도 없이 마음이 애달파져서 나는 모두를 향해서 배가 출항할 때까지는 꼭 가겠다고 외쳤습니다.

아버지는 아무 말도 하지 않았습니다. 빛나는 눈동자로 나를 응시할 뿐이었습니다. 나중에 짐작한 건데 그것은 멍한 표정이었습니다. 단시간에 상상조차 하지 못했던 사건이 연이어 일어나고 그때마다 화를 내고 괴로워하고 미친 듯이 날뛰긴 했지만, 결국에는 어떻게 생각해야 할지 또 어떻게 행동해야 좋을지 몰라 거의 포기에 가까운 허탈감에 휩싸여 있었음에 틀림없습니다.

어머니는 내 손을 잡고 반드시 와야 해. 믿고 있다고 울먹이며 말했습니다. 남동생들은 태연한 얼굴로 나와 어머니와의 얘기를 지켜볼 뿐이었습니다.

나중에 꼭 간다고 말했을 때 나는 마음속으로 그럴 생각이었습니다. 3일의 시간이 있으니까 어떻게든 될 거라고 생각했습니다. 결코 그 자리를 면하기 위한 발뺌이 아니였습니다.

침대에 누워있는 그에게 나는 혼자서 북조선에 돌아간다. 그편이 당신을 위해서도 좋다고 전했습니다.

초점이 없는 시선을 향해, 그는 부탁이니까 잠시만 옆에 있어 달라고 말했습니다. 북조선에 갈 자신이 없지만 너와 헤어지고 싶지 않다고 호소했습니다. 내 마음은 격렬하게 요동쳤습니다.

이대로는 그에게 질질 끌려다닐거라고 두려워하면서 자신에게도 책임이 있다는 이유로 침대에 누워있는 그를 버리고 갈 마음이 들지 않았습니다.

(귀국선은 앞으로 몇 번이나 온다. 진정된 다음에 돌아가도 되지 않는가)

이런 생각이 갑자기 뇌리를 스치고 지나가자 그 마음은 곧 커져서 견고한 것이 되었습니다.

가족들을 태운 배가 출항하기로 한 날 아침, 나는 '나중에 갈게'라는 전보를 쳤습니다. 그러나 전보를 친 후에 가족들을 배신한 것에 대한 후회가 미친 듯이 밀려왔습니다.

병실에서 그를 간호하면서 가족에 대한 것만 생각했습니다. 부모님의 슬픈 얼굴, 남동생들의 원망하는 눈동자가 계속해서 나를 괴롭혔습니다. 나는 가족들만이 뭔가의 사정으로 귀국할 수 없게 해달라는 기도조차 했습니다.

저녁에 아버지로부터 전보가 왔습니다. 전문은 '불효자 애석해 한다' 였습니다. 인간의 감정을 전혀 무시한 인쇄한 글자가 쓰여 있는 하얀 종이에서 시나가와 역에서의 아버지의 멍한 얼굴이 지금도 선합니다. 눈물이 나서 글자를 읽을 수 없습니다. 무표정으로 세로로 나열된 가타가나를 보면서 나는 부모님과 남동생들에게 미안하다고 마음으로 사죄했습니다. 그리고 결코 언제까지나 일본에 남아 있지 않고 반드시 돌아간다고 굳게 맹세했습니다.

그러나 이 맹세도 그와의 생활 속에서 점점 약해지고 가족에 대한 생각이나 의무감이 돌발적이고 충동적으로 고조되기는 하지만 안달이 나서 견딜 수 없을 정도는 아니었습니다.

그 후에 그 사람은 자실 미수 건이 알려져 회사에 있기 어려워졌습니다. 주변의 동포들이 나를 보는 시선도 차갑고 서먹서먹했습니다.

우리는 얼마간 호기심과 냉소의 시선이 없는 곳에서 생활하기로 했습니다. 그는 홋카이도의 오타루小樽에 있는 하역회사에 스카우트된 선배의 계속된 권유로 그곳에 가자고 했습니다. 주변의 불쾌한 태도나 험담으로 나도 정신적으로 힘들어져서 마음이 정리가 될 때까지 있자고 생각하여 그의 말에 따랐습니다.

그러나 홋카이도에 가서도 그는 자살 미수의 후유증에서 좀처럼 헤어나지 못했습니다. 두통과 불면증이 만성화된 것입니다. 그 사건으로 내 인생을 망쳤다는 부담감도 매운 강한 것 같았습니다.

인간이란 이상한 존재로 부담감이 있으면 있는 대로 솔직히 되면 좋으련만, 자칫 그것이 전혀 정반대로 작용되기도 하더군요.

무슨 일이 있을 때마다 그는 예의 그 사건을 꺼내서 자신을 책망하고 아울러 나도 책망했습니다. 언쟁이 높아지면 인생이 꼬인 것은 피장파장이라며 입 밖으로 내기까지 했습니다. 그러잖아도 불안정한 그의 정신 상태는 점점 더 거칠어져 가고 저에 대한 태도가 점점 흉포해져 갔습니다.

그의 주량이 점점 늘어갔습니다. 술로 인하여 첫 번째 회사에서 잘렸습니다. 그만 둘 때마다 일의 질이 떨어지고 수입이 줄어들었습니다. 나도 일하러 나섰습니다. 부부 둘 뿐이어서 노상에 나가 앉을 만큼 생활은 절박하지는 않았습니다.

부끄러운 얘기입니다만 그를 알고 난 후 나는 임신했습니다. 물론 결혼도 하지 않았는데 낳을 리가 없습니다. 그와 상담하여 4개월 정도에서 낙태했습니다. 부부가 된 후에도 몇 번인가 아이가 생겼습니다만, 그 소동과 계속되는 불안정한 생활 상태에서 나는 도저히 아이를 낳을 마음이 생기지 않았습니다. 그 사람은 그 사람대로 그와 같은 지경이라 아내의 임신을 기뻐하며 낳으라고 권할 만큼 마음의 여유가 없었던 것 같았습니다. 나는 낙태를 반복했습니다. 어느샌가 내 몸은 아이를 못 낳게 되었습니다.

오타루에서의 생활이 시작되고 나서 5, 6년이 지났을 무렵 황폐해져 가는 자신의 모습에 견딜 수 없게 되었는지, 그는 도마코마이苫小牧에 근대적인 훌륭한 항구가 생겼으니, 새로운 환경에서 다시 한 번 도전해 보고 싶다고 했습니다. 뭔가 해야만 한다고 고민하고 있던 나는 물론 찬성했습니다.

그 사이에 나는 북조선에 돌아가는 것을 포기하지 않았습니다. 아직도 기회를 봐서 돌아가겠다는 마음이었습니다. 어떻게든 그를 데리고 가고 싶었습니다. 그렇게 해 놓고 도저히 혼자서 뻔뻔스럽게 부모님 앞에 얼굴을 내밀 심경이 아니었습니다.

인생에는 한 번의 기회를 놓치면 손을 뻗으면 닿을 곳에 목표물이 있어도 손이 뻗어지지 않는 일이 있더군요. 인간의 업이라고 하면 좋을까요.

세월은 점점 흘러갔습니다. 아버지가 돌아가시고, 얼마 뒤 어머니가 아버지의 뒤를 쫓아갔다는 소식이 남동생들로부터 있었습니다. 부모님이 이 세상을 떠나기 전에 죽기 전에 꼭 한 번 짧은 방문이라도 좋으니까 만나고 싶다고 몇 번이나 소식을 전해왔습니다만, 애매한 상태로 재회하고 싶지 않다는 생각이 강해서 부모님과 남동생들을 보러 갈 마음이 내키지 않았습니다. 부모님 사후에 남동생들은 북조선에 돌아오라는 말을 하지 않게 되었습니다.

귀국선의 왕래도 도중에 중단되기도 하고 점점 시들해졌습니다. 그간의 사정은 나보다 당신이 훨씬 잘 알고 계시겠죠.

그 사이에 혈육으로부터의 몇 통의 편지를 통하여 그쪽의 실정이 당초에 모두가 생각했던 만큼 쉽지 않다는 것을 알게 되었습니다. 생활환경이 전혀 다른 어머니, 국어가 어려운 2세, 3세에게는 특히 어려운 시련이 기다리고 있는 것도 알았습니다. 그런 시련을 극복해 나아갈 만큼, 조국의 사회제도에 대한 확고한 신념 등은 애초에 나에게는 없었습니다. 굳이 말하자면 내가 북조선을 지향하는 것은 부모님과 함께 살고 싶다는, 그들에 대한 나의 맹세가 거짓이 아니었던 것을 증명하고 싶은 생각에서 기인 것 같습니다. 그런 마음의 기반도 부모님이 죽음 뒤에는 없어져 버렸습니다. 나는 자신의 염원이 점점 시들어 가는 것을 느꼈습니다.

부모님이 돌아가신 후 남동생들로부터의 편지 횟수가 늘어갔습니다. 편지는 대개 가족의 근황을 알리는 것입니다만, 반드시 이것저것 보내달라는 내용이었습니다. 편지의 내용과는 반대로 봉투의 봉합선에 '조선노동당만세!'라고 한글로 빼곡하게 써넣은 것을 보면 애쓰는 게 가엽게 여겨져 쓴웃음을 짓고, 그렇게 시키는 북조선의 현실을 생각하면 우울해졌습니다.

사모님의 남동생의 경우는 어떤지 모릅니다만 내가 듣는 한 귀국자 중에서는 제 동생들처럼 일본에 있는 혈육이나 친척, 지인에게 생활원조를 요청하는 경우가 매우 많다고 하더군요.

남동생들에 대한 마음의 빚도 있고 절박함이 문면에 묻어 있어서 어려운 생활 속에서 사소한 것들을 보내 주고 있었습니다. 요즘은 일본 엔을 보내달라고 할 때도 있어 도대체 어떻게 된 것인지 복잡한 마음입니다.

귀국선이 니가타 — 청진靑津간을 빈번하게 왕래하고 있을 무렵, 자본주의에서 사회주의로 '민족대이동'이라 일컬어져 '비참한 이국에서의 생활을 청산하고 조국의 따뜻한 품으로 어떤 불편함도 없이 행복하게 생활한다'는 화려한 보도와는 어쩌면 그렇게 큰 차이가 날까요.

지금 생각해 보면 부모님과 남동생들 그리고 나와 그도 저 '귀국사업'의 흐름에 휘말려 결과적으로 참으로 허무한 이별을 하고 말았습니다. 이런 말을 하면 벌을 받을지도 모릅니다만 부모님과 남동생은 돌아가지 않았다면 좋았을 거라고 문득 생각하곤 합니다.

그렇더라도 인생에서의 선택이란 것은 의외로 어이없게 결정되더군요. 나중에서야 그렇게 하면 좋았을 걸, 이렇게 하면 좋았을 거라고 생각하는 것이 사람의 모습이겠지만, 이념이라든가, 주의主意에 의한 선택은 반드시 인간의 행복으로 이어지진 않는 것이네요. 그렇다고 해서 내 선택이 옳았다고 말할 생각은 손톱만큼도 없습니다. 그러나 인간의 운명이란 것은 의외로 이치로는 설명할 수 없는 것, 충동에 의해서 정해지는 경우가 많고, 게다가 그런 선택이 잘못됐다던가, 주의 · 이론에 의한 그것보다 열등하다는 식으로 단정지울 것도 아니지요.

뭔가 핑계가 늘어났습니다. 슬슬 맺고자 합니다.

나에게는 일찍이 자신이 선택한 길의 연장선밖에 남아있지 않습니다. 친구는 이곳이라면 일을 고르지 않는 한 얼마든지 있다고 합니다. 이 나이에 이렇다 할 특기도 없기 때문에 할 수 있는 일은 정해져 있습니다만 남은 인생, 성실하게 살아가려 합니다. 아무튼 그것만이 장점이니까요.

당신이 최선을 다해 주어 산재에서 유족연금도 받을 수 있을 것 같아서 어떻게든 살아 가게될 거라고 낙관하고 있습니다. 열심히 일해서 어떻게든 남동생들의 생계를 돕고자 합니다. 일본에 남아있는 내가 남동생의 생활 원조를 하다니 정말 얄궂은 운명입니다만, 남동생과 조카에게 도움이 된다고 생각하면 내 인생도 반드시 쓸모없는 것도 아니라는 생각에 문득 자신이 구원받는 느낌입니다.

남동생이 꼭 북조선에 오라고 성화입니다. 그들의 기대에 부응할 만큼의 지참금도 가지고 있지 않습니다만, 머지않아 꼭 한 번 가서 20년 만의 재회를 하고 보모님의 묘에도 다녀와서 불효를 마음으로부터 사죄하고자 합니다.

길게 시시한 것을 썼습니다만, 여기서 실례하겠습니다.

이만 줄이겠습니다.

쇼와(昭和) ××년 ○월 ○일

이 옥순(藤本順子)

김 명수 님

편지를 읽고 난 후의 여운이 깊숙이 마음을 흔들어 좀처럼 사라지지 않았다. 다쓰의 생전의 모습이 조각조각 뇌리를 스쳤다. 답장을 쓰고 싶은 강한 충동에 사로잡혔지만 다시 생각해서 보내지 않기로 했다. 결과적으로 선의의 위로가 돼서는 안 된다고 생각했기 때문이다.

6

보트는 잘게 부서지는 파도를 최대의 속력으로 가르며 전진했다.

3월에 접어들었다고는 하나 선창에서 보이는 산기슭은 겨울의 풍경을 지울 기색이 전혀 보이지 않는다.

멀리 전면에 능선이 쭉쭉 뻗어있는 무로란다케는 정상에서 산기슭의 언덕까지 하얀색과 흑갈색의 얼룩 반점 모양이다. 하늘은 잿빛 구름으로 시야 가득 두텁게 뒤덮여 지금에라도 금방 눈이 내릴 것 같다. 해수 빛깔도 아직 우울한 납빛이고, 해중에서 엷은 녹색이 투명하게 보이려면 아직 1개월 정도 더 지나야만 할 것이다.

브릿지 안은 초만원이었다.

데짱과 다쓰의 빈자리를 메꾸기 위해서 고용한 신인 두 사람은 헐렁 헐렁한 비옷을 깔끔히 입고 깊이 쓴 후드에서 소심한 눈빛이 엿보인다. 장화에는 일찌감치 밧줄을 감았다.

(히로의 위협이 너무 먹혔나보다)

명수는 속으로 쓴웃음을 지었다.

신인 두 사람은 지인의 소개로 바로 최근에 명수네 가게에 막 왔다. 탄광에서 해고된 후, 일을 찾아서 무로란을 찾았던 것이다.

탄광에서 시커멓게 되는 것 따위는 아무렇지도 않게 생각하니까 당신네 일에는 딱이라고 자신만만하게 소개시켜 준 사람의 말에 명수는 더러워지는 것은 같을지 모르지만 바닷일은 또 다른 어려움이 있어. 글쎄 일은 해보지 않으면 모르는 거니까, 1개월 정도 일하고 나서 정하자고 감사반, 불안반의 기분으로 견제해 두었다. 데짱과 다쓰 대신으로는 가능하면 하역 경험자가 아니면 어부 일을 한 적이 있는 사람을 원했지만, 이쪽에서 노동자의 소개를 부탁했기 때문에 상대의 호의를 무시할 수 없었다.

S부두에 정박하고 있는 목재 전용선에서 기름이 바다로 유출됐다는 긴급연락을 받고 집합소에서 모두가 황급하게 작업의 채비를 하고 있을 때였다.

평소에 신인은 엄하게 대해야 한다는 굳은 신념을 가지고 있는 히로가 두 사람을 위협했다.

"이봐 기름처리 작업은 말야, 머리카락부터 고추 끝까지 끈적끈적해지고 게다가 기름으로 온 몸이 미끌미끌 거리니까 조금이라도 방심하면 바다로 풍덩이지. 지금 바다에 떨어지면 10분 안돼서 얼어 죽어."

40대 후반인 두 사람은 긴장하고 불안한 듯이 몸 채비를 하기 시작했다.

'시간도 없는데 또 쓸데없는 짓을'이라고 명수는 안달했다. 히로의 쓸데없는 말을 그만두게 하기 위해서라도 명수는 작업자를 향해서 엄하게 일러주었다.

"여러분, 높새바람이니까 잘못하면 기름은 먼 바다로 흘러가 버렸을지도 몰라. 그렇다면 작업이 길어질 각오를 해야만 해, 그리고 보트에서 처리제를 뿌리는 사람은 아무쪼록 발밑을 주의해 줘. 처리제로 갑판이 매우 미끄러우니까 보트의 흔들림을 잘 타서 작업해 줘. 알겠어? 이 이상 큰 사고가 없도록 부탁해."

신인을 제외하고 거의 모든 사람이 지금부터 할 작업의 혹독함을 잘 알고 있기에 말하지 않아도 안다고 말하고 싶은 건지, 무뚝뚝하게 있었다.

히로가 말한 대로 기름처리작업은 몸이 더러워지는 정도가, 다른 작업과는 비교도 안 되고 게다가 힘들고 위험하다.

본선에서 흘러나오는 기름은 대개 B중유 아니면 C중유다. C중유는 기름이라기보다 끈적끈적한 진흙이라고 하는 편이 맞고, 결국 사람 손으로 할 수밖에 없다. 해수면을 두껍게 둥둥 떠다니는 놈을 긴 손잡이가 달린 국자로 건져 올려 기름 층이 얇아질 즈음에 처리제로 휘저어 섞어 해저로 침전시키는 것이다. 부두에 부착된 것은 갑판 브러쉬로 박박 밀어서 떨어뜨릴 수밖에 없다. 미끄럽고 위험한 곳에서의 물 작업이기 때문에 겨울에는 몸이 뼈 속까지 얼어붙는다. 선박이 큰 만큼 흘러나오는 기름양도 많고 수작업이기 때문에 며칠이나 계속해야만 한다.

"어디 선박이야?"

요시가 과일 썩은 듯한 숨을 내뱉었다.

"필리핀이야."

명수는 얼굴을 돌리면서 대답했다.

"어째서 맡겼어?"

도메가 앞을 본채로 감정을 누른 억양이 없는 말투로 말한다.

"대리점의 얘기로는 연료기름의 급유 중에 흘러넘쳐서 갑판에서 바다로 흘러간 것 같대.

"녀석들은 심하게 추위를 타서 말야. 추워, 추워하면서, 어쨌든 갑판에 나오기 싫어해. 당직이 브릿지에서 움츠러든 동안에 넘쳤나봐."

요시가 아는 듯이 말을 한다.

"그렇지만, 추워하는 것도 무리가 아니지. 저렇게 따뜻한 곳에서 와서 한 겨울에 방안에 난로고 뭐고 아무것도 없으니까 덜덜 떨어대지. 바로 남쪽으로 내려간다고 해서 방한복도 준비하지 않았대요. 얇은 방한복으로 갑판의 작업을 하라는 것도 무리한 얘기야. 선주도 매정한 놈이네."

도메는 마음으로부터 동정하고 있다.

"정말이네. 저건 털이 없는 차보(닭)[17]네.

---

17 닭의 품종명.

히로의 재미있는 비유에 가라앉은 공기가 술렁거렸다. 변함없이 지껄이는 것은 도메와 히로와 요시로 다른 작업자들은 입을 다물고 듣는 역할을 하였다. 이 세 명도 들뜬 기분만으로 떠드는 것이 아니다. 눈앞에 닥친, 할 수 있다면 피해가고 싶은 힘든 작업을 생각하면 어떻게든 무거운 마음을 조금이라도 가볍게 하고 싶은 것이다. 일견 그들의 얘기가 경박하게 들리지만, 동시에 침묵하고 있으면 끝없이 가라앉을 것만 같은 동료들의 마음에 브레이크를 걸려는 배려에서일 것이다.

"녀석들은 정말 추위에 약해서 말야."

히로가 조금 진지해진다.

"원래 그래. 단번에 20, 30도 다른 곳에서 왔어. 머리는 멍하고, 추위에 익숙한 우리들도 겨울 작업은 힘든데."

"이봐 엄살 떨지마. 장소를 생각해, 장소를."

히로가 요시를 나무랬다.

"왠지 눈이 올 것 같다. 기름이 멀리까지 흘러가지 않았으면 좋으련만, 눈이 휘몰아치는 앞바다에서 기름과 술래잡기라니 견딜 수 없네."

내노라하는 도메도 걱정하는 것 같다.

"응, 본선의 지금 있는 위치와 바람의 방향을 보면 아무래도 흘러 나갔을지도 모른다."

명수는 몸을 내밀어 선창에 얼굴을 붙이고 하늘분위기를 살펴보았다.

보트는 경쾌한 엔진소리를 내며 순조롭게 목적지로 향했다.

"요전에 명수 씨도 보안부의 녀석에게 걸려서 혼이 났었죠."

"응, 항구를 꽤나 여기저기 빙빙이 당했지."

명수는 언제였던가 도메와 둘이서 해상보안부 직원과 다투었다.

"작업은 해야만 하니까 어쩔 수 없다하더라도 그놈들은 그저 우두커니 서서 구경만 하고 이거 하라 저거 하라고 잘난 척해대고 말이야. 그런 짓은 이제 사양이야."

그래, 그래라며 부추기고 싶었지만, 입장 상 그렇게 할 수 없다.

그때는 도메가 키를 잡고 해수면을 지그재그로 가늘고 긴 기름띠의 정중앙을 배가 달리고 명수와 요시가 밖의 양사이드에 서서 18리터들이 드럼통을 거꾸로 해서 기름처리제를 뿌렸다.

흑갈색의 기름띠가 스큐류에 휘저어 섞여서 급속히 유화되어 하얗게 된다. 명수의 보토 옆에 붙어있는 순시정의 담당관이 기름이 완전히 없어지지 않았으니까, 돌아와서 다시 하라고 소리쳤다. 잘 보니 확실히 반짝반짝 무지개색이 둥둥 떠 있지만, 이미 유화되어 있어서 가만히 두면 자연스럽게 없어져 갈 것이다. 명수가 그런 뜻으로 대답하자 철저하게 해야만 한다고 말한다. 중요한 것은 그렇게 하면 살아 있는 기름이 점점 멀리 흘러가버린다. 전진이 먼저라고 말하자 상대는 고자세로 바로 되돌리라고 얼굴색을 바꿨다. 얘기를 듣고 있던 도메가 브릿지 출입구에서 상반신을 내밀었다.

"뭐야 거기서 어수선하게 말하는 거야. 이런 것은 아무것도 하지 않아도 금방 사라지는데. 이런 건 항상 항구에 떠있어."

도메의 모습이 브릿지의 안으로 사라진 순간 선박의 속도가 갑자기 빨라지고 게다가 배의 방향을 바꿀 수 없다. 어안이 벙벙한 담당관은 아무 말 없이 우두커니 서 있다. 명수도 아무 것도 모르는 척, 처리제를 계속 뿌렸다. 순시정은 같이 따라 왔지만 이쪽의 태도에 기가 죽었는지 담당관은 아무 말 없이 명수네의 작업을 지켜 볼 뿐이었다.

"바다 수호신처럼 지껄여대지만 더러운 작업은 업자에게 쳐 맡기고 팔짱을 끼고 보고 있을 뿐이야. 잘난 체하며 명령만 해대고 말야."

그때의 장면이 선명하게 되살아났는지 도메는 알미운 듯이 떠든다.

"아~아, 이럴 때에 다쓰 녀석과 데짱이 있었으면 일이 훨씬 빨리 진행 될 텐데."

요시의 입에서 금방이라도 한숨이 나올 것 같다. 탄광에서 온 두 사람의 몸이 한층 더 움츠려 드는 것 같다.

오른쪽의 M부두에서 쉬고 있는 화물선의 배꼬리에 걸린 국기가 바람에 휘날려 반쯤 보인다. 태극기다. 닻의 뒷부분에 하얗게 떠오르는 선박명의 글자체는 한글인 것 같은데 잘 읽을 수 없다.

같은 부두에 게다가 그다지 떨어져 있지 않은 곳에 북조선의 깃발을 과시하는 굴뚝이 보인다.

이국의 항구에서 서로 가까이에서 동포의 배를 바라보는 승무원들은 무엇을 생각하고 있을까?

천천히 후퇴하는 두 개의 배 그림자가 시야 한쪽 구석에서 좀처럼 떠나지 않는다. 명수는 시선을 억지로 앞쪽으로 되돌렸다.

"명수 씨, 다쓰의 와이프는 요코하마에 돌아갔다면서요?"

히로가 끄덕였다.

"응."

"거기서 뭐해?"

"잘 모르겠지만, 당분간 지인에게 신세 지면서 천천히 향후의 일을 생각한다고 했는데."

"산재에서 얼마나 받았어?"

"응, 아주 쬐금."

명수는 여러 사람 앞에서 끼어들어 얘기하고 싶지 않았다.

"다쓰의 와이프도 남편 때문에 고생했지만 앞으로 조금 좋아질거야."

"글쎄, 과연 그럴까. 긴 세월 같이 했는데, 역시 외롭겠지. 의외로 얼이 빠져 있을지도 몰라. 그 사람도 이제부터 힘들겠네."

명수의 예상외의 말에 히로는 놀란 듯한 표정이었다.

"그래, 그것만은 타인은 모르는 일이니까."

요시가 잘못된 짐작으로 끼어들었다.

"이봐."

명수는 요시를 노려봤지만 속으로는 화나지 않았다.

보트는 안쪽 방파제를 지났다. 높새바람이어서 바다는 안쪽 방파제 내의 해수면 보다 오히려 원활했다. 그래도 파도 폭이 넓고 커서 기분 나쁜 꿈틀거리는 움직임을 반복했다. 이상하게 방파제는 잡념을 없애고 일에 주의 집중시키는 계기가 되는 이정표이기도 했다.

오른쪽에 크림색의 거대한 석유탱크가 바닷가에 늘어져 있고 산재한 굴뚝에서 새하얀 연기가 옆으로 뻗어간다.

전방에 펼쳐진 항만입구 구석에 홀로 떠있는 다이코쿠지마大黒島[18]가

18 일본의 홋카이도 무로란시에 속해 있음.

보인다. 거대한 갑각류가 웅크리고 있는 것 같다. 등 부분은 펀펀하지만, 몸통부터 아랫부분은 울퉁불퉁한 바위 표면을 노출하고 있다. 낭떠러지는 회갈색과 짙은 쥐색의 얼룩모양이다. 가장 높은 등 끝에 나무 조각을 2, 3개 종횡으로 겹쳐 놓은 것 같은 아담한 기상대가 보인다. 하얀색 건물은 마을에서 떨어진 언덕의 교회를 연상시킨다.

보트는 파도를 타고 천천히 오르내린다. 선체가 파도에 돌진할 때의 충격에 몸이 무의식적으로 민감하게 반응한다.

"폭풍이다."

석유정제소에서 그다지 멀지 않은 S부두에 배가 옆으로 정박해 있다. 아마도 방치해둔 썩은 배일 터인데, 거리를 두고 보니 멋있고 깨끗해 보인다. 그 주변에 기름덩어리가 코를 찌르는 독특한 냄새가 풍기고 있을 것이라고는 도저히 생각할 수 없다.

문제의 배 가까이에 해상보안부의 순시정이 하얀 파도를 뱃전까지 아슬아슬하게, 요란스럽게 일으키며 당당하게 달린다.

"이봐, 순시정이 왔어."

히로의 표정이 갑자기 험악해졌다.

"난처하네, 발각됐나보네, 하기 힘드네. 으악 할 정도로 털려."

요시가 개탄한 대로 이걸로 점점, 살짝 얼버무리고 돌아갈 수 없게 되었다. 브릿지 안은 한층 더 답답해졌다.

"이걸로 2, 3일 몸에서 고약한 기름 냄새는 없앨 수 없겠네."

"시끄러워, 안을 아내도 없는 놈이 마치 가정이 있는 것처럼 말하지마."

가라앉은 공기를 쫓아내려는 듯 도메가 호통쳤다.

완만한 구릉을 배경으로 선체가 점점 크기를 더한다.

"제기랄, 눈까지 내려대고."

도메가 분한 듯 쯧쯧 혀를 찬다.

(자. 드디어)

희미한 떨림을 동반한 긴장감이 온몸에 넘친다.

"자 간다."

크게 한마디하고 명수는 브릿지 문을 열고 밖으로 나갔다. 내리는 눈송이가 얼굴에 닿아 바로 녹는다.

점점 가까워 오는 배를 응시한 채 명수는 힘을 낸다.

(번역 : 한해윤)

재 일 디 아 스 포 라 문 학 선 집

붉은 열매

김창생金蒼生

작은 정원을 비추는 문이 그늘지기 시작하면, 옥녀는 돌아갈 채비에 마음이 조급해졌다. 개수대의 더운물을 새로 받아, 설거지를 말끔하게 다 마치고 마담 언니와 교체하고 싶었다. 배달 커피 잔을 가지러 간 노리코는 아직 돌아오지 않았다. 매일 같은 일인데, 언제나 옥녀가 돌아갈 즈음이 되어 생각났다는 듯이 찾으러 가는 것이다.

"아, 차가워라."

짙은 블루 아이섀도로 화장한 눈꺼풀을 추위로 파르르 떨면서, 드디어 노리코가 배달 쟁반을 들고 돌아 왔다. 양 손으로 들고 온 스테인리

스 쟁반을 카운터에 놓더니 양 손을 모아 난로 앞에 자리를 잡고 한 동안 움직일 낌새를 보이지 않았다.

옥녀는 주방에서 손을 뻗어, 이제 막 더운 물을 새로 받은 개수대에 설거지를 넣고, 모닝서비스의 남은 음식을 쓰레기통에 던져 넣으면서 손목시계를 봤다.

전화가 울렸다.

"배달이라면, 난 싫어."

귀찮다는 듯 노리코는 난로에서 떨어져 수화기를 들었다.

"옥녀, 마담, 미용실에서 시간 잡아먹고 있는 것 같아. 조금 늦는다네."

노리코는 마담의 고등학교 동창생이었다. 남편과 별거상태에 있던 노리코와, 점원이 부족하다고 푸념하던 마담이 십수 년 만에 길가에서 만난 이후, 이 샤레드에서 일하게 되었다고 마담에게 들었다. 다방에서 한 달만 근무하다 보면 누구라도 본대로 흉내 내어 간단한 음식은 만들 수 있게 되는 법인데, 2년 이상 지난 지금도 노리코는 카운터에 들어가려고 하지 않았다. 옥녀나 마담이 자리를 비우고 있을 때는 어쩔 수 없이 커피는 끓여 내어오지만, 그 외의 것은 주문을 받은 채로 둘 중 누군가가 돌아올 때까지 기다리고 있었다.

"옥녀, 있어줘. 커피 주문하는 손님뿐이야. 한 사람씩 온다면 내가 하겠는데, 한 번에 3, 4명이나 몰려오면 당황스러워."

문에 달린 방울을 부산하게 울리며 목을 움츠린 여자들이 들어왔다. "뜨거운 걸로" "난 아메리칸" "그럼 난 이탈리안" 제각기 여자들이 말하자, 노리코는 카운터에 있는 옥녀를 뒤돌아보며 "있어줘"라고 한 번 더 확인했다. 노리코는 물과 물수건을 여자들 앞에 놓더니 빈자리에 주저앉았다.

"언니, 뭔가 괜찮은 일 없어?"

또 시작이군, 하고 옥녀는 컵을 따뜻하게 데우면서 생각했다. 이것은 노리코의 말버릇이었다. 나, 요즘 상태가 안 좋아. 이것도 노리코의 말버릇으로, 그것은 노리코가 아침인사나 저녁인사 대신에 하는 인사인 것을 단골손님은 알고 있었지만, 이 날 손님은 노리코에게 있어 운이 안 좋았다.

"이봐, 여기서 일하면서 왜 다른 일을 찾아?"

"그치만 웨이트리스 따위로 언제까지 할 순 없잖아. 어떤 보증도 없고. 아이에게조차 떳떳하게 말할 수 있는 일도 아니고."

일하는 틈 사이에 빠져나와 쉬러 온 여자는 더러워진 앞치마 주머니에서 담배를 꺼내 불을 붙이더니 코에서 굵은 연기를 뿜어냈다.

"노리코 씨, 당신, 우리가 하는 일이 상당히 좋아 보이는 것처럼 생각하지만, 그렇지 않아. 느긋하게 쉬고 있는 건 커피 마실 때뿐이야. 일단 가게 밖에 나가 봐, 고된 일이 기다리고 있다구. 시너로 1년 내내 목은 아프고, 눈은 충혈 되고 말이야. 노리코 씨, 이 손 봐봐. 이게 36살 여자 손으로 보여?"

여자는 앞에 앉아있는 노리코에게 자신의 손을 내밀었다. 노리코는 여자 손을 잡고 바라보고 있었지만,

"그래도 언니, 다이아 반지 끼고 있네!"라고 따지듯 말했다.

"당신 말이야, 집에 돈을 놔둬봐, 남편은 어디에 감춰둬도 재주 좋게

찾아내서 전부 술로 마신다니까. 그래서 이렇게 손가락에 끼워 두면, 내 손가락을 자르지 않은 한 전당포에 맡길 순 없지. 그만큼 아침부터 밤까지 일하면서 납기일이다, 반품이란 소릴 들으며 들볶이면 연실 굽신굽신 해야 해. 내가 자유롭게 할 수 있는 건 오직 이 다이아뿐이야. 장래의 보증으로, 이 근처 조선인들 어떤 글자 쓰는지도 몰라. 노리코 씨가 그게 무슨 글자인지 우리에게 가르쳐 줘"

평소의 인사 대신에 한 한마디가 생뚱맞게 여자의 쌓인 불만을 끌어냈다. 노리코는 기가 죽어 자리에서 일어났다. 커피를 세팅해서 여자들에게 내어주고는 "수행이 부족한 걸까?"라며 계산대 옆에 바로 서, 관자재보살행심반야바라밀다시觀自在菩薩行沈般若波羅密多時라고 반야심경을 읊기 시작했다. 그것이 끝나자, 자못 후련한 표정으로 카운터에 팔꿈치를 괴고 "옥녀, 호르몬이 뜨거워지는 것 같은 화끈한 일 있어?"라고 새빨갛게 칠한 입술을 살짝 벌리며 웃기 시작했다. 옥녀가 이혼한 몸이라는 것을 알고 나서, 노리코의 말버릇인 "뭔가 좋은 일"과 "상태가 안 좋아서"에, 이 "호르몬이 뜨거워지는 것 같은"이 새롭게 덧붙여졌다.

"아무 일 없어요. 노리코 씨와 마찬가지니 안심해요."

"나 말이야 벌써 5년이나 남자친구고 뭐고 없어. 깨끗한 몸이야. 그렇게 하고 싶다고 생각하진 않지만, 적어도 젊은 남자와 신나는 얘기라도 하면 조금은 호르몬이 뜨거워지겠는데, 이 가게에 오는 남자들은 한국이 어떻네 한반도가 어떻네 하는 정치 얘기뿐이거나, 이미 남자로써 한물 간 노인네들뿐이니 호르몬이 뜨거워질 리가 없지."

노리코가 쉼 없이 떠들어대는 말에는 눈물로 채색된 푸념보다도 자기 처지와 같이 생각되는 것이 없는 만큼 옥녀에겐 듣기 편했다. 노리코를 보고 있으면, 매우 화려한 닭이 가게 안을 분주히 돌아다니는 듯해, 때로는 피곤도 하지만 재미있기도 했다.

"아, 마담이 돌아 왔어."

밖의 정원수 사이로, 머리카락을 손으로 매만지면서 마담이 가게를 향해 오는 것이 보였다. 문을 밀어 가게 안을 재빠르게 둘러보며 단골손님이 있는 것을 확인하자 "어머, 어서 오세요"라고 쾌활하게 인사하며 카운터 앞에 앉았다.

"오늘은 어때? 손님 많이 왔어?"

옥녀와 노리코에게 말을 걸면서도 마담은 손님들에게 미소를 잊지 않았다.

"마담, 머리 했어?"

손님이 말을 걸자, 마담은 막 손질한 머리카락을 매만졌다. 짙은 스프레이 냄새가 감돌았다.

"옷과 머리로 여자는 변한다고 하니까, 머리만이라도 젊게 보이려고 해서."

노리코는 옥녀에게 눈짓을 보내더니 다 마신 테이블 위의 빈 잔을 정리하기 시작했다.

"옥녀, 나에게도 커피 한 잔 줘."

퇴근할 시간은 지나 있었다. 마담에게 커피를 내놓자, 옥녀는 설거지를 정리하기 시작했다. 접시는 접시, 컵은 컵으로 주의하면서 개수대에 넣을 생각이었던 게 그만 놓쳐버렸다.

"깨졌어?"

노리코는 카운터에 상체를 내밀고, 개수대 안을 들여다보았다. 옥녀는 조심스레 개수대에 손을 넣어서 하나씩 건조대에 꺼냈다. 괜찮아, 이것도 괜찮아. 접시와 물 컵에 섞여 두 동강으로 깨진 커피 잔이 나왔다.

"또 예쁘게 깨졌군. 그래도 하나니까 다행이야."

노리코가 자기 일처럼 안도하면서 마른 행주로 닦았다. 다 닦은 컵을 정리하면서, 어머? 하고 노리코가 갑자기 소리를 질렀다. 컵 가장자리가 새끼손가락 손톱만큼 떨어져 나가 있었다. 옥녀, 이것도. 또 다른 컵에는 금이 가 있었다.

"어머, 세 개씩이나……. 깨진 게 컵이라 다행이지만 말이야. 옥녀, 모자 가정이라 힘들 테니까 좋아, 반은 내가 낼게. 이거 시미즈清水 컵이니까 주문해야 돼. 우선 내가 낼 테니까, 나머지 반은 이번 달 월급에서 빼둘게. 근데 손 베지 않았어? 깨진 조각으로 손가락이라도 베면 큰일이잖아."

컵 밑바닥에 가라앉은 설탕처럼, 마담의 목소리는 끈끈하게 달큼하다. 마담은 커피를 다 마시자, 앞치마를 가지러 통통한 엉덩이를 흔들며 2층으로 올라갔다. 계단 걷는 소리가 멀어지자, 노리코는 카운터에 몸을 내밀었다. 억누르고 있던 흥분이 표정에 나타나서, 이럴 때의 노리코는 젊게 보였다. "뭐가 큰일이야. 제길!" 그 후에 계속되는 말은 들을 것까지도 없었다. "저 너구리"로 이어지는 것이다. 주인이자 점포를 가진 옛 동창생에 대한 분한 감정이 그 한마디에 담겨있었다.

깨진 게 컵이라 다행이지만……인가. 알루미늄 컵이라면 좋았을 것이다. 개수대 대용으로 쓰고 있던 나무통에, 뒷정리를 지시받은 옥녀가 홧김에 집어 던져도 깨지는 일이 없던 물건. 초등학교를 다니게 되어, 동급생 집에 식사초대를 받았을 때, 식기가 자신의 집에 있는 것과 달라서 옥녀는 놀랐다. 밥그릇 바닥을 들어도 뜨겁지 않았다. 알루미늄 식기에 밥이나 국을 넣으면, 열이 직접 손바닥에 전달되어 뜨겁고, 들고 먹을 수 없었다. 옥녀는 개처럼 입을 가까이 해서 먹었다. 친구 집에 있는 도자기 밥그릇으로 식사를 하면서, 일장일단이구나 하고, 얼마 전에 배운 사자숙어로 그렇게 생각한 적을 옥녀는 기억하고 있었다. 손님들이 알루미늄 커피 잔을 후~후~ 하고 불면서, 커피 마시는 모습을 상상하자 조금은 마음이 풀렸다.

옥녀가 가게 앞에 세워 둔 자전거 열쇠를 풀고 있는데, 노리코가 문에서 머리만 내밀며 속삭였다.

"옥녀, 도일절고액度一切苦厄, 수행, 수행."

옥녀는 손으로 브이자를 그리고는 귀갓길을 서둘렀다. 저녁 찬거리를 서둘러 산 뒤 아파트를 향해 자전거를 달렸다.

숨넘어가는 다리라고 옥녀가 이름붙인 고개가 가파른 다리를 넘어, 드문드문 상점이 있는 거리에 접어들자, 30세대가 넘는 아파트는 좋든 싫든 사람 눈을 끌었다. 옥상 위에 늘어 선 안테나, 녹이 슨 창틀, 지은 지 20년이 지난 철근콘크리트 벽에는 담쟁이덩굴 같은 균열이 몇 군데나 나 있었다. 소각로를 연상케 하는 입구에는 통로 가득히 자전거가 세워져 있고, 그 옆에는 쓰레기봉투가 산더미처럼 쌓여 있었다. 입구 계단 옆에는 각 호마다 구분된 우편함이 있었지만, 온전히 표시되어 있는 것은 몇 개 되지 않았다. 그 위에는 뭉치로 된 우편물이 고무줄로 묶여진 채 언제까지나 먼지를 뒤집어쓰고 있었다. 옥녀는 이 건물이 낡거나 더러운 것보다 이 건물에 붙여진 명칭이 부끄러웠다. 지명의 이름을 딴 '오이케소大池荘'나 '다쓰미소巽荘'와 같은, 그냥 보통 이름이었다면 좋을 텐데. 손질이 전혀 되지 않은 채, 주민들의 손에 내 맡겨진 건물은 희망 하이츠라고 이름 지어져 있었다.

복도는 저녁 식탁에 오를 조림이나 볶음이 뒤섞인 냄새로 넘쳐 있었다. 아이를 야단치는 여자 목소리나 텔레비전의 높은 음량이 각 층에 울려 퍼지고, 문밖의 차갑게 맑은 공기는 이 아파트에 한 발짝 들어오면 따뜻해지면서 습기를 머금은 것으로 변했다.

옥녀는 가방과 장바구니를 팔에 안고 단숨에 3층까지 달려 올라가, 층계참에서 숨을 골랐다. 옥녀의 방만이 불이 켜져 있지 않았다. 가방 속을 뒤적거려 열쇠를 꺼내서 문을 열었다. 문 밖과 다를 바 없는 한기가 폐 가득 스며들어 왔다. 얇은 합판으로 된 문이 복도와 옥녀의 방을 확실히 칸막이하고 있었다.

"진아?"

옥녀는 어둠을 향해서 딸 이름을 불렀다. 대답이 없었다. 옥녀의 귀가가 늦으면, 진아는 방 안의 전기를 끄고 숨을 죽이고선 전등이 켜진 순간에 와~ 하고 그늘로부터 뛰쳐나와서 옥녀를 놀라게 한 적이 있었다. 와~는 야옹이라 할 때도 있고, 츄츄라고 할 때도 있었다. 전등을 켰다. 다다미畳[1] 6장 크기의 방과 3장 크기인 부엌은 아침에 나갈 때 그대로다. 란도셀ransel(네덜란드어로, 등에 매는 초등학생용 책가방)도 없었다. 시계 바늘은 7시를 지나고 있었다. 심장이 두근거리는 것을 진정시키면서, 옥녀는 진아가 놀러가는 옆집의 문을 두드렸다. 오늘은 한 번도 오지 않았어요. 진아 친구가 숟가락을 입에 문 채 대답했다. 이렇게 집들이 많으니 부인, 곤란한 일도 많아요. 1층의 가네시로 씨네 딸 아이 말이야. 그 애가 보육원 다닐 때 일인데, 밤이 되도 돌아오지 않아서 우리들이 서로 분담해서 찾아다녔어요. 공원이나 게임센터라든가. 어디에도 없어서 헛수고했나 하고 생각하면서, 우리 아이가 오지 않았습니까 하며 이 아파트 집을 하나씩 물어보았어요. 2층까지 오니 맨 끝에 있는 집에서 뭔가 들은 적 있는 목소리가 났어. 문을 쾅쾅 두드려도 열려고 하지 않아, 근처에 있는 돌로 부엌 창문을 깨고 안으로 들어가 보니, 이불 위에 아이가 100엔을 쥐고 앉아 있더라는 거야. 혼자 사는 남자가 살고 있었던 것 같은데, 정말로 방심해선 안 돼. 그 남자, 어떻게 됐냐구? 2층 창문으로 도망쳐서 한 동안 행방을 감추었다고 하데. 가네시로 씨가 경찰에 넘기겠다면서 한 동안 그 집을 감시했던 모양이지만, 한 밤중에 물건을 챙겨나간 뒤 그 뒤로 사라졌다고 해요. 댁이나 나나 여자애가 있으니까 조심해야 해. 맞은편에 사는 여자와 그런 얘기를 주고받은 것이 문득 생각났다.

옥녀는 연습장을 찢어 커다란 글씨로 "엄마는 진아를 찾으러 갑니다. 서로 엇갈렸다면 어디에도 가지 말고 여기에 있어요. 7시"라고 썼다. 방의 전등을 켜 둔 채, 옥녀는 계단을 뛰어 내려갔다. 조바심을 억누르며

1　일본 전통의 바닥재로, 다다미 한 장의 크기는 910mm×1820mm이다.

자전거 열쇠를 풀었다. 싸락눈이 섞인 바람이 머리카락을 건져 올리듯 흩뜨렸다. 자전거 안장에 올라타고는 어느 방향으로 페달을 밟아야 할지 망설였다. 옥녀는 진아의 최근 행동반경을 파악하지 않았음을 깨달았다.

6시 지나서 아파트에 돌아오면, 대체로 텔레비전 앞에 진아가 있었다. 밖에 놀러 나갈 때에는 '공원' '마키네 집' 혹은 막 배우기 시작한 조선어로 친구 이름을 쓴 메모를 두고 나갔다. 이혼해서 1년이 지나가고 있었다. 보육원 원아였던 진아는 조선학교 1학년이 되었다. 입학식 다음 날부터 담임 여교사에게 사정을 얘기하고 진아에게 도시락을 가지고 가게 했다. 진아와 같은 나이의 딸을 둔 여교사는 자신도 도시락을 만들어, 아이들이 집에 돌아간 후의 교실에서 진아와 함께 점심을 먹었다. 봄이 지나고, 여름방학이 와서 2학기에 들어가자 수업시간이 늘어나 다른 아이들도 도시락을 지참하게 되었다. 마음을 애태우던 일들이 하나씩 해결되고, 엄마와 딸 두 사람의 생활이 그 나름대로 안정되어 가던 때에 생긴 일이었다.

옥녀는 생각나는 대로 과자가게 문 안을 들여다보고, 밤새 영업하는 마켓을 들여다봤다. 가게 문을 닫기 시작하는 시장을 한 바퀴 돌고, 인적이 드문 상점가로 천천히 자전거를 몰았다. 장갑을 잊고 왔다. 손끝이 차가워져 저리기 시작했다. 공원 안으로 자전거를 타고 들어가, 와삭와삭 흔들리는 나무들 사이를 빠져나와 미끄럼틀에 다가갔다. 진아는 없었다. 끽끽하고 그네가 삐걱거리는 소리가 났다. 진아, 하고 뒤돌아보니 야간 등에 떠오른 그네가 바람에 흔들리고 있었다. 자동차의 헤드라이트가 똑같은 간격으로 심어진 포플러 나뭇가지를 비추며 지나갔다. 잎

사귀를 속아낸 포플러는 거친 손을 밤하늘에 치켜 든 남자들로 보였다.

옥녀는 손바닥에 숨을 번갈아 불어대면서 이 마을을 남북으로 흐르는 하천을 따라 자전거를 몰았다. 정체된 하천 수면에서 희미하게 악취가 났다. 겨울이 되면 하천 바닥에 퇴적된 침전물에서 피어오르는 악취는 냉기에 봉쇄되어 따뜻한 계절만큼은 냄새나지 않았지만, 바로 옆에서면 역시 악취가 났다. 골목 안쪽에서 심장의 고동 같은 기계음이 울리고 있었다. 옥녀는 맥박을 재듯이 그 소리를 듣고 있었다.

집에 돌아와 있을지도 모른다. 아파트에 돌아가 볼까. 아직 안 왔다면 학교에 연락해 보자. 발길을 돌리려던 옥녀는 전방에서 다가오는 검은 물체를 응시했다. 개일까? 땅바닥을 문지르는 소리도 점점 다가왔다. 옥녀는 그 물체를 자세히 바라봤다. 빨간 란도셀을 멘 아이가 몸을 구부린 채, 뒷걸음질로 다가왔다. 무엇을 하고 있는 걸까. 아이는 옥녀에게 눈길도 주지 않고, 몸을 구부린 자세인 채로 옆을 지나쳤다. 진아였다. 진아는 막대기 끝에 납석을 동여매고는 하얀 선을 긋고 있었다. "진아." 옥녀는 자전거에서 내려서 조용히 불렀다. 진아는 몸을 일으켰다. "아, 엄마다!" 란도셀이 흔들거리고, 진아의 모습이 출렁다. "역시, 역시, 이 하얀 선이 지켜줬어!" 진아는 옥녀에게 달려들면서 외쳤다. 진아의 몸은 매우 차가워져 있었다. 감색 제복은 납석 가루로 하얗게 더럽혀져 있었다. 무릎은 까져 피가 맺혀 있었다. 오늘은 뭐가 되었을까. 이 모양새로는 공주님이 아닌 것은 확실하다. 옥녀는 진아의 제복에 묻은 하얀 가루를 손으로 털어내고, 피가 맺힌 무릎에 침을 바르면서 하얀 선, 하얀 선이면 뭘까 여러 생각을 해 보았다. 모르겠다. "이 하얀 선을 처음 그은 곳은 어디니?" "순자 동무 집이야!" 진아는 힘차게 대답했다. 진아가 공상 세계에 빠져 있을 때, 말은 웬일인지 표준어로 바뀌는 것을 옥녀는 일찍부터 알고 있었다.

진아 등에서 란도셀을 벗겨 자전거 앞 바구니에 넣고, 옥녀는 진아를 안아 올려 자전거 짐받이에 태웠다. "진아가 그은 선을 따라가 볼까?" "응!" 기쁜 듯이 진아가 말했다. 자전거 라이트에 비친 아스팔트 도로에 하얀 선이 이어져 있었다. 희미해진 선 위에는 다시 그은 흔적이 있었다. "엄만! 좀처럼 만날 수 없어." 진아는 안타깝다는 듯이 짐받이 위에서 옥녀의 등을 때렸다. "겨우 도착했는데, 엄만 또 다른 마을로 가고 있었잖아!" 오늘은 어쩐지 엄마를 찾아 혼자 여행을 계속한 마르코 소년이 된 것 같았다. 순자네 집에서 숙제를 같이 하고, 5시 지나서는 아파트에 돌아 왔을 것이다. 열쇠를 잊어버린 것을 안 시점부터, 진아의 란도셀은 마르코가 갈아입을 옷을 넣은 헐렁한 주머니로 바뀌었다. 메탄가스 거품이 이는 강을 대서양이라 생각하고, 진아는 옥녀가 일하는 옆 마을로 향했다. 다리를 건너, 몇 개의 신호등을 지나, 본 적이 있는 상점가를 용기 있게 나아갔다. 샤레드의 문을 밀었다. 어서 오세요, 라는 새된 노리코의 목소리가 맞이했다. 어머나, 진아, 엄마는 벌써 집에 돌아갔어. 마중 온 거니? 어쩜, 애는, 이라며 노리코는 한차례 떠들고는 모닝서비스의 남은 삶은 달걀을 진아에게 줬다.

마르코와 똑같다! 운동화 속의 발가락이 곱아져서 아플 정도였지만, 진아는 마르코처럼 기운을 다시 내서 지금 왔던 길을 돌아갔다. 마을은 완전히 어두워져 표시해 두었던 간판 불이 꺼지고, 술집 제등에 불이 들어오자 진아는 당황했다. 정신차려보니 본 적이 없는 골목으로 들어와 있었다. 진아는 쓰레기통에 앉아, 삶은 달걀을 먹으면서 사람이 지나가는 것을 기다렸다. "하천은 어디에 있어요?" "무슨 일로 길을 헤매고 있니? 할 수 없구나. 좋아, 거기까지 함께 가자꾸나." 진아는 늙은 여자의 손수레를 따라 갔다. 그리운 냄새가 났다. 그것은 손수레에서 나고 있었다. "할머니, 혹시 조선말로 할머니?" 늙은 여자는 멈춰 섰다. "아이고, 조선사람이구나. 그래, 그래. 나에게도 너 같은 손자가 있지. 남자아이지만." "진아에게도 허리가 이렇게 구부러진 할머니가 있어요!" 진아는 시어머니 흉내를 냈다. 늙은 여자는 큰 소리로 웃었다. "허리 아프다, 허리 아프다고 언제나 말해. 진아가 주물러주면 아이고, 착하다고 말하며 과자 봉지를 줬어요." 할머니는 다리 앞에 다다르자 "열심히 공부해야 한다"고 말하고 진아에게 100엔을 쥐어줬다.

다리를 건넌 곳에 과자가게가 있었다. 진아는 오징어포와 알사탕을 사고, 거스름돈을 받았다. 상자에 가득 찬 납석이 전등 아래에서 반짝 빛났다. 가격을 물어봤다. 그것을 다 합해서 딱 100엔이었다. 오징어포를 다 먹자 알사탕을 입안 가득 넣었다. 입 속이 달콤한 타액으로 가득 차자, 추위도 아랑곳하지 않게 되었다. 진아는 제복 주머니 안에 있는 납석을 가지고 놀면서, 이것으로 무엇을 그릴까 생각하며 걸었다. 저녁에 들렀던 순자네 집 근처까지 왔다. 옥녀의 얼굴이 떠올랐다. 주머니 속에 있는 납석은 순식간에 헨젤과 그레텔에 나오는 조약돌과 빵부스러기로 변했다. 진아는 순자네 집 문등에 비치는 디딤돌에서부터 선을 그어 갔다. 얼마나 큰 숲인가요. 걸어도 걸어도 계속 이어져 있었습니다. 납석이 짧아 웅크려서 선을 긋자, 란도셀이 머리 위로 덮여서 몇 번이나 앞으로 푹 고꾸라졌다. 얼마나 깊은 숲인가요. 끝없이 끝없이 이어져 있었습니다. 도로변에 못쓰게 된 재목이 쌓여 있었다. 진아는 적당한 길이의 막대기에 납석을 리본으로 묶었다. 남은 알사탕을 입에 넣고 과자 집에 도착했습니다, 라고 중얼거리면서 선을 그어갔다. "빵부스러기는 작은 새가 쪼아 먹어버렸지만, 이 선 덕분에 진아는 엄마를 만날 수 있어!" "여기가 숲의 입구야?" 순자네 집 앞에서부터 선을 긋기 시작했다. 진아는 옥녀의 겉옷에 머리를 집어넣고 후후후 웃었다. 등에 대인 진아의 입술이 따뜻했다.

아파트에 돌아오자, 옥녀는 서둘러 저녁식사 준비를 했다. 설거지를 하고 있는 사이에 진아는 전기 각로脚爐 안에서 자고 있었다. 옥녀는 이불을 깔고, 진아를 안아 올려서 자리로 옮겼다. 싸늘한 감촉에 진아는 실눈을 떴다. 옥녀의 손을 만지작거리더니 안심한 듯이 다시 숨소리를 내며 잤다.

창문이 울리고 있었다. 바람이 창유리를 두드리고 있었다. 여자의 신음소리와 같은 바람소리에 섞여서 왼편 옆집 방에서 나무묘법연화경南無妙法蓮華經이 들려 왔다. 매일 아침과 밤, 벽에서 새어 나오는 혼자 사는 여자의 독경은, 익숙해지면 대략 그 시간을 재는 기준에 지나지 않았다. 이불 안에서 나무묘법연화경에 귀를 기울이고 있으면, 그 소리는 옆집 벽에서 새어나오는 것이 아니라 이 마을을 흐르는 개천의 썩은 지하수가 조금씩 지면 위로 스며 나오는 것처럼 여겨졌다. 매일 밤, 오수에 전신이 잠겨 있는 듯한 으스스한 추위와 개천의 기름막이 온몸에 달라붙는 듯한 끈적함을 느끼면서 어느 샌가 잠이 드는 것이었다.

그러기에는 시간이 너무 빨랐다. 남자가 방문이라도 하는 것일까. 옆집 여자는 옥녀가 이 아파트에 이사 온 며칠 후에 집을 빌렸다. 인사도 없고, 복도를 서로 스쳐지나가도 살짝 머리만 숙였다. 문은 언제나 닫혀 있으며, 전등조차 켜지 않을 때가 많았다. 인기척이 없고, 아침저녁으로 들리는 나무묘법연화경으로 옥녀는 옆집 여자를 떠올렸다. 그것이 들리지 않는 날은 묘하게 불안해졌다.

녹초가 될 듯한 여름 저녁, 열쇠를 꽂으면서 옥녀는 반쯤 문이 열린 옆집에 무심하게 눈을 주었다. 블라우스에 손을 넣으려고 하는 여자의 등과, 그 맞은편에 다리를 뻗은 남자의 모습이 눈에 들어왔다. 전등을 끈 채인 실내에 40대 중반인 여자의 등이 희끄무레하게 떠올라서 옥녀의 눈꺼풀에 언제까지나 남았다. 그날 밤, 나무묘법연화경은 들려오지 않았다. 맞은편 집 어딘가에서 수세화장실의 물 내리는 소리가 난다. 나무묘법연화경은 멈추었다. 안쪽 다다미 6장 크기 방의 전구 아래에서 여자는 정좌하고 있을까.

노리코의 반야바라밀다에 옆집 여자의 나무묘법연화경. 암송하는 것으로 정말 구원받을 수 있는 것일까? 구원받진 못하더라도 편안해지는 걸까? 노리코의 나이를 알 수 없는 얼굴과 옆집 여자의 나른한 얼굴이 서로 겹쳐졌다. 경문을 암송하기보다도 노래라도 흥얼거리는 쪽이 좋을 것 같았다. 노래 따위 잊은 지 오래다. 푹 자고 있는 진아의 잠든 얼굴을 바라보고 있으니, 연달아 한숨이 터져 나왔다. 진아의 공상하는 버릇은 언제부터 시작된 것일까? 옥녀에게도 공상하는 버릇은 있었다.

하지만 그것은 현실에 입각해서 만약 이러하다면, 정도의 사소한 바람과 같은 것이었다.

매일 밤, 나이든 어머니의 이불에 숨어들어 잠이 든 그 순간부터, 옥녀는 부잣집 아가씨로 변했다. 이유가 있어 이 낡은 집에 살고 있는 것이라고 몽상한다. 레이스가 달린 커튼이 쳐져 있는 공부방 책상에는 아름다운 멜로디를 연주하는 오르골이 있고, 넋을 잃고 귀를 기울이고 있으면 "루리코, 친구가 왔어요" 하고 새하얀 피부의 엄마가 문을 노크한다. 부잣집 아가씨에게 궁상스런 다마코라는 이름은 이상하다고 생각해 소녀만화 주인공의 이름을 자신에게 붙였다. 옥녀의 일본명은 다마코였다. 학교로 가는 통학로에는 몇 개의 다방이 있었다. 입구에는 "모닝서비스 토스트+달걀 포함"이라고 쓰인 푯말이 매달려 있었다. 달걀 포함의 포함이라는 한자를 아직 읽을 수 없었던 옥녀는, 이 가게에는 자신과 같은 이름을 가진 사람이 일하고 있어서 그 다마코 씨가 토스트를 손님에게 가져다주는 거라고 생각하고 있었다. 그러나 다른 가게에도 같은 푯말이 걸려 있었다. 오빠에게 물어보니, "그건 달걀을 말하는 거잖아"라면서 크게 웃었다. 달걀의 한자인 다마코玉子라는 자신의 이름에 옥녀는 크게 상처받았다. 부모님은 아이를 연이어 낳아서 막내인 자신에게는 이래저래 자획字画을 세거나, 이름에 부모님의 소망을 담거나 하는 것이 귀찮았던 것이다. 나는 원해서 태어난 아이가 아니었다고 생각하니, 언제나 눈에 눈물이 고였다.

밤마다 공상 속에서 옥녀는 루리코로 변했고, 이발비가 들지 않아 좋다며 짧게 잘려진 머리카락은 풍성하고 곱슬곱슬한 머리카락에 핑크

색 리본이 묶여 있었다. 옥녀 옆에서 낮게 코골며 자고 있는 엄마는 단번에 20대로 젊어져서 교과서에 나올 법한 아름다운 일본어로 말했다. 실수로라도 "엄마가 말하는 거, 잠자코 들어. 쿡쿡 웃지 말고, 빨리 준비해"와 같이는 말하지 않았다.

때에 찌들고 무겁기만 한 이불은 몸이 가라앉을 듯한 깃털이불로 바뀌고, 무료함을 달래기 위해 낙서하곤 하는 벽은 작은 꽃문양의 벽지로 바뀌었다. 잠들기 전 잠깐 동안은 옥녀에게 있어서 행복한 시간이었다. 다마코, 안 일어나! 그 행복한 시간은 종종 오빠의 호통소리에 깨지곤 했다. 이불을 걷어내어도 영문을 알지 못해 눈을 비비고 있으면, 오빠가 옥녀의 엉덩이를 걷어찼다. 빨리 말리지 못할까! 방하고 이어진 마루에서 부모님이 서로 붙잡고 싸우고 있었다. 두 사람은 그대로 마루에서 봉당으로 굴러 떨어져, 엄마가 아빠의 야윈 발목을 붙잡고 떨어지지 않으려고 매달려 있었다. 부부싸움을 중재하는 것은 언제나 막내 옥녀의 담당이었다. 옥녀는 자신에게 할당된 역할을 어릴 적에는 충실하게 해 냈지만, 그것도 되풀이 되면서 이전처럼 열심히는 말릴 수 없었다. 이제 아무래도 좋아, 맨날 하는 싸움이잖아, 라는 맥 빠진 기분이 오빠의 눈빛에 움츠러져, 그만 둬, 그만 둬, 하고 억지로 자신을 부추겨서 싸움을 말리러 들어갔다.

좁은 현관문에서 두 사람의 몸이 뒤엉키고 부딪쳐, 유리문이 흔들리고, 게다가 자 죽여 봐, 날 죽여 봐 하는 엄마의 목소리가 겹쳤다. 문을 난폭하게 여는 소리가 나더니, 질겅질겅 껌을 거칠게 씹는 듯한 엄마의 아빠를 욕하는 소리가 들렸다.

다마코, 빨리 안가고 뭐해, 어머니를 뒤쫓아 가란 말이야! 옥녀는 다시 한 번 오빠에게 엉덩이를 걷어 차였다. 걷어차인 여세로, 옥녀는 머리끝까지 이불을 뒤집어썼다. 싸움해도 아무 것도 달라질 게 없으면서 왜 싸움만 하는 거야. 다마코! 오빠의 화난 목소리가 들렸다. "나, 싫어! 싸움만 하잖아, 그러니까 조선은 싫다니까!" 때릴 거야라고 말하기도 전에 손을 뻗는 오빠에게 재차 얻어맞을 공포로 옥녀는 거북이처럼 몸을 움츠렸다. 엉덩이만으로 끝나지 않을 것이다. 뺨맞을 때 귀에 마비가 난 걸 떠올리고서 둥글게 뭉친 손발에 얼굴을 묻고 숨죽였다. 아무 소리도 나지 않았다. 슬금슬금 이불에서 머리를 내어 주위를 살펴보니, 아무도 없었다. 아빠는 아마도 술 마시러 나갔을 것이다. 오빠는 엄마를 찾으러 나간 거 같았다.

우리 집은 언제나 웃음소리가 끊이지 않습니다. 일하시는 아버지는 어머니를 매우 소중하게 여기십니다. 제가 집에 돌아오면, 어머니는 손으로 만든 간식을 내어 주십니다. 오빠는 내가 숙제에서 모르는 부분이 있으면 이해할 때까지 끈기 있게 가르쳐 줍니다.

이런 작문을 쓸 수 있는 가정의 아이로 옥녀는 태어나고 싶었다. 넌 다리 밑에서 주워온 애야. 그것이 정말이라면 얼마나 기쁠까. 어쩌면 일본인 부잣집 아가씨였을지도 모르니까. 수업 참관하는 날에 그 작문을 읽는 거야. 그리고 다 읽은 루미코가 흘끗 뒤쪽을 돌아보면, 반 중에 어느 어머니보다도 예쁜 엄마가 생긋하며 가볍게 끄덕이는 거야. 엄마의 앙상한 허벅지에 다리를 꼬며 잠들기 전에 옥녀가 공상하는 것은 대개 그런 것뿐이었다.

진아의 경우는 현실과의 경계가 애매했다. 언제부터였을까? 그것을 떠올리려고 하자, 옥녀의 위장은 경련이 일어났다. 창문이나 식기찬장, 냉장고에 맞아 튀는 팥 소리가 되살아났다.

외아들의 며느리인 옥녀에게 강한 말투로 뭘 시킨 적 없는 시어머니가 단 한 번, 엄하게 옥녀에게 명령한 적이 있었다. 몇 월 며칠, 신방神房할 테니 그 날은 비워두라는 것이었다. 옥녀가 한마디도 참견할 수 없을 정도로 완고한 말투였다. 옥녀가 직장에서 보육원으로 진아를 데리러 갔다가 서둘러 집으로 도착한 지 채 10분도 되기 전에 시어머니는 무녀를 데리고 나타났다. 그 무녀는 시어머니의 근처에 살고 있었다. 옛날 여자치고는 키가 컸다. 주위를 흘겨보듯 동네를 걷기에, 한층 키가 커 보였다. 우락부락한 얼굴을 한 여자의 한쪽 눈썹만 반 쯤 희고, 유별난 얼굴은 이 여자가 굿을 거행하는데 도움이 되었다.

굿에 필요한 것은 다섯 홉짜리 술부터 무녀에게 줄 사례, 과일, 부적에 이르기까지 시머머니가 손수레에 가득 실어와 만반의 준비를 다했다. 옥녀는 제단에 바칠 밥만 지으면 됐지만 마음이 무거웠다. 언제까지 기다려도 둘째가 생길 기색이 없었기에, 시어머니는 생각다 못해 알고 지내던 무녀에게 기자속祈子俗을 부탁한 것이다. 사실 옥녀는 몰래 피임약을 복용하고 있었다.

제단 앞에서 옛날 돈을 던지며 뭔가 입 속으로 주문을 외던 무녀는 획 옥녀에게 돌아서더니, "자네, 뭔가 나쁜 짓 하고 있지 않나?"라고 말했다. "아뇨." 옥녀는 단호히 부정했다. "어허" 무녀는 양 미간을 찌푸리며 험악한 표정을 지었다. 무녀는 방구석에서 멍하니 입을 벌리고 있는 진아를 옥녀 옆에 앉히더니 진아에게도 액막이를 했다. 진아는 신기한지 하는 대로 가만있었다. 무녀는 부엌에 서서 준비해 둔 소쿠리에 가득 찬 팥을 몇 번으로 나누어 내던졌다. 팥은 소나기 같은 소리를 냈다.

무녀는 다시 제단 앞에 앉아 "자네 어머니는 아직 성불成佛하지 않았어"라고 말했다. 어머니가 죽은 지 3년이 되어가고 있었다. "형제 중에서 누군가 죽은 사람 있지?" 옥녀가 태어나기 전에 이코마 산 속에서 자살한 오빠가 있다고 들은 적이 있다. "어머니도 아버지도 죽은 아이도, 남아 있는 자네 형제를 걱정하고 있어. 자네, 형제들과 사이가 좋지 않았지. 모두가 자신들만 생각하며 살았잖아. 내 말 틀려?" 신내린 무녀는 설교를 늘어놓았다.

시어머니가 중재하듯 말했다. "지금, 아기가 생기면 남자 아이가 틀림없다는 구나. 네가 그 아일 낳으면 형제 간 우애도 생기고, 양호 운세도 좋아진다고 그렇게 말하잖니." 시어머니는 진아를 껴안고 양 볼을 부비었다. "진아는 아기를 좋아하지. 엄마에게 아기가 생기면 귀여워할 거지?" 진아는 옥녀의 배를 물끄러미 바라보면서 말했다. "엄마, 아기 낳아?"

옥녀는 부엌에 흩뿌려진 팥을 주워 담느라 바쁜 척했다. 주위에 있던 여자들이 일제히 하나같이 옥녀에게 충고하기 시작했다. 젊을 때 연달아 낳는 편이 나중에 편해. 둘째를 슬슬 낳지 않으면 안 돼. 그러면서도 다른 때에는 자신들의 답답함을 옥녀에게 푸념하곤 했다. 몇 명이고 애를 낳아 절구통이 된 허리에는 이미 한줄기 희망도 없고, 옥녀는 매일의 생활을 되풀이하는 수고와 탄식이 그녀들을 굵어지게 하는 것이라 생각했다.

조선의 며느리는 후사를 낳는 것이 당연한 일일지도 모른다. 하지만 그 전에 옥녀는 자신이 해야 할 일이 있는 듯한 기분이 들었다. 그것이 무엇인지, 옥녀 자신도 몰랐다. 다만 그것이 무엇인지 알기 위해서 좀 더 자신의 시간을 그 일에 할애해야 한다는 것은 알고 있었다. 양호는 그런 옥녀를 소녀적 감상이라 비웃으며, "한 집에 머리는 하나면 족해. 나는 철학하는 여자는 필요없어"라고 내뱉었다.

"여자는 처음이 중요해. 처음에 한 방 먹여둬야 해." 신혼여행에서 돌아와 친척들에게 인사를 마치고 일단락된 다음, 어느 밤 양호의 친구들을 초대한 날이었다. 차례차례 비워지는 맥주를 가지러 부엌에 간 옥녀의 귀에 양호의 그 목소리가 들려왔다. "선배님, 매서운 한 방이네요." 양호의 동료가 취한 목소리로 말을 거들며, 끈적한 시선으로 옥녀를 구석구석 핥았다. 수치심 때문인지 분노 때문인지 쟁반 위에 놓인 맥주병이 가늘게 떨렸다. 다정한 속삭임으로 마음을 풀어주는 것도 없이 거칠게 움켜잡은 유방은 아프기만 할 뿐, 몸에 새겨진 부부로써의 징표는 무언가 벌을 받은 것으로밖에 여겨지지 않았다. 볼썽사납다고밖에 할 수 없는 그날 밤의 자신이, 전등 빛 아래에서 벌거벗겨진 듯해서 옥녀는 몸이 떨렸다.

혼수장롱이 놓인 다다미 6장 방 한가운데에 테이블을 놓고 그 주위로 남자들이 앉으니 몸도 제대로 움직일 수 없었다. 옥녀는 엉거주춤한 자세로 남자들에게 돌아가며 맥주를 따라 주었다. 귓불이 화끈거렸다. 남자들은 양호에게 이 녀석, 순진한 신부를 얻었구먼 하며 쿡쿡 찔렀다.

몸을 흔들며 웃는 남자 어깨가 옥녀의 팔에 닿았다. 순간 손에서 미끄러진 맥주가 테이블 위로 콸콸 거품을 내며 남자 무릎을 적셨다. 서둘러 수건을 가져왔지만, 옥녀는 남자 바지를 닦는 것이 주저되어 도움을 청하듯 양호를 봤다. 양호의 입술이 쳇 하며 혀를 찼다. 죄송합니다, 죄송합니다, 하며 수건을 내민 옥녀에게 "괜찮아요, 이런 거, 두 사람 뜨거운 사랑에 금방 마를 거니까요." 남자는 무릎을 닦으면서, 옥녀를 위로하듯 말했다. "아니, 이 여편네는 요령이 없는 여자야. 뭐든지 죄다 처음부터야." "요새 하나하나 꼼꼼히 가르쳐야 하는 신부는 없잖아. 잘 얻은 건지." "가르치는 보람이 있을 런지 말이야." 나이든 남자들이 응, 응하고 서로 고개를 끄덕였다.

맞선을 보고, 불과 3개월도 안돼서 식을 올린 것은 양가 부모들의 적극적인 권유에 의해서였다. 양호는 스무 살이라는 옥녀의 젊음에 망설였다. 맞선보는 자리에서 맨 얼굴에 입술연지만 바르고 나타난 옥녀는 막 씻은 과일처럼 청결했지만, 여자라고 하기에는 거리가 멀고 아무래도 소녀라는 인상을 지울 수 없었다. 양호의 어머니는 옥녀를 한 눈에 마음에 들어 하고는, 머뭇거리는 양호에게 부처님의 가호를 설법하듯이 엄숙하게 말했다. "요새 숫처녀가 어디 있나?"

막내인 옥녀는 연로한 어머니가 오랫동안 병상에 누워 "내가 살아 있는 동안 식을 올려 손자 한 번 안아봐야 안심하고 눈을 감지"라는 말을 학생 때부터 줄곧 들어왔다. 옥녀는 자신이 할 수 있는 마지막 효도는 신부차림의 모습을 어머니에게 보여 드리는 일이라고 굳게 믿고 있었기에, 막 피어오르는 때에 결혼하는 것을 망설이지는 않았다. 다만,

남편이 될 남자에게는 자신의 마음을 강하게 끄는 것이 있길 바랬다. 중매인을 통해 첫 인사를 마친 후 두 사람은 영화를 보거나 식사를 했지만, 양호는 옥녀가 좋아하는 것을 물은 적이 없었다. 모든 것은 양호 마음대로였다.

맞선을 보자마자 병원에 들른 옥녀에게, 어머니는 말했다. "어떤 손을 하고 있었니?" "손?" "남자의 입과 마음은 어떤 식이라도 여자를 배신해. 죽은 네 아버지를 봐라. 그 아범의 입은 어려운 말을 하든가, 여자를 속이든가, 술만 마시잖니. 네 아버지는 돈 한 푼 쓰지 않고 입만으로 여자를 꼬드겼어. 하지만 손은 배신하지 않아. 마지막까지 책임지고 일하는 남자는 제대로 된 그런 손을 하고 있어"라고 말했다.

세 번째 데이트를 하고 돌아오던 길에 양호는 옥녀를 집 근처까지 바래다주었다. 길모퉁이에서 양호는 옥녀의 손을 잡았다. 두툼한 손바닥이었다. 피부의 거스러미를 뜨거운 손바닥과 함께 느꼈다. 양호에게서 떨리는 듯한 가슴의 흥분은 느끼지 않았지만, 양호의 손에서 여자인 자신에게는 찾아볼 수 없는 남자의 힘을 느꼈다. 그리고 언제까지나 힘밖에 느낄 수가 없었다.

"…… 저어, 나, 아버지랑 살고 있는 것 같아."

양호의 저녁 반주를 같이 하는 사이에, 옥녀는 맥주를 조금 마실 수 있게 되었다. 약간의 취기가 옥녀의 입을 가볍게 했다.

"무슨 말이야?"

안주를 집던 양호의 젓가락이 멈췄다.

"응. 거의 집에 안 계신 아버지였지만, 가끔 집에 계시면 아버지 눈썹이 꿈틀 움직이는 것만으로 모두가 움찔해서. 실수하지 않으려고 생각하면 도리어 긴장돼서 뭔가 저지르는 것처럼……."

"그게 나랑 무슨 상관이야."

"응. 양호 씨는 오랫동안 어머니와 같이 살아서 아버지의 영향은 거의 받지 않았을 텐데, 어째서 1세대인 아버지 같은 데가 있나 싶어서……."

"그게 싫어?"

가볍게 말할 생각이었는데, 양호의 의외의 강한 말투에 옥녀는 입을 다물었다. 양호는 젓가락을 놓았다. 담배를 꺼내 불을 붙이더니, 옥녀의 얼굴에 정면으로 연기를 뿜었다.

"이봐, 잘 들어둬. 확실히 나는 가정이라는 걸 잘 몰라. 아버지와 어머니가 있고, 그 주위에 형제가 있는 가정의 단란함을 맛본 적 없어. 그렇다고 해서 내가 가정을 가진다는 게 뭐가 나빠. 나는 가정을 가진 이상 책임도 져. 내 방식대로 할 거란 말이야. 너도 내 아내가 된 이상 그렇게 알아."

테이블 위에 놓인 안주는 거의 손대지 않은 채 남았다.

옥녀는 신혼 생활을 온 집안이 부드러운 공기로 가득 차 있는 것이라 상상했다. 하지만 그것은 큰 착각이었다고 마음을 돌리기 시작할 즈음 임신한 사실을 알았다.

아직 한 번도 서로 녹아들지 않았는데 임신한 자신의 몸이 이해되지 않았다. 충분히 정감이 있고, 마음껏 하나가 된 결과가 임신이라고 한다면, 옥녀는 쑥스러워하면서도 양호에게 기쁜 마음으로 그 사실을 알렸을 것이다. 초등학교의 보건 시간 때 본 슬라이드 그대로다, 라고 옥녀는 생각했다. 이것은 임신이 아니라, 수태다. 엄마가 되는 기쁨보다도 하나의 생물로써 자신을 강하게 느꼈다. 옆 이불에서 양호의 손이 더듬어 올 때, 옥녀는 처음으로 거부했다. 아직 불룩해지지도 않은 배를 무의식적으로 감쌌다. "……아, 그래, 임신했어, 그래." 어두침침한 방에서 양호의 굵직한 목소리가 울렸다.

다음 날 저녁에는 옆 마을에 사는 시어머니가 숨을 헐떡이며 찾아왔다. 손수레 안에서 여러 가지 물건을 꺼내서 옥녀에게 건넸다.

"헛구역질이 나오면, 이걸 다려 마시거라. 발을 차갑게 하지 말고. 양말 무늬 맘에 드니? 뭐라도 잘 먹고. 아기 하나 낳으면 이 하나가 빠진다고 하더라. 이 생선으로 국물을 우려내고, 이 미역으로 국 만들어라. 젖이 잘 나오도록 해야지. 잘 챙겨먹고, 뼈가 튼튼하고 건강한 아이 낳아야지……." 테이블 위에 여러 물건들을 다 펼쳐놓고 나서야, 겨우 시어머니는 휴 하고 한숨 돌렸다. 그리고 말끄러미 옥녀의 얼굴을 바라보았다. 주름투성이인 손이 찬찬히 다가와 옥녀의 머리카락을 보듬고, 옥녀의 뺨을 감쌌다. "아직 어린 네가 아기를 낳다니. 고마워, 고마워" 하고 중얼거렸다.

옥녀는 자신의 몸에 뿌리내린 생명의 씨앗을 잘 키우려고 생각했다. 부드럽고 작은 아기는 시어머니 팔에 푹 둘러싸일 것이다. 녹는 듯한 시어머니의 눈빛으로 온 몸을 감싸인 아기는 반드시 좋은 아이로 자랄 것이다.

양호는 옥녀의 거듭된 거부에도, 거칠게 말하거나 하지 않았다. 할 수 없지 뭐. 술이라도 마시고 올게. 너는 먼저 자, 라고 옥녀에게 말을 남기고 밤거리로 나갔다. 집에 돌아온 남편의 술 냄새가 방 안에 가득차고, 자면서 몸을 뒤척일 때마다 그 몸에서 희미한 향기가 감돌았다. 향수를 뿌린 적이 없는 옥녀는 그 달콤한 향기에 숨이 막혔다. 그것은 언제나 토요일이었다. 옥녀는 화장실로 달려가서, 목구멍에 손을 넣어 위 속에 있는 것을 토해 내었다. 눈가에 눈물을 머금은 채 옥녀가 방에 돌아오니, 양호는 호쾌하게 코를 골면서 푹 잠들어 있었다.

찬장 구석이나 개수대 가에 넣어둔 팥은 나흘째에 싹이 텄다. 일단 싹이 트기 시작하면 그 주위의 수분을 흡수하며 쑥쑥 키가 커갔다. 옥녀는, 지금은 아직 임신도 수태도 하고 싶지 않은 둘째를 겸자鉗子로 끄집어내듯이 이쪽저쪽 구석에서 얼굴을 드러내 보이는 팥을 발견하는 대로 거칠게 잡아 뽑았다.

그 무렵부터 양호의 작업복이나 단골 거래처를 돌면서 입은 블레이저 상의 주머니에 술집이나 스낵의 성냥이 늘어갔다. 옥녀는 빨래할 때에 주머니에 든 성냥을 빼내어 텔레비전 위에 늘어놓았다. 쓰타야蔦屋라는 작은 요릿집 성냥이 많았다. "어이, 이거 뭐야!" 빨래하고 있는 옥녀의 등 뒤에서 잔뜩 화난 양호의 목소리가 들렸다. 뒤돌아보자, 경대에 숨겨 뒀던 피임약 알약을 머리 위로 쳐든 양호가 우두커니 서 있었다. "아내 자궁도 관리 못하는 남자가 남편이라 말할 수 있나, 네가 날 우습게 보는 거야!" 양호는 옥녀의 뺨을 수차례 후려쳤다. 눈꺼풀에서 불똥이 튀었다. 얼굴을 감싸고 웅크린 옥녀를 부엌바닥에 쓰러뜨리더니, 양호는 속옷을 벗겼다. "진아가 깨어 있어요." "세, 네 살짜리 어린애가 뭘 안다고 그래. 내일되면 잊을 텐데." 양호는 저항하는 옥녀의 팔을 비틀었다. 치마가 벗겨졌다. 옥녀는 이를 악물며, 무릎을 강하게 닫았다. 오른쪽으로 굴리고 왼쪽으로 굴려도 무릎에서 힘을 빼지 않았다. 개미 한 마리도 들어오지 못하도록, 발목을 교차시켰다. "적당히 해!" 양호는 비틀던 옥녀의 팔을 놓았다. 그 손으로 다시 한 번 옥녀의 뺨을 때리고, 남자 힘으로 허벅지를 밀어 열고는 덮쳐눌렀다. 옥녀의 머리가 바닥에 부딪쳐 쿵쿵 소리를 냈다. "엄마, 죽어!" 비명과 같은 진아의 목소리를 옥녀는 들었다. 목숨이 세 개 있다면, 하고 옥녀는 울면서 생각했다. 이 남자 두 번은 죽일 거다.

진아에게 틱tic이 시작된 건 그 때부터였다. 보고 있는 옥녀가 괴로울 정도로 눈 깜박임을 반복했다. 진아의 눈 속에 벌이 살고 있는 것 같았다. 진아, 엄마 눈을 보렴. 가만히 마주보자. 눈이 깜박깜박하면 지는 거야. 진아는 불과 2, 3초를 견디지 못했다.

그 일이 있고나서, 어이, 어이 하고 양호가 옥녀를 부르는 소리가 나면, 진아는 방 어디에서라도 달려왔다. 양호와 옥녀의 사이에 서서, 두 사람의 얼굴을 번갈아 바라봤다. "왜 그래 진아야, 무서운 얼굴을 하고." 양호가 진아를 안아 올리자 사지를 버텼다. 예전 같으면 목말 타기를 졸라대서, 쩔쩔매는 양호가 진아를 내려놓으려고 해도 "좀 더, 좀 더" 하고 양 다리를 움츠리고 양호의 목을 감은 손을 거두려고 하지 않았다. "애가 왜 이래." 마루에 내려진 진아는 옥녀의 치마에 매달렸다. "너, 진아에게 뭔가 꼬드겼지?" 양호가 조금이라도 목소리를 거칠게 하면, 진아는 치맛자락을 붙잡던 손을 획 놓고 양다리를 힘껏 버티며 양손을 벌려 "안 돼, 안 돼" 하고 세차게 머리를 흔들었다. 작은 양손 손끝까지 힘이 담겨 있었다. "너희들……." 양호가 분한 듯 혀를 차며, 문을 부서질 듯 걷어차며 나갈 때까지 진아는 양손을 내리려고 하지 않았다. "진아야, 이젠 됐어, 이젠……." 옥녀는 뒤에서 진아를 껴안았다. 진아의 머리카락에 얼굴을 부비며, 옥녀는 소리를 죽여 울었다. 그날 밤, 양호는 집에 돌아오지 않았다.

몸이 매우 차가워져 있었다. 옥녀는 스웨터 소매에 양손을 찔러 넣고, 자신의 가슴을 만지작거렸다. 젖꼭지까지 차가웠다. 뜨거운 손길이 그리웠다. 누군가, 그 손으로, 그 몸으로, 나의 불안을 공포를 진정시켜 주길 원했다. 내가 여기에 있음을, 내가 건강하고 타는 듯한 욕망을 지니고 있음을 누군가 나에게 가르쳐 주었으면 좋겠다. 이렇게. 이렇게. 얼어붙은 피가 천천히 녹기 시작했다. 손가락의 움직임에 따라 그것이 뜨겁게 흘러 온 몸을 돌았다. 눈꺼풀 안에서 무언가 번쩍했다. 아, 하고 옥녀는 신음했다. 아니야, 라며 옥녀는 신음했다. 마음은 채워지지 않는다.

텔레비전 위의 성냥갑은 계속 늘어만 갔고, 진아는 그것을 집짓기 놀이 대신으로 집이나 빌딩을 만들었다. 납죽 엎드린 자세로 건물의 완성된 상태를 세세히 검토하기를 마치면, 일어서서 순식간에 그것을 무너뜨렸다. 보육원에서 돌아온 진아는 그것이 하루 일과였다. 식탁에 저녁 식사가 준비될 즈음에는, 방 사방에 흩어진 성냥갑이 원래 텔레비전 위에 가지런히 쌓여 있었다.

진아의 틱은 점차 가라앉아 갔지만, 옥녀는 때때로 한 밤중에 옆구리를 찌르는 양호의 손가락에 눈을 떴다. "도대체 무슨 꿈을 꾼 거야. 나까지 잠잘 수 없잖아." 혀를 차며 등을 돌린 양호에게, 옥녀는 어둠 속에서 상냥하지 않아, 상냥하지 않아, 하고 반복했다. 아, 무서운 꿈을 꿨어, 하며 양호의 등에 달라붙는 순진함은 이미 옥녀에게서 사라졌다. 언제부터인가, 양호의 등은 옥녀가 달라붙기 위한 것이 아니라, 그 등에 이럴 리가 없다는 원망 섞인 말을 적어두는 벽으로 바뀌어 있었다. 쓰는 사람도 읽는 사람도 항상 옥녀였다. 양호는 한 글자 한 구절 새겨두려고 적혀진 옥녀의 푸념과 원망이 자신의 등에 쓰여 있다는 것 따위 알 리가 없었을 것이다. 야윈 몸에 비해 목이 굵은 양호는 뭐라도 씹을 수 있는 튼튼한 이와, 그것을 그대로 위장에 보내는 하수관 같은 식도를 가지고 있었다. 하지만 여자들의 얘기는 쓸데없는 푸념이라고 애초부터 상대하지 않았다. 정교한 귀는 마치 점토라도 발라놓은 것처럼 바늘구멍만큼도 열려고 하지 않았다.

함께 베개를 나란히 하며 서로 잠자는 숨소리가 들리는 장소에 있으면서, 어째서 상대의 마음이 보이지 않은 걸까? 마음이 도저히 달라붙지 않는다. 사랑하고 싶은데 말이다! 양호의 땀으로 눅눅해진 겨드랑이에 얼굴을 파묻고, 양호의 체취를 폐 가득 채우고 싶은데. 아무리 씻어도 떨어지지 않는 양호의 손톱에 낀 기계기름의 더러움조차도 사랑하고 싶은데도.

하지만, 하고 옥녀가 양호의 이야기에 말참견을 하는 순간 양호는 언짢아졌다. 고개를 끄덕이기만 하는 옥녀에게는 온화했다. 양호의 비위를 거스르지 않게 신경 쓰는 사이에, 옥녀는 자신이 정말 어떻게 하고 싶은 것인지를 알 수 없게 되었다.

드물게 성행위 하던 도중에 파도를 느끼는 경우가 있었다.

작은 잔물결이 몸속 깊은 곳에서부터 조금씩 팔과 다리로 퍼져 나갔다. 새어나올 것 같은 목소리를 옥녀는 삼켰다. 양호의 반응을 무의식적으로 두려워했다. 잔물결은 한 번도 먼 바다에서 부서지는 법 없이, 벼랑에 밀어닥치는 일도 없는 채 흐트러진 시트 속으로 사라져 갔다.

있는 그대로의 나를 사랑해주었으면 한다. 양호가 만든 틀에 맞춰진 내가 아니라, 나도 자신의 말을 가지고 있다는 것을 알아주었으면 한다. 아버지에게 발로 걷어차이면서도, 어머니는 저주스런 말을 끊임없이 토해냈다. 아버지가 죽었을 때, 어머니는 아버지 유체에 매달려 울었다. 나도 데려가, 나도 데려가, 하며 유체를 계속 쳤다. 그 격렬함이 자신에게도 있을까 생각하자, 옥녀는 이 결혼생활이 거짓말로 생각되는 것이다.

어딘가 이상하다. 그것을 말로 하려고 하지만, 뭐, 뭐가 말하고 싶은 거야, 라는 양호의 눈길에 마주치면, 목구멍까지 치밀어 올랐던 말은 겁먹고 가슴 속으로 들어가 버린다. 남자들은 다들 그래? 마음에 거품이 일면, 여자들이 한숨과 함께 토해내는 말을 옥녀는 가슴속으로 되풀이했다. 거울에 비치는 옥녀는 5살은 늙어 보였다. 병든 새다. 지저귀는 것도 잊고, 다만 웅크리고 있다. 뜨거운 물을 튀기는 자신의 신체가 한스러웠다.

옥녀는 부글부글 끓어오르는 자신의 마음에 체념이라는 재를 덮고, 일상을 변함없이 보냄으로써 가슴 속에 조금씩 형태를 만들며 부풀어 오르려고 하는 혼을 뭉개 없애려고 했다. 자고 있을 때만큼은 옥녀는 해방되었다. 아침 식탁에서 양호로부터 "너, 어제는 무슨 꿈꿨어? 이제 싫어, 라든가 뭐라든가, 굉장히 무서운 얼굴이었어. 덕분에 난 수면부족이야. 누군가와 다투는 꿈이라도 꾼 거야?"라고 물으면, 옥녀는 "아무것도 기억나지 않아"라고밖에 할 수 없었다. 세 번의 식사가 준비되고, 세탁한 속옷이 장롱 안에 있는 것만으로 어째서 그렇게도 안심해 있을 수 있는 것일까. 손을 뻗으면 닿을 수 있는 양호의 넓은 등은 자신을 거부하는 가파른 성벽처럼 옥녀에게 여겨졌다.

그런 양호의 등에 머뭇머뭇 손을 뻗어, 팔에 안기려는 순진함을 되찾아보려고 생각하게 한 것은 시어머니의 웃는 얼굴이었다.

일요일 점심시간이 지나, 옥녀는 혼자서 장보러 나갔다. 생각보다 시간이 늦어져, 집에 돌아온 것은 저녁이 되어서였다. 현관문을 열자, 진아의 빨간 운동화 옆에 시어머니의 구두가 가지런히 놓여 있었다. 옥녀는 순간 눈을 감았다. 양호로부터 뭔가 들었을 것이다. 마루 귀틀에 우두커니 선 채, 옥녀는 거실 문을 열 수가 없었다. 엄마? 소리를 들은 진아가 문을 열었다. 시어머니가 돌아보았다. 현관에 멍하니 서 있는 옥녀를 보자, 주름투성이인 얼굴에 천천히 웃음을 띠었다. 얼굴 전체에 새겨진 주름이 머리카락 언저리에 전부 끌어 당겨진 듯한 미소였다. 아침 이슬을 받아 잠에서 깨어난 꽃이 태양빛에 크게 자라면서, 햇님 고마워, 라고 감사의 마음을 담아 꽃잎을 펼치는 듯한 웃는 얼굴이었다. 코르셋으로 죈 허리를 감싸면서 버스를 타고, 정류장에서부터는 손수레에 몸을 지탱하면서 여기까지 온 시어머니의 얼굴이었다. 얼마나 기다리고 있었을까? 옥녀가 망설이면서 방에 들어오자 "밖이 춥지?"라며 고타쓰

위의 이불을 젖히고서는 발을 따뜻하게 하라고 재촉했다. "몸은 어디 아픈데 없어? 그래, 그래." 그리고 아무 말 없이, 무릎에 안아 올린 진아의 손가락을 하나씩 구부리면서 얼굴에 미소를 띠울 뿐이었다.

다시 시작해 보자, 라고 옥녀는 생각했다. 시어머니는 오래 사시지 못할 것이다. 시어머니에게 이윽고 찾아온 평온한 만년을 어지럽혀서는 안 된다. 시어머니의 웃는 얼굴 앞에서는 두 사람의 파장의 차이 따위 무슨 의미가 있을까. 서로 소리치고, 움켜쥐고, 욕해도 결과적으로는 마지막까지 백년해로한 1세대들과 같은 부부가 되자고 그 때 옥녀는 생각했던 것이다.

턱이 아프다. 고타쓰에 머리를 괸 채 자고 있었다. 옥녀는 방을 둘러보았다. 헉, 하고 외친 자신의 목에서 또 하나의 자신이 튀어나와 이쪽을 바라보고 있는 듯한 기분이 들었다. 뒤로 묶여있던 머리카락이 풀어져 목덜미에 수초처럼 달라붙어 있었다. 식은땀을 흘리고 있었다. 뭐라고 외친 것일까? 목의 혈관이 부풀어 올라, 입 속에 쌓이고 쌓였던 더러운 것을 한 번에 토해 내려는 듯, 어깨에 힘을 준 감촉까지 기억할 수 있었다. 꿈속에서 무슨 일이 일어나고, 누구를 향해 큰소리를 질렀는가?

옥녀는 부엌에 가서 수도꼭지를 틀었다. 얼굴을 씻고 물을 마셨다. 진아가 자다가 크게 몸을 뒤척였다. 잠옷이 젖혀져 하얀 배가 보였다. 부드러운 배가 실룩실룩 움직여, 옥녀와 진아를 연결하고 있던 배꼽이 그 때마다 표정을 바꿨다. 옥녀는 젖혀 올라간 진아의 잠옷을 원래 자리로 내렸다. 진아는 작게 코를 골고 있었다.

모든 게 끝났을 터이다. 이혼은 성립됐다. 모든 속박에서 해방되었을 터이다. 그런데 왜, 지금 다시 가위에 눌리는 꿈을 꾸는 것일까. 옥녀는 꿈 내용을 생각해내려고 머리카락을 쓸어 올렸다. 아, 이 감촉이다. 꿈속에서 나는 머리카락을 매만졌다. 누구의? 나처럼 기름기 많은 머리카락이 아니었다. 몇 번이고 물에 헹군 무명실 같은 머리카락이었다. 시어머니다. 등 돌리고 앉은 시어머니의 머리카락을 내가 빗고 있었다. 등까지 흘러내린 머리카락은 백발과 섞여, 하나로 묶으면 쥐꼬리처럼 가늘고 볼 품 없었다. 내가 빗으로 빗은 머리카락을 시어머니는 만두 모양처럼 말아 올려 비녀로 고정시켰다. 뒤돌아본 얼굴에는 연지를 바르고 있었다.

"있잖니, 며늘아가?"

노인성 반점이 떠오른 손으로 내 손을 쥐었다.

"양호 아버지, 딴 곳에 살림 차려 나가버렸지. 나를 강제로 아내로 맞이해 양호를 낳은 후, 내게 둘째가 생길 수 없는 걸 알고 그 뒤부터 사람이 변해 버렸어. 화가 나는 일이 있으면 내가 도망가지 못하도록 옷을 모두 벗겨서 날 때렸단다. 내 몸은 심장이 약해. 무리하게 양호를 낳아서 둘째 애를 낳지 못하는 몸이 되었지. 양호 아버지, 그것을 알면서도 화나면 그걸 참지 못했지. 양호를 위해 참고 또 참아서 지금까지 살아온 거야. 양호 아버지, 아이를 낳을 수 있는 여잘 찾아 다른 곳으로 갔어. 난 공장 이층에 셋방을 얻어 열심히 일했다. 빚이 있으니 보리밥에 된장만으로 살았어. 그 때 양호 아버지와 길에서 만났다. 내 옷은 거지차림이었지. 손발도 거미 허물 같았지. 양호 아버지, 여자랑 둘이서 걷고 있었다. 여자에게 비단저고리를 입히고 나란히 걷고 있었어. 며늘아가,

난 아무 말도 못하고 지나쳤다.

며늘아가, 내 머리 예뻐졌니? 이 비녀는 내가 시집올 때 가져온 거야. 조선에 있을 때, 우리 어머니가 갖고 있던 걸 준거야. 아기 뺨처럼 부드러운 천으로 이렇게 윤을 내단다. 아이고, 우리 죽은 아버지나 어머니, 내가 이렇게 고생하고 있을 걸 알면 무슨 말 하려나."

시어머니는 저고리 옷고름으로 뚝뚝 떨어지는 눈물을 닦으며, 다른 한 손으로 저고리 소매부리에서 입술연지를 꺼냈다.

"이걸 바르고 양호 아버지를 만나러 가야 해. 양호를 애비 없는 자식으로 둘 순 없어."

시어머니는 입술연지를 힘껏 밀어 올려 입술에 꾹 발랐다. 입술연지가 부러져 마루에 굴렀다. 바르는 붓을 쓰지 않고 바른 입술연지는 입술에서 비어져 나왔다. 시어머니가 고무신을 꺼내 신으려고 할 때, 옥녀는 시어머니가 입고 있는 치마저고리가 수의壽衣라는 것을 깨달았다. 잠깐만, 어머니! 옥녀는 시어머니의 저고리 소매를 잡아 당겼다. 어이없게 소매가 찢어지고, 팔이 뜯겨져, 거기에서 붉은 살점이 보였다.

거기서 잠을 깬 것이다.

시어머니의 머리카락을 만진 감촉과 저고리 소매를 잡아당긴 감촉이 다시 되살아났다. 옥녀는 한 번 더 개수대에 가서 비누로 손을 씻었다. 피지가 많은 자신의 머리카락이나 피부를 생각하면서 나이를 먹으면 기름기가 없어지는 걸까 생각했다. 마른 잎이나 가지처럼 수분이 증발되어 불에 타기 쉽게 되는 것일까? 탁, 탁 소리 내며 타오르는 것은 송진 등이 섞인 어린나무였다. 나이를 먹어 메마른 몸은 아련한 푸르스름한 불꽃을 한줄기 내뿜고 맥없이 다 타버려 뼈 하나 남기지 않고, 그 남은 가루는 대기의 입자가 되어 흩어져 가는 것처럼 생각되었다. 커다란 화장터가 저쪽에 있으니 이 방에도 죽은 자의 재가 부유하고 있을 것이다. 방 창문에서는 굴뚝이 집게손가락 크기로 보였다. 이 희망 하이츠라고 이름붙인 철근 아파트에 진아와 둘이서 이사 오던 그날, 옥녀는 창문을 열어 밖을 바라봤다. 빛바랜 기와가 구불구불 이어져 있었다. 집마다 욕조가 없는 이 주위 일대에서는 지붕 이쪽저쪽에 솟아난 목욕용 굴뚝과 착각하기 쉽지만, 옥녀에겐 구별되었다. 옥녀의 아버지도 어머니도, 재일 50여년 끝에 그곳에서 뼈가 되고, 재가 되었으니까.

그때, 하고 돌이켜 생각하려고 한 옥녀는 침을 삼켰다. 기억에 단단히 두껑을 덮고 있었기 때문에, 억지로 열기에는 용기가 필요했다. 양호와 옥녀의 결혼생활은 점점 악화일로에 접어들어, 무엇 하나 나아질 게 없을 거라고 서로 인정할 수밖에 없는 단계에 이르렀다. 잠깐 근처까지 와서 말이야. 시어머니가 찾아왔다. 언제나 그 웃는 얼굴로 진아를 안아 올렸다. 양호는 집에 없었다. 옥녀는 마치 다방처럼 홍차에 레몬을 띄어 내었다. 시어머니는 스푼으로 진아에게 떠 먹였다. 늦은 가을의 평온한 햇살이 창가에 넘치고 있었다. 무릎 위에 앉은 진아의 머리카락을 어루만지면서, 시어머니는 묻지도 않았는데 자신의 반생을 이야기하기 시작했다. 아들 양호에게조차 말한 적 없었던 일들을, 시어머니는 때로는 눈물을 흘러가며 옥녀에게 들려주었다. 몇 번인가 있었던 재혼이야기도 외아들을 위해 거절하고, 30대 중반부터 과부생활을 강요받은 시어머니는 지금이 이렇게 귀여운 손자도 생겨서 가장 행복해, 라며 말을 마쳤다.

생활비를 줄일 만큼 줄여서 양호를 키워낸 시어머니는 70에 가까운 지금도 먼 친척이 경영하는 공장에서 일하면서, 진아에게 장난감이나 용돈을 주는 것을 유일한 낙으로 삼고 있었다. 누구도 비난하거나 원망하지 않고, 벽장 선반 위에 마련한 신단神壇에 아들 부부의 가내안전을 아침저녁으로 늘 기도해 왔던 시어머니는, 매월 적립금으로 자신의 묘자리까지 준비하고 있었다. 남들과 같은 행복을 누리기 어려웠던 시어머니는 오직 아들 부부가 사이좋게 사는 것과, 또 한 사람, 집안을 이을 남자아이가 태어나는 것만을 바라고 있었다. 낮은 목소리로 부르는 듯한 그것은 시어머니의 신세타령이었다. 컵 바닥에 남아 있던 홍차를 마저 마시자, 시어머니는 말했다.

"여자의 고생은 어디에 가더라도 마찬가지야……. 양호는 아빠 얼굴도 모른 채 컸다. 여자인 내 손만으로 키웠으니 제멋대로인 점도 있을 게야. 그건 내 책임이다. 난 양호만을 귀여워하는 게 아니란다. 너도 며느리라고 생각한 적 없어. 정말 내 딸처럼 생각해 왔단다. 양호의 어디가 나쁜지, 나쁜 게 있다면 내가 고칠 테니까……."

옥녀의 시선과 시어머니의 시선이 서로 뒤엉켰다. 시어머니의 얼굴 주름조차도 부드럽다. 참고 또 참고 살아왔구나. 어머니의 말이었던가, 시어머니의 말이었던가. 인내도 순종도 어째서 아름다운 여운을 가지고 있을까? 참는다는 글자忍는 마음心에 칼날刃이라고 쓰는데도 말이다. 나는 당신이 목숨을 내주더라도 소중한 외아들에게 상상 속에서 몇 번이나 부엌칼의 날카로운 칼끝을 겨눴습니다.

옥녀가 결심하고 얼굴을 들자, 시어머니는 부드럽게 웃는 얼굴을 한 채, 눈으로 재촉하였다.

"……어머니, 저 대신에 좋은 며느리를 찾아주세요."

옥녀의 눈과 시어머니의 눈이 한 순간 부딪쳤다. 시어머니의 속눈썹 끝이 희미하게 움직였다. 그것뿐이었다. 시어머니는 부드러운 웃는 얼굴을 조금도 흐트러뜨리지 않았다. 시어머니는 진아의 얼굴을 어루만지며, 천천히 현관으로 향했다.

이대로 자면 또 가위에 눌릴 것 같은 기분이 들었다. 아무 생각 없이 자고 싶다. 날카로운 시선이라면 튕겨낼 수도 있었을 것이다. 하지만 그 순한 모든 걸 감싸 안는 듯한 시선에 사로잡히자 꼼짝달싹할 수조차 없었다.

옥녀는 벽장에서 상자 속에 있던 앨범을 꺼냈다. 세 권으로 된 앨범은 묵직했다. 한 권은 진아의 육아기록이고, 또 한 권은 결혼할 때까지의 옥녀의 사진이 붙어 있었다. 느긋한 얼굴을 하고 있었다. 세 권 째 앨범에는 양호의 얼굴이 여기저기 나왔다. 오랜만에 보는 사진 한 장, 한 장이 그 동안 생활해 왔던 확실한 흔적을 새기고 있는 것이 의외였다. 어색하게도 그곳엔 가족 3명의 생활이 있었다.

색동저고리를 입은 진아가 시어머니에게 안겨 찍혀 있는 것은 진아의 돌잔치 때였다. 짧은 치마에서 기저귀가 보였다. "……오늘 돌 맞은 내 손자, 범띠인 내 손자……." 몸소 마련한 제단 앞에서 시어머니는 머리를 깊이 숙여 인사를 되풀이하며 "……달을 다 채우지 못하고 태어난 내 손자, 신령님 덕분에 오늘까지 무사히 자랐습니다……"라고 읊조리기 시작했다. 마디가 거친 손바닥으로 빌며 "산신령의 명을 받아, 칠성님이 장수를 주시고, 집의 수호신님이 복을 주시고, 마침내 생일을 맞이했습니다……"라고 여러 신들에게 감사를 올리면서 시어머니는 계속해서 읊조렸다. "……이 아이가 튼튼하게 자라도록, 아무쪼록 지켜주시옵소서. 산신령님에게 칠성님에게, 조상님에게 조왕신에게, 이 늙은이의 목숨과 바꾸시더라도 아무쪼록 이 집을 지킬 남자 손자를 사사해 주십시오……." 옥녀의 귓속에서 시어머니의 낮게 쉰 목소리가 또렷이 되살아났다.

옥녀는 앨범에서 양호가 찍혀 있는 사진과 시어머니의 사진을 빼내기 시작했다. 꽤 많은 사진이었다. 개수대에 가져가, 한 장, 한 장 성냥으로 불을 붙이기 시작했다. 2천일도 채우지 못한 양호와의 결혼생활이 허무하게 타갔다. 확실히 결혼식 때의 사진이었을 것이다. 옥녀는 상자 속을 집요하게 샅샅이 뒤졌다. 그것은 비단 자주색 보자기에 싸여 있었다. 성냥불을 가까이 하다, 처음으로 옥녀는 망설였다. 이것은 내가 가장 젊고 예뻤을 때의 사진이다. 쭈글쭈글한 할머니가 되었을 때, 진아에게 이 사진을 보여 줄 것이다.

옥녀는 책상 서랍에서 가위를 꺼냈다. 28살 신랑 옆에 나란히 서 있는 20살의 신부를 정성스레 오려냈다. 하얀 치마저고리에 하얀 베일을 쓴 신부는 하얀 부케를 안고 서서 혼자 미소 짓고 있었다. 남겨진 신랑에 불을 붙였다. 사진은 볼썽사납게 뒤틀리며 탔다. 옥녀는 그것을 감싸듯 들고 창가에 갔다. 창문을 열었다. 바람이 들어왔다.

일찍이 이 주위 모두가 밭이었을 무렵, 밤에는 누구에게도 방해받지 않는 칠흑 같은 어둠이었을 것이다. 눈 아래 보이는 마을은 가로등이 깊이 잠든 사람의 코고는 소리까지 비추고 있었다. 옥녀는 창문에 몸을 내밀고, 장례식장 굴뚝을 찾았다. 제주도 중문면中文面의 어머니가 그곳에서 재가 되고, 제주도 이호리梨湖里의 아버지가 화장된 곳. 장례식장 굴뚝에서 토해내는 재는 내리고 쌓이고 떠돌아 배기가스에 섞이고, 공장 굴뚝과 섞이고, 대기 중의 먼지가 되어 이 마을에 사는 사람들 폐 깊숙이 들여 마셔지는 것이다.

방 안으로 들이치는 바람은 커튼을 흔들고, 진아의 공부책상 위에 놓인 연필통을 쓰러뜨렸다. 국어 노트가 바람에 날리면서 바삭바삭 소리를 냈다. 낫 모양을 한 ㄱ이, 선반을 받치는 듯한 ㄴ이, 사다리 모양의 ㅂ이 원고지 칸에 비어져 나오듯 쓰여 있었다. 다음 페이지에는 상자 가득 사과가 채워져 있었다. 글쓰기 연필로 진하게 쓰인 ㅇ은 힘이 남아서 인지 쓰기 시작한 선이 길게 늘어져 있었다. 가지치기가 되지 않아 들쭉날쭉한 사과가 원고지 칸 가득 채워져 있었다.

언젠가 열매를 맺을 수 있을까?

빨갛고 윤기 있게 물들고 가지가 휠 정도의 열매가 되어서 작은 새들이 쪼아 먹고, 진아의 고르게 난 이빨이 과육을 씹는, 그런 날이 올까.

옥녀는 창문에 팔을 내밀고 천천히 손바닥을 폈다. 바람이 한 순간에 손바닥 안을 스쳐 지나갔다. 얼어붙은 밤공기에 옥녀는 몸을 떨었다. 뼛속부터 몸이 차가워져 있었다.

(번역 : 신승모)

| 필자 소개 |

김사량(金史良, 1914~1950?)

본명 시창(時昌). 평양 출생. 평양고보 재학 중에 반일 투쟁으로 퇴학당했다. 일본의 사가[佐賀]고등학교를 거쳐 도쿄제국대학 독문학과 졸업. 1939년 발표한 「빛 속으로(光のなかに)」가 아쿠타가와[芥川]상 후보에 올라 주목을 받았다. 1945년 2월 학도병 위문단으로 중국을 방문하였다가 5월 연안에 있는 독립군 부대로 탈출하였다. 해방 후 주로 평양에서 활동하다가 6·25전쟁의 와중에 소식이 끊겼다. 「토성랑」, 「천마」, 「낙조」 등의 작품을 남겼다.

이은직(李殷直, 1917~2016)

전라북도에서 출생. 보통학교를 졸업한 뒤, 1937년에 일본대학 예술과에 입학하면서 유학생활을 시작하였다. 1939년 『예술계』에 발표한 「흐름(ながれ)」이 제10회 아쿠타가와[芥川]상 후보가 되면서 주목을 받았다. 1967~68년에는 해방공간의 격동하는 한반도를 소재로 한 장편 『탁류(濁流)』 3부작을 발표하였으며, 1997년에는 전5권의 장편 『조선의 여명(朝鮮の夜明け)』을 간행하여 자신의 자전적 경험을 담아내었다. 소설 이외에도 『조선명장전(朝鮮名将伝)』, 『조선명인전(朝鮮名人伝)』, 『신편 춘향전』 등의 민족적 저작이 있으며, 1960년부터는 재단법인 조선장학회의 이사로서 재일조선인의 교육 사업에 힘썼다.

이회성(李恢成, 1935~)

재일조선인 2세를 대표하는 작가. 가라후토(현 사할린) 출생. 1947년 가족 모두와 함께 삿포로에 정착하였고, 이후 와세다 대학에서 러시아 문학을 전공하였다. 1969년 『또 다시 이 길을(またふたたびの道)』로 군조신인문학상을 수상하였으며, 1972년에는 『다듬이질하는 여인(砧をうつ女)』으로 재일조선인으로서뿐만 아니라 재일외국인 최초의 아쿠타가와[芥川]상 수상자가 되었다. 이후 다수의 작품을 발표하면서 집필 활동을 이어가고 있으며, 최근에는 자전적 대하소설 『지상생활자(地上生活者)』를 간행한 바 있다.

김석범(金石範, 1925~)

1967년 작품집 『까마귀의 죽음(鴉の死)』 출간으로 작가로서 데뷔. 대표작은 제주4·3사건을 소재로 한 『화산도(火山島)』(전7권)이다. 20년 동안 집필을 계속하여 1997년에 완간한 이 작품은 오사라기지로[大佛治郎]상, 마이니치[毎日]예술상을 수상하였으며, 2015년 10월 한국에서 전12권으로 번역 출간되었다. 이밖에도 『만월(満月)』, 『땅속의 태양(地底の太陽)』, 『죽은 자는 지상으로(死者は地上に)』, 『과거로부터의 행진(過去からの行進)』(上·下) 등이 있고, 재일동포의 인권문제와 조국 통일의 염원을 담아낸 많은 평론·대담 등이 있다.

고사명(高史明, 1932~)

재일조선인 2세 작가. 본명 金天三. 1971년에 문단에 데뷔한 이후 1974년에 발표한 자전적 작품 『산다는 것의 의미(生きることの意味)』로 일본 아동문학자협회상, 산케이 아동출판문화상을 수상하면서 일본사회에 알려졌다. 신란(親鸞)의 언행록인 『歎異抄』와 같은 불교철학을 참조하면서 근대문명을 철학적, 사상적으로 해명한 『高史明親鸞論集 第1-3巻』(法蔵館, 2003) 등의 작품집이 있고, 주로 생명의 소중함을 호소하는 메시지를 담은 작품의 출판과 강연활동을 꾸준히 해왔다.

정승박(鄭承博, 1923~2001)

재일조선인 1세 작가. 전시기의 혼란상을 그린 소설 「벌거벗은 포로(裸の捕虜)」는 작가의 실제 체험을 모티프로 삼은 작품이다. 소설 외에도 시, 수필, 센류[川柳] 등 폭넓은 창작 활동을 전개했고, 아와지[淡路]섬에 정착하고 나서는 그 지역 문화 활동의 구심력이 되기도 했다.

김태생(金泰生, 1924~1986)

제주도 출생. 5세 때 홀로 일본으로 건너갔다. 해방 후 폐결핵을 앓은 것을 계기로 문학에 뜻을 두게 되었다. 53세 때인 1977년 부자갈등을 다룬 소설 『골편(骨片)』을 포함하여 4작품을 모아 작품집을 발표하면서 주목받기 시작했다. 그 후 『나의 일본지도(私の日本地図)』, 『나의 인간지도(私の人間地図)』, 『나그네 전설(旅人(ナグネ)伝説)』 등의 작품들을 간행하였다.

박중호(朴重鎬, 1935~)

일본 홋카이도 무로란시 출생. 동경외국어대학 이탈리아어과 졸업. 조선총련에 근무. 그 후 고향으로 돌아가 가업을 이으면서 집필활동을 시작. 1988년 『회귀(回帰)』로 제22회 홋카이도신문 문학상을 수상하며 선열하게 데뷔. 이후 『개의 감찰(犬の鑑札)』(青弓社, 1989), 『사라진 나날(消えた日々)』(青弓社, 1995) 등의 작품 발표. 재일조선인이 부당하게 짊어진 숙명을 십자가로서 묘사했다.

김창생(金蒼生, 1951~)

재일한국인 2세 작가. 일본 오사카 출생. 2010년 10월에 제주도로 이주했다. 저서에 『나의 이카이노(私の猪飼野)』, 『붉은 열매 · 김창생 작품집(紅い実—金蒼生作品集)』, 『제주도에 산다면(済州島で暮らせば)』 등이 있다.